プリント形式のリアル過去問で本番の臨場感！

東京都

桜蔭中学校

2025年春受験用

解答集

本書は，実物をなるべくそのままに，プリント形式で年度ごとに収録しています。
問題用紙を教科別に分けて使うことができるので，本番さながらの演習ができます。

■ 収録内容

・解答集（この冊子です）

書籍ＩＤ番号，この問題集の使い方，最新年度実物データ，リアル過去問の活用，
解答例と解説，ご使用にあたってのお願い・ご注意，お問い合わせ

・2024(令和６)年度 ～ 2019(平成31)年度　学力検査問題

JN132047

○は収録あり　年度	'24	'23	'22	'21	'20	'19
■ 問題収録	○	○	○	○	○	○
■ 解答用紙	○	○	○	○	○	○
■ 配点						

全教科に解説があります

注)国語問題文非掲載:2024年度の二, 2023年度の一

問題文の非掲載につきまして

著作権上の都合により，本書に収録している過去入試問題の本文の一部を掲載しておりません。ご不便をおかけし，誠に申し訳ございません。

本文の一部を掲載できなかったことによる国語の演習不足を補うため，論説文および小説文の演習問題のダウンロード付録があります。弊社ウェブサイトから書籍ＩＤ番号を入力してご利用ください。

なお，問題の量，形式，難易度などの傾向が，実際の入試問題と一致しない場合があります。

教英出版

■ 書籍ＩＤ番号

入試に役立つダウンロード付録や学校情報などを随時更新して掲載しています。
教英出版ウェブサイトの「ご購入者様のページ」画面で，書籍ＩＤ番号を入力してご利用ください。

書籍ＩＤ番号　115413

（有効期限：2025年9月30日まで）

【入試に役立つダウンロード付録】
「要点のまとめ(国語／算数)」
「課題作文演習」ほか

■ この問題集の使い方

年度ごとにプリント形式で収録しています。針を外して教科ごとに分けて使用します。①片側，②中央のどちらかでとじてありますので，下図を参考に，問題用紙と解答用紙に分けて準備をしましょう（解答用紙がない場合もあります)。

針を外すときは，けがをしないように十分注意してください。また，針を外すと紛失しやすくなりますので気をつけましょう。

① 片側でとじてあるもの　　② 中央でとじてあるもの

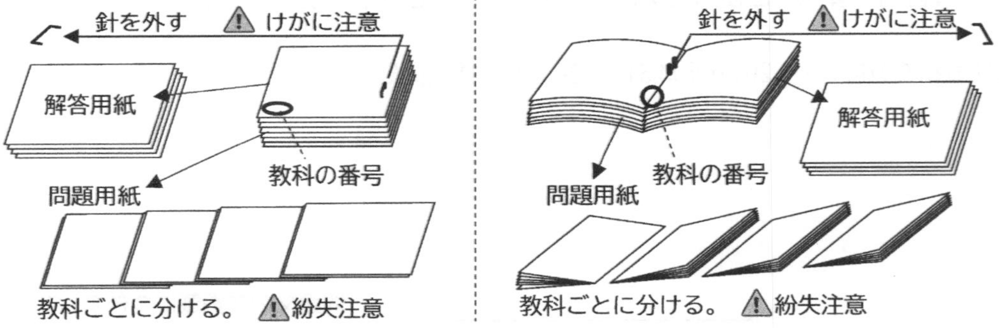

※教科数が上図と異なる場合があります。
解答用紙がない場合や，問題と一体になっている場合があります。
教科の番号は，教科ごとに分けるときの参考にしてください。

■ 最新年度 実物データ

実物をなるべくそのままに編集していますが，収録の都合上，実際の試験問題とは異なる場合があります。実物のサイズ，様式は右表で確認してください。

問題用紙	Ｂ４片面プリント
解答用紙	Ｂ４片面プリント 理・社：問題と一体式

リアル過去問の活用

～リアル過去問なら入試本番で力を発揮することができる～

本番を体験しよう！

問題用紙の形式（縦向き / 横向き），問題の配置や余白など，実物に近い紙面構成なので本番の臨場感が味わえます。まずはパラパラとめくって眺めてみてください。「これが志望校の入試問題なんだ！」と思えば入試に向けて気持ちが高まることでしょう。

入試を知ろう！

同じ教科の過去数年分の問題紙面を並べて，見比べてみましょう。

① 問題の量

毎年同じ大問数か，年によって違うのか，また全体の問題量はどのくらいか知っておきましょう。どのくらいのスピードで解けば時間内に終わるのか，大問ひとつにかけられる時間を計算してみましょう。

② 出題分野

よく出題されている分野とそうでない分野を見つけましょう。同じような問題が過去にも出題されていることに気がつくはずです。

③ 出題順序

得意な分野が毎年同じ大問番号で出題されていると分かれば，本番で取りこぼさないように先回りして解答することができるでしょう。

④ 解答方法

記述式か選択式か（マークシートか），見ておきましょう。記述式なら，単位まで書く必要があるかどうか，文字数はどのくらいかなど，細かいところまでチェックしておきましょう。計算過程を書く必要があるかどうかも重要です。

⑤ 問題の難易度

必ず正解したい基本問題，条件や指示の読み間違いといったケアレスミスに気をつけたい問題，後回しにしたほうがいい問題などをチェックしておきましょう。

問題を解こう！

志望校の入試傾向をつかんだら，問題を何度も解いていきましょう。ほかにも問題文の独特な言いまわしや，その学校独自の答え方を発見できることもあるでしょう。オリンピックや環境問題など，話題になった出来事を毎年出題する学校だと分かれば，日頃のニュースの見かたも変わってきます。

こうして志望校の入試傾向を知り対策を立てることこそが，過去問を解く最大の理由なのです。

実力を知ろう！

過去問を解くにあたって，得点はそれほど重要ではありません。大切なのは，志望校の過去問演習を通して，苦手な教科，苦手な分野を知ることです。苦手な教科，分野が分かったら，教科書や参考書に戻って重点的に学習する時間をつくりましょう。今の自分の実力を知れば，入試本番までの勉強の道すじが見えてきます。

試験に慣れよう！

入試では時間配分も重要です。本番で時間が足りなくなってあわてないように，リアル過去問で実戦演習をして，時間配分や出題パターンに慣れておきましょう。教科ごとに気持ちを切り替える練習もしておきましょう。

心を整えよう！

入試は誰でも緊張するものです。入試前日になったら，演習をやり尽くしたリアル過去問の表紙を眺めてみましょう。問題の内容を見る必要はもうありません。どんな形式だったかな？受験番号や氏名はどこに書くのかな？…ほんの少し見ておくだけでも，志望校の入試に向けて心の準備が整うことでしょう。

そして入試本番では，見慣れた問題紙面が緊張した心を落ち着かせてくれるはずです。

※まれに入試形式を変更する学校もありますが，条件はほかの受験生も同じです。心を整えてあせらずに問題に取りかかりましょう。

2024 解答例 令和6年度　桜蔭中学校

《国　語》

一　問一．A．精査　B．定時　C．建前　D．神経　問二．感情とは、それぞれの人がそれぞれの人生を生きる中でいだく、別個のものであるはずなのに、みんなに共通の言葉で表されてしまうと、その違いは見えなくなってしまい、一人一人の異なる感情が同じものとしてひとくくりにされてしまうということ。　問三．ネットでは互いに顔を合わせることなく、誰もが自由に発信できる。また、ネットでは、目の前の相手に届けることを目的にせず、だれにも気をつかわずに言葉を書くことができる。したがって筆者は、書いた言葉であれば自分自身をそのままに表すことができると考えたから。　問四．「わからなさ」とは、他者とは完全に理解しあうことの出来ないような、筆者自身の感覚や感情であり、筆者はそれを詩として発表している。筆者の詩を読んだだれかが、このわからない言葉の異物感をきっかけにその言葉の意味や背景に思いをめぐらせ、読み手自身の、そぎ落とされてしまっていた思いに気付いたり、思いがけない発想を得たり、筆者の想像をこえた解しゃくをしたりする。そうやって、自分の書いた詩が他者の中に混ざり育っていき、自分と他者がつながっていくことを、筆者はうれしく思っている。

二　問一．A．道楽　B．年配　C．素養　問二．ア．足　イ．顔　問三．りょうは次に何をやろうか決めていないまま、これまでとは違う人生を始めようと思って取引先へのあいさつのため神戸の街を歩いていた。そこで見つけた書店でかべ一面の船の本に出会い、幼いころ船を見ながら母親に「お前は大きくなったら自由にどこへでも行けばいいんだよ」と言われたことを思い出した。ここが自分の居場所なのではないかと背中をおされたように感じ、このような書店を作った社長に会いたいと思ったから。　問四．専門雑誌にすでに名を連ねる作家の後を追い知識にたよって絵を探すのではなく、作家が命をかけて表現しようとしていることに向き合い、自分の目で作品を見つけ出すことを大切にしたいという社長の思いを聞いてはっとし、心をうたれた。　問五．作家や作品を守り育てよう、居場所を作ろうとすることが、これまで人生をささげてきた鶴来を離れたりょうや、海会堂の社長の座を追われた柚田さんにとっても、自分らしい役割を果たせ、生きる意味を感じられる場となったのだと思い、心を揺さぶられたから。

《算　数》

Ⅰ　ア．$\frac{1}{3}$　イ．$\frac{5}{39}$　ウ．22　エ．28800　オ．正十二角形
カ．81　キ．71.97　〔別解〕カ．80.29　キ．71.26

Ⅱ　⑴ $8\frac{1}{3}$　⑵イ．4　ウ．6　※⑶8　※⑷①7　②$13\frac{1}{18}$

※Ⅲ　⑴ $6\frac{7}{75}+S\times4$　⑵12.14

Ⅳ　ア．8.5　イ．2　ウ．5.5　エ．113.5　オ．44.5　カ．8.5　キ．2.75　※ク．20　※ケ．$26\frac{1}{6}$
※コ．$37\frac{5}{6}$　サ．41　シ．44.5

※の式や考え方は解説を参照してください。

《理　科》

Ⅰ　問1．エ　問2．温度が変わっても，とける量がほとんど変わらない　問3．71.8　問4．ウ
問5．a．87.3　b．90　c．2.7　d．10　e．333.3　問6．イ　問7．イ

Ⅱ　問1．天候にかかわらず，いつでも収穫できる。　問2．ＬＥＤ　問3．エ　問4．①ウ　②イ　③ア
問5．a．蒸散　b．二酸化炭素

Ⅲ　問1．エ　問2．ⅰ．a．火山灰　b．たい積　c．小さい　d．やわらかい　ⅱ．ウ　ⅲ．丸みを帯びている
ⅳ．④　ⅴ．イ　問3．ア，エ

Ⅳ　問1．イ　問2．ⅰ．500　ⅱ．イ，ウ　問3．ⅰ．ア．1.6　イ．4.8　ウ．17.2　エ．16.4　ⅱ．1.8，14.4
ⅲ．オ．2.6　カ．3.4　キ．0.8　ク．0.8　問4．a．ア　b．イ　c．イ　問5．ウ，オ

《社　会》

Ⅰ　1．井戸　2．玉川　3．利根　4．浄水　5．洪水　6．電力　7．融雪
①ⅰ．茶　ⅱ．風で畑の表土がとばされるのを防ぐこと。　②A．オ　B．ク　C．ア　D．キ　③ア
④1．シリア　2．インド　3．カナダ　⑤沸騰化

Ⅱ　1．先住民族　2．アマゾン　3．アイヌ　A．エ　B．オ　①イ　②エ　③カ

Ⅲ　1．地方公共団体　2．主権　3．地租　4．板垣退助　5．所得税　6．小村寿太郎
7．大和政権〔別解〕大和朝廷　8．江田船山　9．貴族　10．雑徭
A．サ　B．ウ　C．ス　D．キ
①ウ　②日露戦争が起こり，戦費のため増税が行われた。戦後も賠償金を得られなかったので，戦費を払うために高い税金を取り続けたから。　③イ　④イ　⑤エ　⑥オ　⑦エ　⑧カ　⑨オ　⑩ク　⑪イ

《2024 国語 解説》

一 **問二** 自分の気持ちを言葉にできるほど、言葉は「柔軟《じゅうなん》なものではない」。また、「いろんな人が、いろんな人生を生きて、見つけてきた感情がどれも同じはずはない」とあるように、感情は、それぞれの人がそれぞれの人生を生きる中でいだくものであり、それぞれ異なるはずである。そのため、「本当は、その人の言葉でしか、その人の感情は表せない」。それぞれ異なるはずの感情をみんなに伝えようとして、「好き」「嫌《きら》い」「ムカつく」などの、みんなに共通の言葉で表すと、それらの感情の違《ちが》いは見えなくなる。――線部①の「すべてが同じ形をしているみたい」というのは、それぞれ異なるはずの感情が、みんなに共通の言葉で表されることで、同じものに見えたり同じものとしてあつかわれたりしてしまうということである。

問三 中学から高校にかけて激しくなる「その場が盛り上がればいい、という会話の仕方」では、「言葉は使い捨てられてい」き、「おざなりにされていく」。そして、場を壊《こわ》さないために、「わかりやすいように、伝わりやすいように言葉を選ぶ」が、誰《だれ》ももうその言葉を理解しようとしていない。「みんなにわかるように」話し、「みんなの知っている言葉を使うことで、その言葉に合わせるように自分という人間も、最適化され」、「みんなに『わかりやすい』人間になる」。しかし、「すべてが『わかって』もらえる人間なんて、そこにいる意味がな」く、「『わからなさ』にこそ自分がある」と筆者は思った。ここまでの内容からわかるように、筆者は、日常の会話で使われる話し言葉に対して、限界やある種の無力さ、むなしさのようなものを感じている。話し言葉に対するこうした思いを書いた後、筆者は、「だから、きっと、話し言葉以外の『言葉』を探し始めたのだろう」と述べ、直後でネットの話に移っている。筆者が中学生のころのインターネット上には、「すでにたくさんのＷＥＢ日記が存在していて、そこでは現実の人付き合いなんて全く関係ない」ようだった。ネットでは、「言葉より優先される『場』がな」く、コミュニケーションを前提としていないことから、「わかってもらう」ことを考えずに言葉を書くことができた。ネットでは、「わからない言葉は、わからない言葉のまま存在感を発揮し」ていて、筆者は、ネットで日記を書く中で、「わかりやすい言葉ではなかったけれど、その言葉の手触《てざわ》りにこそ、自分というものが存在している気がする」と感じていた。また、それを読みたがる人が現れると、「『書く言葉』だからこそ、受け入れられる『わからなさ』があるのかな」などと思った。――線部②の少し後には、「よく知らない相手なのに～その『異物感』に相手の生きてきた痕跡《こんせき》を感じる。言葉のすべてがわからなくても～その『異物感』にときどき、ぐっときたり、むしろ嫌悪感《けんおかん》を抱《いだ》いたりする。言葉が『人』を伝える瞬間《しゅんかん》だと思った。『わからなさ』に『人』が宿る瞬間だと思った。そういう言葉を、私はずっと書きたいと、思っていたんだ」とある。筆者は、「『わからなさ』にこそ自分がある」と思っていた。そして、誰にも気をつかわずに自由に書けるネット上の「書く言葉」であれば、自分というものをそのまま表すことができると考えたのである。

問四 筆者は、「『わからなさ』にこそ自分がある」と思っていて、「わかりやすい」話し言葉に限界を感じ、インターネットで日記を書き始めた。筆者がネットに書いた日記を読みたがる人が現れると、「『書く言葉』だからこそ、受け入れられる『わからなさ』があるのかな」などと思うようになり、さらにそれを「詩みたいだ」と言う人が現れたことで、筆者は「詩」を発表するようになった。筆者は、詩は「『わからなさ』に宿るもの」だと考えている。「わからない」言葉に出会ったとき、「その『異物感』に相手の生きてきた痕跡を感じ」たり様々な感情を抱いたりする。筆者は、自分の詩を読んだだれかが、「わからない」言葉に出会って「異物感」をおぼえ、それをきっかけに何かが起こることを期待している。その何かとは、――線部③の前の段落に書かれているように、それぞれの読み手が違う解釈をし、「それぞれが、自分自身の中にあるものを、そこから思い出」したり、「忘れ始めていた自分の『本当』が、奥《おく》にまだ眠《ねむ》っていることを思い起こ」したりすることである。筆者は、「読み手と書き手が、完全にわかりあう必要などないのだろう」と思っていて、読み手がどのような解釈をしたとしても「届くものがある」ということが大切だと思っている。このようにして、自分の書いた詩が誰かに届き、その人の解釈を通してその人の中に入って混ざり合い、何かが起こり、自分と他者がつながることに、筆者は詩を書く喜びを感じている。

二　著作権上の都合により文章を掲載《けいさい》しておりませんので、解説も掲載しておりません。ご不便をおかけし、誠に申し訳ございません。

《2024　算数　解説》

I　(1)①　与式$=16-\{\frac{22}{3}\times\frac{11}{5}-(\frac{57}{10}-\frac{25}{6})\div\frac{23}{7}\}=16-\{\frac{242}{15}-(\frac{171}{30}-\frac{125}{30})\times\frac{7}{23}\}=16-(\frac{242}{15}-\frac{46}{30}\times\frac{7}{23})=16-(\frac{242}{15}-\frac{7}{15})=16-\frac{235}{15}=\frac{48}{3}-\frac{47}{3}=\mathbf{\frac{1}{3}}$

②　与式より，$\frac{3}{2}\div(\frac{15}{26}-\boxed{イ}\times\frac{27}{20})=\frac{23}{4}-\frac{57}{28}$　$\frac{3}{2}\div(\frac{15}{26}-\boxed{イ}\times\frac{27}{20})=\frac{161}{28}-\frac{57}{28}$　$\frac{15}{26}-\boxed{イ}\times\frac{27}{20}=\frac{3}{2}\div\frac{26}{7}$

$\boxed{イ}\times\frac{27}{20}=\frac{15}{26}-\frac{3}{2}\times\frac{7}{26}$　$\boxed{イ}\times\frac{27}{20}=\frac{30}{52}-\frac{21}{52}$　$\boxed{イ}=\frac{9}{52}\times\frac{20}{27}=\mathbf{\frac{5}{39}}$

(2)①　**【解き方】上から２マス目の丸の色によって，上から４マス目，６マス目の丸の色は１通りに決まるので，上から２マス目の丸の色で場合分けして考える。**

図１

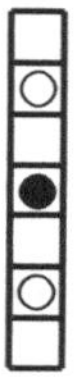

図２

上から２マス目が○のとき，図１のようになる。上から１マス目は並べ方の決まりに関わらないので２通りある。上から３マス目は(え)に関わるが，上から４マス目が●であり，この場合は決まりを無視できるから２通りある。上から５マス目と７マス目の決め方は２×２＝４(通り)あり，このうち，どちらも○の場合は(う)に反するから，４－１＝３(通り)ある。

よって，上から２マス目が○のとき，２×２×３＝12(通り)ある。

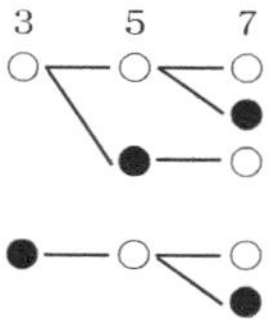

上から２マス目が●のとき，図２のようになる。上から１マス目は２通りある。上から３マス目，５マス目，７マス目は(う)と(え)に関わるので，樹形図をかくと，右のようになり，決め方は５通りある。よって，上から２マス目が●のとき，２×５＝10(通り)ある。

以上より，並べ方は全部で12＋10＝**22**(通り)ある。

②　**【解き方】A，B，C，Dの決め方は，(A，B，C，D)＝(○，●，●，○)(●，○，○，●)の２通りある。**

①より，上から２マス目が○のときの縦７マスの並べ方は12通り，●のときの縦７マスの並べ方は10通りだから，28マスの並べ方は12×10×10×12＋12×10×10×12＝**28800**(通り)ある。

(3)①　図６の状態から折り紙を広げていくと，右図のような**正十二角形**になる。

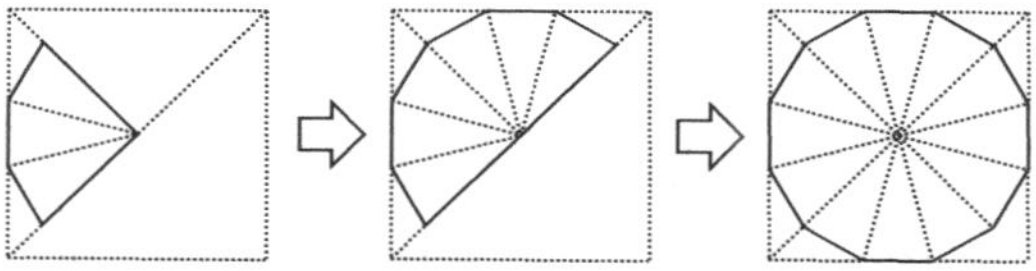

②　[解き方１]三角形ＡＢＣにおいて，ＡＢを底辺としたときの高さは正方形の折り紙の１辺の長さの$\frac{1}{2}$倍だから，５cmである。よって，求める面積は，2.7×５÷２×12＝**81**(cm²)

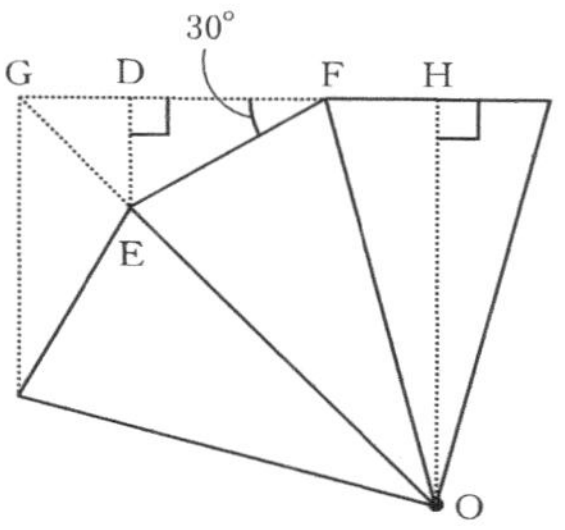

[解き方２]右図は正十二角形の左上の部分を拡大した図である。

三角形ＤＥＦは３つの内角の大きさが30°，60°，90°の直角三角形だから，

ＤＥ＝ＥＦ÷２＝ＡＢ÷２＝1.35(cm)である。

ＦＨ＝2.7÷２＝1.35(cm)だから，ＧＦ＝５－1.35＝3.65(cm)

よって，三角形ＧＥＦの面積は，ＧＦ×ＤＥ÷２＝3.65×1.35÷２(cm²)

したがって，正十二角形の面積は，10×10－3.65×1.35÷２×８＝**80.29**(㎠)と求めることができ，こちらを解としてもよい。

③　**【解き方】正十二角形の面積から，１辺の長さが0.6㎝の正方形の面積12個分と，半径が１÷２＝0.5(㎝)の半円の面積12個分を引いて求める。**

切りぬいた正方形の面積は0.6×0.6×12＝4.32(㎠)，切り取った半円の面積は0.5×0.5×3.14×$\frac{1}{2}$×12＝4.71(㎠)だから，求める面積は81－4.32－4.71＝**71.97**(㎠)である。

なお，②の[解き方２]で答えを求めた場合の面積は，80.29－4.32－4.71＝**71.26**(㎠)となる。

Ⅱ　(1)　立方体を１面ぬるのに必要な絵の具は，10÷１$\frac{1}{5}$＝$\frac{25}{3}$＝**8$\frac{1}{3}$**(mL)

(2)①　**【解き方】(1)より，立方体の６面をぬるのに必要な絵の具は$\frac{25}{3}$×６＝50(mL)である。**

赤色の絵の具は200mLあるから，６面すべて赤色の立方体は，200÷50＝**４**(個)つくれる。

②　**【解き方】黄色の絵の具を200mLすべて使って黄緑色の絵の具をつくるとき，青色の絵の具は200×$\frac{1}{2}$＝100(mL)必要である。**

黄緑色の絵の具は200＋100＝300(mL)つくれるから，６面すべて黄緑色の立方体は300÷50＝**６**(個)つくれる。

(3)　**【解き方】オレンジ色は赤色と黄色を１：１，緑色は青色と黄色を１：１で混ぜるので，必要な赤色，黄色，青色の絵の具の量の比は，１：(１＋１)：１＝１：２：１である。**

黄色を200mL使うとすると，赤色と青色をそれぞれ100mLずつ使えばよい。よって，立方体は(100＋200＋100)÷50＝**８**(個)つくれる。

(4)①　**【解き方】最も不足するのは，どの色の絵の具なのかを考える。**

赤色は200mLあり，混ぜてつくるのはオレンジ色だけなので，明らかに不足しない。

青色を混ぜてつくるのは緑色と黄緑色だから，１個の立方体をつくるのに必要な青色の絵の具は$\frac{25}{3}$×(１＋$\frac{1}{2}$＋$\frac{1}{3}$)＝$\frac{275}{18}$(mL)である。よって，120÷$\frac{275}{18}$＝７$\frac{47}{55}$より，立方体は７個つくれる。

黄色を混ぜてつくるのは緑色，オレンジ色，黄緑色だから，１個の立方体をつくるのに必要な黄色の絵の具は$\frac{25}{3}$×(１＋$\frac{1}{2}$＋$\frac{1}{2}$＋$\frac{2}{3}$)＝$\frac{200}{9}$(mL)である。よって，200÷$\frac{200}{9}$＝９より，立方体は９個つくれる。

以上より，最も不足する青色の絵の具の量によって，つくれる立方体の個数が決まるから，立方体は**７**個つくれる。

②　①より，使わなかった青色の絵の具は，120－$\frac{275}{18}$×７＝$\frac{2160}{18}$－$\frac{1925}{18}$＝$\frac{235}{18}$＝**13$\frac{1}{18}$**(mL)である。

Ⅲ　(1)　**【解き方】正三角形ＡＢＣが通過した部分は，右図の色つき部分のようになる。**

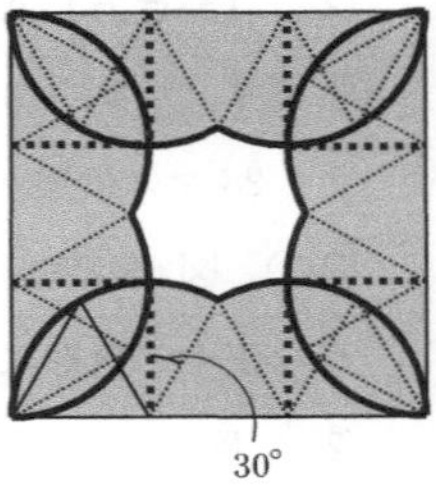

色つき部分の面積は，１辺の長さが１㎝の正方形の面積４個分と，半径１㎝，中心角30°のおうぎ形の面積８個分と，正三角形ＡＢＣの面積４個分の和である。

よって，１×１×４＋１×１×3.14×$\frac{30°}{360°}$×８＋Ｓ×４＝**6$\frac{7}{75}$＋Ｓ×４**(㎠)

(2)　**【解き方】Ｃがえがいた図形は右図の太線部のようになる。２つの斜線部分はそれぞれ，２つの色つき部分と合同だから，面積が等しい。**

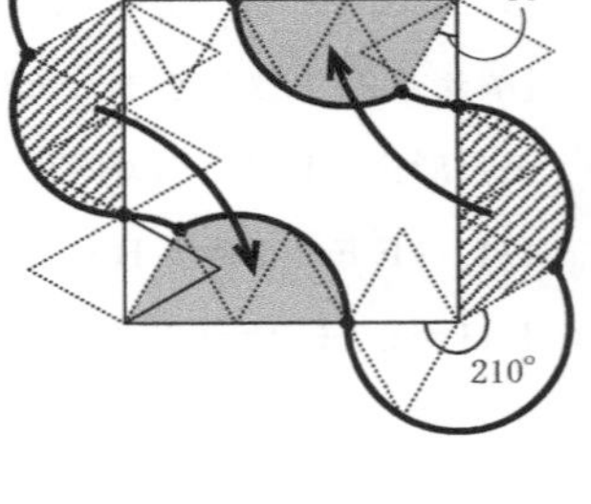

求める面積は，１辺の長さが３㎝の正方形の面積１個分と，半径１㎝，中心角210°のおうぎ形の面積２個分の和から，半径１㎝，中心角30°のおうぎ形の面積２個分を引いた値である。

よって，３×３＋１×１×3.14×$\frac{210°}{360°}$×２－１×１×3.14×$\frac{30°}{360°}$×２＝９＋($\frac{7}{6}$－$\frac{1}{6}$)×3.14＝９＋3.14＝**12.14**(㎠)

Ⅳ　ア，イ，ウ　水そうＡの容積は10×15×20÷1000＝３(Ｌ)だから，３÷１＝

3(分後)に水があふれ出し，水そうCにたまり始める。水そうBの容積は
10×20×35÷1000＝7(L)だから，水そうBに水を入れ始めて7÷2＝3.5(分後)，つまり水そうAに水を入れ始めて5＋3.5＝**8.5**(分後)に水があふれ出す。このとき，水そうCには1×(8.5−3)＝**5.5**(L)の水がたまっている。また，水そうAに水を入れ始めて5分後，水そうCにたまっている水の量は1×(5−3)＝**2**(L)である。

エ，オ　水そうCの容積は30×70×60÷1000＝126(L)，おもりDの体積は5×10×30÷1000＝1.5(L)，おもりEの体積は5×10×20÷1000＝1(L)だから，水そうCの水が入る部分の容積は，126−(3＋7＋1.5＋1)＝**113.5**(L)である。

水そうAに水を入れ始めて8.5分後以降は，水そうCに1分間あたり1＋2＝3(L)の水が入るので，水そうCが水でいっぱいになるのは，水そうAに水を入れ始めてから，8.5＋(113.5−5.5)÷3＝**44.5**(分後)である。

カ，キ　キはおもりEの高さの20㎝より小さいから，水そうBから水があふれ出したときの水面の高さなので，水を入れ始めて**8.5**分後にキの高さになる。水そうCの底面積は30×70＝2100(㎠)，おもりDとおもりEの底面積の和は5×10×2＝100(㎠)である。

よって，水そうBから水があふれ出したときの水面の高さは，5.5×1000÷(2100−100)＝**2.75**(㎝)である。

ク　水が入る部分の底面積が等しいとき，水を入れた時間は入っている水の体積に比例する。

水そうBから水があふれ出してから，水面の高さが20㎝になるまでに，水面の高さは20−2.75＝17.25(㎝)上がった(図1参照)。1分あたりに上がる水面の高さは，(1＋2)×1000÷2000＝1.5(㎝)だから，水そうAに水を入れ始めてから8.5＋17.25÷1.5＝8.5＋11.5＝**20**(分後)である。

図1

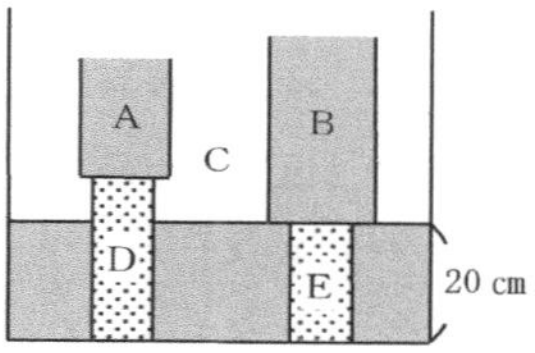

ケ　水面の高さが20㎝から30㎝まで(図2参照)は，水が入る部分の底面積が2100−(5×10＋10×20)＝1850(㎠)となる。

よって，水面の高さが20㎝から30㎝になるまでの底面積と，水面の高さが20㎝になるまでの底面積の比は，1850：2000＝37：40だから，水面の高さが同じだけ上がるのにかかる時間の比も37：40となる。

したがって，求める時間は，20＋(30−20)÷1.5×$\frac{37}{40}$＝$\mathbf{26\frac{1}{6}}$(分)

図2

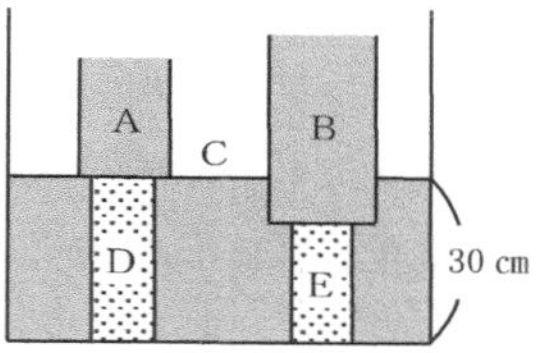

コ　水そうAとおもりDの高さの和が20＋30＝50(㎝)だから，水そうCと水そうAの水面の高さが等しくなるのにかかる時間を求める。水面の高さが30㎝から50㎝まで(図3参照)は，水が入る部分の底面積が2100−(10×15＋10×20)＝1750(㎠)となる。よって，水面の高さが30㎝から50㎝になるまでの底面積と，水面の高さが20㎝になるまでの底面積の比は，1750：2000＝7：8だから，求める時間は，26$\frac{1}{6}$＋(50−30)÷1.5×$\frac{7}{8}$＝$\mathbf{37\frac{5}{6}}$(分)である。

図3

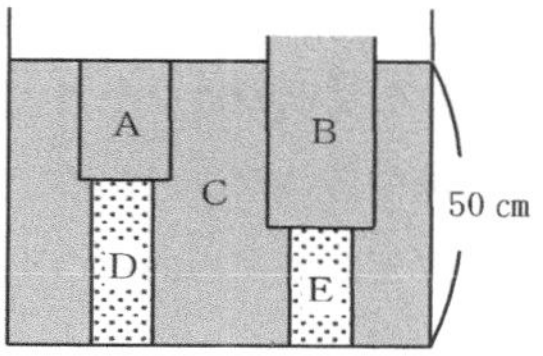

サ　水そうBとおもりEの高さの和が35＋20＝55(㎝)だから，水そうCと水そうBの水面の高さが等しくなるのにかかる時間を求める。ここまでと同様にして，水が入る部分の底面積は2100−10×20＝1900(㎠)だから，水そうCとの底面積の比は19：20より，求める時間は37$\frac{5}{6}$＋(55−50)÷1.5×$\frac{19}{20}$＝**41**(分)

シ　水面の高さが60㎝になるまでの時間はオと等しいから，**44.5**分である。

《2024　理科　解説》

Ⅰ　**問2**　もの(固体)のとけた水溶液《みずようえき》を冷やして結晶《けっしょう》が出てくるのは，ある温度の水にとける最大の量が決まっていて，温度が高いほど多くとけるからである。

問3　食塩水の重さが 100＋39.3＝139.3(g)，水の重さが 100gだから，食塩水の$\frac{100}{139.3}$×100＝71.78…→71.8%が水分である。

問4　つぶの小さいものでできた層ほど液体をとおしにくい。

問5　a．こい塩水にふくまれる水は 100－12.7＝87.3(%)だから，100×0.873＝87.3(kg)である。　b．箱の上から流しこむ海水にふくまれる水が 87.3kgであればよい。また，海水の 100－3＝97(%)が水だから，流しこむ海水は 87.3×$\frac{100}{97}$＝90(kg)である。　c．箱の上から流しこむ海水が 90 kgだから，そこにふくまれる塩は 90×0.03＝2.7(kg)である。　d．こい塩水にふくまれる塩は 100×0.127＝12.7(kg)だから，砂の表面から海水にとけこむ塩は 12.7－2.7＝10(kg)である。　e．塩 10 kgをふくむ海水を塩田にまけばよいから，10×$\frac{100}{3}$＝333.33…→333.3kgの海水をまけばよい。

問6　半径が 1.6÷2＝0.8(m)→80 cmだから，入る塩水は 80×80×3.14×30＝602880(㎤)→602880mL→602.88Lである。

問7　ア×…塩水がこくなり，塩が水にとけきれなくなると結晶になるので，塩水がうすいところに結晶はできない。　イ○…液面は蒸発が盛んなので，液面の近くの塩水がこくなり，とけきれなくなった塩が結晶になる。
ウ×…温度が下がっても，塩の結晶はほとんどできない。　エ×…1㎤あたりの重さ(密度)は，塩水より結晶のほうが大きい。

Ⅱ　**問4**　①全体の重さが最も小さい緑色光(ウ)があてはまる。　②1枚あたりの葉の重さは，赤色光で$\frac{8.56}{8.25}$＝1.03…(g)，青色光で$\frac{7.28}{4.88}$＝1.49…(g)，緑色光で$\frac{1.99}{5.38}$＝0.36…(g)だから，青色光(イ)があてはまる。　③主茎《しゅけい》の長さが最も大きい赤色光(ア)があてはまる。

問5　a．根から吸収した水が，気孔《きこう》から水蒸気となって出ていくことを蒸散という。　b．根から吸収した水と気孔から取り入れた二酸化炭素を材料に，光のエネルギーを使って，でんぷんと酸素をつくることを光合成という。なお，光合成によってできた酸素は気孔から出ていく。

Ⅲ　**問1**　運動場の砂や土のつぶの大きさが大きいほど，地面に水がしみこみやすい。図1の運動場の地面の写真から，O小学校のほうがN小学校より砂や土のつぶの大きさが大きく，水がしみこみやすいとわかる。太陽は，東の地平線からのぼり，南の空の高いところを通り，西の地平線にしずむから，午後には南から西の空にある。そのため，南西に校舎のあるO小学校の運動場は午後の日当たりが悪い。水平器を置いたとき，空気の玉が動いた側の方が高くなっている。O小学校では運動場の側溝《そっこう》側(A側とD側)のほうが低くなっているから，側溝に水が流れやすい。

問2．ⅰ)　b．流水のはたらきによって，地面がけずられることを侵食《しんしょく》，土砂が運ばれることを運搬《うんぱん》，運ばれてきた土砂を積もらせることを堆積《たいせき》という。　c．れきは2㎜以上，砂は 0.06 ㎜～2㎜，泥《どろ》は 0.06 ㎜以下だから，②(粘土《ねんど》質)の層のほうが，①の層よりつぶが小さい。　ⅱ)　ⅰ)のc解説参照。　ⅲ)　流水のはたらきによって運搬されてきた層のれき(つぶ)は，流水のはたらきによって角がとれて丸みを帯びるが，流水のはたらきを受けない火山灰などのつぶは角張っている。　ⅳ)　つぶが小さいものほど，しずみにくく，水深の深いところまで運ばれて堆積する。よって，つぶの小さい④の層ができた当時のほうが水深が深いと考えられる。
ⅴ)　イ○…問題文より，⑤の層は流水のはたらきによって運搬された土砂が堆積してできたとわかる。よって，

⑤の層ができた当時この場所は海や湖などの底にあったと考えられる。

問３　水を通しやすい砂やれきの層と水を通しにくい粘土の多い層との境目では，地下水やわき水が採取しやすい。

Ⅳ　**問１**　イ○…音を大きくすると，振動《しんどう》が大きくなる。

問２． ｉ）　0.002 秒間で１回振動しているから，１秒間では $1\times\frac{1}{0.002}$＝500(回)振動している。　ⅱ）　高い音ほど１秒間に振動する回数が多い，つまり，１回振動するのにかかる時間が短い。１回振動するのにかかる時間が 0.002 秒より短いのはイとウである。なお，振動の大きさは音の大きさを表していて，ウとエは図３と同じ大きさの音，アとイは(図３より小さい)同じ大きさの音である。

問３． ｉ）　ア．８《球の速さ》×0.2＝1.6(m)　イ．８×0.6＝4.8(m)　ウ．18－(２《的の速さ》×0.4)＝17.2(m)　エ．18－(２×0.8)＝16.4(m)　ⅱ）　球と的の間のきょりが１秒間で 10m近づくから，球が発射されてから的に当たるまでの時間は 18÷10＝1.8(秒)である。また，そのとき的は 18－(２×1.8)＝14.4(m)の位置にある。　ⅲ）　オ．２個目の球が発射される１秒後のとき，的は発射装置から 16mの位置にあるから，２個目の球が発射されてから 16÷10＝1.6(秒後)に的に当たる。よって，はじめの球が発射されてから１＋1.6＝2.6(秒後)に的に当たる。　カ．オと同様に求める。３個目の球が発射される２秒後のとき，的は発射装置から 18－(２×２)＝14(m)の位置にあるから，はじめの球が発射されてから２＋(14÷10)＝3.4(秒後)に的に当たる。　キ．2.6－1.8＝0.8(秒)　ク．4.2－3.4＝0.8(秒)

問４　実験２より，発射装置と的の間のきょりを近づけると，球が的に当たる間隔《かんかく》は１秒より短くなるとわかる。これより，発射装置と的の間のきょりを遠ざけると，球が的に当たる間かくは１秒より長くなると考えられる。

問５　実験２で球が的に当たる間隔は(発射する間隔の１秒より短い)0.8 秒で一定だから，音源と聞く人の間のきょりが近づくときの音の高さは，(音源と聞く人の間のきょりが変わらないときより)高くなるが，ある高さで一定となっている(近づくほど高くなるということではない)。したがって，アやエでは本来の音の高さより一定の高さだけ高くなった音が聞こえ，イでは本来の音の高さより一定の高さだけ低くなった音が聞こえる。

《2024　社会　解説》

Ⅰ　１＝井戸　２＝玉川　３＝利根　４＝浄水　５＝洪水　６＝電力　７＝融雪　　１．「上水の整備」「掘る」などから井戸と判断する。２．江戸時代，玉川上水・神田上水・本所上水・青山上水・三田上水・千川上水を江戸の六上水と呼んだ。６．ダムに貯めた水を，高低差を利用して勢いよく流すことで，タービンを回して発電をしている。

７．北陸地方では，地下水を使った消雪パイプを道路に設置している。

①ｉ　茶　　全国で生産される茶の約７割を，静岡県，鹿児島県，三重県の３県で占める。　ⅱ　明治時代，関東で栽培される茶は，強風による土の飛散防止の役割をもち，茶垣と呼ばれた。

②　Ａ＝オ　Ｂ＝ク　Ｃ＝ア　Ｄ＝キ　　Ａ．イタイイタイ病が発生した神通川である。Ｂ．上流域のスギの産地は吉野(奈良県)，下流の河岸段丘で栽培される果樹はみかん，河口にある都市は，御三家の一つ紀伊藩が整備した和歌山市である。河川名は紀ノ川である。Ｃ．「曲がりくねって流れる」「屯田兵村」「泥炭地」などから石狩川である。泥炭地は客土によって土地改良がなされ，北海道は新潟県に次ぐ米の生産地となっている。Ｄ．「四県を流れる」「堤防」「水屋」などから木曽川である。木曽三川が流れる濃尾平野には，三角州に周りを堤防で囲んだ輪中があり，輪中の中には避難場所として水屋がつくられていた。

③　ア　　Ｘはトイレ，Ｚは炊事である。風呂はお湯をためるために，毎日の使用量が多くなる。

④　１＝シリア　２＝インド　３＝カナダ　　１．トルコ周辺の国に関しては，右図を参照。　２．2023 年，人口１位の国は中国からインドに変わった。中国は人口抑制に成功したが，少子高齢化が深刻になっている。インドでは人口抑制に失敗し，現在も人口は増え続けている。３．カナダ・アメリカの西部地域で大規模な山火事が毎年起きている。

⑤　沸騰化　　国連のグテーレス事務総長は，世界の温室効果ガスの約８割を排出しているといわれるG20 に対して新たな排出削減目標が必要だとするコメントを出す中で，地球沸騰化という言葉を使った。

Ⅱ　１＝先住民族　２＝アマゾン　３＝アイヌ　Ａ＝エ　Ｂ＝オ　　１．文章前半部分ではわからないが，後半部分を読むと先住民族と判断できる。日本のアイヌ，南アメリカのインディオ，オーストラリアのアボリジニ，ニュージーランドのマオリなど，世界には多くの先住民族がいる。２．世界最大の流域面積をもつのがアマゾン川，世界最長の川がナイル川である。Ａ．大西洋を渡ってスペインが南アメリカ大陸の先住民の国家であるインカ帝国を滅ぼした。Ｂ．アフリカ大陸から連れてきた人々を，ヨーロッパや南北アメリカ大陸で奴隷として働かせる，大西洋奴隷貿易が行われていた。

①　イ　　コロンビアは，南アメリカ大陸の低緯度に位置する国である。

②　エ　　ａ．正しい。日本では，20 世紀前半に笠戸丸に乗った人々がブラジルに初めて集団移住した。ｂ．誤り。南アメリカ大陸のほとんどをスペインが支配する中，ブラジルだけはポルトガルが支配したため，ブラジルは今でもポルトガル語を公用語としている。ｃ．誤り。日本で暮らす外国人は，中国人に次いでベトナム人が多い。

③　カ　　ａ．誤り。「持続可能な開発目標(SDGs)」は，国連安全保障理事会ではなく国連総会で採択された。ｂ．正しい。ｃ．誤り。国連環境計画(UNEP)はNGO(非政府組織)ではなく，国際連合の総会の補助機関である。

Ⅲ　１＝地方公共団体　２＝主権　３＝地租　４＝板垣退助　５＝所得税　６＝小村寿太郎　７＝大和政権　８＝江田船山　９＝貴族　10＝雑徭　Ａ＝サ　Ｂ＝ウ　Ｃ＝ス　Ｄ＝キ　　１．都道府県，市区町村をまとめて地方公共団体，または地方自治体という。２．１つ目の空欄の直後に「国民にある」と書いてあることからも主権と判断できる。３．米による物納では財政が安定しなかったため，現金で納めさせる地租改正が行われた。土地所有者に地価を定めた地券を発行し，地価の３％を現金で納めさせた。その後，全国で地租改正反対一揆が深刻化し，1877 年に地租は 2.5％に引き下げられた。４．征韓論争に敗れた板垣退助は，民撰議院設立建白書を提出し，自由民権運動を先導した。６．陸奥宗光外相のときに領事裁判権の撤廃に成功し，小村寿太郎外相のときに関税自主権の回復に成功した。10．律令制下の税については右表参照。

名称		内容	納める場所
租		収穫した稲の約３％	国府
調		布または特産物	都
庸		10 日間の労役に代わる布	都
雑徭		年間 60 日以内の労役	
兵役	衛士	１年間の都の警備	
	防人	３年間の九州北部の警備	

Ａ．「国民の代表からなる」「開設を求める意見書(＝民撰議院設立建白書)」から判断する。Ｂ．関税は輸入品にかかる税であり，関税が低いと外国製品が安く輸入されるため，国内産業が打撃を受ける場合がある。一例として，幕末の開国時，イギリスの安い綿糸や綿織物が輸入されたことで，国内の産業が打撃を受けた。Ｄ．『魏志』倭人伝には，邪馬台国の女王卑弥呼が魏に朝貢し，親魏倭王の称号と金印，100 枚あまりの銅鏡を授かったと書かれている。

①　ウ　　ａ．正しい。子どもに普通教育を受けさせる義務があり，子どもは教育を受ける権利がある。ｂ．誤り。選挙で投票することは義務ではなく権利である。ｃ．正しい。

②　1904 年が日露戦争の開戦の年であること，日露戦争では日清戦争より多額の戦費がかかったことを考える。ま

た，ポーツマス条約で賠償金が得られなかったために，国民の負担は軽減しなかったことと関連付ける。

③　イ　　ａ．正しい。ｂ．正しい。ｃ．誤り。収入が高い人ほど負担感が強い税は累進課税制度が適用される所得税などであり，消費税はすべての人が同じ税率で負担するため，収入が低い人ほど負担感が強い逆進性の問題がある。

④　イ　　5000 年前の日本列島は縄文時代にあたる。ａ．正しい。ｂ．正しい。ｃ．誤り。稲作が日本に伝わったのは縄文時代晩期から弥生時代初期であり，日本列島全域で稲作が行われるようになったのは明治時代である。

⑤　エ　　纏向遺跡(奈良県)には，卑弥呼の墓とする学説が出た箸墓古墳がある。吉野ヶ里遺跡は佐賀県にある環濠集落跡，唐古・鍵遺跡は奈良県にある青銅器工房があったことが確認できた環濠集落跡，登呂遺跡は静岡県にある稲作が確認できた集落跡。

⑥　オ　　ａ．誤り。ヤマト政権において，豪族は私有地(田荘)や私有民(部曲)を領有していた。聖徳太子が行ったことではない。ｂ．正しい。聖徳太子が定めた十七条の憲法に「詔を承りては必ず謹め」とある。ｃ．正しい。聖徳太子は，身分や家柄に関係なく能力に応じて役人に取り立てるために，冠位十二階を制度化した。冠の色によって高い方から，濃紫(大徳)＞薄紫(小徳)＞濃青(大仁)＞薄青(小仁)＞濃赤(大礼)＞薄赤(小礼)＞濃黄(大信)＞薄黄(小信)＞濃白(大義)＞薄白(小義)＞濃黒(大智)＞薄黒(小智)と位を分けた。

⑦　エ　　ａ．正しい。701 年に大宝律令が作られた。ｂ．誤り。７世紀の出来事である。ｃ．誤り。聖武天皇が大僧正の位を与えた僧は鑑真ではなく行基である。

⑧　カ　　ａ．誤り。平治の乱に敗れて，源頼朝は伊豆へ流された。ｂ．正しい。ｃ．誤り。壇ノ浦の戦いで平氏を滅ぼしたのは源義経である。源義仲は壇ノ浦の戦いの前年に，源範頼・義経軍に討たれている。

⑨　オ　　ａ．誤り。二期作ではなく二毛作が行われるようになった。ｂ．正しい。ｃ．正しい。

⑩　ク　　ａ．誤り。桶狭間の戦いで織田信長に敗れたのは駿河の今川氏(今川義元)である。ｂ．誤り。織田信長と徳川家康が長篠の戦いで使った戦法は騎馬隊ではなく，鉄砲隊と馬防柵である。ｃ．誤り。豊臣秀吉が２度にわたって出兵したのは清ではなく朝鮮である。

⑪　イ　　ａ．正しい。ｂ．正しい。ｃ．誤り。町人に重い税はかけられなかった。

2023 解答例
令和５年度

桜蔭中学校

《国　語》

一　問一．A．風潮　B．白熱　C．勢い　問二．自分が発することばは正しいと思って発しても、どんなことばであってもどこかで誰かを深く傷つけるということにとまどい、怯えている。　問三．世界がひとつの意見、ひとつの考え方になると、自分たちだけが正しいという気持ちになり、違った意見をもつものを排除したり攻撃したりするような、苦しい世界になるから。〔別解〕世界がひとつの意見、ひとつの考え方になると、様々な意見や考え方をもつことが許されず、同じ見方をしなければ居場所がないような世界は苦しいから。　問四．③考える前に行動せよ、ということ。　④群れずにゆっくりよく確かめながら歩くこと。　問五．カミュも峯田さんも、ことばには人を傷つけたり、一つの方向へ人々をまとめてしまったりする危険があることを知りながら、だれかの背中を押すかもしれないと信じて、書き、歌い、ことばで表現することをやめなかった。それは、深く考えた自分自身のことばだけが、世界がわかったような気にならずにすむ唯一の可能性であり、またそのような不完全なことばでしか、ことばの不完全さを表現できないことをわかっているからである。その姿勢に、作家である筆者は勇気をもらい、支えられていると感じているということ。

二　問一．A．思案　B．歩調　C．不動産　D．表札　E．難しい　問二．ア．芽　イ．計算
問三．猫に迷惑をかけられたのでその仕返しに、生ごみをそのマンションの前に捨てたり、悪口を書いた手紙を配ったりしたこと。　問四．お姉ちゃんは、お母さんが病気のかすみちゃんの手伝いをしていたことがあったが、かすみちゃんの両親の離婚の理由を尋ねたことで、もう来ないで欲しいと言われてしまった。この質問でかすみちゃんが怒ったのだと思っていたがそうではなく、親切にされること自体が苦しかったのではないかと気づいた。よかれと思ってやって、自分が気持ち良くなったとしても、相手が傷つき不愉快な思いをすることがあるのだと学んだから。　問五．自分が「かすみちゃん」にかつてしたことはどういうことだったのかを「お姉ちゃん」はここでゆっくり考えることができたのであり、今現在、今井さんのことで「いい人」、「悪い人」「正しいこと」って何なのかわからなくなっている妹に、簡単に決めつけないでゆっくり考えてごらんと伝えたかったから。

《算　数》

Ⅰ　ア．$\frac{11}{500}$　イ．54　ウ．$10\frac{14}{85}$　エ．168　オ．141　カ．158　キ．101　ク．13.4　ケ．31.0

Ⅱ　※(1)156　※(2)6，$26\frac{5}{7}$　(3)花子さん…2，$1\frac{10}{21}$　桜さん…2，$47\frac{3}{7}$　※(4)3，$\frac{2}{7}$

Ⅲ　(1)15／右表　(2)①0，1　※②3816

※Ⅳ　(1)978.02　(2)3秒後…942.58　5秒後…907.44　(3)938.02　(4)0.8

	1回目	2回目
A	3	1
B	3	2

※の式や考え方は解説を参照してください。

《理　科》

Ⅰ　問1．イ，エ　問2．10　問3．0.18　問4．0.9　問5．7.2　問6．キ　問7．エ

Ⅱ　問1．オ　問2．血管　問3．ク，ウ，イ，エ　問4．ウ　問5．エ　問6．(1)ウ　(2)クマゼミ

Ⅲ　問1．ウ　問2．(1)ウ　(2)ク　問3．イ，カ　問4．(1)すずしろ　(2)イ　問5．(1)442　(2)アルタイル　(3)ア，キ，ク　(4)オ　(5)キ　問6．ＩＳＳ　問7．フレア

Ⅳ　問1．(a)調節ねじを回す　(b)針が0を指す　問2．1.3　問3．カ　問4．2.5　問5．イ，オ，キ　問6．540

《社　会》

Ⅰ　問1．X．国境　Y．領海　Z．軽石　問2．1．択捉　2．小笠原　3．能登　4．対馬　5．五島　問3．イ　問4．A．カ　B．ウ　C．ア　問5．離島振興法制定時は，3つの地域は日本政府の行政範囲になく，アメリカの管理下に置かれ，日本復帰後にそれぞれを対象とする特別な法律をつくったから。　問6．ア　問7．イ　問8．喜界島には大きな川がないので，地下に壁をつくり，海に流れ出るのを止めて，地下の水をため，その水をくみ上げて使うため地下ダムをつくった。　問9．神奈川…エ　佐賀…イ　長崎…ウ

Ⅱ　1．万葉集　2．二毛作　3．日本橋　4．伊勢　5．応仁　6．南蛮　①イ　②ア　③ウ　④イ　⑤ウ　⑥オ　⑦イ　⑧B→D→A→C　⑨桶狭間　⑩領地と江戸に1年おきに滞在させる参勤交代を義務とし，江戸城の修理や全国の河川の堤防造りなどの土木工事も行わせた。　⑪ア　⑫渋沢栄一　⑬オ　⑭エ　⑮イ

Ⅲ　1．5，3　2．個人情報保護　3．期日前　4．消費　5．安全保障理事会　問1．エ　問2．ウ　問3．ア　問4．イ　問5．エ

2023 解説 桜蔭中学校

令和５年度

《2023　国語　解説》

一　著作権上の都合により文章を掲載《けいさい》しておりませんので、解説も掲載しておりません。ご不便をおかけし、誠に申し訳ございません。

二　**問二ア**　直後の「伸《の》びる」に着目すると、「芽」があてはまる。ここでの「芽」は、新たに生まれ、これから大きくなっていくものという意味。　**イ**　ここでの「計算」は、自分の行動がどのような結果をもたらすかをある程度予測すること。「正しい行いの中に計算が混じっている」というのは、純粋に「正しい行い」をするのではなく、「正しい行い」をすることで、何か自分の利益になることが起こることと予測し、そうなることを期待して行動するということ。

問三　直前に「今井さんはやさしそうなおばあさんに見える」とあるので、「あんなこと」が指す内容は、やさしそうな人がしなさそうなことである。文章の終わりの方に「今井さんは普通《ふつう》のやさしそうなおばあさんに見えるのに、夜こっそり生ゴミをマンションの前に捨てに行ったり、悪口を書いた手紙を近所に配ったりしたよ。猫《ねこ》が自分ちの庭にうんちやおしっこをするからって、仕返ししたの」とある。

問四　「お姉ちゃん」は、かすみちゃんに「もう、うちに来ないでくれる？」と言われた理由は、かすみちゃんの両親の離婚《りこん》の理由をたずねたからだと考えていた。しかしその後、「お姉ちゃん」はこのことについて、「でも、そうじゃなかったかもしれない」と考えるようになった。――線部②の少し前で、「お姉ちゃん」は、「もしかしたら、わたしが親切ぶってることがいやだったのかもしれない～ずっと親切にされるのって苦しいかもしれないから。かすみちゃん、ほんとはわたしのことが、ずっと前からうっとうしかったのかもしれないんだよね」と言っている。こうした「お姉ちゃん」の考え方の変化を中心にまとめる。

問五　「お姉ちゃん」が言う「いいところ」とは、宝ヶ池である。「お姉ちゃん」は、「おとつい、ここに久しぶりに来たんだよね」と言い、かすみちゃんとの間で起きたことについて「いい人間になるのって難しい」といったことを考えたと言っている。つまり、「お姉ちゃん」は、この場所で自分のことについてゆっくり考えることができたのである。――線部②の後で「お姉ちゃん」は、「いい人」「悪い人」というのは複雑な問題で、簡単に分けられないのではないかと言っている。また、今井さんが仕返しをしたことについて、孤独《こどく》が原因なのかもしれず、「いい悪いは簡単には言えないよ」とも言っている。今井さんのことで、「いい人」「悪い人」、さらには「正しい」こととは何なのかが分からなくなっている羽美に対して、「お姉ちゃん」は、自分と同じくゆっくり考えればいいと伝えようとしている。

《2023　算数　解説》

I　(1)　与式より，$(0.003+\boxed{\text{ア}})\times 4=2\frac{106}{135}-2\frac{37}{54}$　　$(\frac{3}{1000}+\boxed{\text{ア}})\times 4=2\frac{212}{270}-2\frac{185}{270}$

$\frac{3}{1000}+\boxed{\text{ア}}=\frac{27}{270}\times\frac{1}{4}$　　$\boxed{\text{ア}}=\frac{1}{40}-\frac{3}{1000}=\frac{25}{1000}-\frac{3}{1000}=\mathbf{\frac{11}{500}}$

(2)　**【解き方】かみ合っている歯車（ＡとＢ，ＣとＤ）では，(歯数)×(回転数)が等しくなる。**

Ｂの回転数は，$68\times 11\div 48=\frac{187}{12}$(回転)だから，Ｃも$\frac{187}{12}$回転する。よって，Ｄの歯数は，$27\times\frac{187}{12}\div 7\frac{19}{24}=\mathbf{54}$

ＡとＤの回転数の比は，$11:7\frac{19}{24}=24:17$ だから，３秒でＡが５回転するとＤは$5\times\frac{17}{24}=\frac{85}{24}$(回転)する。

したがって，Ｄは１回転に$3\div\frac{85}{24}=\frac{72}{85}$(秒)かかるから，12回転するのにかかる時間は，$\frac{72}{85}\times 12=\frac{864}{85}=\mathbf{10\frac{14}{85}}$(秒)

(3)① AとBについての帯グラフより，Aに「あてはまる」と答えた人は，123＋45＝**168**(人)，Bに「あてはまる」と答えた人は，123＋18＝**141**(人)である。

BとCについての帯グラフより，Bに「あてはまる」と答えた人は，119＋22＝141(人)で，先ほど求めた人数の確認ができる。Cに「あてはまる」と答えた人は，119＋39＝**158**(人)である。

② **【解き方】右のようなベン図にまとめて考える。考えられるｐの最小の人数を求める。**

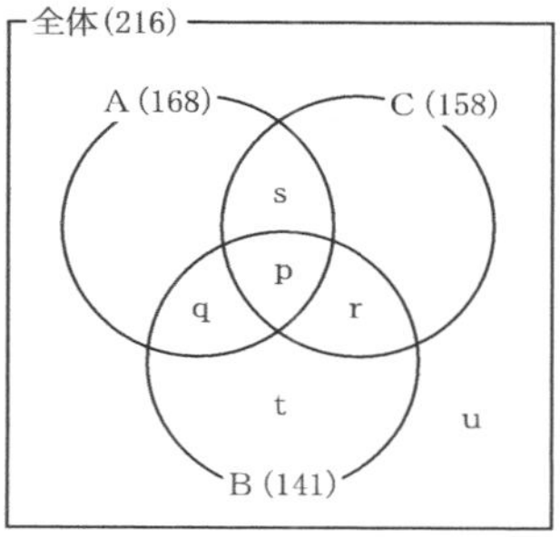

A，B，Cのいずれかの範《はん》囲《い》の中にふくまれる人数の合計は，

168＋141＋158－(ｐ＋ｑ)－(ｐ＋ｒ)－(ｐ＋ｓ)＋ｐ＝

467－123－119－(ｐ＋ｓ)＋ｐ＝225－ｓで，これが216－ｕと等しいから，

ｓ－ｕ＝225－216＝９である。

また，AとCだけに注目すると，168＋158－(ｐ＋ｓ)＝326－(ｐ＋ｓ)と，

216－(ｔ＋ｕ)が等しいから，(ｐ＋ｓ)－(ｔ＋ｕ)＝326－216＝110である。

ｓがｕより９大きいのだから，ｐはｔより110－９＝101大きい。

よって，ｐの最小の人数はｔ＝０のときの，ｐ＝**101**(人)である。

③ **【解き方】②のベン図に具体的に人数を書きこみながら考える。**

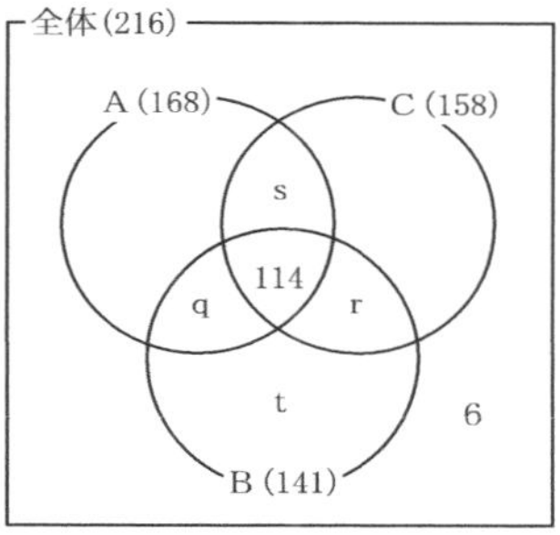

３つともあてはまる人が，$216\times\frac{52.8}{100}$＝114.048より114人で，どれにもあてはまらない人が，$216\times\frac{2.8}{100}$＝6.048より６人だから，右図のようになる。

ｑ＝123－114＝９，ｒ＝119－114＝５，ｓ＝６＋９＝15だから，３つのうち２つにあてはまる人は，９＋５＋15＝29(人)なので，$\frac{29}{216}\times100$＝13.42…より，**13.4%**である。

３つのうち１つにあてはまる人は，216－(114＋29＋６)＝67(人)だから，$\frac{67}{216}\times100$＝31.01…より，**31.0%**である。

Ⅱ (1) 縦の辺には300÷10－１＝29(本)ずつ，横の辺には500÷10－１＝49(本)ずつの旗を立てるから，全部で，(29＋49)×２＝**156**(本)

(2) 最後の10mは歩かないことに気をつけて移動時間を求めると，$\{(300+500)\times2-10\}\div70=\frac{159}{7}=22\frac{5}{7}$(分)

旗を立てる時間の合計は，$2\frac{1}{3}\times156=364$(分)

よって，求める時間は，$22\frac{5}{7}+364=386\frac{5}{7}$(分)，つまり，**6時間$26\frac{5}{7}$分**である。

(3) 花子さんの移動時間の合計は，$500\div70=\frac{50}{7}=7\frac{1}{7}$(分)，旗を立てる時間の合計は，$2\frac{1}{3}\times49=\frac{343}{3}=114\frac{1}{3}$(分)である。よって，花子さんがDに着くまでの時間は，$7\frac{1}{7}+114\frac{1}{3}=121\frac{10}{21}$(分)，つまり，**2時間$1\frac{10}{21}$分**である。

桜さんの移動時間の合計は，$(300+500)\div70=\frac{80}{7}=11\frac{3}{7}$(分)，旗を立てる時間の合計は，２×(29＋49)＝156(分)である。よって，桜さんがCに着くまでの時間は，$11\frac{3}{7}+156=167\frac{3}{7}$(分)，つまり，**2時間$47\frac{3}{7}$分**である。

(4) **【解き方】10m歩いてから旗を１本立てるのにかかる時間は，花子さんが$\frac{10}{70}+2\frac{1}{3}=2\frac{10}{21}$(分)，桜さんが$\frac{10}{70}+2=2\frac{1}{7}$(分)である。辺DCに立てる29本の旗を上から順に①～㉙とする。**

(3)で求めた時間の差は，$167\frac{3}{7}-121\frac{10}{21}=45\frac{20}{21}$(分)であり，$45\frac{20}{21}$分の間に花子さんは，$45\frac{20}{21}\div2\frac{10}{21}=\frac{965}{52}$＝18.5…より，①～⑱の旗を立てる。残りの旗は29－18＝11(本)だが，桜さんの方がわずかに速いので，花子さんは半分より少し少ない５本を立てると予想し，㉓を立て終わるときの時間を計算する。

花子さんが㉓を立て終わるのは，出発してから，$121\frac{10}{21}+2\frac{10}{21}\times 23=178\frac{3}{7}$(分後)である。

桜さんが㉕を立て終わるのは，出発してから，$167\frac{3}{7}+2\frac{1}{7}\times 5=178\frac{1}{7}$(分後)である。

したがって，㉔に向かって歩きはじめるのは桜さんの方が早いので，㉔を立てるのは桜さんである。

よって，求める時間は，$178\frac{1}{7}+2\frac{1}{7}=180\frac{2}{7}$(分)，つまり，**3時間$\frac{2}{7}$分**である。

Ⅲ　(1)　**【解き方】1回の勝負で勝敗が決まったときに得られる得点は1点なのだから，2点以上を得るのは，勝敗がつく前にあいこがあったときである。**

2回ふってAの得点が3点になるのは，1回目が2人とも3で，2回目にAが勝ったときである。

なお，解答例のAとBの目の出方の例の2回目は，Aが勝つ出方ならば何でもよい。

1回ふったときの2人の目の出方は全部で，6×6＝36(通り)ある。そのうちあいこになるのは同じ目が出た場合の6通りだから，勝敗がつくのは36－6＝30(通り)である。Aが勝つ出方の数とBが勝つ出方の数は等しいから，Aが勝つ出方の数は，30÷2＝15(通り)である。よって，1回目が2人とも3で，2回目にAが勝つ出方は全部で，1×15＝**15**(通り)

(2)①　**【解き方】あいこの回数で場合分けをして数える。**

あいこが3回のとき，AとBの得点はともに0点である。

あいこが2回のとき，勝敗がついた回で勝った方の得点が高くなるので，同点にならない。

あいこが1回のときについては，何回目にあいこになったかで場合を分けて考える。

(1回目，2回目，3回目)＝(あいこ，勝敗がついた，勝敗がついた)のとき，3回目に勝った方が1点だから，AもBも1点である(1回目は2人とも1だった)。

(1回目，2回目，3回目)＝(勝敗がついた，あいこ，勝敗がついた)のとき，1回目に勝った方が1点だから，AもBも1点である(2回目は2人とも1だった)。

(1回目，2回目，3回目)＝(勝敗がついた，勝敗がついた，あいこ)のとき，AもBも1点である。

あいこが0回のとき，2人の得点が同点になることはない。

以上より，考えられる得点は，**0点か1点**である。

②　**【解き方】①で場合分けをしたそれぞれについて，何通りかを計算する。**

あいこが3回のとき，AとBの出方は，6×6×6＝216(通り)

(1回目，2回目，3回目)＝(あいこ，勝敗がついた，勝敗がついた)のとき，1回目は「2人とも1」で1通り，2回目は「AまたはBが勝つ」で30通り，3回目は「2回目と逆の方が勝つ」で15通りだから，1×30×15＝450(通り)ある。

(1回目，2回目，3回目)＝(勝敗がついた，あいこ，勝敗がついた)のとき，1回目は「AまたはBが勝つ」で30通り，2回目は「2人とも1」で1通り，3回目は「1回目と逆の方が勝つ」で15通りだから，30×1×15＝450(通り)ある。

(1回目，2回目，3回目)＝(勝敗がついた，勝敗がついた，あいこ)のとき，1回目は「AまたはBが勝つ」で30通り，2回目は「1回目と逆の方が勝つ」で15通り，3回目はどのあいこでもいいから6通りなので，30×15×6＝2700(通り)ある。

以上より，求める出方の数は，216＋450＋450＋2700＝**3816**(通り)

Ⅳ　以下の解説では，円Aが通過した部分を円柱A，長方形Bが通過した部分を直方体Bとよぶ。

(1)　円柱Aの体積は，1×1×3.14×7＝21.98(㎤)

立方体の体積は，10×10×10＝1000(㎤)だから，求める体積は，1000－21.98＝**978.02**(㎤)

(2)　【解き方】面②の方向から見たとき，直方体Ｂの左の面は円柱Ａの底面の中心を通ることから，円柱Ａと直方体Ｂの重なりを考える。

３秒後の円柱Ａの高さは３cmだから，直方体Ｂと重なる部分はない。このとき，円柱Ａの体積は，3.14×３＝9.42(㎤)である。直方体Ｂは２×３＝６(cm)動いているから，直方体Ｂの体積は，４×２×６＝48(㎤)である。

よって，３秒後の立体の体積は，1000－48－9.42＝**942.58**(㎤)

５秒後に円柱Ａは５cm，直方体Ｂは２×５＝10(cm)動いている。したがって，円柱Ａの下の方の高さ５－３＝２(cm)の部分の半分は直方体Ｂと重なっているから，３秒後から５秒後までで増えた，直方体Ｂと重なっていない部分の円柱Ａの体積は，$3.14\times2\times\frac{1}{2}=3.14$(㎤)である。３秒後から５秒後までで増えた直方体Ｂの体積は，

８×(10－６)＝32(㎤)である。よって，５秒後の立体の体積は，942.58－32－3.14＝**907.44**(㎤)

(3)　【解き方】８秒後までに円柱Ａは８cm，直方体Ｂは0.625×８＝５(cm)動くから，面①の方向から見た円柱Ａと直方体Ｂの重なりは，右図の斜線《しゃせん》部分のようになる。

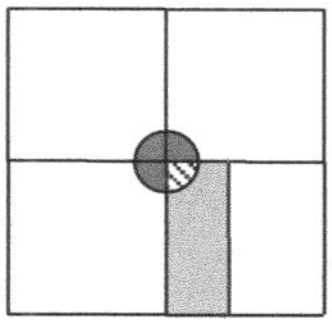

円柱Ａの体積のうち，直方体Ｂと重なっていない部分の体積は，高さ８－４＝４(cm)分の体積と，高さ４cm分の体積の$\frac{3}{4}$である。その体積の合計は，

$3.14\times4+3.14\times4\times\frac{3}{4}=3.14\times7=21.98$(㎤)

直方体Ｂの体積は，８×５＝40(㎤)だから，求める体積は，1000－40－21.98＝**938.02**(㎤)

(4)　【解き方】９秒後に円柱Ａは９cm動いていて，直方体Ｂの下側に出ている。そして，立体の体積920.42㎤は(3)のときよりも小さいから，直方体Ｂは５cmよりも多く進んでいる。よって，円柱Ａと直方体Ｂの重なりがわかりやすい，右図の場合の立体の体積をまず求めてみる。右図は直方体Ｂが６cm進んだ場合に，面①の方向から見た図である。

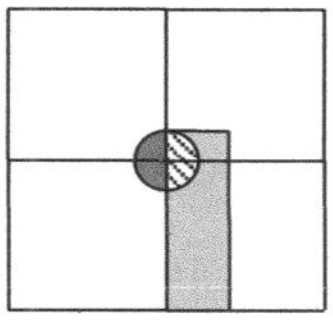

右図で，円柱Ａの体積のうち直方体Ｂと重なっていない部分の体積は，

$3.14\times(9-4)+3.14\times4\times\frac{1}{2}=3.14\times7=21.98$(㎤)

直方体Ｂの体積は，８×６＝48(㎤)だから，立体の体積は，1000－48－21.98＝930.02(㎤)

この体積は920.42㎤より，930.02－920.42＝9.6(㎤)大きい。したがって，直方体Ｂがさらに9.6÷８＝1.2(cm)進むと，立体の体積が920.42㎤になる。この場合直方体Ｂは全部で６＋1.2＝7.2(cm)進んでいるから，長方形Ｂの速さは，秒速$\frac{7.2}{9}$cm＝秒速**0.8**cm

《2023　理科　解説》

Ⅰ　**問１**　ア×…塩酸は無色の液体である。　ウ×…塩酸は水に気体の塩化水素をとかした水溶液《すいようえき》だから，水が蒸発するととけていた塩化水素は空気中に出ていく。　オ×…息をふきこむと白くにごるのは石灰水である。

問２　発生する水素の体積は，反応したＡの体積とアルミニウムの重さのそれぞれに比例する。表１より，Ａが４mL反応すると水素が90mL発生し，アルミニウム片１個がすべて反応すると水素が225mL発生することがわかる。よって，水素を225mL発生させるのに(アルミニウム片１個がすべて反応するのに)必要なＡの体積は$4\times\frac{225}{90}=10$(mL)である。

問３　実験２より，アルミニウム0.3ｇがすべて反応すると375mLの水素が発生することがわかる。実験１のアルミニウム片１個がすべて反応したときに発生する水素は225mLだから，$0.3\times\frac{225}{375}=0.18$(ｇ)が正答となる。

問４　実験２で，反応後の液体を加熱した後に残った白い固体は塩化アルミニウムという物質であり，生じる重さ

は反応したBの体積とアルミニウムの重さのそれぞれに比例する。実験２で，0.3ｇのアルミニウムが反応したときに生じる白い固体の重さは1.5ｇだから，実験１のアルミニウム片(0.18ｇ)がすべて反応したときに生じる白い固体の重さは$1.5\times\frac{0.18}{0.3}=0.9$(ｇ)である。

問５　塩酸の濃《こ》さが，同じ体積のＡとＢが反応したときに発生した水素の体積や生じた白い固体の重さに比例すると考えればよい。ここでは発生した水素の体積に着目し，60mLのＢ(２％)がすべて反応すると375mLの水素が発生することを基準にする。10mLのＡがすべて反応すると225mLの水素が発生するから，60mLのＡがすべて反応すると$225\times\frac{60}{10}=1350$(mL)の水素が発生する。よって，Ａの濃さは$2\times\frac{1350}{375}=7.2$(％)である。

問６　ＢＴＢ溶液は酸性で黄色，中性で緑色，アルカリ性で青色になるから，ＣとＤを50mLずつ混ぜたときは過不足なく反応して中性になったことがわかる。よって，Ｄが50mLより少ないときにはＣが余り，Ｄが50mLより多いときにはＤが余っている。アルミニウムは塩酸(Ｃ)だけでなく水酸化ナトリウム水溶液(Ｄ)とも反応し，このとき水素が発生する。また，表２で，Ｄの体積が０mLと10mLのときの発生した気体の体積がどちらも420mLであることに着目すると，発生した気体の体積は，はじめは一定でＤの体積が50mLになった(ＣとＤが過不足なく反応した)ときに０になり，Ｄの体積が50mLより大きくなる(Ｄが余るようになる)と増加し，やがてアルミニウムが不足するため一定になるキのようなグラフになる。

問７　アルミニウムと鉄のちがいを考える。アルミニウムは塩酸と水酸化ナトリウム水溶液のどちらとも反応するが，鉄は塩酸とだけ反応する。よって，Ｄが50mLになるまではアルミニウムのときと同じように気体が発生するが，Ｄが50mLより大きくなっても気体が発生しないので，エが正答となる。

Ⅱ　問３　セミは卵→幼虫→成虫の順に育つ(さなぎにならない)不完全変態の昆虫《こんちゅう》である。セミはかれた木の幹《みき》や枝の中に産卵し，ふ化した幼虫は土にもぐる。土の中で木の根から養分を吸って成長し，土から出てきて木の幹や葉で羽化して成虫になる。

問４　コオロギなどは羽をこすり合わせることで音を出しているが，セミは音を出すための器官が腹部にある。

問５　アとカはなめるのに適した形，イとウとオはかむのに適した形をしている。

問６　神奈川県と大阪府は，ブロードバンドサービスの普及率《ふきゅうりつ》が同じくらいでどちらも高い。神奈川県と大阪府ではどちらもアブラゼミが最も多く分布しているが，被害《ひがい》は西日本で多数報告されていることから，アブラゼミが原因ではなく，大阪府で２番目に多く分布している(神奈川県では分布してない)クマゼミが原因だと考えられる。

Ⅲ　問１　日の出時刻も日の入り時刻も太陽がウの位置にきたときの時刻である。このため，太陽が真東からのぼり真西に沈む春分や秋分の日では，昼の時間が12時間よりもわずかに長くなる。

問２(1)　月は，約30日の周期で，新月→上弦の月→満月→下弦の月→次の新月…というように満ち欠けする。上弦の月は南の空で右半分が光る半月，下弦の月は南の空で左半分が光る半月である。図１の月は，上弦の月(新月から約7.5日後)と満月(新月から約15日後)の間の形だから，ウが正答となる。　**(2)**　上弦の月が真南に位置するのが午後６時頃《ごろ》，満月が真南に位置するのが午前０時頃だから，図１の月はこれらの間の時刻に真南に位置する。

問３　アはニシンの卵，イはダイズ，ウはカタクチイワシ，エはスケトウダラなどの白身魚，オはエビ，カはクリが主な材料である。

問４(1)　すずなはカブである。　**(2)**　オはミカン科の植物の葉に卵を産む。

問５(1)　９兆5000億→9.5兆より，4200÷9.5＝442.1…→442光年となる。　**(2)(3)**　アがはくちょう座のデネブ，キがこと座のベガ，クがわし座のアルタイルである。　**(4)**　図３で，地球から見て太陽の左側にあるオとカが宵《よい》の明星である。また，太陽と地球を結んだ直線と，金星と地球を結んだ直線の間の角が大きいときほど，日没《にちぼつ》後に観測できる時間が長いから，オが正答となる。　(5)　金星は太陽の光を反射して光って見えるから，図３のオは地球から見ると右側が光って見える。また，図３のオのように，金星と太陽を結んだ直線と，金星と地球を結んだ直線が垂直に交わるとき，金星は半月状に見えるから，キが正答となる。

Ⅳ　**問２**　皿を支える棒の下端《かたん》が１cm下がると，支点からの距離《きょり》が２倍の歯車①の下端は２cm下がる。このとき歯車②が180度回転したから，歯車②の半周分の長さは２cmであり，円周は２×２＝４(cm)である。よって，歯車②の直径は４÷3.14＝1.27…→1.3cmである。

問３，４　表１で，0.1秒間で進んだ距離が最も長いとき，台車の速さが最も速くなったと考えればよい。このようになるのは0.6～0.7秒のときで，進んだ距離は11.3－8.8＝2.5(cm)である。

問５　ア×…【Ａ】と【Ｂ】の1000ｇを比べると，台車が最も速くなったときの0.1秒間に進んだ距離は1.7÷2.5＝0.68(倍)になっている。　ウ，エ×…【Ａ】と【Ｃ】の40cmを比べると，台車が最も速くなったときの0.1秒間に進んだ距離は7.3÷2.5＝2.92(倍)，台車が止まるまでに点Ｑから進んだ距離は540÷60＝９(倍)になっている。

カ×…【Ａ】と【Ｄ】の２本を比べると，台車が最も速くなったときの0.1秒間に進んだ距離は3.4÷2.5＝1.36(倍)になっている。

問６　問５より，台車が止まるまでに点Ｑから進んだ距離は，台車の重さに反比例し，ゴムひもの伸《の》びを２回かけた値に比例し，ゴムひもの本数に比例する。問６の条件を【Ａ】と比べると，台車の重さが250÷500＝0.5(倍)，ゴムひもの伸びが(25－10)÷(20－10)＝1.5(倍)，ゴムひもの本数が２÷１＝２(倍)だから，台車が止まるまでに点Ｑから進んだ距離は60×２×(1.5×1.5)×２＝540(cm)になると考えられる。

―《2023　社会　解説》―

Ⅰ　**問１**　Ｘ＝国境　Ｙ＝領海　Ｚ＝軽石　　Ｙ．沿岸の基線から 12 海里までを領海，領海を除き，それぞれ基線から 24 海里までを接続水域，200 海里までを排他的経済水域といい，その外側を公海という。Ｚ．火山噴出物には，火山灰・軽石・火山ガス・溶岩などがある。

問２　１＝択捉　２＝小笠原　３＝能登　４＝対馬　５＝五島　　１．本州・北海道・九州・四国以外の島の大きさの順は，択捉島＞国後島＞沖縄島＞佐渡島＞奄美大島＞対馬＞…である。４．豊臣秀吉の朝鮮出兵によって途絶えていた朝鮮との国交は，江戸時代初頭に対馬の宗氏によって再開し，幕府の将軍の代替わりごとに朝鮮から通信使が派遣された。５．「長崎と天草地方の潜伏キリシタン関連遺産」の構成資産として，五島列島(長崎県)の一部が登録された。

問３　イ　　秋田県の男鹿半島を通る北緯 40 度の緯線が，マドリード(スペイン)，ローマ(イタリア)，北京(中華人民共和国)，ニューヨーク(アメリカ合衆国)のそれぞれの近くを通ることは覚えておきたい。ロンドンは北緯 51 度，リヤドは北緯 24 度，キャンベラは南緯 35 度あたりに位置する。

問４　Ａ＝カ　Ｂ＝ウ　Ｃ＝ア　　Ａ．工業出荷額が最も多い県は，中京工業地帯にある愛知県である。工業出荷額が多いのは，愛知県＞神奈川県＞静岡県＞大阪府＞兵庫県の順である(2020 年)。Ｂ．阿武隈川は，福島県・宮城県を流れる河川である。福島県の市別の人口は，いわき市＞郡山市＞福島市の順だから，福島市のウを選ぶ。県庁所在地の人口が県内最大でない県として，福島県，群馬県(高崎市＞前橋市)，静岡県(浜松市＞静岡市)，三重県(四日市市＞津市)，山口県(下関市＞山口市)がある。Ｃ．都市別人口の上位は，横浜市＞大阪市＞名古屋市＞札幌市＞福岡市であり，横浜市・大阪市・名古屋市は三大都市圏にあるから札幌市のアを選ぶ。

問５　奄美群島は 1953 年 12 月，小笠原諸島は 1968 年，沖縄は 1972 年にそれぞれ日本に返還されたので，「離島振興法」が制定された当時は，アメリカの統治下にあったことから考える。

問６　ア　　A．正しい。排他的経済水域では，資源開発の優先的権利が認められている。B．正しい。領土と領海の上空を領空とする。C．誤り。排他的経済水域では，世界各国に航行の自由が認められている。

問７　イ　　佐渡島のイを選ぶ。アは沖縄島，ウは淡路島，エは国後島。

問８　南西諸島には短い河川しかないため，降った雨はすぐに海に流れ出てしまう。水を通しにくい岩の層の上に壁をつくれば，その部分に地下水をためこむことができることを図から読み取る。

問９　神奈川＝エ　佐賀＝イ　長崎＝ウ　　４つの道県を比べた場合，大都市圏にある神奈川県の海面漁業就業者数は少ないと判断して，エを神奈川県と判断する。圧倒的に海面漁業漁獲量の多いアは北海道だから，イとウを比べる。佐賀県と長崎県では，離島やリアス海岸が多い長崎県の方が漁港数は多く，漁獲量も多いと考えられるので，イを佐賀県，ウを長崎県と判断する。

Ⅱ　**１**　万葉集　　奈良時代に成立した『万葉集』には，天皇から農民まで約 4500 首の和歌が収められている。「馬柵《ませ》越しに　麦食《は》む駒の　罵《の》らゆれど　猶《なほ》し恋しく　思ひかねつも」のように麦を詠んだ歌がある。

２　二毛作　　「稲の裏作として小麦が栽培」から二毛作と判断する。同一の土地で，１年のうちに異なる二つの作物を一度ずつ収穫すると二毛作，同じ作物を二度収穫すると二期作となる。

３　日本橋　　東海道・中山道・甲州道中・日光道中・奥州道中の５つを五街道という。

４　伊勢　　江戸時代，伊勢参りができたということは，農民の移動はある程度自由だったことがわかる。伊勢参りの中でも，江戸時代に 60 年周期で起こった伊勢神宮への集団参詣は「お蔭参り」と呼ばれた。

５　応仁の乱　15 世紀(1401 年～1500 年)に京都で起きた乱から，応仁の乱(1467 年～1477 年)を導く。

６　南蛮　　スペインやポルトガルは，中国産の生糸や絹織物を中心に，鉄砲・火薬・ガラス製品などをもたらし，日本から大量の銀を持ち帰った。

①　イ　　アはベラルーシ，ウはポーランド，エはルーマニア，オはトルコ。

②　ア　　小麦の輸入は，アメリカ＞カナダ＞オーストラリアの順に多い。

③　ウ　　埴輪は，弥生時代より後の古墳時代につくられたものである。

④　イ　　アは福岡県，ウは青森県，エは佐賀県にある。菜畑遺跡は，現在日本最古の水稲耕作遺跡である。

⑤　ウ　　５世紀から６世紀初頭に造営された，熊本県の江田船山古墳や埼玉県の稲荷山古墳から，ワカタケル大王と刻まれた鉄刀や鉄剣が出土したことから，この当時の大和朝廷の影響力は，九州から関東まで及んだことがわかっている。アは１世紀，イは８世紀，エは３世紀中ごろ。

⑥　オ　　平城京(奈良市)は，奈良県の北部に位置している。

⑦　イ　　宋王朝は 960 年～1279 年まで存在していたから，平安時代後半から鎌倉時代にかけての内容を選べばよい。アは安土桃山時代，ウは江戸時代，エは室町時代。

⑧　B→D→A→C　　天正遣欧使節が派遣されているとき，豊臣秀吉によってバテレン追放令が出された。AとCが徳川家光の治世に行われたことであり，島原・天草一揆→ポルトガル船の来航禁止→オランダ商館を出島に移す，の順序を覚えていれば，正解を導くことができる。

⑨　桶狭間　　桶狭間の戦いでは，徳川家康(松平元康)は今川方として参加していた。

⑩　「江戸」「領地」を参勤交代，「河川」を手伝い普請と関連付けて記述しよう。

⑪　ア　　19 世紀は 1801 年から始まるから，1837 年に起きた大塩平八郎の乱を選ぶ。イは 17 世紀初頭，ウは 18 世紀前半，エは 19 世紀後半。

⑫　渋沢栄一　　渋沢栄一は，第一国立銀行・富岡製糸場をはじめ，多くの銀行や企業の設立に尽力した。

⑬　オ　　A．誤り。ペリーは，東海岸から大西洋・インド洋をわたって，日本の浦賀に来航した。B．正しい。C．誤り。開国すると，生糸が日本から輸出されたが，生産が追いつかず，国内では品不足となり，それに刺激されて物価も上昇していった。

⑭　エ　　A．誤り。ドイツが攻撃を開始したのは，ソビエト連邦ではなくポーランドである。B．正しい。1940年に日独伊三国同盟を結んだ。C．正しい。1941 年 12 月８日，イギリス領マレー半島とハワイ諸島の真珠湾に攻撃を仕掛けて太平洋戦争が始まった。

⑮　イ　　２位と３位に福岡県と佐賀県があることに着目する。福岡県と佐賀県に広がる筑紫平野では，米と麦の二毛作が行われている。アは米，ウはトマト，エはニンジン，オはメロン。

Ⅲ　１　５月３日　　日本国憲法は，1946 年 11 月３日に公布され，1947 年５月３日に施行された。

２　個人情報保護　　日本国憲法に規定されていない権利を新しい人権という。新しい人権には，プライバシーの権利・自己決定権・知る権利・環境権などがある。

３　期日前　　期日前投票は，仕事やレジャーなどで投票日に投票に行けない人が利用できる制度である。

４　消費　　租税収入は，消費税＞所得税＞法人税の順に多く，この３つの合計は税収全体の約８割にあたる。

５　安全保障理事会　　安全保障理事会は，５の常任理事国（アメリカ合衆国・イギリス・フランス・中華人民共和国・ロシア連邦）と 10 の非常任理事国からなる組織である。

問１　エ　　憲法改正が成立すると，国民の名で天皇がこれを公布する。

問２　ウ　　政府の見解では，自衛のための必要最小限度の実力は保持できるとしている。

問３　ア　　イの独立性やエの統治権も主権の意味をもつが，国民主権としての主権はアが適当である。

問４　イ　　国債費は，国債の償還と利払いに必要な費用。歳出の主要経費別分類では，社会保障関係費＞国債費＞地方交付税交付金等＞公共事業関係費＞教育及び科学振興費＞防衛費の順に多い。

問５　エ　　ｃは日本，ｄはドイツ，ｅはイギリス。

2022 解答例 令和４年度　桜蔭中学校

《国　語》

一　問一．a．**組織**　b．**浴び**　c．**姿**　問二．背中　問三．老若男女　問四．食べることは、食べたものから栄養とエネルギーだけを摂取することだと思っていたが、くわしく調べてみると、食べる前は自分とは異なるものであった植物や動物が、自分の体の一部と置き換わっていくことだと分かった。それは、自分がキャベツやトマトや魚になることであり、その現実離れした不思議なことに驚き、面白く思う気持ち。　問五．食卓に並ぶ食材は、海や大気、太陽の光などが、見事に関係しあい豊かに育んできたものであり、それらは、少なくとも三十五億年前から滅びることなくそれぞれ進化し今の姿形となった。そのような様々な来歴をもったものが目の前の食卓に集まり、それらが自分の一部になることは胸躍る体験だから。　問六．現在の社会は、自然から得られる富をお金で買わなければならない商品に変えてしまったが、本来人間は自然から無償で圧倒的な富をもらい、拾いながら生きてきた。子どもたちが自然から自由にもらう経験をすることで、与えられることに対する驚きや感謝の念を実感し、それによって、今度は他者に対して見返りを求めず何かを与えられる人間に成長していくと考えている。

二　問一．a．**林業**　b．**感情**　c．**量産**　問二．ア．大きい　イ．黄色い　問三．助け舟　問四．⑴自分とあなたは、対等にぶつかったりはじけたりし合うコマのようによいライバル同士であった。その大事なあなたが亡くなって悲しいということ。　⑵①は、今は亡き友を惜しむ、最高のあいさつの句である。一方、ハセオはソラの顔のホクロを、生命力あふれるヒマワリの種にたとえて、あなたは大きなパワーをもっている、とほめたつもりであいさつの句を作ったが、ソラは、ホクロがからかわれたと思い傷ついてしまった。自分の真意を俳句できちんと伝えられなかったのは、自分の句が未熟なせいだとハセオは考えて、②のようにいったのである。

問五．ソラにとってホクロは、いじめられた記憶につながるものであった。句会でハセオがそのホクロをよんだのは、自分をからかってのことだと思ったソラは傷つき、ハセオを許せなかった。しかし、率直に謝罪するハセオの話すことといえば、自分に、ソラへのあいさつの気持ちを句で表す力が不足していることへの嘆きばかりで、ハセオが人をおとしめる句を作るはずがないことや、ハセオが手本とする昔の人の句からもお互いがすでに友だちになっていたことに気がついた。その時、「もう、いいよ」という言葉が口をついて出た。その言葉で、自分はもうずっとまえにハセオを許していたのだ、とわかり、わだかまりのない自分の心をハセオに伝えて、すっきりと安心した気持ちになっている。　問六．ハセオがソラに贈ったあいさつの句をきっかけに、自分にとってハセオは大事な友だちであるとあらためてソラにはわかった。そこによまれたヒマワリの種は、ハセオと自分をつないでくれたものである。また、ソラ自身に前を向く力をくれたものでもあり、ソラにとってしっかりにぎりしめたい大切なものになったので、「取っておく」といったのである。

《算　数》

Ⅰ　ア．$3\frac{6}{23}$　イ．$4\frac{14}{75}$　ウ．24　エ．11　オ．7　カ．8

※Ⅱ　(1)1，$5\frac{5}{11}$　(2)21

※Ⅲ　(1)200　(2)2656.25　(3)2343.75

Ⅳ　(1)①底面…右図　使う立方体の個数…10　②右図

※(2)①使う円柱の個数…8　使う円すいの個数…2　体積…734.76

②一番大きい体積…621.72　一番小さい体積…452.16

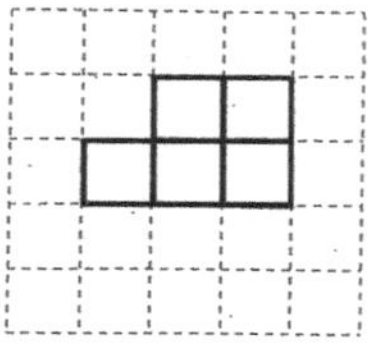

Ⅳ(1)①の図

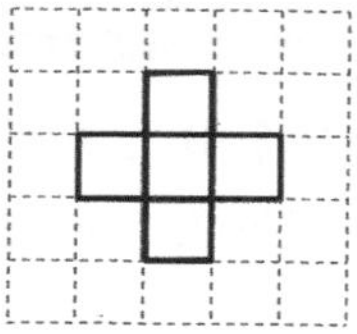

Ⅳ(1)②の図

※の式や考え方は解説を参照してください。

《理　科》

Ⅰ　問1．A．精子　B．受精卵　C．関節　D．筋肉　問2．X．ウ　Y．ア　Z．エ　問3．えら

問4．イ　問5．う　問6．生物…イモリ　理由…先に前足，後に後足が生える／尾が成体になっても残っている　問7．く．子宮　け．たいばん

Ⅱ　問1．7.7／沈む　問2．イ　問3．①ア　②エ　③イ　④ウ　問4．14

Ⅲ　問1．あ．風　い．気温　問2．オ　問3．ⅰ．108　ⅱ．91　問4．260　問5．169　問6．65

Ⅳ　問1．ウ，カ　問2．イ，オ　問3．表面積が大きく酸素と結びつきやすいから。　問4．ア，オ，キ

問5．ウ，カ　問6．18.2　問7．ウ，カ

《社　会》

Ⅰ　問1．1．コンテナ　2．石炭　3．脱炭素　4．30　5．16　6．猛暑　7．千島　8．サンマ　9．網戸　10．電気　11．材料〔別解〕原料　12．スリッパ　問2．鉄道　問3．あ　問4．え　問5．従来は東京港を主に利用していたため，都心を経由せねばならず，渋滞に巻き込まれることも多かったが，太平洋に面した茨城港と結ばれたことで，アメリカ合衆国などとの行き来にかかる時間が短縮された。　問6．自動車

問7．〈あ〉は記念碑の記号で，石碑や立像など有名なもの，目印になるものが記載された。〈い〉は自然災害伝承碑で，過去の自然災害の記録を再確認し，再びの災害に備えるため，記念碑の記号とは区別した。

Ⅱ　問1．1．土偶　2．唐招提　3．源氏物語　4．茶　5．徳川吉宗　6．オランダ　7．前野良沢　問2．う　問3．か　問4．阿倍仲麻呂　問5．い　問6．自分の娘や姉妹を天皇のきさきにし，生まれた孫や甥を天皇にする。　問7．菅原道真　問8．い　問9．い　問10．か　問11．あ　問12．え

問13．廃藩置県　問14．い　問15．鹿鳴館　問16．え　問17．日米安全保障条約　問18．い

Ⅲ　1．朝鮮戦争　2．復興庁　3．行政　4．ユニバーサルデザイン　5．ユニセフ　問A．ウ

問B．エ　問C．ウ　問D．エ　問E．ア

←解答例は前のページにありますので，そちらをご覧ください。

《2022　国語　解説》

一　問二　背中合わせとは、ここでは、裏表の関係にあることを表している。少し前に書かれている「感動」や「喜び」と、直前に書かれている「悲しみ」が裏表の関係にあるということ。

問四　シェーンハイマーの実験で明らかになったように、「食べることは～自分の体の一部が、食べられたものに置き換《か》わっていく過程であること」である。つまり、食べることによって、自分が「キャベツになりトマトになりスナップえんどうになる」ということであり、このことを「想像以上にシュールなこと」だと感じている。筆者は、この実験を「面白い研究」として紹介《しょうかい》しているので、このシュールなことを面白がっていることがわかる。

問五　直後の３段落に「愉快《ゆかい》で、壮大《そうだい》なこと」といえる理由が書かれている。直後の段落には、食卓《しょくたく》に並ぶ食材は、海や大気、土、微生物《びせいぶつ》、太陽の光といったものが関係し合って「豊かに育ってきた」ものであるとあり、その壮大さが説明されている。その次の段落では、食卓に並ぶ食材について、長い進化の歴史や、35 億年前から続く生命といった時間の面から、その壮大さを説明している。この２段落の内容をふまえると、こうして目の前の食卓に並んだものを食べ、それらを自分の一部にすることは、壮大で愉快なことだと言える。

問六　直後の２段落で、今の社会とかつての社会の違《ちが》いを説明している。現代の社会では、私たちは「自然の圧《あっ》倒的《とうてき》に潤沢《じゅんたく》な富を」「お金を払《はら》わなければならない商品に変え」てしまった。しかし、「かつて人間は、自然からもらい、拾いながら生きていた～自然から圧倒的な富を与《あた》えられていた」。こうした社会の変化をふまえた上で、子どもたちに「もらう」こと、「拾う」ことを経験してもらうことの意味を読み取る。――線部③の２段落あとに、「物を贈《おく》り合う連鎖《れんさ》は、『こんなにもらってしまった』という、驚《おどろ》きと感謝の経験からこそ動き出すのではないだろうか」とある。自然から自由に「もらう」「拾う」という経験は、自然から与えられることへの驚きや感謝の経験であり、それが他者に物を贈ること、つまり見返りを求めずに与えることにつながると考えている。

二　問二　ヒマワリがもつ「当たり前」の性質や特徴《とくちょう》、イメージなどが入る。

問三　直前の北村先生の発言は、困っているソラを助けようとするものである。

問四(1)　直後の「これ、死んじゃった友だちっていうか、ライバルに贈《おく》った～コマがばちばちーって戦うような二人だって言っててさ」より考える。はじけるコマは、この俳句の作者と、作者のライバルだった友だちの二人をたとえたもの。亡くなったライバルに贈った挨拶句《あいさつく》なので、友だちを失った悲しみや、友達の死を惜しむ気持ちがこめられていると考えられる。　　(2)　――線部①の句は、ハセオが「すげー句」として挙げたものであり、(1)の解説にあるように、亡き友を惜しむ挨拶句である。一方、――線部②は、ハセオが「下手くそ」だと繰《く》り返し嘆《なげ》いている句である。ハセオがそのように言う理由は、句にこめた自分の真意がソラに伝わらなかったからである。

問五　陸橋に着いたあと、ハセオは素直にソラに謝罪した。しかし、その謝罪の言葉は、しだいに自身の作った句に対する嘆きに変わっていった。――線部③の前後の、「聞いているうちに、ソラは、怒《いか》りや不快感よりも、呆《あき》れる気持ちが強くなってきた。コイツ、どれだけ、俳句好きなんだよ」や、「ハセオが、悪意で、ああいう句を作るやつじゃないことは、わかっていた。こんなに俳句が好きなハセオが、俳句を、揶揄《からか》うためや、馬鹿にするために使うはずはない、ということ」などから、ハセオが自分をからかうために俳句を作るはずがないということに、あらためて気づく様子が読み取れる。また、「そうか、僕にとっては、ハセオはもう友だちなんだ」という部分からは、知らず知らずのうちに、ハセオを友だちだと思っていたことに、ソラが気づいたことが読み取れる。こうしたことに気づいたことで、ソラの口からは素直《すなお》に「もう、いいよ」という許しの言葉が出てきた。そして、その言葉を発したことで、ソラは、「すでに」ハセオのことを許していたのだと気づいた。陸橋に着いたばかりの時は、ハセオに対してかたくなな態度をとっていたソラだったが、素直に自分の本心を伝えられたことで、気持ちがすっきりとしている。

問六　ハセオは、ヒマワリの種を使って、ソラへの挨拶句を作った。問五の解説にあるように、この句がきっかけで、ソラは、ハセオが大切な友だちであることに気づいた。また、ソラは、この日ハセオと話したことで前向きな気持ちになっている。こうしたことから、ハセオがくれたヒマワリの種は、ソラにとって大事なものになったのである。

《2022　算数　解説》

Ⅰ　(1)　与式より，$(4\frac{13}{14}\times\boxed{\text{ア}}-2\frac{3}{8})\div\frac{13}{11}-3\frac{5}{7}=13\frac{8}{24}-5\frac{11}{24}$　$(\frac{69}{14}\times\boxed{\text{ア}}-2\frac{3}{8})\div\frac{13}{11}-3\frac{5}{7}=7\frac{7}{8}$

$(\frac{69}{14}\times\boxed{\text{ア}}-2\frac{3}{8})\div\frac{13}{11}=7\frac{7}{8}+3\frac{5}{7}$　$(\frac{69}{14}\times\boxed{\text{ア}}-2\frac{3}{8})\div\frac{13}{11}=11\frac{33}{56}$　$\frac{69}{14}\times\boxed{\text{ア}}-2\frac{3}{8}=\frac{649}{56}\times\frac{13}{11}$

$\frac{69}{14}\times\boxed{\text{ア}}-2\frac{3}{8}=\frac{767}{56}$　$\frac{69}{14}\times\boxed{\text{ア}}=13\frac{39}{56}+2\frac{21}{56}$　$\frac{69}{14}\times\boxed{\text{ア}}=16\frac{1}{14}$　$\boxed{\text{ア}}=\frac{225}{14}\times\frac{14}{69}=\frac{75}{23}=3\frac{6}{23}$

(2)①　**【解き方】Ａ，Ｒ，Ｂ，Ｐ，Ｃ，Ｑを結ぶと正六角形になるから，右図の三角形ＡＲＰはＡＲ：ＡＰ＝１：２，角ＲＡＰ＝60°の直角三角形になる。**

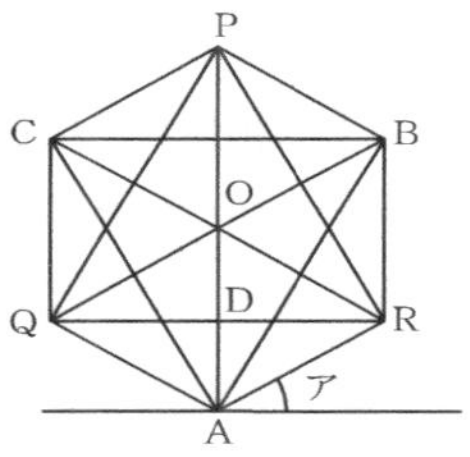

ＤはＡＯの真ん中の点で，ＯＰ＝ＡＯだから，ＰＯ：ＤＯ＝２：１になるので，

ＯＰ＝ＰＤ$\times\frac{2}{3}$＝４(cm)である。ＡＰ＝ＯＰ×２＝８(cm)，角ア＝90°－60°＝30°だから，２点Ａ，Ｒが同時にℓ上にある状態まで図形を回転させたとき，点Ｐは半径がＡＰ＝８cmで中心角が30°のおうぎ形の曲線部分を描《えが》く。

よって，その長さは，$8\times2\times3.14\times\frac{30°}{360°}=\frac{314}{75}=4\frac{14}{75}$(cm)

②　**【解き方】①をふまえると，Ｘ，Ｙの距離は，正六角形ＡＲＢＰＣＱの周囲の長さに等しい。**

ＡＲ＝ＯＰ＝４cmだから，求める長さは，４×６＝24(cm)

(3)①　**【解き方】フィボナッチ数の問題である。**

２つ目をＡとすると，３つ目はＡ＋２，４つ目はＡ＋(Ａ＋２)＝Ａ×２＋２と表されるから，

Ａ×２＋２＝24が成り立つ。Ａ×２＝22　Ａ＝22÷２＝11

②　**【解き方】１つ目を１，２つ目を①とすると，１，①，１＋①，１＋②，２＋③，３＋⑤，５＋⑧，８＋⑬，…と続いていく。**

１つ目をＸ，２つ目をＹとすると，Ｘ×８＋Ｙ×13＝160が成り立つ(Ｘ＜Ｙ)。

Ｙ×13＝160－Ｘ×８より，Ｙ×13＝(20－Ｘ)×８　13と８は互《たが》いに素《そ》だから，この等式が成り立つためには，Ｙは８の倍数，20－Ｘは13の倍数になる。Ｘ，Ｙは１以上の整数だから，20－Ｘ＝13より，Ｘ＝20－13＝７

Ｙ＝13×８÷13＝８　よって，１つ目は７，２つ目は８である。

Ⅱ　(1)　**【解き方】０時ちょうどのとき，短針と長針が重なり，そこから１時になるまで，長針の方が先に進んでいくから，０時から１時までの間に短針と長針が重なることはない。１時ちょうどから考える。長針は１分で６°，短針は１分で0.5°進む。**

１時ちょうどのとき，短針は長針より，$360°\times\frac{1}{12}$＝30°先にある。

長針は短針より１分あたり６°－0.5°＝5.5°多く進むから，重なるまでに，$30\div5.5=\frac{60}{11}=5\frac{5}{11}$(分)かかる。

よって，求める時刻は，１時$5\frac{5}{11}$分

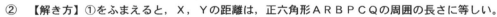

(2)　**【解き方】0時から1時と11時から12時の間だけ長針と短針は重ならず，12時ちょうどに重なるから，0時を過ぎて12時になるまでに10回重なる。**

0時を過ぎて12時になるまでに10回，12時に1回，12時を過ぎて24時になるまでに10回重なるから，重なる回数は全部で，10＋1＋10＝21(回)

Ⅲ　(1)　**【解き方】PがAからCに着くまでに進んでいる時間は25－5＝20(分)だから，下りの速さは，分速(5000÷20)m＝分速250mになる。**

川の流れの速さを分速①mとすると，船の静水時の速さは分速④mであり，下りの速さは分速(①＋④)m＝分速⑤mと表せる。分速⑤mが分速250mにあたるから，川の流れの速さは分速(250÷5)m＝分速50m

船の静水時の速さは，分速(50×4)m＝分速200m

(2)　**【解き方】上りの速さは，分速(200－50)m＝分速150mになる。**

Pが地点Bで5分間とまっている間に，Qは150×5＝750(m)進んでいる。PとQが初めて出会うまでに，2せきが同時に動いた道のりの和は5000－750＝4250(m)である。上りと下りの速さの比は，150：250＝3：5だから，同じ時間に動いた道のりの比も3：5になる。比の数の和の3＋5＝8が4250mにあたるから，

AD間の距離は，$4250\times\frac{5}{8}=2656.25$(m)

(3)　**【解き方】2せきの静水時の速さは同じだから，2せきが同時にAとCを出発したなら，同時にAとCにもどってくる。したがって，2せきの船の動きをグラフにすると右図のようになる。**

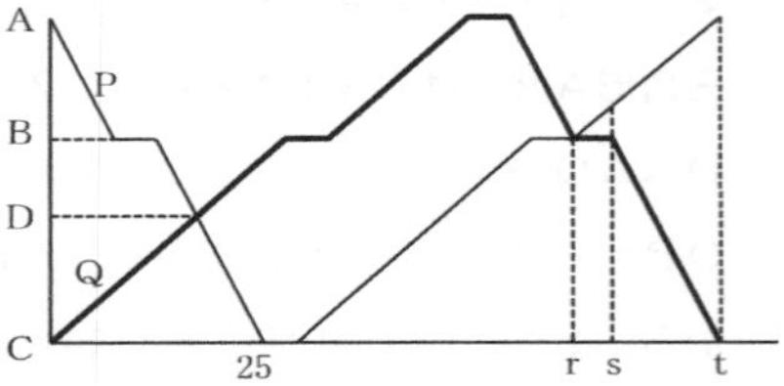

rからsまでにPは750m進んだから，sからtまでに2せきが動いた道のりの和は，(2)と同様に4250mである。よって，BC間の距離はAD間の距離に等しく2656.25mになるので，AB間の距離は，5000－2656.25＝2343.75(m)

Ⅳ　(1)　**【解き方】正方形には4辺があるから，重なる辺の数は1～4になる。**

底面(A)の並べ方について，重なる辺の数が最大で4となるのは右図のア，重なる辺の数が最大で3となるのはイとウ，重なる辺の数が最大で2となるのはエである(他の並べ方は重なる辺の数の合計がこれらと変わらない)。

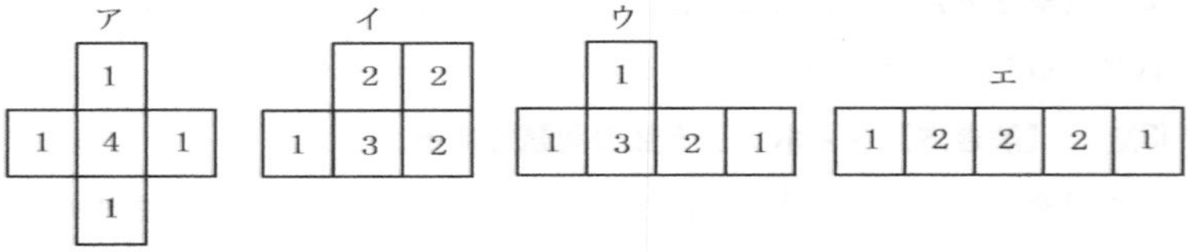

それぞれの立方体の個数は，アが1＋1＋1＋1＋4＝8(個)，イが1＋2＋2＋2＋3＝10(個)，ウが1＋1＋1＋2＋3＝8(個)，エが1＋1＋2＋2＋2＝8(個)だから，イのとき立方体の数が一番多くなる。また，アのとき立方体が一番高く積みあがる。

(2)①　**【解き方】底面(B)の並べ方は，右図のカ～コが考えられる。また，円柱の体積は3×3×3.14×3＝27×3.14＝84.78(㎤)，円すいの体積は27×3.14×$\frac{1}{3}$＝9×3.14＝28.26(㎤)である。**

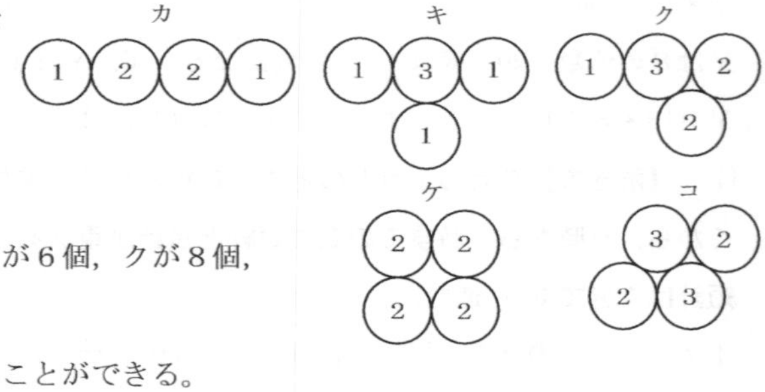

積み上げる円柱と円すいの個数の合計は，カが6個，キが6個，クが8個，ケが8個，コが10個である。

円柱は，750÷84.78＝8余り71.76より，8個まで使うことができる。

ケのように円柱を2個ずつ積み上げると，750㎤まであと71.76㎤残るから，71.76÷28.26＝2余り15.24より，

円すいをあと２個使うことができる。合計 10 個になるので，コの並べ方で円柱を８個，円すいを２個使うと体積が最大になり，その体積は，750－15.24＝734.76(㎤)

②　【解き方】底面(Ｂ)は４つの円でできているから，最大で４個の円すいを使うことができる。
４個の円すいの体積の合計は，28.26×４＝113.04(㎤)である。

350－113.04＝236.96(㎤)，236.96÷84.78＝２余り 65.4 より，積み上げてできた立体の体積を 350 ㎤以上にするためには，少なくとも３個の円柱を使う必要がある。

カ～コの並べ方で４つの円すいを使うときの円柱の個数は，カが２個，キが２個，クが４個，ケが４個，コが６個だから，体積が一番大きくなるのはコの並べ方のとき，一番小さくなるのはクやケの並べ方のときである。

よって，体積が一番大きくなる立体の体積は，27×3.14×６＋９×3.14×４＝198×3.14＝621.72(㎤)

体積が一番小さくなる立体の体積は，27×3.14×４＋９×3.14×４＝144×3.14＝452.16(㎤)

《2022　理科　解説》

Ⅰ　**問２**　ア．子の世話をするのはほ乳類のｆだけなので，Ｙにあてはまる。　イ．ｆは卵を産まないので，Ｘ～Ｚのどれにもあてはまらない。　ウ．肺呼吸する時期がないのは魚類のｃだけなので，Ｘにあてはまる。　エ．ｃとｆは冬眠せず，ｄとｅは冬眠するので，Ｚにあてはまる。　オ．からだの表面がうろこでおおわれているのは魚類のｃ，毛でおおわれているのはほ乳類のｆなので，Ｘ～Ｚのどれにもあてはまらない。

問５　「後足(足)」にあたるものは「う」の腹びれ，「前足(手)」にあたるものは「い」の胸びれである。５種類あるひれのうち，腹びれと胸びれだけは左右に２枚ずつある。

Ⅱ　**問１**　同じ体積での重さが重いものは下に移動し，軽いものは上に移動し，同じものはその場で静止すると考える。よって，調べたい温度である43℃のエタノールと同じ体積での重さが同じおもりを用いればよい。図４より，43℃のエタノール100ｇの体積は130㎤だから，10㎤のおもりの重さを$100\times\frac{10}{130}$＝7.69…→7.7ｇにする。また，エタノールの温度が43℃よりも高くなると，エタノールの体積は43℃のときよりも大きくなる(重さは変わらない)ので，おもりの方が同じ体積での重さが重くなり，おもりは沈《しず》む。

問２　軽いおもりほど浮《う》きやすいので，浮いているのは7.7ｇと7.8ｇと7.9ｇ，沈んでいるのは8.0ｇと8.1ｇのおもりである。よって，このときのエタノールの10㎤あたりの重さは，7.9ｇよりも重く，8.0ｇよりも軽いということである。100ｇでの体積で考えると，$10\times\frac{100}{7.9}$＝126.5…(㎤)よりも小さく，$10\times\frac{100}{8.0}$＝125(㎤)よりも大きいということだから，図４より，このときの温度は，19℃よりも低く，７℃よりも高かったと考えられる。

問３　ふつう，ある物質が液体から固体になると，重さは変わらず体積が小さくなるため，固体の方が同じ体積での重さが重くなり，固体は同じ物質の液体に沈む。ただし，水は例外で，液体から固体になると，重さは変わらず体積が大きくなるため，固体の方が同じ体積での重さが軽くなり，氷は水に浮く。

問４　０℃のときの長さが２ｍの鉄の棒は45℃になると１㎜のびるから，０℃のときの長さが25ｍの鉄の棒は50℃になると$1\times\frac{25}{2}\times\frac{50}{45}$＝13.8…→14㎜のびる。よって，０℃のときに少なくとも14㎜のすきまを開けておけばよい。

Ⅲ　**問１**　Ａでは，タオルから空気中に移動した水蒸気が風によって運ばれる。また，Ａの方が気温が高く，空気中にふくむことができる水蒸気量が多い。

問２　風があり，気温が最も高いＢとＣのうち，両側にタオルがあるＢよりもＣの方が，水蒸気が運ばれやすいためかわきやすい。また，風がなく，気温が最も低いＤ～Ｆのうち，両側にタオルがあるＥでは，水蒸気がたまりやすいためかわきにくい。

問３（ⅰ）　151－43＝108（g）　　（ⅱ）　151－60＝91（g）

問４　20℃での飽《ほう》和《わ》水蒸気量は１㎥あたり17.3ｇで，部屋の容積は15㎥だから，17.3×15＝259.5→260（g）である。

問５　24時間後の部屋の中は水蒸気を飽和水蒸気量（ここでは260ｇ）までふくんでいて，問３（ⅱ）より，24時間でタオルから部屋の空気に移動した水蒸気が91ｇだから，260－91＝169（g）である。

問６　この部屋において，ふくむことができる最大の水蒸気量が260ｇ，タオルを干しはじめたときにふくんでいた水蒸気量が169ｇだから，このときの湿度は，169÷260×100＝65（%）である。

Ⅳ　問１　イとオは二酸化炭素，ウとカは酸素，エはちっ素，キは水素，クは水について説明したものである。なお，アでは気体が発生しない。

問２　ろうそくなどの炭素をふくむもの（有機物という）が燃えると，炭素が酸素と結びついて二酸化炭素ができる。

問４　使い捨てカイロは，内袋《うちぶくろ》の中の鉄が酸素と結びつくときに発生する熱を利用しているから，内袋は空気（酸素）を通す必要があり，保管しているときには鉄が酸素と結びつくのを防ぐため，外袋は空気を通さない素材でできている。また，鉄のつぶが小さい方が，表面積が大きく酸素と結びつきやすいので，速く温度が上がる。

問５　ア，イ，エ×…最高温度に達するまでの時間と最高温度はそれぞれ同じである。　オ×…振ったものには高い温度が続く時間帯がある。

問６　酸素１Ｌの重さが1.31ｇだから，カイロ①に結びついた酸素５ｇの体積は$\frac{5}{1.31}$Ｌである。空気の体積の21%が酸素だから，$\frac{5}{1.31}$Ｌの酸素がふくまれる空気の体積は$\frac{5}{1.31}$÷0.21＝18.17…→18.2（L）である。

問７　カイロ②はカイロ①よりも温度が高い時間が長く続いたことから，カイロ②の方がより多くの鉄が酸素と結びついた（残っている鉄が少ない）と考えられる。したがって，実験後のカイロ②について，重さは実験後のカイロ①より重く，磁石の引きつけ方は実験後のカイロ①より弱い。

《2022　社会　解説》

Ⅰ　問１　１.「国際規格に統一」からコンテナと判断する。　２.「価格が比較的安く，供給が安定」とあることから，石炭と判断する。しかし，石炭火力発電は二酸化炭素の排出をするため，持続可能な開発ではないと批判されている。　３.「二酸化炭素の排出量を実質ゼロにする」から脱炭素社会と判断する。「二酸化炭素の排出量を実質ゼロにする」からカーボンニュートラルと答えたいが，後ろに社会とあることから脱炭素と答える。　４．最新の気象データは，1991年から2020年までの30年間のデータが利用されている。　５．東京の1981年から2010年までの平均気温が15.4℃だから，15.4＋0.4＝15.8（℃）より，16が最も近い。　６．25℃以上を夏日，30℃以上を真夏日，35℃以上を猛暑日という。　７.「日本近海へ南下する」とあることから，千島海流（親潮）と判断する。

８．秋になって千島海流に乗って南下してくる寒流魚だからサンマが最も適当である。　９．蚊帳の代わりになる窓枠につけるものは網戸である。　10.「発展途上国」「通じていない」などから電気と判断する。　12.「外国人との習慣の違いの問題を解決するために日本人が考案したオーバーシューズ」からスリッパと判断する。

問２　重いものも，正確な時間で輸送できるのは，船舶と鉄道だが，二酸化炭素の排出が少なく，日本で貨物よりも旅客輸送に 多く利用されているのは鉄道である。

問３　「あ」が群馬県である。他の割合が低いこと，ブラジル国籍の外国人の割合が高いことから判断する。関東内陸や中京工業地帯のような自動車工業の発達した地域では，日系人を含めたブラジル人労働者が多い。「い」は岡山，「う」は福島，「え」は岐阜。

問４　「え」が適切でない。内陸部ではコンビナートは建設されない。原料・燃料を船舶による輸入に頼る日本では，コンビナートは沿岸部に形成される。

問５　北関東自動車道が，都内を通らず茨城に通じていることから「渋滞」と関連付ける。

問６　自動車専用運搬船の写真である。

問７　記念碑と自然災害伝承碑の違いを書く。災害の内容を伝え後世に活かすことが書かれていればよい。

Ⅱ　**問１**　１．「縄文時代」「人間をかたどった」から土偶と判断する。　２．鑑真が建てたのは唐招提寺である。　３．唐の文化を日本の風土や生活にあわせてつくりかえた国風文化がさかえ，宮廷の女性の間にかな文字が流行した。その中で紫式部は長編小説『源氏物語』を，清少納言は随筆『枕草子』を書いた。　４．栄西・千利休から，茶と判断する。栄西は臨済宗を日本にもたらした僧。千利休は茶の湯を大成した茶人・商人。　５．江戸幕府の第８代将軍の徳川吉宗は，享保の改革を行ったことで知られる。　６．布教活動をしないプロテスタント国のオランダは，出島での貿易を許された。　７．オランダ語の解剖書「ターヘルアナトミア」を訳した前野良沢と杉田玄白によって解体新書が発行された。翻訳の苦労は，杉田玄白の『蘭学事始』に書かれていた。

問２　「う」を選ぶ。Ｘ．正しい。Ｙ．誤り。縄文時代にはまだ金属加工をする技術はない。Ｚ．誤り。千歯こきは江戸時代に登場する農具である。

問３　「か」を選ぶ。Ｘ．誤り。大和朝廷の支配地域は九州から関東北部までで，北海道にはとどいていない。Ｙ．誤り。鉄剣に刻まれていたのは，ヤマトタケルではなくワカタケルである。Ｚ．正しい。

問４　阿倍仲麻呂の和歌「天の原　ふりさけ見れば　春日なる　三笠の山に　出でし月かも」は，帰国直前に開かれた宴席で詠んだ歌と言われている。仲麻呂は暴風雨のために帰国できず，唐で一生を終えた。

問５　「い」が正しい。銅は約 500 ｔ，すずが約 8.5 ｔ，水銀が約 2.5 ｔ，金が約 440 kg使われた。

問６　後三条天皇の母が，藤原氏の娘でないことに着目する。藤原氏との関係が薄い後三条天皇は，荘園整理令を出して藤原氏の勢いを止めた天皇である。その子である白河天皇によって院政が始められた。

問７　894 年，菅原道真は藤原氏の策略により，長らく派遣されていなかった遣唐使に選ばれ，国外に追いやられようとしていた。そこで道真は，唐の衰退と航海の危険を理由に遣唐使の派遣の延期を宇多天皇に進言し，これが聞き入れられた。そうして都にとどまった道真だったが，後に藤原氏によってあらぬ罪をかけられて大宰府に左遷されてしまい，そこで亡くなった。道真の死後，朝廷で相次いで災厄が起こったことから，道真の祟りだと恐れられ，道真を「天神様」とあがめる風潮ができあがり，現在では学問の神様とされている。

問８　「い」が正しい。大輪田泊は，現在の兵庫県の神戸港の一部であった。

問９　「い」が正しい。織田信長はキリスト教を積極的に受け入れていた。豊臣秀吉は，貿易を優先するために，キリスト教を容認していたが，長崎がキリシタン大名によってイエズス会に寄進されたことを知ると，バテレン追放令を出して禁止の方向に傾いた。

問 10　「か」を選ぶ。Ｘ．誤り。通信使は，江戸幕府の将軍の代替わりごとに朝鮮から日本に送られた。Ｙ．誤り。アイヌの人々は狩猟採集を中心とした生活だから，生糸や木綿を生産していない。Ｚ．正しい。

問 11　「あ」が正しい。日米修好通商条約で，横浜・函館・神戸・新潟・長崎が開港された。また，日本に関税自主権がなく，アメリカの領事裁判権を認めた不平等条約であった。

問 12　「え」が正しい。君主権の強いドイツ(プロイセン)の憲法を学ぶために伊藤博文が派遣された。

問 13　藩立が県立にかわったことから，廃藩置県と判断する。

問 14　「い」が正しい。日清戦争で得た台湾，日露戦争で得た南樺太が日本の領土である。「あ」は日清戦争後，「う」は韓国併合後，「え」は満州事変後。

問 15　外務大臣の井上馨を中心に欧化政策がすすめられ，鹿鳴館が建てられた。

問 16　「え」が正しい。北里柴三郎は破傷風菌やペスト菌，野口英世は黄熱病，鈴木梅太郎はビタミンに関連する。

問 17　1951 年，サンフランシスコ平和条約で独立を回復すると同時に日米安全保障条約に調印した。

問 18　「い」が正しい。1956 年の経済白書の言葉である。朝鮮戦争による特需の影響を受けて復興が進んだ日本の状態がよくわかる言葉である。

Ⅲ　1　朝鮮戦争は，日本の復興と警察予備隊の創設をもたらした。

問Ａ　ウが誤り。環境省ではなく環境庁である。環境省は 2001 年の省庁再編で創設された。

2　復興庁は内閣の下に置かれた行政機関である。

問Ｂ　エが誤り。消費税を８％から 10%に引き上げた理由は，社会保障制度を次世代に引き継ぎ，全世代型に転換するためである。

3　法律をもとに実施するのが内閣のもつ行政権である。裁判所のもつ司法権，国会の持つ立法権と合わせて三権と呼ぶ。

問Ｃ　ウが誤り。基本的に閣議は全員一致を原則とする。

4　ユニバーサルデザイン，バリアフリー，ノーマライゼーションの使い分けに注意しよう。

問Ｄ　エが誤り。ウポポイは，沖縄県ではなく北海道の白老町につくられた。アイヌ語で「歌うこと」を意味する。

5　ユニセフは国連児童基金の略称である。

問Ｅ　ウ(1945 年)→ア(1947 年)→エ・イ(1951 年)

2021 解答例 令和3年度　桜蔭中学校

《国　語》

一　問一．a．家畜　b．脳　c．痛快　d．境地　e．開花　問二．人間は、他の人の印象や社会の期待など、外から与えられる「らしさ」に合わせようとするうちに、自分でもそれが自分らしいのだと信じ込んでしまい、本来自分が持っているはずの〝本当の自分〟らしさを見失ったり捨ててしまったりしてしまいがちであるが、雑草は図鑑に春に咲くと書いてあっても秋にも咲くといったように、図鑑に書かれている、人間が勝手に作り出したルールや幻想にとらわれずに生きていて、そのような生き方が痛快でうらやましいから。　問三．まずは勝ち負けを気にせず、様々なことに挑戦してみる中で、自分が他人には勝てない苦手なことを知る一方、自分が面白く感じることに出会い、他の誰にも負けない得意なことを発見すればよい。　問四．X．一面だけを見ていると他の側面が見えなくなる例としてあげられている。　Y．苦手なことであると決めつけてあきらめてしまうと得意なことに気がつくきっかけも失ってしまうかもしれないことの例としてあげられている。

二　問一．①しょうね　②感謝　③英知　問二．油　問三．ガトーショコラ／シュークリーム／モンブラン／ケーキ／クリームシチュー　などから1つ　問四．水穂は真紀ちゃんを苦手と感じ、さらに、真紀ちゃんも自分のことを苦手に思っているように感じ、そのことを気にしていた。だが、この時は、自分の言った軽口に、単に共感してもらえなかったのみならず真っ向から否定する言葉をぶつけられたことで、真紀ちゃんは自分を苦手どころか、本気で嫌いなのだと感じ、強いショックを受けたから。　問五．それまで、水穂は真紀ちゃんに苦手意識を持ちながらも、真紀ちゃんのことを嫌ってはいけない、いいところを探さなければならないと思い、それができない自分に苦しみ、またそれをしようとしない真紀ちゃんにいらだっていた。しかし、ミーヤンに「水穂と真紀ちゃんは生まれつき相性が悪いだけであり、どうしようもないのだ」と言ってもらったことで、自分と真紀ちゃんの仲の悪さについて、自分を責める必要も真紀ちゃんを責める必要もないのだと感じ、仕方ないものとして受け入れ、どうにかしようともがくことから解放されたから。　問六．真紀ちゃんとの関係がなぜうまくいかないのだろうとももやもやしていたが、「馬が合わへん」という言葉を何度も繰り返すことで、その言葉が自分の中に定着していき、少しずつ少しずつ納得がいって、気持ちが楽になった。　問七．ミーヤンに「馬が合わない」という言葉を教わった後も、水穂が真紀ちゃんにむかついたり、むかつかれたりすることは続いている。タロにクリストファーとの関係について言い聞かせるふりをしながら、「真紀ちゃんにむかついても、ぐっとこらえて、犬猿の仲だからしょうがないと思おう」と、自分自身に言い聞かせようとしているから。〔別解〕自分と真紀ちゃんとの面倒な関係の話を、タロとクリストファーの関係にすりかえることで、自分の真紀ちゃんへの腹立ちをどうにか納得しようとしているから。

《算　数》

Ⅰ　ア．$\frac{27}{110}$　イ．緑　ウ．93　エ．96　オ．1369
カ．10　キ．19

Ⅱ　ア．2　イ．14　ウ．20　エ．70

Ⅲ　※(1)2500　※(2)20.5　※(3)かかる時間…5　積み方…右表
(4)右表

※Ⅳ　(1)Aさん…6.2　Bさん…7.44
(2)1回目…$1\frac{38}{55}$　2回目…$3\frac{21}{55}$　(3)$4\frac{21}{22}$

1段目	2段目	3段目	4段目	5段目	6段目	7段目	8段目
9	3	0	0	0	0	0	0
8	4	0	0	0	0	0	0
7	5	0	0	0	0	0	0
6	6	0	0	0	0	0	0

Ⅲ(3)の表

1段目	2段目	3段目	4段目	5段目	6段目	7段目	8段目
5	4	1	1	1	0	0	0
5	3	2	1	1	0	0	0
5	2	2	2	1	0	0	0

Ⅲ(4)の表

※の式は解説を参照してください。

《理　科》

Ⅰ　問1．ア　問2．イ　問3．ア　問4．イ　問5．電磁石　問6．①ア　②イ　③ア　④ア　⑤エ
⑥イ　⑦イ　⑧オ　問7．ウ

Ⅱ　問1．エ　問2．エ，カ　問3．エ　問4．ウ，エ　問5．ア，エ，オ

Ⅲ　問1．イ，エ　問2．(1)ふんどう　(2)左の皿に薬包紙をのせる。　問3．体積…58　位置…イ　問4．16.7
問5．(1)80.4　(2)10.7　問6．(1)イ　(2)20

Ⅳ　問1．(1)155　(2)11，45　問2．2／10／早い　問3．(1)ア　(2)ウ

《社　会》

Ⅰ　問1．1．チバニアン　2．房総　3．ナノハナ　4．グリーンツーリズム　問2．え　問3．う
問4．a．う　b．お　c．い　d．か　e．く　問5．5．ダイズ　6．わら　7．トレーサビリティ
問6．しろかき　問7．遠くの生産地から長距離輸送すると，重油などのエネルギーを大量消費するが，地産地消ならば，輸送に関わるエネルギーの消費量が少なく，二酸化炭素排出量も減らせる。　問8．a．ロシア
b．フランス　c．インドネシア　問9．a．あ　b．え　c．う　d．い

Ⅱ　A．き　B．さ　C．す　D．い　1．熊本　2．イラン　3．イスラム　4．北条時宗
5．ポルトガル　6．対馬　7．冷戦　8．石油　①お　②え　③お　④い　⑤い
⑥う→い→あ→え　⑦お　⑧キリスト教が広まり，一揆などを起こされることを恐れて鎖国をしたが，オランダはキリスト教の布教に熱心ではなかったから。　⑨う　⑩い　⑪い

Ⅲ　1．育児介護休業　2．国政調査　3．民事　4．地方公共団体　5．パリ協定　問A．う
問B．あ　問C．え　問D．い　問E．あ

←解答例は前のページにありますので，そちらをご覧ください。

《2021　国語　解説》

一　**問二**　Ｉの文章の前半では、ゾウやキリンと同様に、人間もその一面を見て判断されがちであることを説明した上で、「気をつけなければいけないのは、周りの人が一方向からみたレッテルをあなた自身も信じてしまうことです」と述べている。そして、その自分の一面でしかないレッテルを信じ、それに合わせようとすることで「人は『自分らしさ』を見失っていきます」と続けている。そのため、「本当の自分らしさ」を探すときは、「まわりの人たちが作り上げた幻想《げんそう》」である「らしさ」を捨ててみることが必要だと筆者は考えているのである。一方、雑草は、「人間が勝手に作り出したルールや『こうあるべき』という幻想(例えば図鑑《ずかん》に書かれているようなこと)にとらわれない」で、自由に生きている。「『らしさ』という呪縛《じゅばく》」にとらわれがちな人間ととらわれない雑草は対照的で、筆者はそんな雑草の生き方が「とても痛快で、少しうらやましくもある」と述べている。

問三　──線部③の「戦わず勝つ」というのは、「『できるだけ戦わない』という戦略」である。「生物も、『戦わない戦略』を基本戦略としてい」て、「各々の生物たちは、進化の歴史の中でナンバー１になれるオンリー１のポジションを見出しました」とある。これを人間にあてはめると「苦手なところで勝負する必要は」なく、「最後は、得意なところで勝負すればいい」ということになる。ただし、「得意なことを探すためには、すぐに苦手と決めて捨ててしまわない」ことが大切だと述べている。このことを、「モモンガ」や「プロのサッカー選手」の例もふまえながら具体的に説明すると、まずはいろいろとやってみて、すぐに苦手と決めて捨てることなく続ける中で、自分が苦手なことと得意なことを知り、最後は、探しあてた得意なところ(面白いこと)で勝負すればいいということになる。

問四Ｘ　オオカミは、家畜を襲《おそ》う「恐《おそ》ろしい動物」という一面を持つが、「家族思いのとってもやさしい動物でもある」。しかし、人はオオカミの一面だけを見て「恐ろしい動物」だと言っている。この後、「人間についても同じ」で、人は他人の「一面を見て判断してしまいがち」で、一度そう判断すると他の面が見えなくなるという話に移っている。　**Ｙ**　モモンガは木登りが上手ではないが、木に登ることをあきらめてしまっては、「空を飛べる」という得意なことに気がつかなかったかもしれないと説明されている。この話は、直後の「プロのサッカー選手」や算数・数学の話と同じく、「得意なことを探すためには、すぐに苦手と決めて捨ててしまわないということが大切」だという筆者の考えにつながっている。

二　**問三**　柴犬《しばいぬ》は日本原産の犬であり、アフガンハウンドは海外原産の犬である。柴犬のタロを和菓子である「いもようかん」にたとえているので、アフガンハウンドのクリストファーは、海外から入ってきた食べ物(洋菓子など)にたとえられたと考えられる。

問四　水穂《みずほ》は、真紀ちゃんについて「にがてな女子」「ほんまに、ほんまに、にがてやねん」と言っている。そして「あの人(＝真紀ちゃん)、ぜったい、うちがにがてやわ」とも言っている。つまり、──線部Ａの前の時点で、水穂は、真紀ちゃんとおたがいに苦手だと感じていると考えていた。そうした真紀ちゃんとの関係がさらに悪化するのが、「何日かまえの昼休み」のできごとである。──線部Ａの直前の真紀ちゃんの発言は、水穂の軽口の内容を強く否定するもので、なぜ「真紀ちゃんがカッカ」するのかまったく理解できなかった。水穂は、──線部Ｂにあるように強いショックを受け、「にがてどころか、うち、真紀ちゃんにごっつきらわれとるんちゃうやろか」と考えるようになった。

問五　ミーヤンの話を聞くまでは、水穂は親や先生が言うとおり、真紀ちゃんをきらってはだめだ、いいところを見つけなければならないと考えていて、真紀ちゃんの「ええとこ」が見つからないでこまっていた。そして、真紀ちゃんの言動にいらだちをつのらせ、「何日かまえの昼休み」のできごとがきっかけで関係はさらに悪化した。しかし、ミーヤンの「馬が合わへん」という言葉によって、「馬が合わへんのなら〜しゃあない」「うちも真紀ちゃんも悪な」い、と感じられ、気が楽になったのである。

問六　「なんや」と「うち」の間に読点が打たれていることで、「なんや」が強調され、水穂の気持ちがだんだんと変化していく様子と、それをふしぎに思う様子、さらに時間の経過を意識させる効果が生まれている。具体的には、「馬が合わへん」という言葉を「頭のなかでなんどもくりかえし」ているうちに、「うっぷん」が晴れ、気持ちが楽になっていく様子が読み取れる。

問七　「馬があわへん」という言葉を手に入れてからも、真紀ちゃんのことは苦手で、「むかついたり、むかつかれたりして」いる。つまり、真紀ちゃんとの面倒な関係は解消されず、腹立たしいことがくりかえしおこっている。水穂はタロに言い聞かせる形をとって、実際には自分に向かって「おこってもムダや。体力の消費や。カッときたときは、ぐっとのみこんで〜つぶやいとき」と言い聞かせているのである。

《2021　算数　解説》

I　(1)　与式より，$(\frac{701}{91}\times\text{ア}-\frac{7}{10}-\frac{5}{13})\times11=85\frac{65}{91}-76\frac{77}{91}$　　$\{\frac{701}{91}\times\text{ア}-(\frac{91}{130}+\frac{50}{130})\}\times11=84\frac{156}{91}-76\frac{77}{91}$
$(\frac{701}{91}\times\text{ア}-\frac{141}{130})\times11=8\frac{79}{91}$　　$\frac{701}{91}\times\text{ア}-\frac{141}{130}=\frac{807}{91}\div11$　　$\frac{701}{91}\times\text{ア}=\frac{807}{91}\times\frac{1}{11}+\frac{141}{130}$
$\frac{701}{91}\times\text{ア}=\frac{8070}{91\times11\times10}+\frac{10857}{91\times11\times10}$　　$\text{ア}=\frac{18927}{91\times11\times10}\div\frac{701}{91}=\frac{18927}{91\times11\times10}\times\frac{91}{701}=\frac{27}{110}$

(2)①　2021年はうるう年ではないので，1月1日から10月1日までは，365－{(31－1)＋30＋31}＝274(日)ある。274÷5＝54余り4より，1月1日から10月1日までに，青，黄，黒，緑，赤と○で囲むことを54回くり返し，青，黄，黒，緑と○で囲むから，10月1日を囲んだ○の色は緑色である。

②　1月1日から4月1日までは，31＋28＋31＋1＝91(日)あるから，90÷5＝18余り1より，4月1日を囲んだ○の色は青色であるとわかる。よって，4月3日が初めての黒色で，ここから5日ごとに黒色となるから，3日，8日，13日，18日，23日，28日が黒色である。したがって，求める数は，3＋8＋13＋18＋23＋28＝93

(3)　**【解き方】一般に，約数の個数と総和は，素数の積の形で表すことで次のように工夫して計算できる。**
例えば，72＝2×2×2×3×3の約数は，0〜3個の2と，0〜2個の3をかけあわせてできる数(0個の場合は1と考える)だから，約数の個数は右表のマスの個数と同じ4×3＝12(個)である。また，約数の総和は，

	1（3が0個）	3	3×3＝9
1（2が0個）	1	3	9
2	2	6	18
2×2＝4	4	12	36
2×2×2＝8	8	24	72

1×(1＋3＋3×3)＋2×(1＋3＋3×3)＋2×2×(1＋3＋3×3)＋2×2×2×(1＋3＋3×3)＝(1＋2＋2×2＋2×2×2)×(1＋3＋3×3)＝15×13＝195と計算できる。

①　**【解き方】A＝99から順に条件に合うかを考える。**
A＝99＝3×3×11のとき，99の約数は(2＋1)×(1＋1)＝6(個)だから，【99】＝6－1＝5である。
約数の総和は(1＋3＋3×3)×(1＋11)＝13×12＝156だから，＜99＞＝156－1＝155
よって，＜99＞÷【99】＝155÷5＝31なので，条件に合わない。
A＝98＝2×7×7のとき，98の約数は(1＋1)×(2＋1)＝6(個)だから，【98】＝6－1＝5である。
約数の総和は(1＋2)×(1＋7＋7×7)＝3×57＝171だから，＜98＞＝171－1＝170

よって，＜98＞÷【98】＝170÷５＝34 なので，条件に合わない。

Ａ＝97 のとき，97 は素数で約数は２個だから，【97】＝２－１＝１なので，条件に合わないとわかる。

Ａ＝96＝２×２×２×２×２×３のとき，96 の約数は(５＋１)×(１＋１)＝12(個)だから，【96】＝12－１＝11

約数の総和は(１＋２＋２×２＋２×２×２＋２×２×２×２＋２×２×２×２×２)×(１＋３)＝63×４＝252

だから，＜96＞＝252－１＝251　　よって，＜96＞÷【96】＝251÷11＝22 余り９より，条件に合う。

よって，求める数は 96 である。

② **【解き方】Ｂの約数は２＋１＝３(個)なので，ある素数を△とすると，約数は１と△と△×△であり，Ｂ＝△×△と表せる。このとき，＜Ｂ＞＝１＋△＋△×△－１＝△＋△×△＝△×(１＋△)となるから，△×(１＋△)＝1406 となる△の値を考える。**

30×31＝930，40×41＝1640 なので，△は 30 より大きく 40 より小さい素数である。条件を満たす素数は 31 と 37 であり，31×32＝992，37×38＝1406 だから，△＝37 とわかる。よって，Ｂ＝37×37＝1369

③ Ｃの約数は 10＋１＝11(個)だから，【Ｃ】＝11－１＝10

④ **【解き方】Ｄの約数は３＋１＝４(個)なので，ある素数を□，○，◎(○より◎の方が大きい)とすると，㋐Ｄ＝□×□×□と表せる場合(約数は１と□と□×□と□×□×□)と，㋑Ｄ＝○×◎と表せる場合(約数は１と○と◎と○×◎)がある。**

㋐のとき，２×２×２＝８，３×３×３＝27，５×５×５＝125 より，条件に合うＤは８と 27 の２個ある。

㋑のときを考える。素数は小さい順に２，３，５，７，11，13，17，19，23，29，…となる。

○＝２の場合，条件に合う◎は，３，５，７，11，13，17，19，23，29 の９通りある。

○＝３の場合，条件に合う◎は，５，７，11，13，17，19 の６通りある。

○＝５の場合，条件に合う◎は，７，11 の２通りある。

○＝７以降で条件に合う◎はないので，Ｄは全部で９＋６＋２＝17(個)ある。

したがって，求める個数は，２＋17＝19(個)

Ⅱ (1) **【解き方】右図ｉのように四すみの板をＡ，四すみ以外の板をＢとして考える。**

図ｉ

A	B	A
B	◎	B
A	B	A

１枚取りかえたときは，Ａのうち１枚を取りかえた場合の１通り(どのＡを選んでも回転させると同じになる)と，Ｂのうち１枚を取りかえた場合の１通りで，全部で１＋１＝ア2(通り)ある。

３枚取りかえたときは，Ａから３枚，Ａから２枚とＢから１枚，Ａから１枚とＢから２枚，Ｂから３枚，の４つの選び方がある。Ａから３枚選ぶ場合は，どの３枚を選んでも回転させると同じになるから模様は１通りある。

Ａから２枚とＢから１枚選ぶ場合は，Ｂの位置を固定すると，Ａは右図ⅱのように６通りの選び方がある。Ｂの位置を変えても回転させるとこの６通りのいずれかと同じになるから，模様は６通りある。

図ⅱ

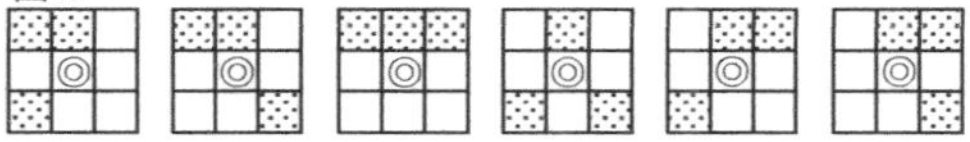

Ａから１枚とＢから２枚選ぶ場合は，同様にＡの位置を固定するとＢの選び方が６通りあるとわかるので，模様は６通りある。Ｂから３枚選ぶ場合はＡから３枚選ぶ場合と同じく１通りある。

よって，模様は全部で１＋６＋６＋１＝イ14(通り)ある。

４枚取りかえたときは，Ａから４枚，Ａから３枚とＢから１枚，Ａから２枚とＢから２枚，Ａから１枚とＢから３枚，Ｂから４枚，の５つの選び方がある。

Ａから４枚，Ｂから４枚選ぶ場合は，模様はそれぞれ１通りある。

Ａから３枚とＢから１枚選ぶ場合は，Ｂの位置を固定することで，模様は右図ⅲの４通りあるとわかる。

図ⅲ

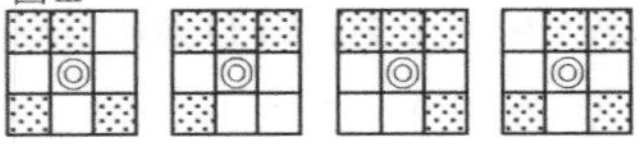

Ａから２枚，Ｂから２枚選ぶ場合は，Ａの２枚を右図ⅳのようにＢをはさむ２枚で固定する場合と右図ⅴのように◎をはさむ２枚で固定する場合にわけて考える。

図ⅳ

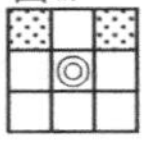

図ⅴ

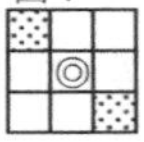

図ⅳで固定する場合，Ｂの２枚の選び方は６通りある。

図ⅴで固定する場合，Ａの２枚が180°回転させると重なることに注意すると，模様は右図ⅵの４通りあるとわかる。

図ⅵ

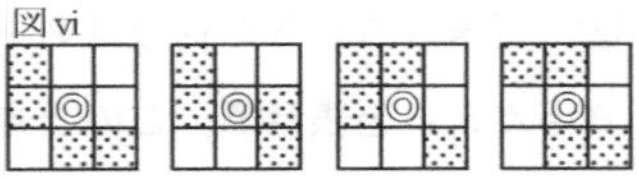

Ａから１枚，Ｂから３枚選ぶ場合は，Ａの位置を固定することで４通りあるとわかる。

よって，模様は全部で１＋４＋(６＋４)＋４＋１＝ウ20(通り)ある。

⑵　**【解き方】白い板を５枚取りかえたときに作れる正方形の模様は，黒い板と白い板を入れかえて考えれば，白い板を８－５＝３(枚)取りかえたときに作れる正方形の模様と同じく14通りだとわかる。**

同様に，白い板を６枚，７枚，８枚取りかえたときに作れる正方形の模様はそれぞれ，白い板を２枚，１枚，０枚(１枚も取りかえない)取りかえたときに作れる正方形の模様と同じく，８通り，２通り，１通りとなる。

よって，大きな正方形の模様は全部で，１＋２＋８＋14＋20＋14＋８＋２＋１＝70(通り)ある。

Ⅲ　⑴　**【解き方】グラフより，29.5分後に水面の高さが70㎝となり，水が止まったとわかる。**

このときに入った水の体積と１辺10㎝の立方体12個の体積の和は，㋐底面が１辺35㎝の正方形，高さが70㎝の直方体の体積に等しく，(35×35)×70＝85750(㎤)である。

１辺10㎝の立方体12個の体積は10×10×10×12＝12000(㎤)だから，29.5分で入った水の体積は85750－12000＝73750(㎤)であり，毎分(73750÷29.5)㎤＝毎分2500㎤の水を入れている。

⑵　**【解き方】水面の高さが50㎝のときは，立方体２個は水につかっていないことに注意する。**

水面の高さが50㎝になるまでに入った水の体積と，立方体12－２＝10(個)の体積の和は，⑴の下線部㋐の体積の$\frac{50}{70}$倍だから，85750×$\frac{50}{70}$＝61250(㎤)である。

よって，水は61250－(10×10×10×10)＝51250(㎤)だから，求める時間は，51250÷2500＝20.5(分)

⑶　**【解き方】積んだ立方体の一番上の面が最も低くなるように積めばよい。35÷10＝３余り５より，立方体は１段目のときに最大で，縦に３個，横に３個の３×３＝９(個)だけ積むことができる。**

２段目までで最大９×２＝18(個)積めるから，積んだ立方体の一番上の面が最も低くなるのは20㎝のときである。

２段目に積む立方体の個数は１段目に積む立方体の個数以下だから，このときに考えられる立方体の(１段目，２段目)の個数は，(９個，３個)(８個，４個)(７個，５個)(６個，６個)の４通りである。

このとき，水が止まるまでに入った水の体積と立方体12個の体積の和は，⑴の下線部㋐の体積の$\frac{20}{70}$倍だから，85750×$\frac{20}{70}$＝24500(㎤)である。水の体積は24500－12000＝12500(㎤)であり，かかる時間は，12500÷2500＝５(分)である。

⑷　**【解き方】止まるまでに入った水の体積と立方体12個の体積の和は2500×19.7＋12000＝61250(㎤)だから，水と立方体12個でできる直方体の高さは61250÷(35×35)＝50(㎝)である。よって，立方体は５段目まで積まれていることがわかる。**

１段目の個数が一番多いのは，２～５段目がすべて１個の場合だから，このとき１段目は12－１－１－１－１＝８(個)となる。よって，１段目の個数が２番目，３番目，４番目に多いとき，１段目はそれぞれ７個，６個，

５個となるとわかる（２段目の個数を１個ずつ増やす）。

１段目が５個のときに考えられる立方体の（１段目，２段目，３段目，４段目，５段目）の個数は，

（５，４，１，１，１）（５，３，２，１，１）（５，２，２，２，１）の３通りである。

Ⅳ　⑴　内側の道は50×２×3.1＝310（m），外側の道は（50＋10）×２×3.1＝372（m）だから，

Ａさんは310÷50＝6.2（分），Ｂさんは372÷50＝7.44（分）かかる。

⑵　**【解き方】Ａさんは１周310mの道のりを１分で50m進むから，１分で$\frac{50}{310}\times 360° = \frac{1800}{31}°$だけ反時計回りに移動する。同様に，Ｂさんは１分で$\frac{50}{372}\times 360° = \frac{1500}{31}°$だけ時計回りに移動する。**

出発のときから，ＡとＢで合わせて180°移動するごとにベルが鳴る。

ＡとＢは，１分間で合わせて$\frac{1800}{31}° + \frac{1500}{31}° = \frac{3300}{31}°$だけ移動するから，１回目にベルが鳴るのは，180°だけ移動したときの，$180° \div \frac{3300}{31}° = \frac{93}{55} = 1\frac{38}{55}$（分後）である。

２回目にベルが鳴るのは，180°×２だけ移動したときの，$\frac{93}{55}\times\frac{180°\times 2}{180°} = \frac{186}{55} = 3\frac{21}{55}$（分後）である。

⑶　**【解き方】つるかめ算を利用する。**

180°を１セットとする。速さを変える前と変えた後のＡとＢが進む速さの和の比は，（50＋50）：（70＋70）＝５：７だから，１セット進むのにかかる時間の比は，この速さの比の逆比に等しく７：５である。よって，速さを変えた後，１セット進むのに必要な時間は$\frac{93}{55}\times\frac{5}{7} = \frac{93}{77}$（分）である。

５回目にベルが鳴るのは５セット進んだときであり，１セット手前で速さを変えると，速さを変えなかったときと比べて$\frac{93}{55} - \frac{93}{77} = \frac{93\times 7 - 93\times 5}{5\times 7\times 11} = \frac{93\times(7-5)}{385} = \frac{186}{385}$（分）だけ早くベルが鳴る。

したがって，１分早くベルが鳴るのは，$1 \div \frac{186}{385} = \frac{385}{186}$（セット）手前で速さを変えたときだから，

$5 - \frac{385}{186} = \frac{545}{186}$（セット）進んだときに速さを変えたとわかる。

速さを変える前は，１セット進むのに$\frac{93}{55}$分かかるのだから，求める時間は，$\frac{93}{55}\times\frac{545}{186} = \frac{109}{22} = 4\frac{21}{22}$（分後）

《2021　理科　解説》

図Ⅰ

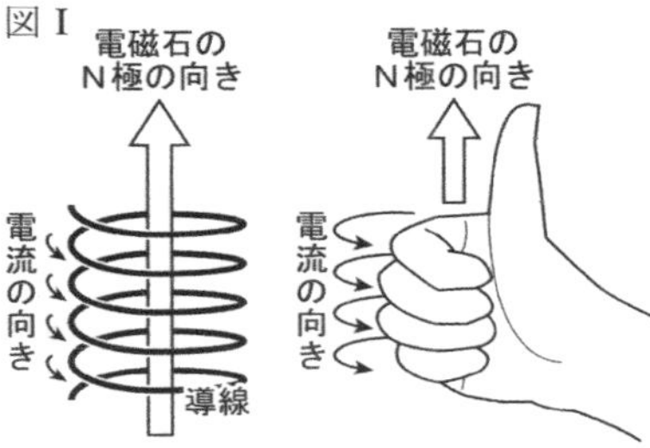

Ⅰ　**問１**　ア○…電磁石の極の向きは，図Ⅰのように，右手を使って調べることができる。コイルの右側がＮ極，左側がＳ極だから，方位磁針のＮ極は少し右に振れる。

問２　イ○…電流の向きが逆になると，磁石の極も逆になるので，方位磁針のＮ極は少し左に振れる。

問３　ア○…コイルの巻き数が多いほど磁石の力が強くなるので，方位磁針の振れる角度は問１と比べて大きくなる。

問４　イ○…コイルに鉄くぎを入れると，磁石の力が強くなる。方位磁針の振れる向きは問１と同じで，振れる角度が大きくなる。

問６　①，②電池を直列に２個つなぐと，コイルに流れる電流は２倍になるが，電池を並列に２個つないでも，コイルに流れる電流は電池１個のときと変わらない。したがって，①は直列（ア），②は並列（イ）である。　③～⑤電球を直列に２個つなぐとコイルに流れる電流は半分になるが，電球を並列に２個つなぐと，コイルに流れる電流が

２倍になる。ゼムクリップの数より，コイルに流れる電流の大きさは電球と電池が１個のときと変わらない(⑤はエ)。したがって，電球が直列に２個(③はア)，電池が直列に２個(④はア)である。　⑥～⑧ゼムクリップの数が電池と電球が１個のときの２倍になったので，コイルに流れる電流は電球と電池が１個のときの２倍(⑧はオ)で，電球が並列に２個(⑥はイ)，電池が並列に２個(⑦はイ)である。

問７　ウ○…２個の電球は直列，２個の電池は並列につなぐと，コイルに流れる電流は最も小さくなる(0.25A)。コイルが 100 回巻きの２倍の 200 回巻きだから，クリップの数は 100 回巻きのときの２倍の３×２＝６(個)になる。

Ⅱ　**問１**　アサガオは午前５時ごろ，タンポポは午前８時ごろに開花する。オオマツヨイグサは，その名の通り，夜を待って 18 時ごろ開花する。

問２　ア×…①，②では温度の条件だけを変えることで開花したり，しなかったりしているので，開花には温度が関係していると言える。　イ，ウ×…23℃で開花したものもある。　エ○…②と③より正しい。　オ×…23℃のとき，①では開花していない。　カ○…温度が 23℃のときは開花しなかった①が，20℃では開花している。

キ×…③は 25℃でも開花したことから，暗くする時間が長いほど開花しやすい。

問４　ウ，エ○…このような花を合弁《ごうべん》花という。これに対し，花びらが１枚ずつはなれている花を離弁《りべん》花という。

問５　ア○…図１の 32℃や 34℃では，一度閉じた花が再び大きく開いている。　イ×，ウ×，エ○…図１より，温度を 32℃から 26℃に下げると，開いていた花が 40 分後に閉じたことがわかる。　オ○，カ×…図１より，26℃で閉じた花を 34℃の暗室に移したとき，花が最も早く開いているので，温度差が大きいほど花は早く開く。

Ⅲ　**問１**　ア×…針が中央で静止しなくても，左右に等しく振れていれば，つり合っているとしてよい。　ウ×…固体の重さをはかるとき，皿の上にのせたり，皿の上からおろしたりする分銅《ふんどう》をきき手側の皿にのせるので，右ききの人は，右の皿に分銅をのせる。　エ○…決まった重さの物質をはかりとるとき，物質(硫酸銅)を少しずつのせていくので，硫酸銅をきき手側の皿にのせていく。　オ×…上皿てんびんは，左右の皿を片方に重ねて片付ける。

問２(2)　ある重さの物質をはかりとるときは，両側の皿に薬包紙をのせる。

問３　メスシリンダーでは，液面のへこんだ下の面を，真横から見て目もりを読む。図１より，58mL だとわかる。

問４　〔濃さ(%)＝$\frac{\text{とけているものの重さ(g)}}{\text{水溶液の重さ(g)}}$×100〕より，$\frac{15}{15+75}$×100＝16.66…→16.7%となる。

問５(1)　硫酸銅五水和物 15 g には，硫酸銅が 16×$\frac{15}{25}$＝9.6(g)ふくまれているので，水溶液中の水は 75＋(15－9.6)＝80.4(g)である。　**(2)**　この硫酸銅水溶液は，15＋75＝90(g)に硫酸銅が 9.6 g とけているので，$\frac{9.6}{90}$×100＝10.66…→10.7%となる。

問６(1)　イ○…ろ過では，ろ紙を２回折って，４分の１の大きさになるようにしてろうとに設置する。このとき，ろ紙の半分に固体がつく。　**(2)**　硫酸銅は 30℃の水 100 g に 25 g までとけるので，ある量の硫酸銅五水和物をとかすととけ残りができたことから，硫酸銅は 30℃の水にとけるだけとけていることがわかる。とけるだけとけている水溶液の濃さは，水の重さによらず一定だから，水 100 g での濃さを求めると，$\frac{25}{100+25}$×100＝20(%)となる。

Ⅳ　**問１(1)**　日の出時刻が４時 30 分だから，「明け六つ」は４時である。また，日の入り時刻が 19 時だから，「暮れ六つ」は 19 時 30 分である。したがって，昼の長さは 19 時 30 分－４時＝15 時間 30 分であり，この時間を６等分したものが昼の一刻《いっこく》だから，15 時間 30 分→930 分より，930÷６＝155(分)となる。　**(2)**　時の鐘が３回のあとに９回鳴るのは「九つ」のときである。問題文より「九つ」は昼のちょうど真ん中の時刻だとわかるので，４時の 15 時間 30 分÷２＝７時間 45 分後の 11 時 45 分である。

問２　日の出時刻が７時だから，「明け六つ」は６時 30 分である。また，日の入り時刻が 17 時だから，「暮れ六つ」は 17 時 30 分である。したがって，夜は 17 時 30 分から６時 30 分までの 13 時間→780 分であり，夜の一刻の長さは 780÷6＝130(分)である。夜の「四つ」の次の一刻が夜の「九つ」だから，Aさんが2日目にそば屋に行った時刻は1日目よりも130分→2時間10分早い時刻である。

問3(1)　ア○…「五つ」の時刻の方が「四つ」の時刻よりも太陽の高度が低く影が長いので，「五」がア，「四」がイである。　**(2)**　ウ○…昼の「九つ」はどの月でも現在の正午ごろである。12月の正午の太陽の高度は6月よりも低いので，12月の影の長さは6月よりも長くなる。したがって，6月の「九」の影の長さよりも長いウが正答である。

《2021　社会　解説》

Ⅰ　**問1**　1．チバニアンは「千葉の時代」を意味する。2．右図参照。

3．「景色が一面黄色」から菜の花畑を連想する。4．緑豊かな農山漁村において，その自然，文化，人々との交流を楽しむ滞在型の余暇活動をグリーンツーリズムという。

問2　「え」が市原市である。化学工業の製造品出荷額が多いことから判断する。京葉工業地域に位置する市原市は石油化学工業がさかんである。「あ」は豊田市，「い」は横浜市，「え」は京都市。

問3　「う」が正しい。Y．コメの生産調整(減反政策)は，2018年から廃止された。

問4　a．「う」の男鹿半島・大潟ジオパークである。「ナマハゲ」から判断できる。

b．「お」の Mine 秋吉台ジオパークである。「カルスト台地」，「銅の産出跡＝長登銅山跡」などから判断できる。

c．「い」のアポイ岳ジオパークである。親子岩・ソビラ岩などの奇岩で知られる。

d．「か」の下仁田ジオパークである。「蚕の卵を貯蔵した風穴は世界遺産」＝富岡製糸場と絹遺産関連群，「コンニャク」などから判断できる。

e．「く」の桜島・錦江湾ジオパークである。「火山灰」「シラス」から判断できる。

問5　5．大豆が正しい。大豆は食材だけでなく味噌や醤油の原料でもある。

6．わらが正しい。米ぬかは精米時に発生する粉である。わらは，稲の茎部分である。

7．トレーサビリティは追跡可能性と訳される。

問6　写真は，トラクタを使った代かきの風景である。

問7　日本では，多くの食材を世界中から輸入しているため，フードマイレージが大きくなり，二酸化炭素の排出量が多くなる。地産地消を進めるとフードマイレージが小さくなり，二酸化炭素の排出量も抑えることができる。

問8　a．ロシアである。「サケ・マスの輸入先」「ボルシチ」などから判断できる。

b．フランスである。「2024年にはこの国の首都でオリンピック・パラリンピック＝パリ五輪」から判断できる。

c．インドネシアである。「パーム油やエビの輸入先」「赤道付近」「オランダの植民地」などから判断できる。

問9　a．「あ」 b．「え」 c．「う」 d．「い」　収穫量全国1位の農作物に注目する。

Ⅱ　A．「き」の漢である。『後漢書』東夷伝に，志賀島で発見された金印の記述がある。

B．「さ」の高麗である。高麗は，10世紀後半から14世紀にかけて，朝鮮半島を支配した国である。

C．「す」の地中海である。ヨーロッパでは，西アジアから陸路で地中海へと向かうルートをとっていたが，イスラム商人を介さない独自の航路をめざす大航海が行われた。

D．「い」の太平洋である。アメリカは，中国との交易のために太平洋航路を考え，その中継地として日本をめざした。また，捕鯨のための中継地とも考えていた。ペリーは大西洋からインド洋を回る航路で来日した。

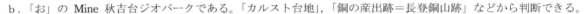

1．熊本県が正しい。熊本県の江田船山古墳と埼玉県の稲荷山古墳から，ワカタケルと刻まれた鉄刀や鉄剣が出土したことから，ヤマト王権の勢力は，九州から関東北部にまで及んだことがわかっている。

2．ペルシャは，ヨーロッパの人々がイランを表すために用いた古い呼び名である。

3．イスラム教が正しい。７世紀にアラビア半島でムハンマドが開いた宗教である。

4．北条時宗が正しい。フビライの服属要求を北条時宗が拒否したことで，２度にわたる元寇(文永の役・弘安の役)が起きた。

5．ポルトガルが正しい。ポルトガルとスペインの両方を考えるが，後に鉄砲の記述や「マカオに拠点」とあることから，ポルトガルと判断する。

6．対馬藩が正しい。豊臣秀吉の朝鮮出兵によって途絶えた朝鮮との交易は，江戸時代前半に，対馬藩の宗氏の努力によって再開され，将軍の代替わりごとに朝鮮通信使が来日した。

7．冷戦が正しい。冷戦は，第二次世界大戦以降のアメリカとソ連による戦火を交えない対立をいう。

8．石油が正しい。産油国が石油の輸出制限を行ったことで石油危機(オイルショック)が起きた。

①　「お」が正しい。X．石包丁は稲穂を刈り取るための道具で弥生時代に使われた。

②　「え」が正しい。北海道・長野県・新潟県・山形県などの限られた地域でのみとれる黒曜石が，青森県の三内丸山遺跡などで出土している。

③　「お」が正しい。X．稲作が始まると，土地や水をめぐって人々の間の争いが起きるようになった。

④　「い」が誤り。遣隋使は聖徳太子の頃だから，中大兄皇子(天智天皇)が進めた公地公民が誤りである。

⑤　「い」が正しい。Z．奈良時代，まだ北海道は支配下になっていないから，税は運ばれない。

⑥　う→い→あ→え　が正しい。基本的に船によって西から東に伝えられることから考える。

⑦　「お」が正しい。X．鎌倉は，三方を山で囲まれ，前方が海に面していたことから，移動は不便だが守りやすい地形であったと言われている。

⑧　キリスト教の広まりが全国支配の障害であったこと，オランダが布教活動を行わないプロテスタント国であったことなどを盛り込む。

⑨　「う」が正しい。Y．薩長同盟は，勝海舟ではなく，土佐藩出身の坂本龍馬の仲介で結ばれた。

⑩　「い」が誤り。条約の締結は天皇の権限であった。締結の際には，天皇の命令を受けた大臣が担った。

⑪　「い」が誤り。南満州鉄道の爆破(柳条湖事件)は，日本の関東軍によって行われた。

Ⅲ　1．育児介護休業法が正しい。子育て・高齢者の世話から考える。

2．国政調査権が正しい。国政調査権は，周銀と参議院の両方がもつ権限である。

3．民事裁判が正しい。裁判員裁判は，刑事事件の第一審で行われる。

4．地方公共団体または地方自治体が正しい。都道府県の首長を知事，市町村の首長を市町村長と呼ぶ。

5．パリ協定が正しい。パリ協定はすべての国に適用されるとして注目された。

問Ａ　「う」が誤り。介護保険は満 40 歳以上のすべての国民が加入する。

問Ｂ　「あ」が誤り。法律案には衆議院の先議権は適用されない。衆議院に先議権があるのは予算案の審議である。

問Ｃ　「え」が誤り。裁判員裁判は，重大な刑事事件の第一審で行われ，過去に死刑を求刑したこともある。

問Ｄ　「い」が誤り。国や地方公共団体に対してすべての国民が請願権をもつ。

問Ｅ　「あ」が誤り。気候変動枠組み条約は 1992 年にブラジルのリオデジャネイロで開かれた国連環境開発会議(地球サミット)で採択された。「かけがえのない地球」をテーマとした国連人間環境会議(ストックホルム会議)では，人間環境宣言などが採択された。

2020 解答例 令和２年度　桜蔭中学校

《国　語》

一　問一．ア．千　イ．万　　問二．①完結　②誤差　③簡単　④おおうなばら　⑤領域　　問三．世界最高峰であるエベレストの頂上を目指すということは、言いかえればエベレスト以外の山を認めない考え方である。しかし筆者は、登山とは旅と同じであり、自分の判断と成り行きが連動して次々と新しい場面に出会う自由なものであると考えているので、行き先が最終的にエベレストである必要はないということ。　　問四．ＧＰＳの登場によって、それまでとはくらべものにならないほど簡単に正確な位置情報を知ることができるようになったということを言いたいのではなく、旅や冒険をする理由そのものがなくなってしまったということを言おうとしている。

問五．登山や極地探検や外洋航海とは、人間が、過酷な自然の中で身体の五感をとぎすませ、自分の命がけの判断が正しいかどうかわからないという恐怖をたえず味わうことで、自己の存在を確認できることこそが、大きな魅力である。しかし、このときの筆者は、自分の位置を知る作業をＧＰＳにすっかりまかせたせいで、恐怖からのがれて、肉体の苦しみはあっても、自己存在確認ができず、もの足りず、じれったかったということ。

二　問一．１．ア　２．オ　　問二．さえずり　　問三．チャオミンはこれまで文字の形を真似て必死に覚えてきたが、ここではじめて、自分の手で意味のある文字を書くことができたと気がつき、これからは自分の思うことを思いどおりに書けるのだという喜びを感じている。　　問四．愛しい人たちからの三朝書にこめられた、自分への愛情が深いということ。　　問五．チャオミンのお母さんにとって、文字にすることは歌うことと同じで、自分を表現することであり、そのようにして自分を見失いそうに不安なとき、辛いとき、苦しいときを乗り越えた経験があった。いまシューインが自分と同じように嫁ぎ先で孤独で不安な思いをしていること、これから困難なことがあるかもしれないことをよく理解していたチャオミンのお母さんは、自らを苦しみから解放する手段に文字や歌があることを伝えて励ましたかった。

《算　数》

Ⅰ　ア．$\frac{4}{63}$　イ．50　ウ．37　エ．55　オ．30

※Ⅱ　(1)①$95\frac{1}{5}$　②$1\frac{81}{119}$　(2)(a)①282.6　②244.92　③113.04　(b)①19，10　②1243.44

Ⅲ　(1)ア．$5\frac{1}{3}$　イ．$6\frac{2}{3}$　※(2)$9\frac{1}{3}$　※(3)①20　②$46\frac{2}{3}$

Ⅳ　※(1)$3\frac{29}{40}$　(2)①右表　※②1194

10ｇの球の個数	1	5	9		
20ｇの球の個数	12	7	2		
60ｇの球の個数	0	1	2		

※の式は解説を参照してください。

《理　科》

Ⅰ　問1．ア．北　イ．南　ウ．光合成　エ．減少　オ．増加　問2．⑴③　⑵⑦　問3．⑶え　⑷あ
問4．う　問5．b　問6．カ．京都　キ．パリ

Ⅱ　問1．都市鉱山　問2．アルミニウム　問3．鉄　問4．120　問5．52.4　問6．1017

Ⅲ　問1．ウ　問2．⑴ア，エ，オ　⑵ウ　問3．⑴あ．ウ　う．ア　⑵落葉樹が葉を落とす時期は地表に多くの光が当たるから。　⑶ア，ウ，エ

Ⅳ　問1．4.5　問2．1.5　問3．31.5　問4．270　問5．420　問6．ア，カ

Ⅴ　問1．順序…C，B，A　理由…イ，エ
問2．［A，B，C］　氷のようす…［ア，オ，イ］　水の高さ…［お，え，い］

《社　会》

Ⅰ　問1．い　問2．2．プラスチック　3．なだれ　4．いかだ　5．ダム　6．ドローン　7．ひさし
8．熊本　問3．暖かい日差しが室内まで届く　問4．う　問5．い　問6．ア．C　イ．J　ウ．B
エ．E　オ．F　問7．あ　問8．スロープがあるので，自転車や車いす，ベビーカーなどに乗ったままでも避難できる。／ふだんでも公園や遊び場として利用できる。

Ⅱ　1．高句麗　2．冊　3．法隆寺　4．寺子屋　問1．い　問2．税として都に運ばれてくるさまざまな品物につけられていた　問3．う　問4．い　問5．朝鮮通信使　問6．お　問7．え
問8．福沢諭吉

Ⅲ　1．南京　2．サンフランシスコ　問1．1926　問2．ア．第一次世界大戦によって，ヨーロッパでの生産が落ち込んだから　イ．大戦景気によって物の値段が高くなり，人々の生活は苦しくなった。　問3．う
問4．あ　問5．オイルショック〔別解〕石油危機

Ⅳ　1．予算　2．助言と承認　3．国民投票　4．国際連合　5．経済特区　A．い　B．う
C．え　D．え　E．あ

←解答例は前のページにありますので，そちらをご覧ください。

《2020　国語　解説》

一　**問一**　「千変万化《せんぺんばんか》」は種々さまざまに変化すること。

問三　筆者は、登山の本質は（舞台《ぶたい》の整ったスポーツではなく）「旅」だと考えている。「旅」は、「予定調和に終わらず、その場の状況《じょうきょう》や判断によって内容が次々と更新《こうしん》されていく」もので、「判断と成り行きの連動作業を体験」することで「自由」を感じられる。登山は、「天候やルート状況を勘案《かんあん》しながら判断をくだして進めるゲームで」あり、状況に応じてルートや目的地を変更《へんこう》することがよくあるので、この点で、ルールや規制のあるスポーツよりも旅に近い。さらに「登山では旅よりもさらに高度な判断と成り行きの連動作業が経験できる」ため「自由の感覚も途方《とほう》もなく大きくなる」。この「自由の感覚」が味わえるからこそ、登山者は危険を冒《おか》して何度も山に登るのだと考えられる。こうした筆者の考えによれば、登山においては「判断と成り行きの連動作業」によって「自由」を感じることが重要だということになる。その体験ができたなら、途中《とちゅう》で引き返したり、目的地を変更したりしたとしても、登山の魅力《みりょく》的な部分や本質的な部分を味わえたことになる。エベレストは世界最高峰《さいこうほう》であり、その頂上に登ることは、一般《いっぱん》的には特別な意味を持っている。しかし、エベレストという目的を決めて登頂に成功することそのものは、登山の本質ではない。そのため、必ずしもエベレストを目指す必要はないのである。

問四　ＧＰＳを使うと、六分儀《ろくぶんぎ》による天測のときにあった苦労がなくなり、さらに位置情報もかぎりなく正確なものになる。そのため筆者は「ＧＰＳを使うと～最も難しいはずの作業が最も簡単になるという逆転現象が発生する」と述べている。しかし、このことを「コペルニクス的(な)転回（＝ものの考え方が、がらりと正反対に変わること)」と言っているわけではない。後の方にあるように、ＧＰＳを使うと、「自然への働きかけと関与《かんよ》領域が極端《きょくたん》に狭《せま》くなってしまう」。すると、「そこに自分が存在しているという感覚(＝自己存在確認の感覚)」が深まらない。ＧＰＳがもたらす、このような「自然との関わり方」の変化は、「人間はなぜ冒《ぼう》険をするのかという本質を侵《おか》しかねない」のである。このことが「コペルニクス的な転回」なのである。

問五　――線部[B]の３行後で「なぜか？」と問いかけ、最後の段落で、ＧＰＳを使ったために「自分が北極の自然とがっちりかみあっているという感覚を最後まで得ることができなかった」と理由を答えている。この「自然と～かみあっているという感覚」について、自然と向き合う中で得られる感覚について説明した ══ 線④のある段落と、その前の２つの段落に着目する。この感覚は、自然の中で命を落とすかもしれないという「恐怖《きょうふ》」をつうじて獲《かく》得《とく》できる、「そこに自分が存在している」という「自己存在確認」の感覚であり、「周囲の世界との関係の中で、身体的な五感をつうじて自己の存在を確立できること」である。そして、筆者はこの感覚を得られることが「登山」や「極地探検や外洋航海」の最大の魅力だとしている。しかし、便利なＧＰＳを使うと、自然との関係が薄《うす》くなってしまうので、「自己存在確認の感覚」も弱まってしまうのである。

二　**問一１**　ニュウシュを見て「わあ、きれい」と喜《よろこ》び、感動していることからアの「(目を) 輝《かがや》かせ」が適する。

２　チャオミンは、お母さんは字の読み書きができないと思っていたので、手紙を書いたと知っておどろいた。よって、オの「(目を) 丸くし」が適する。

問三　ニュウシュを教えられたチャオミンは、「最初は歌に合わせてユンエイの字を～真似《まね》していたのだが、少しずつ見なくても書けるように」なった。――線[A]の前には「頭に浮《う》かんだ一文字ずつが～浮かびあがった。ここまですべての文字を、お手本を見ずに書けた」「チャオミンが書いた文字がしっかりとそこにある～まぎれもなく意味を持った言葉だ」とある。その後、「書けた」と２回くり返し声に出し、喜びがこみあげていることからも、文字を覚え、思いどおりに書けるようになったことを喜んでいることがわかる。

問四　三朝書については、文章の最初の方で説明されている。シューインがもらった三朝書は、母や叔母《おば》など「自分の愛《いと》しい人たち」が、彼女への思いを書いてくれたものであり、その人たちからの愛情がこめられている。

問五　シューインは「住み慣れた愛《いと》おしい町」から遠いところへと嫁《とつ》いだ。「見知らぬ人たちの間で、シューインは自分がどこに座っているのかもわからなかった」「やはり不安でいっぱいだった」「これから知らない人たちと暮らすのだ」などの部分から、シューインの心細さや不安が読みとれる。一方、チャオミンのお母さんは、チャオミンたち漢族とは異なるハル族から嫁ぎ、ちがう文化になじもうとしてきたことが、イーレイおばあさんとの会話の場面からうかがえる。イーレイおばあさんは「インシェン（＝チャオミンのお母さん）はニュウシュなんて書けないよ」「ハル族の女たちは、文字を持たないの」と言い切っているが、チャオミンのお母さんは、ある程度ニュウシュ（文字）を覚えているようである。チャオミンのお母さんは、新しい環境《かんきょう》に身を置き、様々なことを覚えて馴染《なじ》んでいかなければならない不安や大変さを、身をもって知っている。だからこそ、文字で表現することが救いになることをシューインに伝え、励《はげ》まそうとしたのである。

《2020　算数　解説》

Ⅰ　(1)　与式より，$\{(\frac{15}{8}-\frac{5}{12})\times\square\}\times 3=1\frac{11}{54}-\frac{25}{27}$　　$(\frac{45}{24}-\frac{10}{24})\times\square=\frac{15}{54}\div 3$　　$\square=\frac{5}{54}\div\frac{35}{24}=\frac{5}{54}\times\frac{24}{35}=\frac{4}{63}$

(2)　花子さんと弟がお店で食べるお菓子の個数の合計は12個，花子さんと弟が持ち帰るお菓子の個数の合計は12個だから，12個に消費税が10%，12個に消費税が８%かかる。10%の消費税がかかるお菓子１個と８%の消費税がかかるお菓子１個を１セットにすると，１セットの税込みの金額は，1308÷12＝109(円)である。

１セットには，お菓子１個の税抜きの値段の１＋0.1＝1.1(倍)と，１＋0.08＝1.08(倍)が１個ずつふくまれるから，１セットの税込みの金額は，お菓子１個の値段の1.1＋1.08＝2.18(倍)となる。よって，お菓子１個の税抜きの値段は，109÷2.18＝50(円)である。

〔別の解き方〕

お菓子１個の税抜きの値段をx円とする。10%の消費税がかかるお菓子12個の税込みの金額は$x\times(1+0.1)\times 12=13.2x$(円)，８%の消費税がかかるお菓子12個の税込みの金額は$x\times(1+0.08)\times 12=12.96x$(円)だから，$13.2x+12.96x=1308$を解くと，$x=50$となる。よって，お菓子１個の税抜きの値段は50円である。

(3)①　５m50cm＝550cm，１m35cm＝135cmである。

柱と柱の間は10－１＝９(か所)あるから，１本目の柱から10本目の柱までの長さは，550×９＝4950(cm)ある。

１本目の柱から35cm離れたところに１個目のちょうちんをつるしたのだから，4950－35＝4915(cm)にちょうちんとちょうちんの間が何か所あるか求めればよく，4915÷135＝36余り55より，36か所あるとわかる。よって，ちょうちんは全部で１＋36＝ウ37(個)つるすことができ，10本目の柱に１番近いちょうちんは，その柱からエ55cmのところにつるした。

②　柱の位置にちょうちんをつるすと，それととなりあった柱との間にできるちょうちんとちょうちんの間は，550÷135＝４余り10より，４か所でき，10cm余る。１本目の柱から35cm離れた位置に１個目のちょうちんをつるしているので，２本目の柱の右に35－10＝25(cm)の位置にちょうちんがつるされている。このため，３本目の柱の右に25－10＝15(cm)の位置にちょうちんがつるされている。このように，柱に一番近いちょうちんの位置は10cmずつ左にずれていくから，まとめると右表のようになる。

２本目	３本目	４本目	５本目	６本目	７本目	８本目	９本目	10本目
右に25cm	右に15cm	右に５cm	左に５cm	左に15cm	左に25cm	左に35cm	左に45cm	左に55cm

したがって，柱から35cm以内の部分につるしたちょうちんは，２本目から８本目までのそれぞれの柱に一番近いちょうちんであり，これら以外にはない。よって，とりはずすちょうちんは７個だから，残るちょうちんは37－７＝30(個)ある。

Ⅱ ⑴① コース１周の長さは，20×3.14＋40×２＝142.8(m)である。Ａさんがころがす輪は周の長さが150㎝＝1.5mだから，輪は142.8÷1.5＝$\frac{476}{5}$＝95$\frac{1}{5}$(回転)する。

② ２人とも輪を１秒１回転させるのだから，Ａさんは毎秒150㎝＝毎秒1.5m，Ｂさんは毎秒120㎝＝毎秒1.2m進む。Ａさんの方が速いが，同時にゴールしたということは，Ａさんが２回目に輪をコースの外にころがしてもどったときに，Ｂさんの方が前にいたということである。Ａさんが輪をコースの外にころがしたタイミングがいつであっても，Ａさんが20×２＝40(秒間)進まなかったことに変わりはないので，Ａさんはスタートと同時に２回連続で輪をコースの外にころがした(ＢさんがＡさんよりも40秒早くスタートした)と考え，ＡさんがＢさんに追いつくのに必要な時間を求める。

Ｂさんは40秒間で1.2×40＝48(m)進んでいるから，Ａさんが追いつくまでに48÷(1.5−1.2)＝160(秒)かかる。160秒間にＡさんは1.5×160＝240(m)進んでいるから，２人はコースを240÷142.8＝1$\frac{81}{119}$(周)した。

⑵(a)① 底面積が積み木の底面積の３×３×3.14＝９×3.14(㎠)で，高さが１×10＝10(㎝)の円柱だから，９×3.14×10＝90×3.14＝282.6(㎤)である。

② 底面が半径３㎝，高さが10㎝の円柱の表面積と等しい。底面積は９×3.14(㎠)で，側面積は(底面の周の長さ)×(高さ)で求められるから，３×２×3.14×10＝60×3.14(㎠)である。よって，求める面積は，９×3.14×２＋60×3.14＝78×3.14＝244.92(㎠)である。

③ 積み木がずれている部分は，積み木の底面の円の面積の$\frac{1}{3}$が重なっているのだから，重なっていない部分(白い部分)は，底面の円の面積の$1-\frac{1}{3}=\frac{2}{3}$である。このような白い部分が，上から２番目の積み木の下の面，３番目の積み木の上の面，５番目の積み木の下の面，６番目の積み木の上の面，８番目の積み木の下の面，９番目の積み木の上の面にあるから，図２の立体で白い部分は，全部で底面の円の面積の$\frac{2}{3}$×６＝４(個分)ある。

よって，求める面積は，９×3.14×４＝36×3.14＝113.04(㎠)である。

(b)① １段，２段，３段，…まで積み重ねるのに必要な積み木の個数は，１個，１＋２＝３(個)，１＋２＋３＝６(個)，…となるから，ｎ段まで積み重ねるのに必要な積み木の個数は，１＋２＋３＋…＋ｎ＝$\frac{(n+1)\times n}{2}$(個)である。積み木が200個あるから，連続する２数の積の(ｎ＋１)×ｎが200×２＝400をこえない最も大きい数を探すと，400＝20×20より，19×20＝380が見つかり，ｎ＝19とわかる。よって，積み木200個では19段まで積み重ねることができ，余る積み木は200−$\frac{380}{2}$＝10(個)である。

② 上から19段目(１番下の段)には，19個の積み木があるから，机に触れていて赤くぬった部分は，積み木の底面の円19個分である。上から見た図において，真ん中の積み木は，底面の円１個分が赤くぬられている。それ以外の積み木は，底面の円の$\frac{2}{3}$が赤くぬられていて，これは全部で(19−１)×２＝36(個)ある。

よって，求める面積は底面の円の面積の19＋１＋$\frac{2}{3}$×36＝44(個分)だから，９×3.14×44＝1243.44(㎠)である。

Ⅲ ⑴ 三角形ＧＣＢは三角形ＡＤＭを$\frac{BC}{MD}=\frac{4}{3}$(倍)した三角形だから，ＧＣの長さはＡＤ×$\frac{4}{3}=\frac{16}{3}=$ア$5\frac{1}{3}$(㎝)，ＢＧの長さはＭＡ×$\frac{4}{3}=\frac{20}{3}=$イ$6\frac{2}{3}$(㎝)である。

⑵ 立体ＡＬＢＮは右図の色付きの立体である。

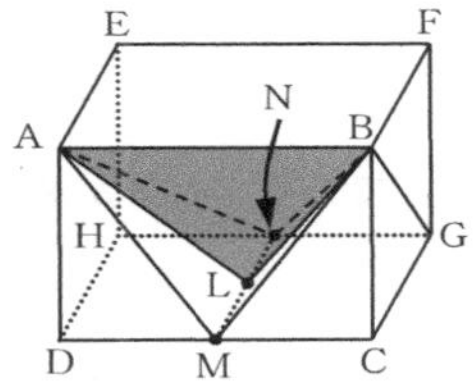

三角すいＮ－ＡＭＢの体積から，三角すいＬ－ＡＭＢの体積をのぞいて求める。

ＡＢ＝ＤＭ×２＝６(㎝)だから，三角形ＡＭＢの面積は６×４÷２＝12(㎠)である。

三角すいＮ－ＡＭＢの高さはＮＭ＝ＧＣ＝$\frac{16}{3}$㎝，三角すいＬ－ＡＭＢの高さは

ＬＭ＝３㎝だから，求める体積は，$12\times\frac{16}{3}\times\frac{1}{3}-12\times3\times\frac{1}{3}=12\times\frac{1}{3}\times(\frac{16}{3}-3)=$
$4\times\frac{7}{3}=\frac{28}{3}=9\frac{1}{3}$(㎤)である。

(3)①　三角形ＡＮＢの底辺をＡＢ＝６㎝とすると，高さはＢＧ＝$\frac{20}{3}$㎝だから，三角形ＡＮＢの面積は，
$6\times\frac{20}{3}\div2=20$(㎠)である。

②　三角形ＡＬＢの底辺をＡＢ＝６㎝とすると，高さは右図のＢＩに等しい。

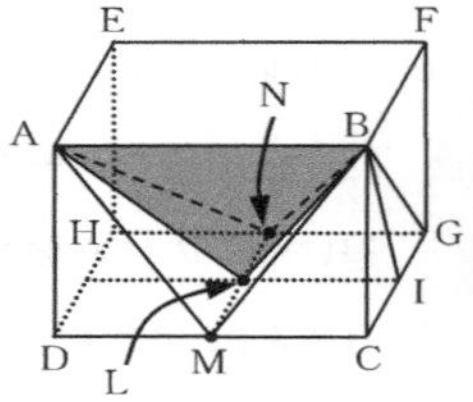

三角形ＢＣＩはＢＣ＝４㎝，ＣＩ＝３㎝の直角三角形だから，三角形ＡＤＭと合同で
ＢＩ＝５㎝とわかる。したがって，三角形ＡＬＢの面積は，$6\times5\div2=15$(㎠)である。
三角形ＡＬＮの底辺をＬＮ＝$\frac{7}{3}$㎝とすると，高さはＡＭ＝５㎝だから，面積は
$\frac{7}{3}\times5\div2=\frac{35}{6}$(㎠)である。三角形ＢＬＮは三角形ＡＬＮと合同だから$\frac{35}{6}$㎠である。
よって，求める表面積は，$20+15+\frac{35}{6}\times2=35+11\frac{2}{3}=46\frac{2}{3}$(㎠)である。

Ⅳ　(1)　60ｇ，20ｇの球に書いてある数字のうち，５の倍数を探す。３で割って１余る数は，３の倍数に１を足した数である。

60ｇの球に書いてある数字について，４の倍数のうち５の倍数でもあるのは，20の倍数の20，40，60，80，100であり，このうち，３で割って１余る数は，40，100の２個ある。

20ｇの球に書いてある数字について，３で割って１余る数は，１，４，７，10，…，100であり，このうち最も小さい５の倍数は10である。条件に合う数字は，10から３と５の公倍数の15ごとにあるから，10，25，40，55，70，85，100の７個ある。

よって，できる分数が１未満となるものの合計は，$\frac{10}{40}+\frac{25}{40}+\frac{10}{100}+\frac{25}{100}+\frac{40}{100}+\frac{55}{100}+\frac{70}{100}+\frac{85}{100}=\frac{35}{40}+\frac{285}{100}=\frac{149}{40}=3\frac{29}{40}$

(2)①　最も少ない球で，重さの合計が250ｇとなるのは，250÷60＝４余り10より，60ｇの球を４個と10ｇの球が１個の合計５個のときである。ここから，重さの合計を変えずに13－５＝８(個)の球を増やす。

60ｇの重さを変えずに，60ｇ１個を他の重さの球に変えるとき，右表のようになる。

20ｇの球	10ｇの球	増える球の数	
3	－	2	…㋐
2	2	3	…㋑
1	4	4	…㋒
0	6	5	…㋓

(単位：個)

60ｇの球１個を他の重さの球に変えても，球を８個増やすことはできない。

60ｇの球２個を他の重さの球に変えるとき，㋑と㋓，または，㋒を２つに変えればよい。このときに変える球は，どちらの組み合わせでも，20ｇの球２個と10ｇの球８個だから，条件に合う選び方は，10ｇが１＋８＝９(個)，20ｇが２個，60ｇが２個となる。

60ｇの球３個を他の重さに変えるとき，㋐を１つと㋑を２つ，または㋐を２つと㋒を１つに変えればよい。このときに変える球は，どちらの組み合わせでも，20ｇの球７個と10ｇの球４個だから，条件に合う選び方は，10ｇが１＋４＝５(個)，20ｇが７個，60ｇが１個となる。

60ｇの球４個を他の重さに変えるとき，㋐を４つに変えればよい。このときに変える球は，20ｇの球12個だから，条件に合う選び方は，10ｇが１個，20ｇが12個，60ｇが０個となる。なお，以上の３つの組み合わせは，３種類の球のいずれかの個数が足りなくて作れないということはない。

②　①で求めた選び方のうち，60ｇの球の個数が２番目に多い選び方は，10ｇが５個，20ｇが７個，60ｇが１個である。合計が最も大きくなるときの数の合計を求めるのだから，それぞれ条件に合う数を大きいほうから選べばよい。13個の球に書かれている数の合計が４で割ると２余り，10ｇ，60ｇの球に書かれた数字はすべて４の倍数だから，20ｇの球７個に書かれた数の合計を４で割ると２余るとわかる。

10ｇの球５個に書かれた数字の合計は100＋96＋92＋88＋84＝460，60ｇの球１個に書かれた数字は最も大きい

100である。20ｇの球に書かれた数字は大きい順に，100から３ずつ減る数だから，100，97，94，…である。大きいほうから７個の合計は，100＋97＋94＋91＋88＋85＋82＝637となり，奇数《きすう》だから４で割ると２余らないとわかる。したがって，一番小さい82を１つ小さい数に変えていき（合計が３ずつ減る），合計が４で割ると２余る数になるところを探すと，（637－３）÷４＝634÷４＝158余り２より，１回目で条件に合うとわかる。

よって，求める合計は，460＋100＋634＝1194である。

《2020　理科　解説》

Ⅰ　**問２**　図３で，大気中に二酸化炭素を放出するだけでなく，大気中から二酸化炭素を吸収するＡは植物である。植物は，呼吸を行うときには二酸化炭素を放出し（②），光合成を行うときには二酸化炭素を吸収する（③）。また，ＢからＣへ有機物としての炭素が移動しているから，Ｂが動物，Ｃが菌《きん》類・細菌類である。菌類・細菌類は，植物や動物の排出物《はいしゅつぶつ》や死体などの有機物を無機物に分解し，二酸化炭素を放出する（⑦）。

問３　北半球の中・高緯度《いど》で季節による二酸化炭素濃度《のうど》の差が大きくなるのは，夏にさかんに光合成を行う植物の多くが，冬になると葉を落として光合成を行わなくなるためである。したがって，年間を通して日光が十分に当たる北半球の低緯度では，冬になっても葉を落とすことなく光合成が行われるため，季節による濃度の差が小さい。また，南半球は北半球に比べて陸地の面積が小さいため，季節による濃度の差が小さい。

問４　う〇…季節による濃度の差が最も大きいＸは北半球の中緯度にある綾里《りょうり》である。Ｙは，増減の時期がＸとほぼ同じで，季節による差がＸより小さいから，北半球の低緯度にあるマウナロアである。Ｚは，季節による差が小さく，増減の時期がＸと逆になっているから，南半球にあるグリム岬《みさき》である。

問５　ｂ〇…ａが，北半球の中・高緯度で光合成が最もさかんに行われた直後だから９月だと考えられる。よって，ｂが12月，ｃが３月，ｄが６月である。

Ⅱ　**問３**　磁石につくのは鉄などの限られた金属だけである。

問４　金メダル１つに使われる金は６ｇだから，必要な携帯《けいたい》電話は$\frac{6}{0.05}$＝120（台）である。

問５　銀メダルは，重さが550ｇで，銀100％でできている。また，銀１㎤あたりの重さは10.5ｇだから，550ｇでの体積は，$\frac{550}{10.5}$＝52.38…→52.4㎤である。

問６　556ｇの金メダルは，銀550ｇの表面に６ｇの金がはりつけられたものである。よって，銀550ｇ→52.4㎤を金にすると，その重さは19.3×52.4＝1011.32（ｇ）になるから，全体で1011.32＋６＝1017.32→1017ｇになる。

Ⅲ　**問２**　⑴ア，エ，オ〇…セイタカアワダチソウとヒメジョオンは北アメリカ，シロツメクサはヨーロッパ原産の植物である。　⑵ウ〇…スギナは種子ではなく胞子《ほうし》をつくって子孫を残すシダ植物である。

問３⑴　外来種は，落葉樹林や常緑樹林のような人間の活動の影響《えいきょう》を受けずに生育している環境《かんきょう》の中に入りこみにくく，かく乱地や草刈《かり》地のような人間の活動の影響を大きく受ける場所で定着に成功することが多い。また，かく乱地では，絶滅危惧種《ぜつめつきぐしゅ》がほり起こされて取り除かれている可能性が高い。よって，あがウ，いがイ，うがアである。　　**⑶**　ア，ウ，エ〇…水中で生活する海藻《かいそう》はからだを支える必要がなく，水の吸収・放出はからだ全体で行うので，水（水蒸気）を放出するための気孔《きこう》，からだを支えるためのじょうぶな茎《くき》，水を吸収するための根などが必要ない。

Ⅳ 問１ てこは，支点の左右で棒をかたむけるはたらき〔おもりの重さ(ｇ)×支点からの距離《きょり》(cm)〕が等しいとき，棒が水平になる。図１より，棒の重さ 15ｇは棒の中央にかかると考えられる。図２で，皿が棒を左にかたむけるはたらきは 45(ｇ)×15(cm)＝675，棒の重さが棒を右にかたむけるはたらきは 15(ｇ)×15(cm)＝225 だから，100ｇのおもりが棒をかたむけるはたらきが 675－225＝450 になるように，支点から右に 450÷100(ｇ)＝4.5(cm)の位置に下げればよい。

問２ 皿にのせる分銅の重さが 10ｇ増えると，棒を左にかたむけるはたらきは 10(ｇ)×15(cm)＝150 増えるから，おもりの位置を 150÷100(ｇ)＝1.5(cm)右に移動すればよい。

問３ 問２より，皿にのせるものが 10ｇ増えると，おもりの位置は 1.5 cm右に移動するから，180ｇのものをのせたときには図２のときより $1.5\times\frac{180}{10}=27$(cm)右に移動する。よって，4.5＋27＝31.5(cm)が正答である。

問４ ０ｇの印をつけた位置から棒の右端《はし》までの距離は 60－(15＋4.5)＝40.5(cm)である。問２より，おもりの位置が 40.5 cm右に移動したときの皿にのせたものの重さは $10\times\frac{40.5}{1.5}=270$(ｇ)である。

問５ 問１解説と同様に考えて，０ｇの印は支点から右に 450÷150(ｇ)＝３(cm)の位置になり(０ｇの印から棒の右端までの距離は 42 cm)，問２解説と同様に考えて，皿にのせるものの重さが 10ｇ増えると，おもりの位置は右に 150÷150(ｇ)＝１(cm)動くから，量れる重さは最大で $10\times\frac{42}{1}=420$(ｇ)である。

問６ ア○，イ×，ウ×…問４，５解説より，おもりの重さが 100ｇのときと 150ｇのときを比べれば，０ｇの印の位置も，10ｇごとの印の間隔《かんかく》も変わることがわかる。　エ×，オ×，カ○…おもりの重さが 200ｇのときについて問５解説と同様に考えると，０ｇの印は支点から右に 450÷200(ｇ)＝2.25(cm)の位置になり(０ｇの印から棒の右端までの距離は 42.75 cm)，皿にのせるものの重さが 10ｇ増えると，おもりの位置は右に 150÷200(ｇ)＝0.75(cm)動くから，量れる重さは最大で $10\times\frac{42.75}{0.75}=570$(ｇ)になる。よって，おもりの重さが 100ｇのときと比べると，量れる重さの最大値が 570－270＝300(ｇ)増えることがわかる。

Ⅴ 問１ イ，エ○…氷がとけて水になったときにペットボトルに穴があいていると，水は穴からペットボトルの外に出ていき，かわりに空気が入ってくる。このとき穴より上に水はない。水は空気より熱を伝えやすいから，氷がとけた水が氷のまわりを覆《おお》うことによって氷がとけやすくなる。よって，ペットボトルの中に水が多く残るものほど氷がとけ終わるまでの時間が短くなるから，Ｃ，Ｂ，Ａの順である。

問２ Ａ．氷がとけた水は下から１cmにある穴から出ていくから，水面の高さは穴の高さと同じ「お」である。また，氷のようすは，穴より上の空気で覆われている部分での太さがほぼ一様で，穴より下の水で覆われている部分が少し細くなっているアである。　Ｂ．氷がとけた水は下から 10 cmにある穴から出ていくから，水面の高さは穴の高さと同じ「え」である。また，氷のようすは，穴より上の空気で覆われている部分が穴より下の水で覆われている部分より太くなっているオである。　Ｃ．氷がとけた水はペットボトルの中にそのまま残る。氷がすべてとけ終わるまで，水面の高さは凍《こお》らせる前の水面の高さ「い」のままで変化しない。また，氷は上部が少し水面から出るように水に浮《う》くからイのようになる。

《2020　社会　解説》

Ⅰ 問１ 「い」が正しい。日本の国土のおよそ３分の２が森林である。世界の森林率は約 30％だから，日本は，世界の中でも森林に恵まれた国と言える。

問２ ２．海洋に流れ出るプラスチックごみの問題を海洋プラスチックごみ問題といい，2019 年の大阪で開かれたG20 の議題の１つに上がった。くだけて小さくなったプラスチックをマイクロプラスチックとよぶ。

3．「雪持ち林」「被害」から雪崩《なだれ》を導く。　4．島崎藤村の『夜明け前』にも，「木曾谷は山から伐り出す材木を筏《いかだ》に組んで流す」と書かれている。　5．いかだを流すことができなくなる条件を考える。高低差を利用して発電するためにダムを建設すると，人や魚の移動ができなくなる。　6．「人間の代わり」「小回りのきく」からドローンを導く。　7．屋根の突き出た部分を「軒《のき》」，窓などの上につけられた小さな屋根状のものを「庇《ひさし》」という（右図参照）。　8．2016年の熊本地震では，震度7の地震が2度発生し，熊本城などが被害を受けた。

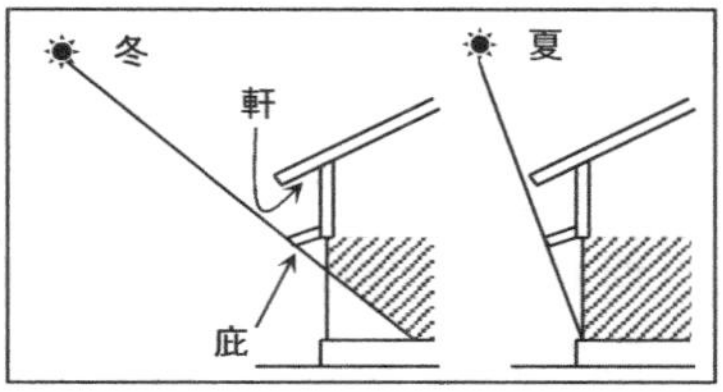

問3　右図参照。

問4　「う」が誤り。北山杉は京都府北部から産出する杉である。

問5　「い」が正しい。青森県南部と秋田県北部に広がる白神山地が，世界自然遺産に登録されている。

問6ア　Cの利根川である。江戸時代，関東平野を流れる利根川は，現在の東京湾を河口に持つ河川であった。徳川家康は，利根川を，銚子河口を流れる常陸川と結ぶ河川付け替え工事を行った。水揚げ量全国一の漁港は銚子港である。　**イ**　Jの筑後川である。「外輪山」は阿蘇山を示す。久留米は福岡県南部の地方である。干拓地は筑後川下流に広がるクリークをさしている。　**ウ**　Bの信濃川（千曲川）である。甲武信ヶ岳は，甲州（山梨県）・武州（埼玉県）・信州（長野県）の3州にまたがる山である。大河津分水路は，信濃川の春の雪解け水による洪水を防ぐために造られた水路である。　**エ**　Eの天竜川である。諏訪湖を水源とする天竜川は，伊那盆地を通り，茶の生産地である静岡県の西部を流れる。　**オ**　Fの木曽川である。輪中から判断できる。

問7　スギは針葉樹だから，「あ」が正しい。「い」は竹林，「う」は広葉樹林，「え」は荒地である。

問8　Bは，階段でしか登れないこと，金属でできていて他の用途がないことなどに気づきたい。図Aの命山は，障害のある人にもそうでない人にも利用できるユニバーサルデザインと言える。

Ⅱ　1．「朝鮮半島は三国に分かれ」「最北部」から高句麗と判断する（右図参照）。

2．「冊」という字の縦線が木簡を表し，それらを紐でしばった状態を表している。

3．「現存する日本最古の木造建築」から法隆寺を導く。法隆寺は，世界文化遺産に登録されている。

4．「全国に作られ」「識字率は高く」から寺子屋と判断する。武士の男子が通う藩校と間違わないようにしたい。

問1　「い」が正しい。紀元前2世紀頃は弥生時代前期にあたる。「あ」は古墳時代，「う」は縄文時代，「え」は弥生時代中期から後期にあたる。

問2　木簡は，調や庸を運ぶ際の荷札として利用された。その他，文書・習字用などの用途があった。

問3　「う」が正しい。「あ」について，東大寺を建てたのは鑑真ではなく聖武天皇である。鑑真が建てたのは唐招提寺である。「い」について，伊勢参りが全国に広まったのは江戸時代である（お蔭参り）。「え」について，五箇条の御誓文は，明治政府の基本方針を天皇が神に誓う形式で表したもので，宗教についての言及はない。

問4　「い」が正しい。フランシスコ・ザビエルは鹿児島県の坊津に上陸した。

問5　豊臣秀吉の朝鮮出兵によって途絶えていた朝鮮との国交は，対馬藩の宗氏によって回復され，以後，将軍の代替わりごとに朝鮮通信使が送られた。

問6　「お」がイラクである。「あ」＝エジプト，「い」＝トルコ，「う」＝シリア，「え」＝サウジアラビア，「か」＝イランである。

問7　「え」が正しい。「あ」について，条約改正を目指した岩倉使節団に，西郷隆盛は入っていない。「い」について，学制は6歳以上の男女すべてが小学校に通うように定めたものであったが，家庭の重要な働き手である女子

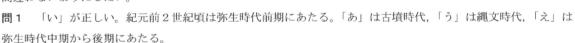

を通わせる家庭は少なかった。通学率が 100%近くなったのは 1900 年頃である。「う」について，安土桃山時代の太閤検地の内容である。

問８　福沢諭吉は，『学問のすゝめ』の中で，「人は生まれながらに貴賤・貧富の差はなく，学問を修めた人が賢くなり富み，学問を修めなかった人は貧しく身分が下になる」と学問の必要性を説いている。

Ⅲ　１．南京市は，上海市の西の内陸部にある都市である。　２．1951 年のサンフランシスコ平和会議で，日本はアメリカをはじめとする西側諸国と条約を結び，独立国となった。また，同時にアメリカと日米安全保障条約を結んだ。

問１　昭和時代は，1926 年(昭和元年)から 1989 年(昭和 64 年)まで続いた。

問２(ア)　1914 年から始まった第一次世界大戦の影響を受けて需要が高まった大戦景気について書けばよい。

(イ)　景気がよくなると同時に，物価が上がるインフレーションも起きやすくなる。そのため，国民の所得の上昇率よりも物価の上昇率の方が高くなって，景気が良くても国民の生活は苦しくなる。

問３　「う」が正しい。一世一元の制は，明治時代から始まったから，2020－1868＝152(年)より，「う」を選ぶ。

問４　「あ」が誤り。明治時代の第一回衆議院議員選挙では，直接国税を 15 円以上納める満 25 歳以上の男子に選挙権が与えられていた。

問５　高度経済成長は，1950 年代半ばから 1973 年まで続いた。1973 年に第四次中東戦争が起きると，ＯＰＥＣ(石油輸出国機構)に加盟するペルシャ湾岸の国々が原油価格の値上げを宣言した。すると翌日にＯＡＰＥＣ(アラブ石油輸出国機構)が原油の減産と，中東戦争を起こしたイスラエルを支援するアメリカなどへの経済制裁(原油の輸出禁止)を決定した。そのため，世界の原油価格が急激に上昇し，石油不足が起きた。

Ⅳ　①　１．衆議院の優越によって，内閣が作成した予算案は必ず衆議院から審議される。　２．日本国憲法第３条において，天皇の国事行為は内閣の助言と承認が必要であり，その責任は内閣が負うと規定されている。

②　３．憲法改正は，衆議院と参議院の両院で，総議員の３分の２以上の賛成を持って国会が憲法改正の発議をし，国民投票において，過半数の賛成を得られれば，天皇が国民の名において公布を宣言する。【Ａ】「い」が誤り。参議院議員通常選挙で投票率が 50%を下回ったことが２回ある(2019 年 48.8%，1995 年 44.52%)。

③　【Ｂ】「う」が正しい。消費税には，国税としての消費税と地方消費税がある。【Ｃ】「え」が正しい。景気によって国民の購買力に差はあるが，法人税より税収は安定する。「あ」について，消費税には累進課税は適用されない。「い」について，消費税はすべての人々が消費した場合に課税されるため，所得の低い人の方が負担感が高くなる(逆進性)。「う」について，ＥＵ加盟国の消費税は 17%～27%と日本の消費税率より高い。

④　４．国際連合の常任理事国(アメリカ・ソ連・イギリス・フランス・中国)には，決議を否決させる拒否権がある。アメリカとの冷戦状態にあったソ連は，日本がアメリカをはじめとする西側諸国に組み込まれることを恐れ，日本の国際連合への加盟に反対していた。その後，日ソ共同宣言で日本とソ連の国交が回復したことで，日本の国連加盟への反対がなくなり，国連加盟が実現した。【Ｄ】「え」が正しい。平和条約を結べば，ソ連(現在のロシア)から日本に，歯舞群島・色丹島の２島返還が約束されている。しかし，北方領土(歯舞群島・色丹島・択捉島・国後島)をわが国固有の領土とする日本は，４島返還に向けての外交を続けている。

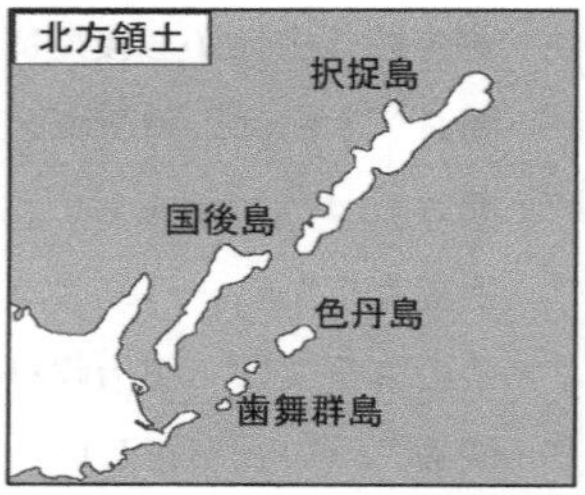

⑤　５．シェンチェン・アモイ・チューハイ・スワトウ・ハイナン島を経済特区とし，外国企業を誘致する政策を行った。【Ｅ】「あ」が誤り。北部では小麦を使った料理が，南部では米を使った料理が食べられる。

2019 解答例 平成31年度　桜蔭中学校

《国　語》

一　問一．a．明後日　b．物資　c．周囲　d．貸　e．過程　問二．A．喜　B．楽　問三．人は仲間のためになることをしたり、人に何かを手伝ってもらったらそのお礼をしたりして、だれもが必ず仲間とともに暮らしているということ。　問四．「それ」とは自分だけの時間を使うときに、お金を使うことで自分のやりたいことをたくさんつめこもうとする考え方のことである。その考え方が、自分だけの時間を作る時の考え方と、時間をお金で買い、少ない時間にできるだけ多くのことをこなそうという点で同じだということ。　問五．他の人と共有する時間を他の人に邪魔された時間と考えるようになると、お金を使ってその時間をできるだけ短く効率的にすませようとしてしまう。その結果、生み出された「自分の時間」にもできるだけぜいたくにたくさんのことをするのがよいと思うようになり、どこまでいってもきりがないので満足できない。しかも、「自分の時間」を充実させようとしたところで、そもそも人間は他人と関わり合い、共感しながら暮らしていくものなので、その部分が節約されてしまっては、いくら「自分の時間」を増やしたくさんのことをしても、かえってひとりぼっちの気持ちが強まってしまい、幸せな時間を過ごすことができないため。

二　問一．a．イ　b．エ　c．ア　問二．孫の最期を知りたかったが、伍長の話によって、自らすすんで命がけでなどと言う話ではなく、軍の作戦遂行のために都合よく利用された形で飛び立っていったのだとわかった。自分の孫もまたそのように死んだのだと思うと、強い憤りと悲しみで胸がいっぱいになった。　問三．戦闘に不向きな練習機までも使わなければならないなど、実戦向きの飛行機に不足するほどに日本は追い詰められているという様子。　問四．自分は本来ならば、仲間たちと一緒に昨日死ぬはずであったのに、機械の故障のせいで一人だけ生き残ってしまった。傍線部③では、自分一人だけが死ぬという使命を果たすことができず、さらに貴重な飛行機を失ってしまったことに罪悪感を抱き、まだ生きている自分は許されないのだと感じ、思い詰めていた。しかしカミに「ここにいれば」「隠れていれば」と思いがけないことを言われたことで早く自分も死ななければならないという追い詰められた思いから解放され、傍線部④では、ああこの親子に会えてよかった、生きていてよかったと、生きている自分を受け入れることができた。　問五．神さま　問六．伍長の話を聞く前は、出征する人にたいして「がんばれ」と手を振り、送り出すことは、彼らを応援するために、みんなやっている当たり前のことだと思っていた。しかし、伍長の話を聞くことで、それは無自覚であったとしても、「立派に死ぬこと」を願う呪いをかけていたのと同じであると気づき、自分が戦死した父や兄に対して、「生きて帰ってほしい」と思っていたにもかかわらず、彼らの死を願いながら送り出してしまったのだと深く後悔をした。そして、たとえみんながやっていたとしても自分はもう決して手は振らない、誰の死も願わないと決意するようになった。

《算　数》

Ⅰ　(1)$1\frac{1}{52}$　(2)ア．7　イ．火　(3)ア．40　イ．117　ウ．49

Ⅱ　※(1)①24.178　②102.772　(2)※①図形…長方形　面積…48　②ア．4　イ．19　ウ．9　エ．14

※Ⅲ　(1)200　(2)170

Ⅳ　(1)ア．24　イ．132　※(2)10時$2\frac{1}{7}$分／10時$23\frac{4}{7}$分　※(3)19時0分／22時0分／1時0分／4時0分

※の式や考え方は解説を参照してください。

《理　科》

Ⅰ　問1．イ　問2．ア，エ　問3．①見られる　②見られない　問4．砂糖…9.9　水…485.1　問5．オ
問6．え，き，く　問7．ガラス棒　問8．①ウ　②カ　問9．デンプンのつぶがろ紙を通りぬけられるくらい小さくなっている

Ⅱ　問1．①ア　②ア　③ア　④イ　⑤イ　⑥ア　問2．A　問3．B　問4．B　問5．ア，カ
問6．b　問7．0.25　問8．ウ，イ，ア，エ

Ⅲ　問1．B，D　問2．左心室　問3．①イ　②イ　問4．52.5　問5．6　問6．1.04
問7．①G　②なし　③E　④E

Ⅳ　問1．イ　問2．ウ　問3．ウ　問4．エ　問5．エ　問6．イ　問7．はくちょう／こと

《社　会》

Ⅰ　問1．い　問2．㋑，㋕　問3．え　問4．え　問5．う　問6．㋒　問7．奉公　問8．あ
問9．い　問10．大名の妻子が江戸から逃亡したり，武器が江戸に入るのを防ぐこと　問11．あ
問12．参勤交代　問13．この時期は雨が少なく空気が乾燥し，強い北西の季節風がふくから　問14．宿場に人馬を出す負担が増えることに付近の農村が抵抗したから　問15．船の航路　問16．あ　問17．え
問18．う　問19．え　問20．う　問21．X．アスファルト　Y．下水　問22．え
問23．A．㋔　B．㋝　C．㋐　D．㋜　E．㋑　F．㋒　G．㋛　H．㋵　I．㋚　J．㋘　問24．い
問25．あ．○　い．モーダルシフト　う．パリ協定　え．○

Ⅱ　1．最低限度　2．社会保障　3．成年〔別解〕成人　4．三審　5．日韓基本　A．い　B．え
C．あ　D．い　E．う

桜蔭中学校

←解答例は前のページにありますので，そちらをご覧ください。

《2019　国語　解説》

一　**問三**　直前に「人間の使う時間が必ず他者とつながっている」とあり、直後に「ともに生きている仲間の時間と速度を合わせ、どこかで重ね合わせなければならない」とある。だから、――線部①は、「他者」や「仲間」とともに、関係しあいながら時間を過ごしているということ。また、最後から２番目の段落で「(自分の時間が増えると孤《こ》独を感じるのは）そもそも人間がひとりで時間を使うようにできていないからである」と、――線部①とほぼ同じことを再び述べ、そのことについて「人間は高い共感力を手に入れた～ひとりでいても、親しい仲間のことを考えるし～人間は時間を他者と重ね合わせて生きているのである。仲間に自分の時間をさしだし、仲間からも時間をもらいながら、互酬《ごしゅう》性（お互いに、してもらったことに対してお返しをし合う関係）にもとづいた暮らしを営んできたのだ」と説明している。

問四　――線部②のある段落と前の段落の内容から考える。高度経済成長以後の日本人は、「自分だけで使える時間をひたすら追い求め」、それ以外の時間を（「効率化」（＝物資の流通や情報技術の高度化）によって）節約し、自分だけの時間を手にいれた。しかし、手に入れた「自分だけの時間をも～効率化の対象にしてしまった」。つまり、自分だけの時間を過ごすときにも「自分の欲求を最大限満たすために、効率的なすごし方」をしようとするようになった。この後に「映画を見て～ぜいたくな食事をする。自分で稼《かせ》いだ金で、どれだけ自分がやりたいことが可能かを考える」とあるように、自分だけの時間を過ごす時に、お金を使って、効率的に自分の欲求を満たそうとするのである。「それ」は、このことを指している。これは「自分だけで使える時間」を得るために、それ以外の時間を、金を使って効率化し、節約したときの考え方と同じだということ。

問五　問四でみたように、自分だけの時間を作り出し、お金を使って効率よく過ごそうとしても、効率化したいという考え方には際限がなく、満たされない。その理由は、次の段落に書かれているように、「そもそも人間がひとりで時間を使うようにできていないから」である。筆者は、本文の前半でゴリラの例をあげ、ゴリラは「信頼《しんらい》できる仲間といっしょに暮らすこと」を好み、仲間のために生きるゴリラは「自分だけの時間がないように見える」と述べている。そして、人間も本来はゴリラのように、自分だけの時間にこだわってはいなかったとし、最後から２番目の段落で「ゴリラ以上に、人間は時間を他者と重ね合わせて生きているのである～幸福は仲間とともに感じるもので、信頼は金や言葉ではなく、ともに生きた時間によって強められる」と述べている。この内容を中心に、答えをまとめる。

二　**問一ａ**　特攻《こう》隊員がどのように志願したのかという、兵士としては民間人には言いにくいことを言う場面なので、イ「つっかえつっかえ」が適する。直後に「ぼそぼそと言うと」とあることをもヒントになる。　**ｂ**　伍長《ごちょう》は、希望していなかった人も攻撃《げき》隊員名簿《ぼ》に名前をのせられてしまった時の話をしている。普通なら動揺し、感情的になりそうな場面だが、「かえって（＝予想とは反対に)」と続いているから、感情的な様子とは反対の、エ「淡《たん》々と」が適する。　**ｃ**　「ぼく」が、「なんで手を振《ふ》らなかったの一」「せっかく伍長さんが手を振ってくれたのに」と、カミを責めている場面なので、ア「非難がましく」が適する。

問二　１～４行目の「じゃーじゃは、怯《ひる》む伍長をまっすぐに見た。『あなたはどうやって志願したのですか～どうしてもお聞きしたいのです～どうか教えてください。冥途《めいど》の土産《みやげ》に教えてください』」から、孫が特攻隊に入った経緯《けいい》や、その時の気持ちを知りたいという、じゃーじゃの強い気持ちがうかがえる。そして、伍長の話から、希望していなかった者まで、特攻に指名されていたことを知った。「こぶしが、ぶるぶると震《ふる》えていた」という様子から、じゃーじゃが感情をたかぶらせていることがわかる。孫は軍によって無理やり特攻させられたのかもしれず、悲しみや怒りを感じていたはずである。

問三　伍長は、低空をゆっくりと飛んで行く飛行機を見て「練習機ですので、速度は殆《ほとん》どでません」「日中飛べばグラマン（アメリカの戦闘《とう》機）の餌食《えじき》でしょう」と言っている。このような練習機までも攻撃用に使っているのだから、日本にはもう、まともな戦闘機もないはずで、相当苦しい状況である。

問四　――線部③と、その後の「ぼくも昨日、みんなと一緒《いっしょ》に死ぬはずだったのに。死んで神になるはずだったのに」から、伍長が生き残ったことに罪悪感をもっていたことがわかる。しかし、カミに「ここにいれば？」「もうヤマトゥに戻《もど》らないで、ずっとここにいれば？　戦争が終わるまで隠《かく》れていれば？」と言われ、――線部④「生きててよかった」と気持ちが変化した。さかのぼると、――線部②の 16 行後で、カミの母も「なたわ生きちたぼり。どーか生きちたぼりよー（あなたは生きてください。どうか生きてくださいねー）」と伍長が生きることを願っていたのだった。カミとその母から、生きてほしいという素直な気持ちを伝えられた伍長は、生き残った自分を肯定《こうてい》し、受け入れることができるようになったのである。

問五　特攻戦死した、イチみーは「軍神」として葬式《そうしき》が行われた。また、伍長の周囲の人々は、伍長の特攻が成功するように祈《いの》り、伍長を「神さま扱《あつか》い」してきた。伍長はみんなが自分の死を願っているようでこわいと思っていたが、一方で、特攻に失敗してしまったことに罪悪感を持っていた。伍長自身も、みんなが期待する「神さま」であろうとしていたのである。しかし、カミの言葉で「生きててよかった」と生きることを肯定できた伍長は、もう「神さま」ではなくなり、人間にもどったのである。

問六　══線部の人形は、挺《てい》身隊の女学生が、特攻が成功するように祈って縫《ぬ》ってくれた人形で、伍長は、それを自分の死を願う「呪《のろ》い」だと感じていた。カミはそのことを聞いたとき、どうしていいかわからなかった。しかし、伍長を見送る時には、自分が手を振って「お国のためにがんばってきてね」と父や兄を送り出したことは、人形をあげるのと同じで、父や兄をのろうことだったのだと思い、後悔《こうかい》していた。だから、「もう手は振らない」（相手の死を願うようなことはしない）と決意し、伍長にも手を振らなかった。

《2019　算数　解説》

I　(1)　与式$=(3\frac{5}{24}+\frac{9}{40})\div\frac{26}{15}-\frac{5}{4}\times\frac{10}{13}=(3\frac{25}{120}+\frac{27}{120})\times\frac{15}{26}-\frac{25}{26}=3\frac{52}{120}\times\frac{15}{26}-\frac{25}{26}=\frac{103}{30}\times\frac{15}{26}-\frac{25}{26}=\frac{103}{52}-\frac{50}{52}=\frac{53}{52}=1\frac{1}{52}$

(2)　平成 31 年が 2019 年だから，平成元年は 2019－30＝1989(年)であり，平成になってから１回目のうるう年は，1992 年である。したがって，2020 年のうるう年は，(2020－1992)÷４＝７より，７＋１＝８(回目)のうるう年となり，平成にうるう年はア7回あったとわかる。

うるう年以外は１年間 365 日であり，365÷７＝52 余り１より，１年前の同じ日は１日前の曜日となる。うるう年は１年間 366 日であり，366÷７＝52 余り２より，うるう年の２月 29 日をこえると１年前の同じ日は２日前の曜日となる。３回目のうるう年は，1992＋４＋４＝2000(年)であり，2000 年から 2019 年までうるう年は 2000 年をふくめて５回あるから，2000 年２月１日の曜日は，金曜日の１×(19－５)＋２×５＝24(日前)の曜日，24÷７＝３余り３より，３日前の曜日となる。したがって，2000 年２月１日は火曜日であり，2000 年２月 29 日は２月１日の 29－１＝28(日後)だから，28÷７＝４より，求める曜日はイ火曜日である。

(3)　81 人の参加者でトーナメントを行うと，１回戦では 81÷３＝27(回)，２回戦では 27÷３＝９(回)，３回戦では９÷３＝３(回)，４回戦では３÷３＝１(回)ゲームが行われる。よって，合計 27＋９＋３＋１＝ア40(回)ゲームが行われた。

235人の参加者でトーナメントを行うと，１回戦では235÷３＝78余り１より，78回ゲームが行われ，ここで勝った人と１回戦で戦わなかった１人が２回戦に進む。２回戦では(78＋１)÷３＝26余り１より，26回ゲームが行われ，ここで勝った人と２回戦で戦わなかった１人が３回戦に進む。３回戦では(26＋１)÷３＝９(回)，準決勝では９÷３＝３(回)，決勝では３÷３＝１(回)ゲームを行う。よって，合計78+26+９＋３＋１＝イ117(回)ゲームが行われた。

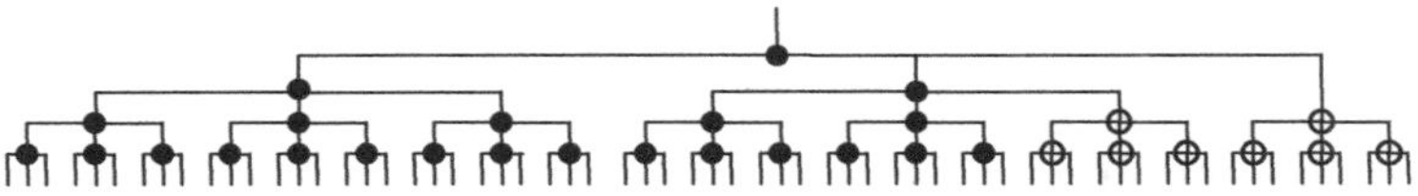

81人で行うと40回ゲームを行うから24回ゲームを行うときの人数は81人より少なく４回戦まで戦われるとわかる。そこで，図３を４回戦までを書いてみると上図のようになる。このとき●は確定しているゲーム，○は未確定のゲームである。確定しているゲームは23回あるから，未確定のゲームのうち，あと１回が確定するとわかる。つまり，１回戦では16回ゲームが行われたから，トーナメントの参加者は３×16＋１＝ウ49(人)である。

Ⅱ (1)① 扇形Aの紙を１枚はり合わせるごとに，最大で19－３＝16(度)ずつ中心角が増える。したがって，360÷16＝22余り８より，23枚の紙をはり合わせることで円になるとわかる。23枚の紙を重ねずに並べると，19×23＝437(度)となるから，のりしろ部分の中心角の合計は437－360＝77(度)となる。

よって，求める面積は，$6\times6\times3.14\times\frac{77}{360}=24.178$(cm²)である。

② 扇形A，Bが必ず交互になるように並べるから，扇形A，Bの紙の枚数は等しくなり，①より，合計24枚の紙をはり合わせるとわかるので，それぞれ12枚ずつ必要になる。

扇形Aによってできる曲線の長さの合計は，半径が６cmで中心角が19×12＝228(度)の扇形の曲線部分の長さに等しく，$6\times2\times3.14\times\frac{228}{360}=\frac{38}{5}\times3.14$(cm)である。扇形Bによってできる曲線の長さの合計は，半径が３cmで，中心角が，360－228＝132(度)の扇形の曲線部分の長さに等しいから，扇形Bによってできる曲線の長さの合計は，$3\times2\times3.14\times\frac{132}{360}=\frac{11}{5}\times3.14$(cm)である。

また，直線部分は，１枚の扇形Aの中に(６－３)×２＝６(cm)あるから，直線部分の合計は６×12＝72(cm)である。よって，求める長さは，$\frac{38}{5}\times3.14+\frac{11}{5}\times3.14+72=\left(\frac{38}{5}+\frac{11}{5}\right)\times3.14+72=\frac{49}{5}\times3.14+72=102.772$(cm)である。

(2)① 台形ＡＢＣＤは２×16＝32(cm)動き，正方形ＥＦＧＨは１×16＝16(cm)動くから，右図ｉのようになる。よって，求める面積は８×６＝48(cm²)である。

図ｉ

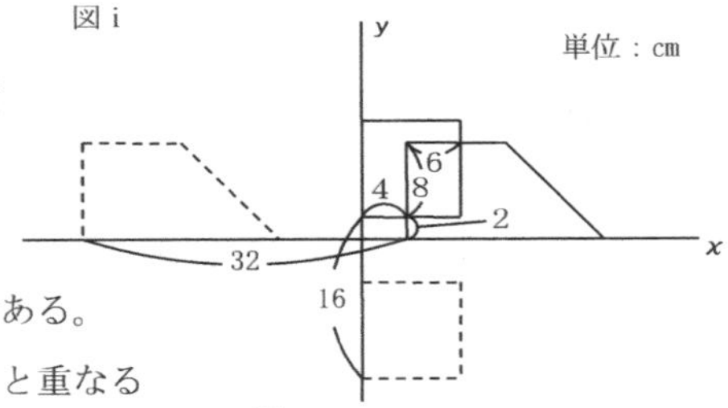

② ２つの図形が重なるとき，両方の図形が右図ⅱの色付き部分を通っているときである。色付き部分は正方形ＥＦＧＨと合同な図形である。

台形ＡＢＣＤが色付き部分を通るのは，ＣがＯと重なってからＢがＰと重なるまでなので，８÷２＝４(秒後)から，(20＋８＋10)÷２＝19(秒後)までである。

正方形ＥＦＧＨが色付き部分を通るのは，ＥがＯと重なってからＦがＱと重なるまでなので，４÷１＝４(秒後)から，(10＋４＋10)÷１＝24(秒後)までである。

したがって，２つの図形が重なっているのは，図形が動き始めてア４秒後からイ19秒後まででである。

図ⅱ

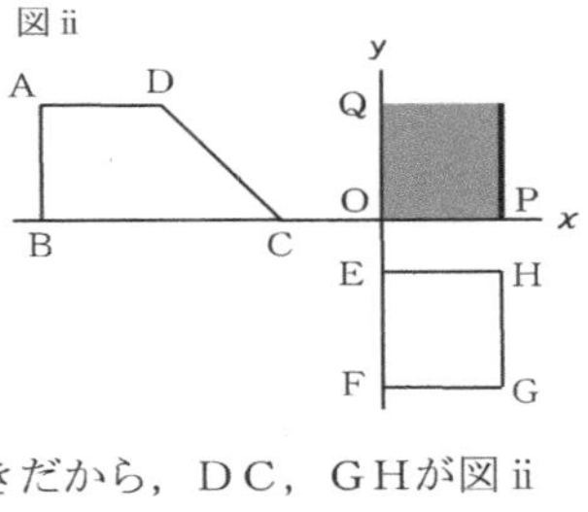

２つの図形が重なっている部分が五角形となるのは，ＤＣとＧＨが交わっているときだから，ＤＣ，ＧＨが図ⅱ

の太線を通るときである。ＤＣが太線を通るのは，$(8+10)\div2=9$（秒後）から，$(10+18)\div2=14$（秒後）までであり，ＧＨが太線を通るのは，$4\div1=4$（秒後）から，$(10+4+10)\div1=24$（秒後）なので，２つの図形が重なっている部分が五角形になるのは，ウ9秒後とエ14秒後の間である。

Ⅲ (1) 水そう①と②に入れた食塩水のうち，容器Ｂ，Ｃから入れた食塩水は量も濃度も等しいから，ふくまれる食塩の量も等しい。したがって，㋐Ａに入っていた15%の食塩水に水を100ｇ加えた食塩水は10%になるとわかる。Ａの容器の中の水と食塩の重さの比は，$(100-15):15=17:3$で，下線部㋐の食塩水の水と食塩の重さの比は，$(100-10):10=9:1$になる。水を加えても食塩の重さは変わらないことから，Ａの容器の中の食塩の重さを[3]とすると，Ａの容器の中の水の重さは[17]，下線部㋐の中の水の重さは，$[3]\times9=[27]$と表せる。
$[27]-[17]=[10]$が100ｇにあたるから，Ａの容器には，$100\times\dfrac{[3]+[17]}{[10]}=200$（ｇ）の食塩水が入る。

(2) 水そう③にふくまれる食塩の量は，$600\times0.10+5.8=65.8$（ｇ）である。容器Ａから入れた食塩水にふくまれる食塩の量は，$200\times0.12=24$（ｇ）だから，容器ＢとＣから入れた食塩水にふくまれる食塩の量の和は，$65.8-24=41.8$（ｇ）で，食塩水の合計は$600-200=400$（ｇ）だから，この２つの容器の食塩水を混ぜると，
$41.8\div400\times100=\dfrac{209}{20}$（%）となり，右のようなてんびん図がかける。容器ＢとＣの食塩水の量の比はａ：ｂの逆比だから，$a:b=(\dfrac{209}{20}-7):(13-\dfrac{209}{20})=23:17$より，$17:23$となる。よって，容器Ｂには$400\times\dfrac{17}{17+23}=170$（ｇ）の食塩水が入る。

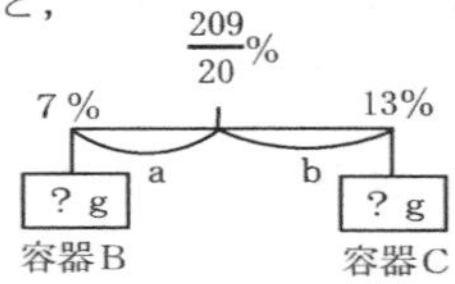

Ⅳ (1) 長針は７時から17時までの10時間は60分で１周するから，７時から17時までで10周し，17時から翌日の７時までの$24+7-17=14$（時間）は168分で１周するから，17時から翌日の７時までで$\dfrac{14\times60}{168}=5$（周）する。したがって，長針が$10+5=15$（周）する間に短針は１周$=360$度進むから，長針が１周する間に短針が回転する角度は，$360\div15=$ア24（度）である。
12時45分は７時０分の５時間45分後$=5\dfrac{3}{4}$時間後なので，７時０分のときから，長針は５周と$360\times\dfrac{3}{4}=270$（度）進んでいて，短針は$24\times5\dfrac{3}{4}=138$（度）進んでいる（右図参照）。
よって，長針と短針のつくる角の大きさは，$270-138=$イ132（度）である。

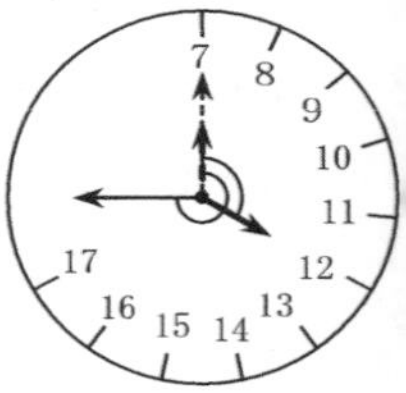

(2) 長針と短針のつくる角の大きさは，10時０分のとき$24\times3=72$（度），11時０分のとき$24\times4=96$（度）である。したがって，10時０分から11時０分までの長針と短針がつくる角の大きさは，72度から長針と短針が重なる（０度になる）まで小さくなり，その後180度になるまで大きくなり，その後小さくなって96度となる（長針と短針がつくる角の大きさは０度以上180度以下だから）。つまり，長針と短針が重なる前と後に60度となる時刻がそれぞれ１回ずつある。
長針は１分間に$\dfrac{360}{60}=6$（度）進み，短針は１分間に$\dfrac{24}{60}=\dfrac{2}{5}$（度）進むから，長針と短針のつくる角の大きさは，１分間に$6-\dfrac{2}{5}=\dfrac{28}{5}$（度）変化し，60度変化するのに$60\div\dfrac{28}{5}=10\dfrac{5}{7}$（分）かかる。長針と短針が重なるのは，
10時$(72\div\dfrac{28}{5})$分$=$10時$12\dfrac{6}{7}$分だから，求める時刻は10時$12\dfrac{6}{7}$分の$10\dfrac{5}{7}$分前の10時$2\dfrac{1}{7}$分と，10時$12\dfrac{6}{7}$分の$10\dfrac{5}{7}$分後の10時$23\dfrac{4}{7}$分である。

(3) 17時から翌日の７時まで，長針は168分で360度進むから，１分間に$\dfrac{360}{168}=\dfrac{15}{7}$（度）進み，短針は14時間で$360\times\dfrac{5}{15}=120$（度）進むから，１分間に$\dfrac{120}{14\times60}=\dfrac{1}{7}$（度）進む。この問題の解説では，長針と短針のつくる角の大きさは，長針のある位置を基準とし，短針のある位置が時計周りに何度であるかで表す（右図参照）。
したがって，長針と短針がつくる角の大きさは，１分間に$\dfrac{15}{7}-\dfrac{1}{7}=2$（度）小さくなる。
17時０分のとき，長針と短針のつくる角の大きさは$24\times10=240$（度）だから，17時０分以降で最初に長針と短針が重なるのは，$240\div2=120$（分後）＝２時間後の19時０分である。

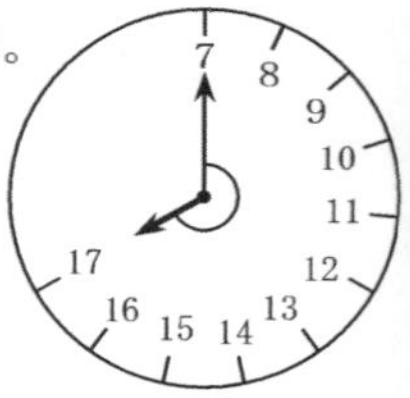

これ以降，360÷２＝180(分)＝３時間ごとに長針と短針が重なるから，19時０分＋３時間＝22時０分，22時０分＋３時間＝25時０分＝１時０分，１時０分＋３時間＝４時０分に長針と短針が重なる。

《2019　理科　解説》

Ⅰ　**問１，２**　砂糖が溶《と》けた部分では光の進み方が変化するので，モヤモヤしたものが見える。砂糖が溶けた水は，砂糖が溶けていない水より重いので，下に落ちていく。溶けた砂糖のつぶは小さくなって水中に散らばっているが，ティーバッグを取り出した直後では，底に近い方が濃《こ》い砂糖水である。なお，このまま放置しておくと，かき混ぜなくても砂糖のつぶは一様に広がり，どこでも同じ濃さになる。

問３，５　結果の表より，異なる濃さの液体を混ぜると，モヤモヤしたものが見られることがわかる。

問４　液体Ａは 50ｇ，液体Ｂは５ｇだから，３種類の液体は(50＋５)×３＝165(ｇ)ずつ必要である。１％砂糖水 165ｇは，砂糖 165×0.01＝1.65(ｇ)と水 165－1.65＝163.35(ｇ)，５％砂糖水 165ｇは，砂糖 165×0.05＝8.25(ｇ)と水 165－8.25＝156.75(ｇ)からつくられるので，砂糖は 1.65＋8.25＝9.9(ｇ)，水は 165＋163.35＋156.75＝485.1(ｇ)必要である。

問６　モヤモヤしたものが見られるもののうち，同じ体積での重さが液体Ｂの方が液体Ａより軽いと，モヤモヤしたものが上の方に見られる。同じ体積での重さは，水が最も軽く，５％砂糖水が最も重い。よって，え，き，くでは，液体Ｂが液体Ａに浮《う》くように，モヤモヤしたものが上の方に見られる。

問８　かたくり粉は冷水に溶けないので，ろ液はただの水であり，ヨウ素液を加えても青むらさき色に変化しない。

問９　ヨウ素液を加えて青むらさき色になったから，ろ液にはかたくり粉が含《ふく》まれているということである。よって，熱湯中ではデンプンのつぶがろ紙を通りぬけられる大きさになっているということである。

Ⅱ　**問２**　問１①～③より，同じ電流が流れるときにはＡに加わる電圧の方が大きく，Ａの方が水の温度変化は大きい。

問３　問１④～⑥より，同じ電圧が加わるときにはＢに流れる電流の方が大きく，Ｂの方が水の温度変化は大きい。

問４　電熱線が太いほど電流が流れやすい。同じ電圧が加わるときにはＢに流れる電流の方が大きいから，Ｂの方が太い。

問５　風力発電や水力発電は，風や水の流れによって風車や水車(タービン)を回転させて電気に変える。火力発電や原子力発電は，水を沸《ふっ》とうさせてできた水蒸気によってタービンを回転させて電気に変える。これに対し，太陽光発電は光を直接電気に変え，燃料電池は水素と酸素の反応から電気をとり出している。

問６　手回し発電機と同様に，モーターの軸《じく》が速く回転したときほど大きな電流が流れる。おもりが 100 cm落ちるのにかかる時間が短いｂの方がモーターの軸が速く回転するから，ｂの方が値が大きい。

問７　軸の円周は１×3.14＝3.14(cm)だから，モーターの軸が１回転するごとにおもりは 3.14 cm落ちる。900ｇのおもりを用いたとき，おもりが 100 cm落ちるのにかかる時間が８秒だから，3.14 cm落ちる(モーターの軸が１回転する)のにかかる時間は，$8\times\frac{3.14}{100}$＝0.2512→0.25 秒である。

問８　手回し発電機で，大きな電流が流れるときほど手ごたえが重くなることと同様に考えればよい。つまり，大きな電流が流れるときほど大きな力が必要になり，モーターの軸の回転が遅《おそ》くなるということである。ここでは手ごたえが軽くなる順に並べればよいので，ウ(電流が流れない)，イ，ア(発光ダイオードは豆電球より小さい電流で光る)，エ(ショート回路となり，非常に大きい電流が流れる)が正答である。

Ⅲ　**問1**　全身で酸素を渡し二酸化炭素を受けとった静脈血は，Aの大静脈を通って右心房にもどり，右心室からCの肺動脈を通って肺に送り出される。肺で二酸化炭素を排出《はいしゅつ》し酸素をとり入れた動脈血は，Bの肺静脈を通って左心房にもどり，左心室からDの大動脈を通って全身に送り出される。よって，動脈血が流れている血管はBとDである。

問2　左心室は全身に勢いよく血液を送り出さなければいけないので，一番壁《かべ》が厚くて丈夫《じょうぶ》になっている。

問3　血液を送り出すポンプの役割があるのは心臓だけなので，心臓以外を通るときに血液の勢いが強くなることはない。カエルなどの両生類の心臓には１つの心室と２つの心房ある。このようなつくりだと，心室で静脈血と動脈血が混ざるので，心室から送り出される血液は肺からもどった動脈血と比べて酸素の割合が小さくなる。

問4　体重 50 kgのヒトの血液の重さは 50×0.07＝3.5(kg)で，血液は１mL あたり１g だから，3.5kg は 3.5Lである。左心室は 60 秒間に４Lの血液を送り出すから，左心室から出た血液は 60×$\frac{3.5}{4}$＝52.5(秒後)に左心室にもどる。

問5　１時間(60 分間)に左心室から出ていく血液４×60＝240(L)のうち，じん臓に流れこむ血液は 240×0.25＝60(L)である。じん臓に流れこんだ血液の 10%が原尿《げんにょう》になるから，60×0.1＝６(L)が正答である。

問6　１日(24 時間)でつくられる原尿は６×24＝144(L)だから，尿になるのは原尿の$\frac{1.5}{144}$×100＝1.041…→1.04%である。

問7　①養分は腸(小腸)で血液中に吸収され，Gを通ってかん臓に運ばれる。②かん臓でつくられた胆汁《たんじゅう》(脂肪《しぼう》の消化を助ける消化液)は胆のうにたくわえられる。③かん臓は血液中の有害物質を分解するから，かん臓を通ったあとのEには有害物質が少ない血液が流れている。④かん臓にたくわえられているグリコーゲンが糖となり，血液に供給されてかん臓から出ていくから，Eには糖分が多い血液が流れる。

Ⅳ　**問1**　図ⅠのAからは，いて座が太陽の方向に見えるから，これが１月の地球である。その１か月後の２月の地球では，やぎ座が太陽の方向に見えるから，２月の地球はBである。よって，地球が太陽の周りを回る向きはイである。

図Ⅰ

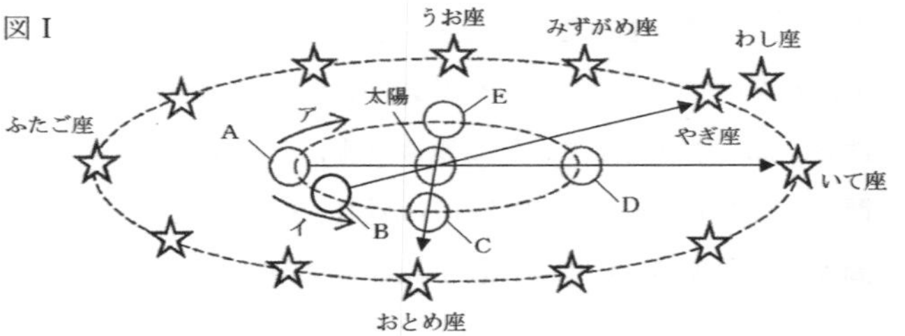

問2　地球から見て太陽と反対方向にある星座が午前０時ごろに真南に見える星座である。したがって，いて座が午前０時ごろに真南に見えるのは，図ⅠのDである。Aが１月の地球だから，Aから半周した位置にあるDは１月の半年後の７月の地球である。

問3　図ⅠのDでは，いて座が午前０時ごろに真南に見える。地球は太陽の周りを回りながらその向きと同じ向きに自ら回転する。Dでは，いて座が真南に見えるときから 30 度回転するとやぎ座が，60 度回転するとみずがめ座が，90 度回転するとうお座が，それぞれ真南に見えるようになる。この回転は１日(24 時間)で１回転(360 度)だから，やぎ座が真南に見えるように 30 度回転するには，24×$\frac{30}{360}$＝２(時間)かかる。よって，午前２時ごろである。

問4　１月の地球は図ⅠのAであり，このときふたご座は太陽と反対方向にあるから，午前０時ごろ南の空に見える。

問5　おとめ座が太陽の方向に見えるのは，図ⅠのEである。Dが７月の地球だから，Eは７月の３か月後の 10月の地球である。

問6　うお座が太陽の方向に見えるのは，図ⅠのCである。Cは４月の地球だから，この星が真南に見えたときの高さは春分の日に太陽が真南に見えたときの高さにもっとも近い。春分の日と秋分の日では太陽が真南に見えたときの高さが等しいので，イが正答である。

《2019　社会　解説》

I　問１　「い」が正しい。「あ」について，コメの栽培は三内丸山遺跡では確認できていない。「う」について，卑弥呼は，魏の皇帝に朝貢して，「親魏倭王」の称号を与えられたから，中国皇帝と同じ皇帝の称号は与えられていない。「え」について，高松塚古墳から極彩色の女性の壁画が，藤ノ木古墳から金銅製のくつが出土している。

問２　①の稲荷山古墳から鉄剣が，⑪の江田船山古墳から鉄刀が出土した。どちらにも「獲加多支鹵」と刻まれていたことから，大和政権の勢力は九州から関東北部に及んだことがわかる。

問４　「え」が正しい。北九州の警備につく兵士を防人とよんだ。防人は，自己負担が多く重い税であった。

問５　「え」倭王武が南朝に送った手紙(古墳時代)→「い」遣隋使(飛鳥時代前半)→「う」大化の改新(飛鳥時代中頃)→「あ」(奈良時代)

問６　⑦が正しい。⑦はカザフスタン，①はインド，⑤はサウジアラビア，⑦はエジプトである。

問７　土地を仲立ちとした将軍と御家人の御恩と奉公による主従制度を封建制度という。活躍した御家人への御恩として，新たな土地の守護や地頭に任命したり，以前からの領地の保護をしたりした。

問８　「あ」が正しい。「い」は屈斜路湖，「う」は霞ヶ浦(ただし，霞ヶ浦の水深は７ｍ程度である)，「え」はサロマ湖についての説明と判断できる。

問９　「い」が正しい。「あ」について，足利義政ではなく足利義満であれば正しい。「う」について，鳥取県ではなく島根県であれば正しい。「え」について，岡山県ではなく山口県であれば正しい。

問10　「入り鉄砲に出女」の説明をできるようにしたい。

問11　「あ」が正しい。「い」について，高梁川は岡山県を流れる。「う」について，品川は日本橋からみて南に位置するので甲州街道の通り道にはない。「え」について，関東山地は関東平野の西側に位置するので，日光街道は通らない。

問12　参勤交代の制度は，徳川家光が武家諸法度に初めて追加した法令である。徳川吉宗の享保の改革では，米を提出する代わりに参勤交代の期間を短縮する上米の制度がとられた。

問13　冬の北西季節風によって発生する「からっ風」の説明ができていればよい。

問14　街道沿いの宿駅には，人馬を提供する「伝馬役」とよばれる課役があったが，宿駅で調達ができないと，周辺の農民に「助郷」として課されるようになった。助郷が度重なると，上野，武蔵，信濃などでは，騒動が起きたという。

問15　大阪ー江戸間の南海航路では，菱垣廻船や樽廻船による物資の輸送が行われていた。

問16　「あ」が正しい。喜多川歌麿・東洲斎写楽は役者絵，鈴木春信は美人画で知られる浮世絵師である。

問17　「え」が誤り。オランダ・琉球以外にも，中国・朝鮮とは国交が開かれていた。

問18　「う」が正しい。わが国で産業革命が起こると，今まで輸入していた綿糸や綿織物を輸出するようになった。

問19　「え」が誤り。25 歳以上のすべての男性に選挙権が与えられたのは 1925 年のことである。

問20　「い」五・一五事件(1932 年)→「あ」国際連盟脱退(通告 1933 年・脱退 1935 年)→「う」日中戦争(1937年)→「お」日独伊三国同盟(1940 年)→「え」太平洋戦争(1941 年)

問21　X.「舗装」「覆われて」からアスファルトを導く。Y.「逆流し，マンホールからあふれ出す」から下水を導く。

問 22　「え」が正しい。(１㎢あたりの乗用車台数)×(乗用車１台あたりの人口)は，(１㎢あたりの人口)，つまり，人口密度を表していることになる。そうすれば，大韓民国の人口密度が日本より高いことを知っていれば「え」が導き出される。「あ」はアメリカ合衆国，「い」はフランス，「う」は中華人民共和国である。

問 23　A.「北前船」の寄港地から日本海側と判断し，「日米修好通商条約で開港」から新潟港の㋔を導く。日米修好通商条約では，新潟・函館・横浜・兵庫・長崎が開港された。　B.「江戸時代，ヨーロッパの…窓口」「2018 年に世界遺産」から長崎港の㋝を導く。　C.「夏に霧」「酪農地帯」から釧路港の㋐を導く。釧路から根室の根釧台地では，夏に海霧が発生するため稲作に適さず，酪農がさかんに行われている。　D.「1901 年に操業を開始した製鉄所」は八幡製鉄所だから，北九州港の㋜を導く。　E.「1908 年に鉄道連絡船」は青函連絡船のことだから，青森港の㋑を導く。　F.「米代川」「曲げわっぱ」から能代港の㋒を導く。曲げわっぱは米代川中流の大舘の伝統的工芸品である。　G.「埋立地につくられ」「輸出品は，集積回路や半導体」から関西国際空港の㋛を導く。小型軽量で単価の高い集積回路や半導体は，航空機輸送ができる。　H.「輸出額が日本第１位」から名古屋港の㋙を導く。日本最大の工業地帯である中京工業地帯には，ＴＯＹＯＴＡやＨＯＮＤＡの自動車組み立て工場が多い。

I.「1995 年の地震」から神戸港の㋚を導く。1995 年の兵庫県南部地震による阪神淡路大震災では，神戸港の被害も大きかった。　J.「リアス海岸」「原子力発電所」から敦賀港の㋕を導く。リアス海岸は，若狭湾沿岸に広がる。原子力発電所は敦賀原発のことである。北陸新幹線は，金沢－敦賀間が 2022 年に開通予定である。

問 24　2018 年の 50 年前は 1968 年だから，「い」の小笠原諸島返還が正しい。日中平和友好条約締結は 1978 年，ソ連と国交回復(日ソ共同宣言)は 1956 年，沖縄返還は 1972 年のことである。

問 25　「い」エコドライブとは，燃費を向上させるために運転者が行う運転方法や施策をさす。「う」京都議定書は 1997 年に採択された枠組みである。

Ⅱ　①　「健康で文化的な最低限度の生活を営む権利」を生存権といい，生存権をもとにわが国の社会保障制度は成り立っている。わが国の社会保障制度は，社会保険・社会福祉・公的扶助・公衆衛生を柱とする。

②　年齢引き下げから公職選挙法と間違わないこと。民法改正により，成人年齢は 20 歳から 18 歳に引き下げられ，女性の婚姻が可能な年齢は 16 歳から 18 歳に引き上げられた。2022 年から施行される。

③　【Ｂ】「え」が誤り。条約の締結は内閣の権限であり，国会では条約の締結の承認が行われる。

【Ｃ】「あ」が誤り。国家基本政策委員会合同審査会を党首討論といい，衆・参両院で開かれている。

④　えん罪を防ぎ，国民の権利を守るための制度である三審制は，第１審に不服があれば第２審に控訴，第２審に不服があれば第３審に上告できる。【Ｄ】第１審が簡易裁判所で始まった民事事件の第２審は「い」の地方裁判所で行われる。第１審が簡易裁判所で始まった刑事事件であれば第２審は高等裁判所になることも注意したい。

⑤　【Ｅ】「う」が誤り。南北朝鮮に分かれたのは，朝鮮戦争ではなく，日本がポツダム宣言に正式に調印したことで朝鮮の日本統治が終ったときからである。

■ ご使用にあたってのお願い・ご注意

（1）問題文等の非掲載

著作権上の都合により，問題文や図表などの一部を掲載できない場合があります。

誠に申し訳ございませんが，ご了承くださいますようお願いいたします。

（2）過去問における時事性

過去問題集は，学習指導要領の改訂や社会状況の変化，新たな発見などにより，現在とは異なる表記や解説になっている場合があります。過去問の特性上，出題当時のままで出版していますので，あらかじめご了承ください。

（3）配点

学校等から配点が公表されている場合は，記載しています。公表されていない場合は，記載していません。

独自の予想配点は，出題者の意図と異なる場合があり，お客様が学習するうえで誤った判断をしてしまう恐れがあるため記載していません。

（4）無断複製等の禁止

購入された個人のお客様が，ご家庭でご自身またはご家族の学習のためにコピーをすることは可能ですが，それ以外の目的でコピー，スキャン，転載（ブログ，ＳＮＳなどでの公開を含みます）などをすることは法律により禁止されています。学校や学習塾などで，児童生徒のためにコピーをして使用することも法律により禁止されています。

ご不明な点や，違法な疑いのある行為を確認された場合は，弊社までご連絡ください。

（5）けがに注意

この問題集は針を外して使用します。針を外すときは，けがをしないように注意してください。また，表紙カバーや問題用紙の端で手指を傷つけないように十分注意してください。

（6）正誤

制作には万全を期しておりますが，万が一誤りなどがございましたら，弊社までご連絡ください。

なお，誤りが判明した場合は，弊社ウェブサイトの「ご購入者様のページ」に掲載しておりますので，そちらもご確認ください。

■ お問い合わせ

解答例，解説，印刷，製本など，問題集発行におけるすべての責任は弊社にあります。

ご不明な点がございましたら，弊社ウェブサイトの「お問い合わせ」フォームよりご連絡ください。迅速に対応いたしますが，営業日の都合で回答に数日を要する場合があります。

ご入力いただいたメールアドレス宛に自動返信メールをお送りしています。自動返信メールが届かない場合は，「よくある質問」の「メールの問い合わせに対し返信がありません。」の項目をご確認ください。

また弊社営業日（平日）は，午前９時から午後５時まで，電話でのお問い合わせも受け付けています。

2025 春

株式会社教英出版

〒422-8054　静岡県静岡市駿河区南安倍３丁目 12-28

TEL　054-288-2131　　FAX　054-288-2133

URL　https://kyoei-syuppan.net/

MAIL siteform@kyoei-syuppan.net

神奈川県

①[県立] 相模原中等教育学校
　　　　平塚中等教育学校
②[市立]南高等学校附属中学校
③[市立]横浜サイエンスフロンティア高等学校附属中学校
④[市立]川崎高等学校附属中学校
✿⑤聖光学院中学校
✿⑥浅野中学校
⑦洗足学園中学校
⑧法政大学第二中学校
⑨逗子開成中学校（1次）
⑩逗子開成中学校（2·3次）
⑪神奈川大学附属中学校（第1回）
⑫神奈川大学附属中学校（第2·3回）
⑬栄光学園中学校
⑭フェリス女学院中学校

新潟県

①[県立] 村上中等教育学校
　　　　柏崎翔洋中等教育学校
　　　　燕中等教育学校
　　　　津南中等教育学校
　　　　直江津中等教育学校
　　　　佐渡中等教育学校
②[市立]高志中等教育学校
③新潟第一中学校
④新潟明訓中学校

石川県

①[県立]金沢錦丘中学校
②星稜中学校

福井県

①[県立]高志中学校

山梨県

①山梨英和中学校
②山梨学院中学校
③駿台甲府中学校

長野県

①[県立] 屋代高等学校附属中学校
　　　　諏訪清陵高等学校附属中学校
②[市立]長野中学校

岐阜県

①岐阜東中学校
②鶯谷中学校
③岐阜聖徳学園大学附属中学校

静岡県

①[国立]静岡大学教育学部附属中学校
　　　　（静岡·島田·浜松）
② [県立]清水南高等学校中等部
　 [県立]浜松西高等学校中等部
　 [市立]沼津高等学校中等部
③不二聖心女子学院中学校
④日本大学三島中学校
⑤加藤学園暁秀中学校
⑥星陵中学校
⑦東海大学付属静岡翔洋高等学校中等部
⑧静岡サレジオ中学校
⑨静岡英和女学院中学校
⑩静岡雙葉中学校
⑪静岡聖光学院中学校
⑫静岡学園中学校
⑬静岡大成中学校
⑭城南静岡中学校
⑮静岡北中学校
⑯ 常葉大学附属常葉中学校
　 常葉大学附属橘中学校
　 常葉大学附属菊川中学校
⑰藤枝明誠中学校
⑱浜松開誠館中学校
⑲静岡県西遠女子学園中学校
⑳浜松日体中学校
㉑浜松学芸中学校

愛知県

①[国立]愛知教育大学附属名古屋中学校
②愛知淑徳中学校
③ 名古屋経済大学市邨中学校
　 名古屋経済大学高蔵中学校
④金城学院中学校
⑤椙山女学園中学校
⑥東海中学校
⑦南山中学校男子部
⑧南山中学校女子部
⑨聖霊中学校
⑩滝中学校
⑪名古屋中学校
⑫大成中学校
⑬愛知中学校
⑭星城中学校
⑮名古屋葵大学中学校
（名古屋女子大学中学校）
⑯愛知工業大学名電中学校
⑰海陽中等教育学校（特別給費生）
⑱海陽中等教育学校（I·II）
⑲中部大学春日丘中学校
新刊⑳名古屋国際中学校

三重県

①[国立]三重大学教育学部附属中学校
②暁中学校
③海星中学校
④四日市メリノール学院中学校
⑤高田中学校
⑥セントヨゼフ女子学園中学校
⑦三重中学校
⑧皇學館中学校
⑨鈴鹿中等教育学校
⑩津田学園中学校

滋賀県

①[国立]滋賀大学教育学部附属中学校
②[県立] 河瀬中学校
　　　　守山中学校
　　　　水口東中学校

京都府

①[国立]京都教育大学附属桃山中学校
②[府立]洛北高等学校附属中学校
③[府立]園部高等学校附属中学校
④[府立]福知山高等学校附属中学校
⑤[府立]南陽高等学校附属中学校
⑥[市立]西京高等学校附属中学校
⑦同志社中学校
⑧洛星中学校
⑨洛南高等学校附属中学校
⑩立命館中学校
⑪同志社国際中学校
⑫同志社女子中学校（前期日程）
⑬同志社女子中学校（後期日程）

大阪府

①[国立]大阪教育大学附属天王寺中学校
②[国立]大阪教育大学附属平野中学校
③[国立]大阪教育大学附属池田中学校

④[府立]富田林中学校
⑤[府立]咲くやこの花中学校
⑥[府立]水都国際中学校
⑦清風中学校
⑧高槻中学校（A日程）
⑨高槻中学校（B日程）
⑩明星中学校
⑪大阪女学院中学校
⑫大谷中学校
⑬四天王寺中学校
⑭帝塚山学院中学校
⑮大阪国際中学校
⑯大阪桐蔭中学校
⑰開明中学校
⑱関西大学第一中学校
⑲近畿大学附属中学校
⑳金蘭千里中学校
㉑金光八尾中学校
㉒清風南海中学校
㉓帝塚山学院泉ヶ丘中学校
㉔同志社香里中学校
㉕初芝立命館中学校
㉖関西大学中等部
㉗大阪星光学院中学校

兵庫県

①[国立]神戸大学附属中等教育学校
②[県立]兵庫県立大学附属中学校
③雲雀丘学園中学校
④関西学院中学部
⑤神戸女学院中学部
⑥甲陽学院中学校
⑦甲南中学校
⑧甲南女子中学校
⑨灘中学校
⑩親和中学校
⑪神戸海星女子学院中学校
⑫滝川中学校
⑬啓明学院中学校
⑭三田学園中学校
⑮淳心学院中学校
⑯仁川学院中学校
⑰六甲学院中学校
⑱須磨学園中学校(第1回入試)
⑲須磨学園中学校(第2回入試)
⑳須磨学園中学校(第3回入試)
㉑白陵中学校
㉒夙川中学校

奈良県

①[国立]奈良女子大学附属中等教育学校
②[国立]奈良教育大学附属中学校
③[県立]
- 国際中学校
- 青翔中学校

④[市立]一条高等学校附属中学校
⑤帝塚山中学校
⑥東大寺学園中学校
⑦奈良学園中学校
⑧西大和学園中学校

和歌山県

①[県立]
- 古佐田丘中学校
- 向陽中学校
- 桐蔭中学校
- 日高高等学校附属中学校
- 田辺中学校

②智辯学園和歌山中学校
③近畿大学附属和歌山中学校
④開智中学校

岡山県

①[県立]岡山操山中学校
②[県立]倉敷天城中学校
③[県立]岡山大安寺中等教育学校
④[県立]津山中学校
⑤岡山中学校
⑥清心中学校
⑦岡山白陵中学校
⑧金光学園中学校
⑨就実中学校
⑩岡山理科大学附属中学校
⑪山陽学園中学校

広島県

①[国立]広島大学附属中学校
②[国立]広島大学附属福山中学校
③[県立]広島中学校
④[県立]三次中学校
⑤[県立]広島叡智学園中学校
⑥[市立]広島中等教育学校
⑦[市立]福山中学校
⑧広島学院中学校
⑨広島女学院中学校
⑩修道中学校
⑪崇徳中学校
⑫比治山女子中学校
⑬福山暁の星女子中学校
⑭安田女子中学校
⑮広島なぎさ中学校
⑯広島城北中学校
⑰近畿大学附属広島中学校福山校
⑱盈進中学校
⑲如水館中学校
⑳ノートルダム清心中学校
㉑銀河学院中学校
㉒近畿大学附属広島中学校東広島校
㉓AICJ中学校
㉔広島国際学院中学校
㉕広島修道大学ひろしま協創中学校

山口県

①[県立]
- 下関中等教育学校
- 高森みどり中学校

②野田学園中学校

徳島県

①[県立]
- 富岡東中学校
- 川島中学校
- 城ノ内中等教育学校

②徳島文理中学校

香川県

①大手前丸亀中学校
②香川誠陵中学校

愛媛県

①[県立]
- 今治東中等教育学校
- 松山西中等教育学校

②愛光中学校
③済美平成中等教育学校
④新田青雲中等教育学校

高知県

①[県立]
- 安芸中学校
- 高知国際中学校
- 中村中学校

福岡県

① [国立] 福岡教育大学附属中学校（福岡・小倉・久留米）

② [県立]
- 育徳館中学校
- 門司学園中学校
- 宗像中学校
- 嘉穂高等学校附属中学校
- 輝翔館中等教育学校

③西南学院中学校
④上智福岡中学校
⑤福岡女学院中学校
⑥福岡雙葉中学校
⑦照曜館中学校
⑧筑紫女学園中学校
⑨敬愛中学校
⑩久留米大学附設中学校
⑪飯塚日新館中学校
⑫明治学園中学校
⑬小倉日新館中学校
⑭久留米信愛中学校
⑮中村学園女子中学校
⑯福岡大学附属大濠中学校
⑰筑陽学園中学校
⑱九州国際大学付属中学校
⑲博多女子中学校
⑳東福岡自彊館中学校
㉑八女学院中学校

佐賀県

① [県立]
- 香楠中学校
- 致遠館中学校
- 唐津東中学校
- 武雄青陵中学校

②弘学館中学校
③東明館中学校
④佐賀清和中学校
⑤成穎中学校
⑥早稲田佐賀中学校

長崎県

① [県立]
- 長崎東中学校
- 佐世保北中学校
- 諫早高等学校附属中学校

②青雲中学校
③長崎南山中学校
④長崎日本大学中学校
⑤海星中学校

熊本県

① [県立]
- 玉名高等学校附属中学校
- 宇土中学校
- 八代中学校

②真和中学校
③九州学院中学校
④ルーテル学院中学校
⑤熊本信愛女学院中学校
⑥熊本マリスト学園中学校
⑦熊本学園大学付属中学校

大分県

① [県立]大分豊府中学校
②岩田中学校

宮崎県

① [県立]五ヶ瀬中等教育学校

② [県立]
- 宮崎西高等学校附属中学校
- 都城泉ヶ丘高等学校附属中学校

③宮崎日本大学中学校
④日向学院中学校
⑤宮崎第一中学校

鹿児島県

① [県立]楠隼中学校
② [市立]鹿児島玉龍中学校
③鹿児島修学館中学校
④ラ・サール中学校
⑤志學館中等部

沖縄県

① [県立]
- 与勝緑が丘中学校
- 開邦中学校
- 球陽中学校
- 名護高等学校附属桜中学校

もっと過去問シリーズ

北海道

北嶺中学校
7年分（算数・理科・社会）

静岡県

静岡大学教育学部附属中学校
（静岡・島田・浜松）
10年分（算数）

愛知県

愛知淑徳中学校
7年分（算数・理科・社会）
東海中学校
7年分（算数・理科・社会）
南山中学校男子部
7年分（算数・理科・社会）
南山中学校女子部
7年分（算数・理科・社会）
滝中学校
7年分（算数・理科・社会）
名古屋中学校
7年分（算数・理科・社会）

岡山県

岡山白陵中学校
7年分（算数・理科）

広島県

広島大学附属中学校
7年分（算数・理科・社会）
広島大学附属福山中学校
7年分（算数・理科・社会）
広島学院中学校
7年分（算数・理科・社会）
広島女学院中学校
7年分（算数・理科・社会）
修道中学校
7年分（算数・理科・社会）
ノートルダム清心中学校
7年分（算数・理科・社会）

愛媛県

愛光中学校
7年分（算数・理科・社会）

福岡県

福岡教育大学附属中学校
（福岡・小倉・久留米）
7年分（算数・理科・社会）
西南学院中学校
7年分（算数・理科・社会）
久留米大学附設中学校
7年分（算数・理科・社会）
福岡大学附属大濠中学校
7年分（算数・理科・社会）

佐賀県

早稲田佐賀中学校
7年分（算数・理科・社会）

長崎県

青雲中学校
7年分（算数・理科・社会）

鹿児島県

ラ・サール中学校
7年分（算数・理科・社会）

※もっと過去問シリーズは国語の収録はありません。

教英出版
〒422-8054
静岡県静岡市駿河区南安倍3丁目12−28
TEL 054-288-2131
FAX 054-288-2133
詳しくは教英出版で検索
教英出版　検索
URL https://kyoei-syuppan.net/

令和六年度　**桜蔭中学校入学試験問題〔国語〕**

答えはすべて解答用紙に書きなさい。

（50分）

一、次の文章を読んで、後の問いに答えなさい。

自分の気持ちを言葉にする、という行為は、自分への「暴力」でもあると思っています。言葉はそこまで、柔軟《じゅうなん》なものではない。いろんな人が、いろんな人生を生きて、見つけてきた感情がどれも同じはずはないのに、「好き」「嫌い」「ムカつく」「うれしい」、①言葉にすればまるですべてが同じ形をしているみたい。本当は、その人の言葉でしか、その人の感情は表せない。本当は、新しい感情を語るためには、新しい言葉を探していかなくちゃいけない。けれど、そうしたら伝わらなくなるから。「わからない」「意味不明」「わかるように喋《しゃべ》って？」だから私は、「言葉にしてこそ、相手に伝わってこそ、自分の感情に意味があるんだ」と思いはじめていた。学生時代。誰《だれ》かと気持ちをシェアしたい、一緒《いっしょ》に喜んだり、悲しんだりしたいって、時もあるし、だから必死で共感を求めた。けれど、それって本当に、思いのすべてを理解してもらわなくちゃ、できないことなんだろうか？

何一つ伝わってないな、と思うことは多かった。話し方が下手なのか、コミュニケーション能力の問題か、教室で友達と話していても、私の言いたいことはほとんど伝わっていない、と思うことが多かった。友達の言いたいことも、多分私は理解できていない。でも、その場のノリとか、勢いとか、そういうものによって会話は流されて、一言一言をAセイサすることなんてない。いや、そんなの誰ももう求めていないのだ。「あ、それいいよね」「わかる」「まじそう」そう繰《く》り返していくことで、時間も一緒に流れていく。一緒に話していれば、一緒にいれば、それだけで湧《わ》く親しみというのがあって、たとえ友達の言いたいことがわかっていなくても、友達はそれでも私と一緒にいたいと思ってくれるし、私もそれでいいと思っていた。

その場が盛り上がればいい、という会話の仕方は、中学から高校にかけて激しく、流行のもの、テレビ、音楽について話していれば大体のことはやりすごせていた。それぞれが違《ちが》うことを言っていても、テーマがそこにあれば、まあなんとかなってしまう。部活動とか、先生とか授業のこともそう。何かを褒《ほ》めたいとか、何かを貶《けな》したいとか、大きな方向性が定まっていれば、それに従いつつ、みんな意外と好き勝手に話して、そうしてそのほとんどがスルーされていくんだ。「わかる」とか。そういう言葉が受け流していく。小説やドラマみたいに、セリフすべてに存在意義があるわけではない、と当時の私はよく考えていた。早口で言えば誰もが聞きもらすし（それでいて聞き返すようなこと誰もしないし）、ぱっと聞いておもしろくなかったら「ていうかさ」って違う話になったりする。言葉は使い捨てられていく。多分、ドラマとか漫画《まんが》では、省略されてしまうやりとりだろう。きっと、物語など何もない私たち。そんな私たちの会話では、言葉がおざなりにされていく。「何を言うか」より「誰と話すか」の方が大事で、「どう話すか」「どんなテンションで話すか」が大事で、だから相手の言葉を正確に拾おうとはしなくなる。親しい相手になればなるほど、そうだった。言葉は、そばにいることを知らせる、Bテイジ連絡みたいなものだ。

それでも一つだけルールがある。

「わけのわからないことを言って、場を凍《こお》らせるな」

一緒にいるだけで、なんか話しているだけでOKの場。それを壊《こわ》すな。だってこれこそが平穏《へいおん》だから。場のために、私たちは言葉を選ぶ。わかりやすいように、伝わりやすいように言葉を選ぶけれど、相手に自分を理解してほしいからそうしているのではないのかもしれない。誰ももう、理解しようとしてなくて、だからこそ、「なにそれ？」ってなるようなことは言ってはいけない。「わかる」っていうのは、流してしまってOKってこと。そうやってさらさら通りのいい会話をして、時間をやり過ごしたい。別に、悪いことではなくて、そういう退屈《たいくつ》だってあっていいとは思うのだ。

けれど、私は耐《た》えられなかった。自分の気持ちをそぎ落として、わかりやすい言葉に無理やり、あてはめて、そうしてだんだん、私は何かを捨ててきてしまっているのでは、と思い始めた。「わかる」と言われたらほっとする。みんなも自分もくつろいでいる空間は、私だって、壊したくない。けれど、語る言葉が「Cタテマエ」であろうとも、声にするたび、そっちのほうが「本当」であったように感じてしまう。自分が本当はどう思っていたのか。誰とも話さず、言葉にもせずにいたら、だんだん忘れてしまうんだ。

最適化されていく。みんなにわかるように話すことで、みんなの知っている言葉を使うことで、その言葉に合わせるように自分という人間も、最適化されていく。みんなに「わかりやすい」人間になる。場を壊さない人間になる。でも、それだけだ。場の要素でしかない私。ここに自分がいたっていなくたって、同じだと思った。誰にだって共感される人間なんて、すべてが「わかって」もらえる人間なんて、そこにいる意味がないとも思った。全く別の家で、全く別の人生を生きてきて、わかるはずなんてないのに。「わからなさ」にこそ自分があると、思うのに。それなのにそれらすべてを捨ててしまっている気がした。「わかる」と言ってもらいたいがために。でも私は、やっぱり人は、「わからないけれど、でも、なんか好きだよ」「なんか嫌《きら》いだよ」、そういう感情でつながっていくものだと思った。だから、きっと、話し言葉以外の「言葉」を探し始めたのだろう。

中学生だった頃《ころ》、私はインターネットで日記を書き始めていた。友達にはまだネットに詳《くわ》しい子がそんなにはいなかったけれど、でも、ネットにはすでにたくさんのWEB日記が存在していて、そこでは現実の人付き合いなんて、全く関係ないみたいだった。また、個人の書いた言葉、というものは、耳で聞く言葉と大きく違って見えたのだ。言葉より優先される「場」がないから、言葉が、話し言葉よりもずっと、ごろっと目の前に現れている。ノリで流すことができない。スルーができない。わからない言葉は、わからない言葉のまま存在感を発揮し、私はそれが羨《うらや》ましかった。「わからなくてもいい」と思って言葉を書けることが魅力《みりょく》的だった。

とりとめもない思考回路。それを、ただ言葉にしてぶつけていった。友達に話しても「は？意味不明」と言われるようなもの。だけれど、言葉と体が結びついて、言葉を書くことが、体をぎゅっと丸めたり、思いっきり走ったりすることと同じように感じられた。次の瞬間《しゅんかん》に自分が何を書こうとしているのか、わからない。理性とか、そんなものを置き去りにして、私の感情が言葉を選び、そのうち、感情すら置き去りにして言葉が暴走していく。感情というより、反射Dシンケイで言葉を書いている感じだった。わかりやすい言葉ではなかったけれど、その言葉の手触《てざわ》りにこそ、自分というものが存在している気がしていた。

次第にそれを読みたがる人が現れて、「書く言葉」だからこそ、受け入れられる「わからなさ」があるのかな、なんてことを思った。話す間はどうしても、相手の顔が目の前にあり、周りには空間があり、空気があり、それまでの雰《ふん》囲気を崩《くず》さないように、言葉を選ぶ。言葉より場が優先されてしまうのは、「コミュニケーション」としては当たり前のことなのかもしれない。②けれど、書いた言葉は、ネットの海にある言葉は、どうだったのだろう。当時の、個人サイトが点在しているようなインターネットでは、まだ言葉はどれもがひとりごとで、コミュニケーションを前提とはしていなかった。「わかってもらう」なんてこと、考えなくてよかったんだ。だって、相手の顔は見えないし、互《たが》いがどういう環境でそれを書いているのか、読んでいるのかも知ることができない。言葉の手触りだけが生々しく、やってくる。そこにしか、「人」の気配がなかったんじゃないだろうか。

よく知らない相手なのに、同じ言葉を話している。けれど、あきらかに、自分とは違う言葉選びを相手はしていて、相手の背景にあるものは何一つ見えないのに、その「異物感」に相手の生きてきた痕跡《こんせき》を感じる。言葉のすべてがわからなくても、言いたいことがなんなのかわからなくても、その「異物感」にときどき、ぐっときたり、むしろ嫌悪《けんお》感を抱いたりする。言葉が「人」を伝える瞬間だと思った。「わからなさ」に「人」が宿る瞬間だと思った。そういう言葉を、私はずっと書きたいと、思っていたんだ。

ネットに書いていた言葉には、次第に読者が現れて、そうしてそれを「詩みたいだ」と言う人が現れたことで、私は「詩」を発表するようになった。これが、私が詩人になったきっかけだったと思う。

詩は、私にとって、「わからなさ」に宿るものです。わかってもらいたい、という感情を抱いた途端《とたん》、その言葉は詩ではなくなる、と思っています。読んで、その詩を「好きだ」といってくれる人も、それぞれが違う解釈《しゃく》をしていたりする。彼らがどう読むかなんて私にはコントロールできないし、それでも、届くものがある、ということが私にとっては大切だった。読み手と書き手が、完全にわかりあう必要などないのだろう。わからないけれど、でも、だからこそ強く残る手触りがあり、それこそが「詩」なのかもしれなかった。それぞれが、自分自身の中にあるものを、そこから思い出すのではないか。共感や、わかってもらう、ということを追いかけて、忘れ始めていた自分の「本当」が、奥にまだ眠《ねむ》っていることを思い起こすのではないか。もしかしたら。そんなことを、最近は、考えています。

実際のところはわからない。わからなくて、いいと思う。③ただ、私が書いた「わからなさ」が作品として、誰かに届いていくとき、私は、書いていてよかった、と思う。こんなことがあるんだ、といつも驚《おどろ》かされている。こんな瞬間があるなら、いつまでも、いくらでも、書いていけると、そのたびに、思う。

(最果タヒ『恋《こい》できみが死なない理由』)

お詫び
著作権上の都合により、文章は掲載しておりません。
ご不便をおかけし、誠に申し訳ございません。
教英出版

問一 □A～Dのカタカナを漢字に直しなさい。
問二 ——線部①とはどういうことですか。くわしく説明しなさい。
問三 ——線部②とありますが、筆者はなぜ「書いた言葉」で表現しようと思ったのですか。
問四 ——線部③で述べられている、筆者が詩を書く喜びを説明しなさい。

二、次の文章を読んで、後の問いに答えなさい。

◇次の文章は、「鶴来《つるぎ》」という会社でジーンズ製作に一生をささげてきた「りょう」が、年をとってから、孫の「静」に自分の人生を振《ふ》り返って話をしている場面です。

お詫び
著作権上の都合により、文章は掲載しておりません。
ご不便をおかけし、誠に申し訳ございません。
教英出版

お詫び
著作権上の都合により、文章は掲載しておりません。
ご不便をおかけし、誠に申し訳ございません。
教英出版

お詫び
著作権上の都合により、文章は掲載しておりません。
ご不便をおかけし、誠に申し訳ございません。
教英出版

（増山実『百年の藍《あい》』）

※設問の都合で本文の表記を変えたところがあります。

注１：りょうの夫で、鶴来の社長
注２：鶴来の会社で作ったジーンズのブランド名
注３：光太郎とりょうの次男
注４：光太郎の叔父《おじ》で、りょうの育ての親

問一　□A～Cのカタカナを漢字に直しなさい。

問二　【　ア　】【　イ　】に入る体の一部を表す漢字一文字を答えなさい。

問三　――線部①の理由を、この時りょうが神戸に来たきっかけをふまえて、説明しなさい。

問四　――線部②とありますが、この時のりょうの気持ちを説明しなさい。

問五　――線部③とありますが、「居場所」という言葉が「静の心に突き刺さった」のはなぜですか。

お詫び
著作権上の都合により、文章は掲載しておりません。
ご不便をおかけし、誠に申し訳ございません。
教英出版

解答用紙 ［国語］

□には記入しないこと。

受験番号 （　　　）

※100点満点
（配点非公表）

一

問一 A B C D

問二

問三

問四

二

問一 A B C

問二 ア イ

問三

問四

問五

令和６年度　桜蔭中学校入学試験問題　［算数］

答えはすべて解答用紙に書きなさい。

円周率を用いるときは，3.14 としなさい。

(50分)

Ⅰ　次の［　　］にあてはまる数または言葉を答えなさい。

(1)　①　$16-\left\{7\frac{1}{3}\times2.2-\left(5.7-4\frac{1}{6}\right)\div3\frac{2}{7}\right\}=\boxed{\text{ア}}$

②　$5.75-\frac{3}{2}\div\left(\frac{15}{26}-\boxed{\text{イ}}\times1.35\right)=2\frac{1}{28}$

(2)　黒い丸●と白い丸○を右の(例)のように，縦７マスすべてに並べます。

(例)

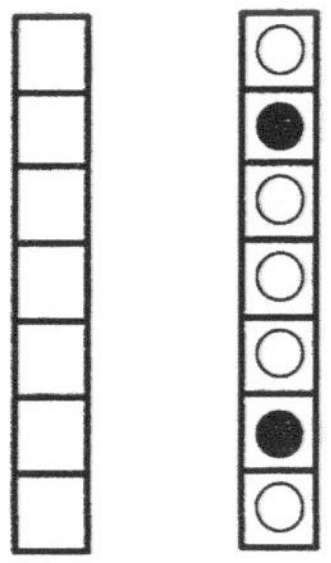

①　並べ方のきまりは次の (あ) (い) (う) (え) です。

(あ)　上から２マス目と上から４マス目には同じ色の丸は並べない。

(い)　上から２マス目と上から６マス目には同じ色の丸を並べる。

(う)　下から３マスすべてに同じ色の丸を並べることはできない。

(え)　上から４マス目が白い丸のとき，上から３マス目と上から５マス目の両方ともに黒い丸を並べることはできない。

（３マス目，５マス目のどちらか一方に黒い丸を並べることはできる）

このとき，黒い丸と白い丸の並べ方は全部で［ウ］通りあります。

②　縦７マスを右のように４列並べます。①の (あ) (い) (う) (え) のきまりに次の (お) のきまりを加えて，黒い丸と白い丸をこの 28 マスに並べるとき，並べ方は全部で［エ］通りあります。

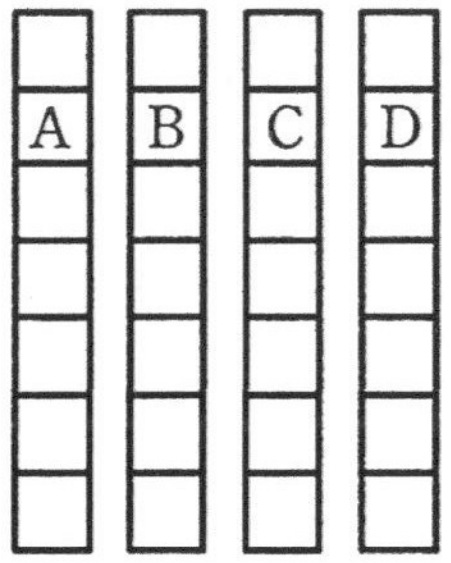

(お)　各列の上から２マス目の A，B，C，D には A と D に同じ色の丸，B と C に同じ色の丸を並べる。また，A と B には同じ色の丸を並べない。

(3)　図１のような１辺の長さが 10 cm の正方形の折り紙を，１本の対角線で折ると図２のようになります。図２の直角二等辺三角形を，45°の角をもつ頂点が重なるように折ると図３のようになります。図３の直角二等辺三角形を，直角が３等分になるように折ると，順に図４，図５のようになります。図５の折り紙を直線 AB にそって切ると図６のようになります。ただし，図の ――― (細い直線) は折り目を表します。

表紙，問題用紙，解答用紙を折ったり，切ったりしてはいけません。

図１　図２　図３　図４　図５　図６

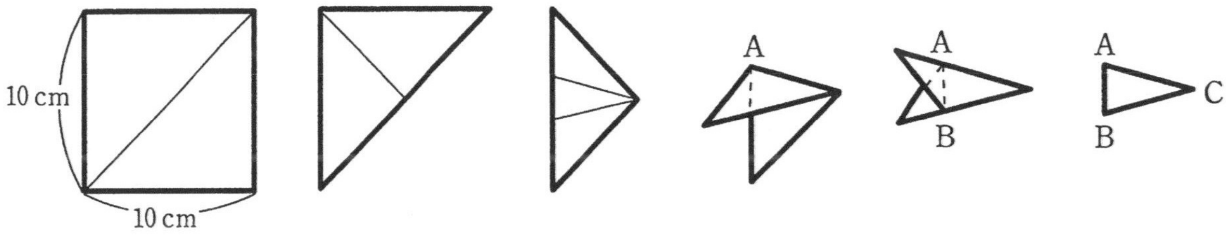

①　図６の折り紙を広げたときの図形の名前は［オ］です。

②　図６の AB の長さをはかると 2.7 cm でした。図６の折り紙を広げたときの図形の面積は［カ］cm² です。

③　右の図７のように，図６の三角形 ABC の内部から１辺の長さが 0.6 cm の正方形を切りぬきます。さらに，中心が辺 BC 上にある直径１cm の半円を切り取ります。図７の折り紙を広げたとき，残った部分の面積は［キ］cm² です。

図７

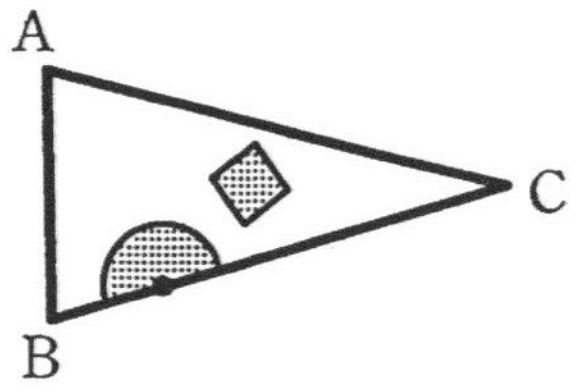

Ⅱ　同じ大きさのたくさんの立方体と，青色，黄色，赤色の絵の具があります。この絵の具は混ぜると別の色もつくれます。青色と黄色を同じ量ずつ混ぜると緑色ができます。たとえば，青色 10 mL と黄色 10 mL を混ぜると緑色が 20 mL できます。また，赤色と黄色を同じ量ずつ混ぜるとオレンジ色，青色と黄色を 1：2 の割合で混ぜると黄緑色ができます。

今，この絵の具で立方体の 6 面をぬることにしました。青色の絵の具は 120 mL，黄色，赤色の絵の具はそれぞれ 200 mL ずつあります。絵の具はすべて使うとは限りません。この絵の具はどの色も 10 mL で立方体の $1\frac{1}{5}$ 面をぬることができます。

次の問いに答えなさい。アからウは［　］にあてはまる数を答えなさい。

(1)　この立方体の 1 面をぬるのに必要な絵の具は［ア］mL です。

(2)　この立方体の 6 面すべてを 1 色でぬります。

①　6 面すべてが赤色でぬられた立方体をできるだけ多くつくるとすると，［イ］個つくることができます。

②　6 面すべてが黄緑色でぬられた立方体をできるだけ多くつくるとすると，［ウ］個つくることができます。

(3)　この立方体の 6 面を 3 面ずつ同じ色でぬります。オレンジ色と緑色の 2 色で 3 面ずつぬられた立方体をできるだけ多くつくるとすると，何個つくることができますか。

(4)　この立方体の 6 面を 1 面ずつ青色，黄色，赤色，緑色，オレンジ色，黄緑色でぬります。

①　このような立方体をできるだけ多くつくるとすると，何個つくることができますか。

②　このような立方体を最も多くつくったとき，使わなかった青色の絵の具は何 mL ですか。

Ⅲ　1 辺が 1 cm の正三角形 ABC と 1 辺が 3 cm の正方形 PQRT があります。正三角形 ABC の面積を S cm^2 とします。次の問いに答えなさい。

(1)　正三角形 ABC を＜図 1＞のように正方形 PQRT の(あ)の位置に置きます。点 A は点 P と重なっていて，点 B は辺 PQ 上にあります。このあと正三角形 ABC を，正方形 PQRT の内側をすべらないように矢印の向きに回転させながら再び(あ)の位置に重なるまで移動させます。正三角形 ABC が通過した部分の面積を S を使った式で表しなさい。

(2)　正三角形 ABC を＜図 2＞のように正方形 PQRT の(い)の位置に置きます。点 A は点 P と重なっていて，点 C は辺 TP 上にあります。このあと正三角形 ABC を，正方形 PQRT の内側をすべらないように矢印の向きに回転させながら(う)の位置に重なるまで移動させます。ここで，直線 PQ を対称の軸として折り返し，(え)の位置に重なるようにします。次に，正三角形 ABC を，正方形 PQRT の外側をすべらないように矢印の向きに回転させながら(お)の位置に重なるまで移動させます。今度は，直線 RQ を対称の軸として折り返し，(か)の位置に重なるようにします。再び正三角形 ABC を，正方形 PQRT の内側をすべらないように回転させながら(き)の位置に重なるまで移動させます。同じように，(く)の位置へ折り返し，正方形 PQRT の外側をすべらないように回転させながら(け)の位置に重なるまで移動させます。

このとき，点 C がえがいた曲線で囲まれた図形の面積を求めなさい。

＜図 1＞

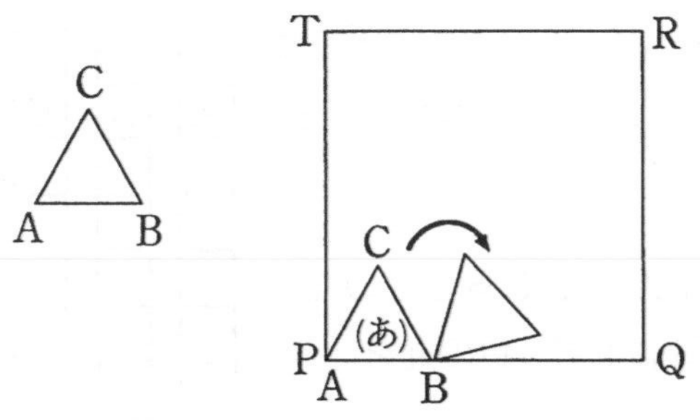

＜図 2＞

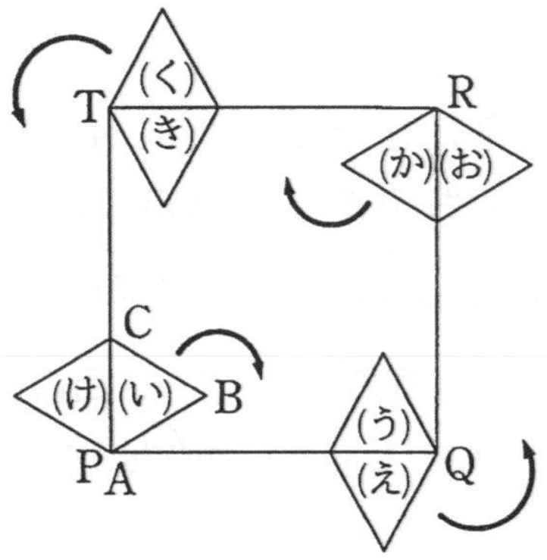

Ⅳ　下の図のような水そうA，B，Cと金属のおもりD，Eがあります。A，B，C，D，Eはすべて直方体です。

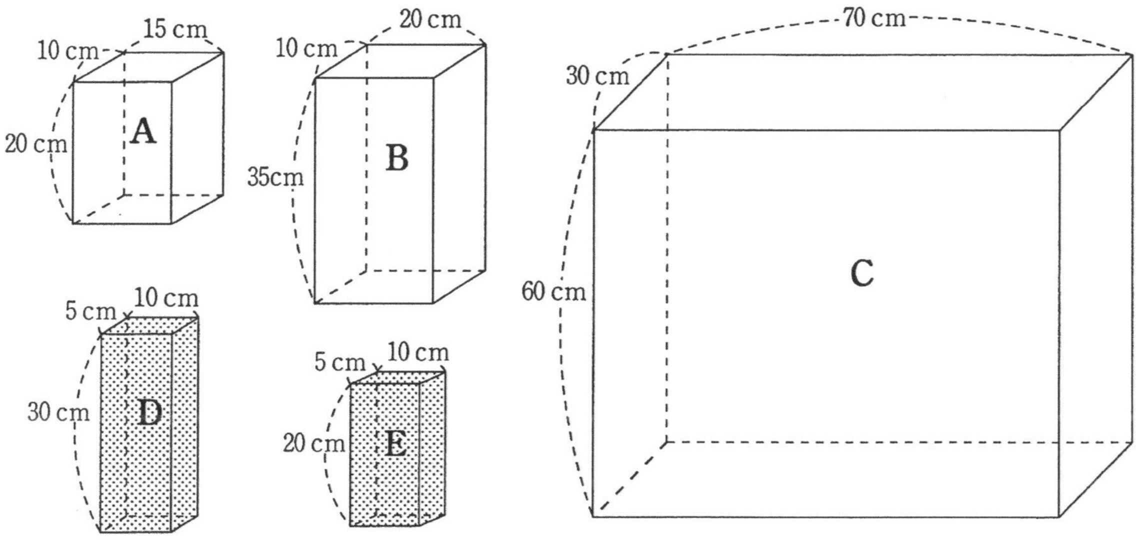

水そうAの底面におもりD，水そうBの底面におもりEをそれぞれ固定して，下の図のように，これらを水そうCに入れて底に固定します。まず，水そうAにホースPで毎分1Lの割合で水を入れます。水そうAに水を入れ始めてから5分後に，水そうBにホースQで毎分2Lの割合で水を入れます。水そうA，Bからあふれた水はすべて水そうCにたまります。水を入れても固定したおもりや水そうは傾《かたむ》いたり，浮《う》き上がったりしません。右の2つのグラフは，水そうAに水を入れ始めてから水そうCが水で満たされるまでの，水そうCに入っている水の量と，水そうCの底面から水面までの高さを表したものです。ただし，水そうCに入っている水の量は，水そうA，Bに入っている水の量はふくみません。水そうの厚さ，ホースの厚さは考えません。

2つのグラフの□にあてはまる数を求めなさい。
ただし，ア～キ，サ，シは答えの数のみ書きなさい。
ク，ケ，コは式も書きなさい。

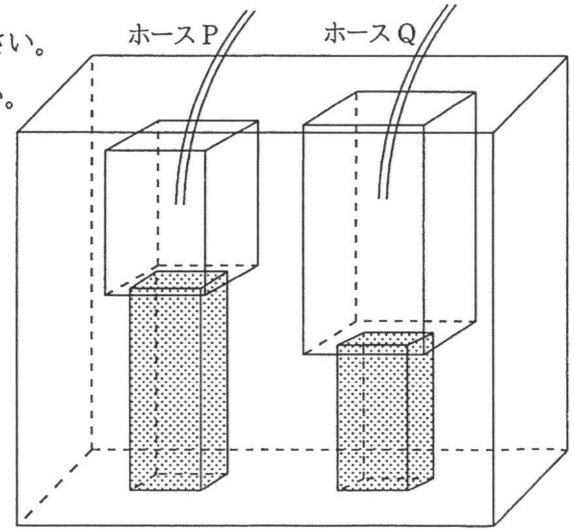

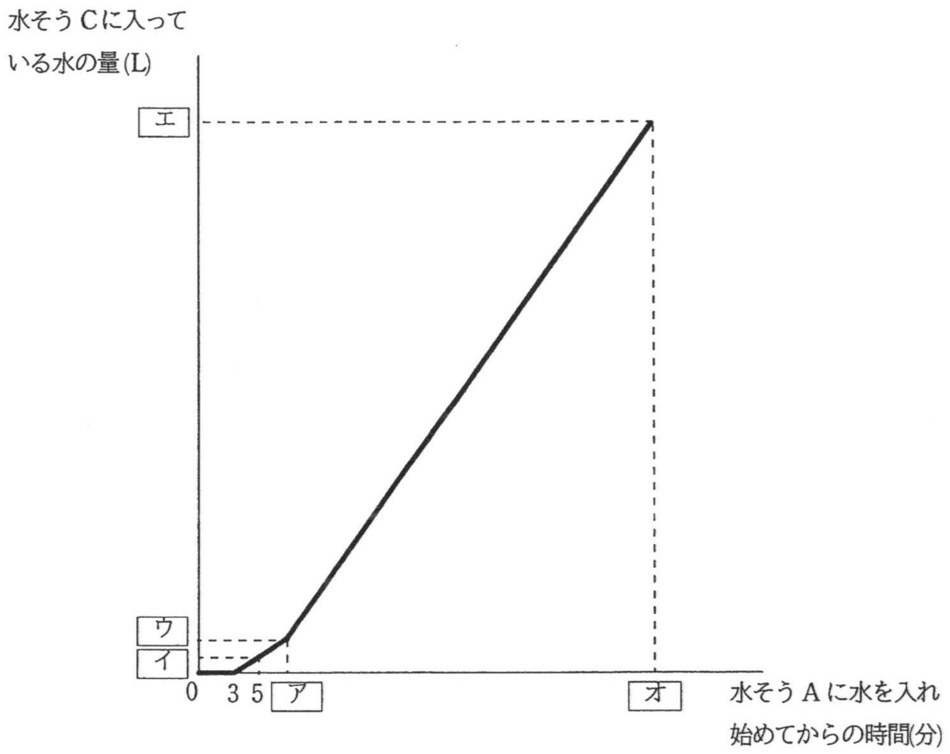

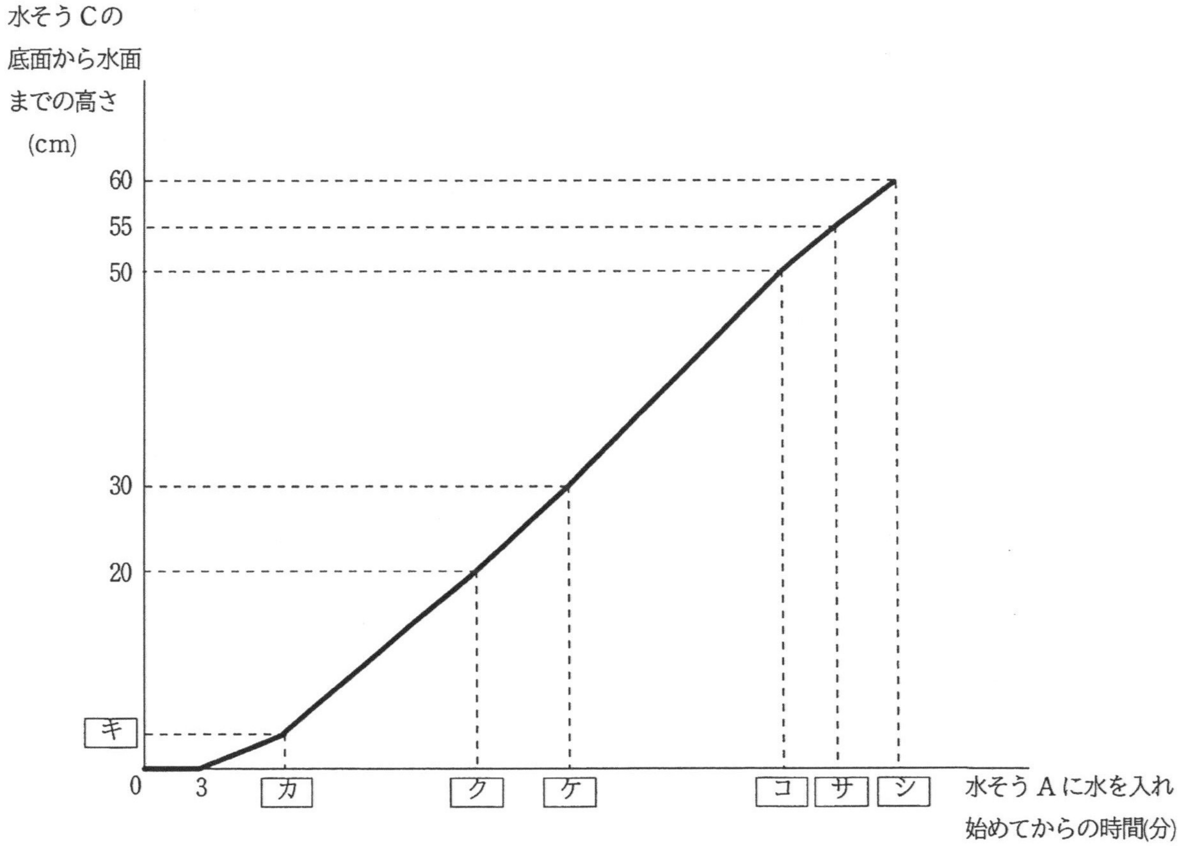

令和６年度　桜蔭中学校入学試験　解答用紙　［算数］

I

ア		イ		ウ		エ	
オ				カ		キ	

II

(1)ア		(2)イ		(2)ウ	

(3) 考え方・式

答　　　　個

(4) ① 考え方・式

答　　　　個

(4) ② 式

答　　　　mL

III

(1) 式

答　　　　cm^2

(2) 式

答　　　　cm^2

IV

ア		イ		ウ		エ	
オ		カ		キ			

ク　式

答

ケ　式

答

コ　式

答

サ		シ	

受験番号（　　　　　）　※100点満点（配点非公表）

答えはすべて解答らんに書きなさい。

(30分)

Ⅰ　つぎの文章を読み，下の問いに答えなさい。

水溶《よう》液を冷やしたり，水分を蒸発させたりすると，とけているもの（固体）はつぶとなって出てきます。これを結晶《けっしょう》といい，ものによって結晶の形や色は決まっています。

たとえば，湯に砂糖をできるだけ多くとかしてから，ゆっくり冷やしていくと(1)結晶が出てきます。これと同じやり方で食塩の結晶は出てくるでしょうか。残念ながら，ほとんど出てきません。なぜなら，食塩は(　　　　2　　　　)からです。食塩の結晶を取り出すには，食塩水から水を蒸発させなければいけません。食塩は 100℃の水 100 g に 39.3 g までとけます。100℃の食塩水から水を蒸発させる場合，食塩の結晶ができ始めるとき，まだ食塩水の(　3　)%が水分ですから，これをすべて蒸発させるのは大変です。食塩水から食塩を取り出すには大きなエネルギーが必要なのです。

海水には約 3%の塩（食塩）がとけていますが，海水をそのまま煮《に》つめて塩を取り出すのでは能率が良くないので，こい塩水をつくる工夫が欠かせません。

日本で古くから行われてきた塩づくりに，揚浜《あげはま》式製塩《せいえん》という方法があります。まず，細かい砂がしきつめられた塩田の上に海水をていねいにまきます。海水が地下にしみこまないように，塩田の下は(　4　)の層になっています。太陽のエネルギーにより水分が蒸発し，かわいた砂の表面には塩の結晶がつきます。塩のついた砂を集めて，塩田に設置してある箱の中に入れます。(5)箱の上から海水を流しこむと，砂の表面についた塩が海水にとけこみ，こい塩水が下からでてきます。図１は箱の断面を表しています。この塩水を，大きな(6)かまに入れて煮つめていきます。はじめは強火で煮つめ，水分がある程度蒸発したところでいったん火を消して(7)冷まします。その後，弱火でさらに煮つめ，かまの底にたまった塩を取り出します。このように，海水からの塩づくりでは，さまざまな工夫がなされているのです。

図１

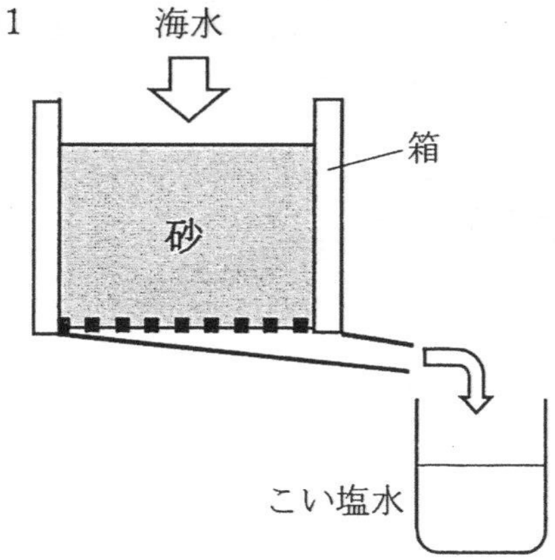

問１　下線部(1)はどのような形ですか。もっともふさわしいものをつぎのア～オから１つ選び，記号で答えなさい。

ア．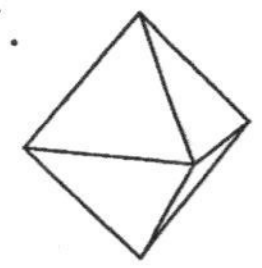
イ．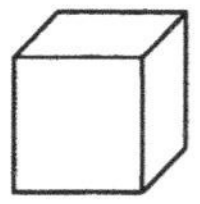
ウ．
エ．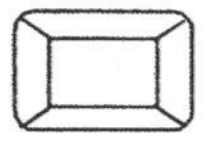
オ．

問２　文中の(　2　)にあてはまる語句を 25 字以内で書きなさい。

問３　文中の(　3　)にあてはまる数字を，小数第２位を四捨五入して，小数第１位まで求めなさい。

問４　文中の(　4　)にあてはまる語をつぎのア～オから１つ選び，記号で答えなさい。

ア．れき　　イ．砂　　ウ．粘土《ねんど》　　エ．軽石　　オ．木

問５　下線部(5)について述べたつぎの文の(ａ)～(ｅ)にあてはまる数字を答えなさい。ただし，答えが割り切れない場合は，小数第２位を四捨五入して，小数第１位まで求めなさい。

海水を 3%の食塩水とし，箱の下から出てくる「こい塩水」を 12.7%の食塩水とします。100 kg の「こい塩水」をつくる場合を考えてみましょう。箱の上から入れた海水はすべて下から出てくるものとし，途《と》中で水は蒸発しないものとします。

100 kg の「こい塩水」にふくまれる水は(ａ)kg なので，箱の上から流しこむ海水は(ｂ)kg です。箱の上から流しこむ海水にとけている塩は(ｃ)kg ですから，砂の表面から海水にとけこむ塩の量は(ｄ)kg と計算できます。それだけの塩がついた砂をつくるためには，少なくとも(ｅ)kg の海水を塩田にまく必要があります。

問６　下線部(6)のかまは，平らなおけのような形をしていて，内側は右図のような直径 1.6 m，高さ 30 cm の円柱形だとすると，かまいっぱいに入る塩水はおよそ何Ｌですか。もっとも近いものをつぎのア～カから１つ選び，記号で答えなさい。

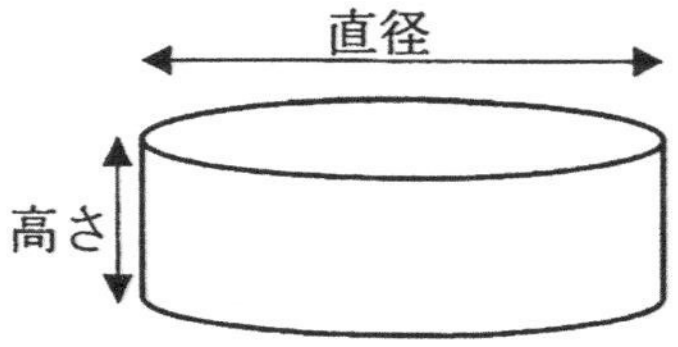

ア．200　　イ．600　　ウ．2000　　エ．6000　　オ．20000　　カ．60000

問７　下線部(7)のとき，しばらくすると液面にいくつかの塩の結晶が見られることがあります。その理由として正しいものを，つぎのア～エから１つ選び，記号で答えなさい。

ア．底よりも液面に近いほうがうすい塩水なので，液面に結晶がうかぶ。
イ．液面は蒸発が盛んなので，液面の近くで結晶ができる。
ウ．底の近くから温度が下がるので，液面の近くで結晶ができる。
エ．1 cm³あたりの重さは，塩水よりも結晶のほうが小さいので，液面に結晶がうかぶ。

Ⅱ　最近，スーパーマーケットの店頭には，畑で育てた露地栽培《ろじさいばい》の野菜だけでなく，「植物工場」で生産した野菜が並ぶようになりました。植物工場では土を使わず，水と液体肥料により育てる水耕栽培をしています。(1)機械を用いて，適切な条件を維持《いじ》できることが特ちょうです。

あるサニーレタスは，完全人工光型の植物工場で作られています。完全人工光型では太陽光は一切用いず，すべてを(2)発光ダイオードなどの光でまかなっています。

植物工場において，サニーレタスが最も育ちやすい光条件を探るため，さまざまな色の発光ダイオードを用いて，サニーレタスを育てる実験を行いました。なお，この実験は，光の色以外の条件（光の強さや気温など）を一定にして行いました。つぎの表１は，サニーレタスを３週間育てたときの，各部分の重さなど（8 個体の平均値）をまとめたものです。以下の問いに答えなさい。

問１　下線部(1)について，野菜を植物工場で育てる利点を１つあげ，20 字以内で書きなさい。

問２　下線部(2)をアルファベットの略称《りゃくしょう》で書きなさい。

問３　下線部(2)について，2014 年にノーベル物理学賞を受賞した赤﨑氏，天野氏，中村氏が発明・実用化した発光ダイオードは何色ですか。つぎのア～オから１つ選び，記号で答えなさい。

ア．赤　　イ．黄　　ウ．緑　　エ．青　　オ．白

表１

	赤色光	青色光	緑色光	赤色光＋青色光※1
葉の重さ(g)	8.56	7.28	1.99	13.96
茎の重さ(g)	2.60	1.40	0.56	3.98
根の重さ(g)	1.36	1.43	0.29	2.04
全体の重さ(g)	12.52	10.11	2.84	19.98
葉の数(枚)	8.25	4.88	5.38	6.50
主茎の長さ(cm)	21.60	8.53	14.35	16.09
気孔コンダクタンス※2	0.056	0.062	0.038	0.090

※1　赤色と青色の発光ダイオードを半数ずつ使い，合計の光の強さは他の色の光と同じである。
※2　気孔《きこう》における気体の通りやすさを表す値。値が大きいほど，気体が通りやすい。

園芸学研究(2018)，植物工場学会誌(1999)より作成

問４　表１より，つぎの①～③にあてはまるのは何色の光と考えられますか。下の**ア**～**ウ**から１つずつ選び，記号で答えなさい。
①　サニーレタスを成長させる効果が最も小さい
②　１枚あたりの葉を最も重く，大きくする
③　茎《くき》をのばし，草たけを最も高くする
ア．赤色光　　**イ**．青色光　　**ウ**．緑色光

問５　表１より，「赤色光＋青色光」を当てたサニーレタスの全体の重さが最も重く，気孔コンダクタンスが最も大きいことがわかります。気孔コンダクタンスが大きいと成長できる理由をあげた文中の（ａ），（ｂ）にあてはまる語を答えなさい。
・（　ａ　）が盛んになることで，根からの水や養分の吸収が盛んになるから。
・空気中の（　ｂ　）を取り入れやすくなることで，多くのでんぷんをつくることができるようになるから。

Ⅲ　以下の文章を読み，問いに答えなさい。

５月のある金曜日は，朝から雨が降っていましたが，昼前には雨がやみました。翌日の土曜日，Ｏ小学校では運動場がかわき，運動会を行うことができました。しかし，近くのＮ小学校では運動場に水が残り，運動会は延期になってしまいました。図１はＯ小学校，図２はＮ小学校の運動場の地面の写真および運動場と校舎の配置図です。

図１　Ｏ小学校

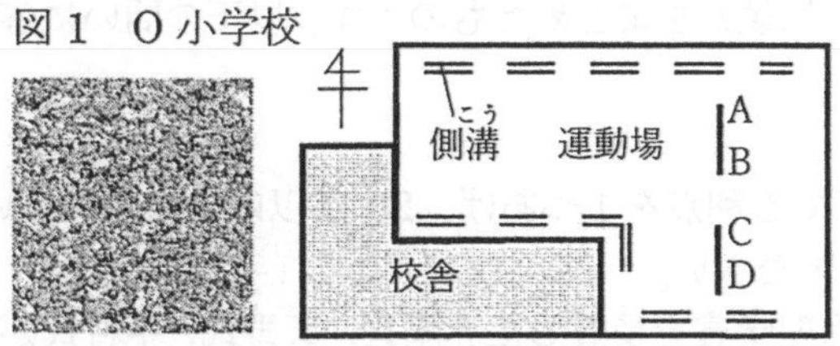

図２　Ｎ小学校

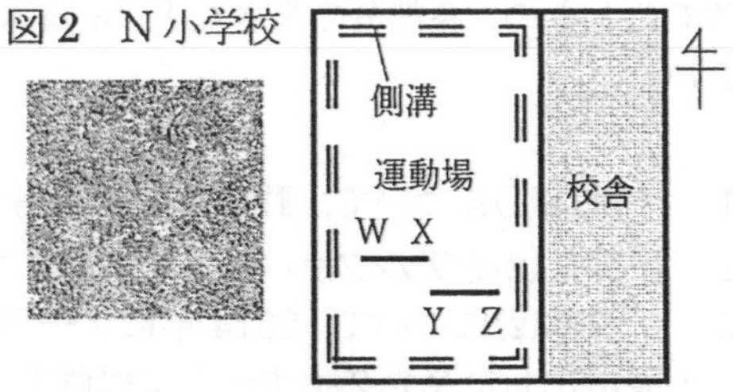

・Ｏ小学校は運動場の南西側に校舎があり，Ｎ小学校は運動場の東側に校舎がある。どちらの校舎も４階建てである。
・図１のAB，CDの向きと図２のWX，YZの向きに水平器（図３）を置くと，空気の玉がB，C，W，Zの側に動いた。

図３　水平器

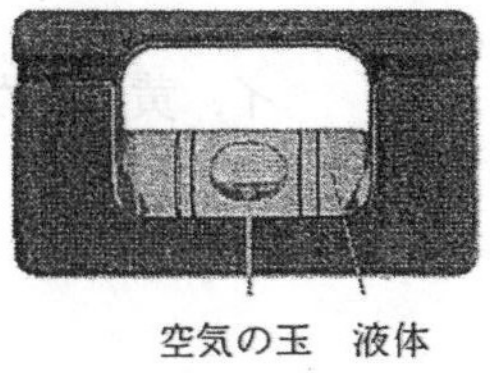

問１　Ｏ小学校の運動場がＮ小学校の運動場より早くかわいた理由をつぎの**ア**～**キ**から１つ選び，記号で答えなさい。
ア．地面に水がしみこみやすく，側溝に水が流れやすく，午後の日当たりが良いため。
イ．地面に水がしみこみにくいが，側溝に水が流れやすく，午後の日当たりが良いため。
ウ．側溝に水が流れにくいが，地面に水がしみこみやすく，午後の日当たりが良いため。
エ．午後の日当たりが悪いが，地面に水がしみこみやすく，側溝に水が流れやすいため。
オ．地面に水がしみこみにくく，側溝に水が流れにくいが，午後の日当たりが良いため。
カ．午後の日当たりが悪く，地面に水がしみこみにくいが，側溝に水が流れやすいため。
キ．午後の日当たりが悪く，側溝に水が流れにくいが，地面に水がしみこみやすいため。

桜蔭中学校は，ＪＲ水道橋駅東口を出た後，神田川にかかる水道橋をわたって白山通りを北上した後，右折して忠弥坂《ちゅうやざか》を登った本郷台地の上に位置しています。図４の太線が，JR水道橋駅から桜蔭中学校までの道のりです。図５は，図４の点線の位置の断面の地層のようすを単純化して表したものです。

図４

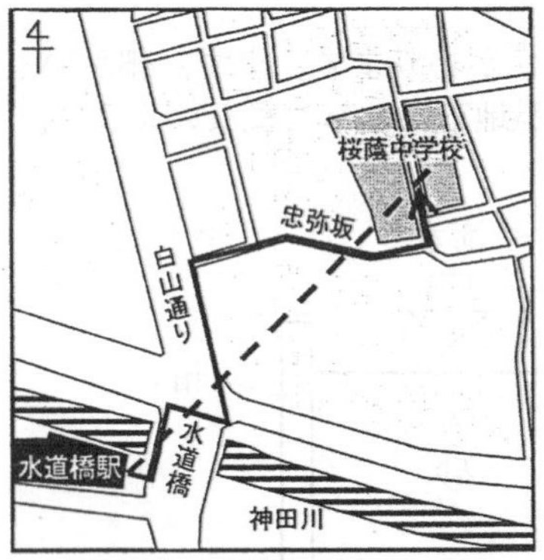

図５

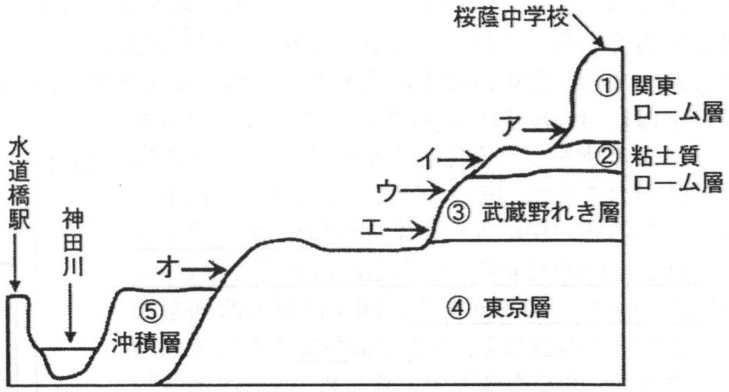

問２　桜蔭中学校や水道橋駅周辺の地層について説明した，つぎの文章について答えなさい。

図５の①，②のロームというのは，砂や粘土などが含まれた混合土のことで，日本では主に噴火《ふんか》によって飛ばされた（　ａ　）や<u>れき</u>，小さな穴がたくさんあいた石（軽石）がたまったあと，つぶがくずれて砂や粘土に変化したものです。③～⑤の層は流水のはたらきによって運搬《ばん》されたつぶが（　ｂ　）してできた層です。②の層は，①の層に比べて（ｃ　大きい／小さい）つぶの割合が多くなっています。③の層は<u>れき</u>，④の層は粘土を主とした層です。④の層は15～13万年前にできたかたい層です。⑤の層は１万8000年前以降にできた層で，新しく，他の層に比べて（ｄ　かたい／やわらかい）のが特ちょうです。

ⅰ）文中の（ａ），（ｂ）にあてはまる語を書きなさい。また，（ｃ），（ｄ）はあてはまる語を選んで書きなさい。
ⅱ）文中の下線部の「れき」は，つぶの大きさがどれくらいのものか，つぎの**ア**～**エ**から１つ選び，記号で答えなさい。
ア．0.06 mm以上　　**イ**．0.5 mm以上　　**ウ**．２mm以上　　**エ**．８mm以上
ⅲ）③の層のれきは，①，②の層のもととなるれきとどのようなちがいがあるか，簡単に説明しなさい。
ⅳ）③の層と④の層は，できた当時どちらの水深が深いと考えられるか，③か④の番号で答えなさい。

v）④の層と⑤の層は，できた時代が連続していません。その理由として正しいものをつぎのア～エから１つ選び，記号で答えなさい。

ア．①～④の層ができたあと，火山の噴火によって水道橋駅付近の層がふき飛ばされ，そのあとに生じた火山の噴火による溶岩《ようがん》がかたまって⑤の層ができた。

イ．①～④の層ができたあと，川によって水道橋駅付近の層がしん食され，そのあとにこの場所が海になり，⑤の層ができた。

ウ．①～④の層ができたあと，地震《しん》によって断層ができて，①～③の層がくずれ，残った④の層の上にくずれたものが混ざって重なって⑤の層ができた。

エ．①～④の層ができたあと，大きな力が加わって曲がり，図５の右側の土地だけが盛り上がったため，新しい⑤の層が低いところにみられる。

問３　水道橋の名は，江戸《えど》時代に作られた神田上水の水路橋に由来します。桜蔭中学校のある本郷台地の周辺では，神田上水が引かれるまでは，地下水やわき水を利用していました。本郷台地において，地下水やわき水が採取できる場所を図５のア～オから２つ選び，記号で答えなさい。

Ⅳ　以下の文章を読み，問いに答えなさい。

音がどのように伝わるかを調べるために，Ａさんと Ｂさんはつぎの実験を行いました。

【実験 1-①】図１のように，ブザーを入れた紙コップと風船を細い糸でつなげ，ぴんと張りました。Ａさんがブザーを鳴らし，しばらく経ってから止めました。その間，Ｂさんは風船をそっと手で持ち，耳を当て，風船から聞こえる音と手に伝わる感覚を調べました。その結果，音が聞こえ始めるとほぼ同時に風船を持つ手に小刻みなふるえ（振《しん》動）が伝わり，音が聞こえ終わるとほぼ同時にふるえが止まりました。このことから，音を出すものは振動しており，その振動が伝わることで音が伝わることがわかります。

【実験 1-②】図１の風船の中に小さなビーズをいくつか入れて，ブザーの音の高さは変えずに大きさだけを変えて，ビーズの動き方を観察しました。

【実験 1-③】図２のように，風船の代わりにマイクロフォンを入れた紙コップをつけました。実験 1-①と同様に，ブザーを鳴らし，マイクロフォンが拾った音をオシロスコープという装置で観察しました。オシロスコープとは，マイクロフォンによって電気信号に変えられた音の振動のようすを，グラフとして見ることができる装置です。

図１

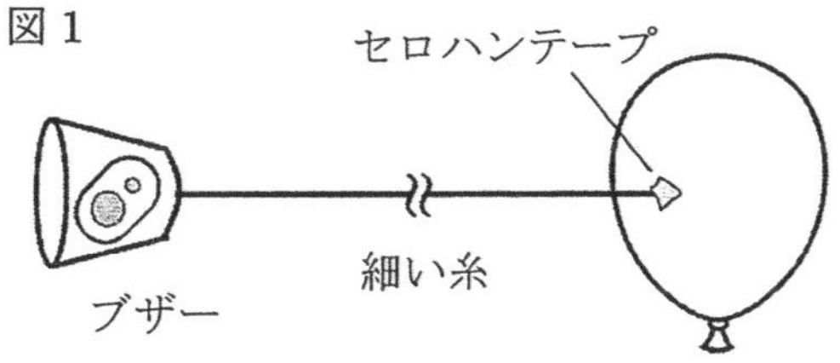

図２

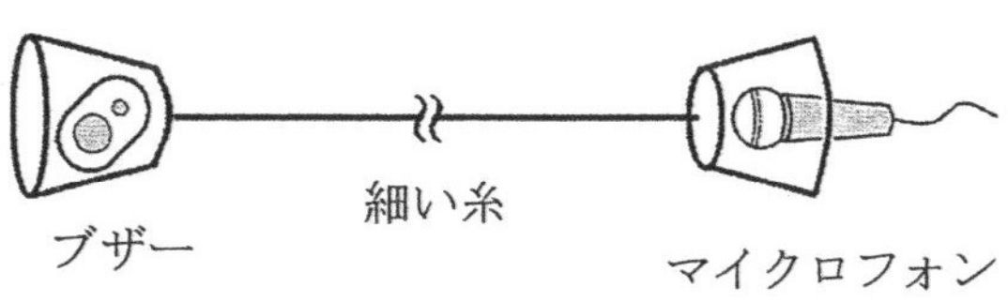

問１　実験 1-②の結果，音を大きくしたときのビーズの動き方として正しいものをつぎのア～ウから１つ選び，記号で答えなさい。

ア．より速く小刻みに動く　　イ．より大きくはねるように動く　　ウ．変わらない

問２　実験 1-③について，つぎの問いに答えなさい。

i）実験 1-③の結果，図３のようなグラフの形をみることができました。図３の横軸《じく》は時間，たて軸は音の振動の大きさを表していて，図に示す範囲《はんい》（☆）が振動１回分を表しています。図３の音は，１秒間に何回振動していますか。

図３

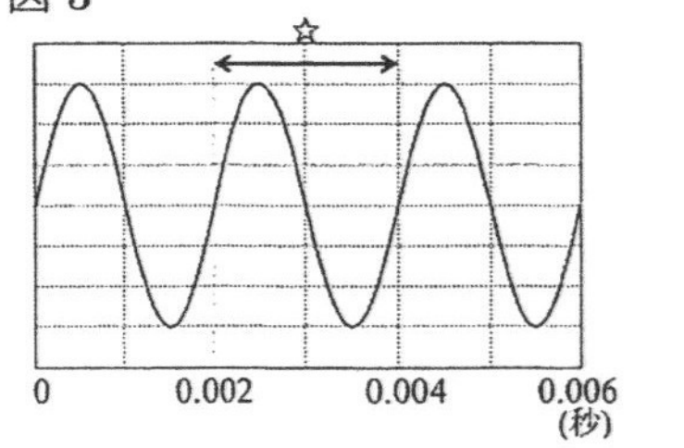

ii）音の高さと振動の回数の関係は，高い音ほど１秒間に振動する回数が多く，低い音ほど１秒間に振動する回数が少ないことがわかっています。そこで，ブザーの音の高さや大きさを変えて同様に実験を行いました。図３の音より高い音のときに観察できるグラフの形をア～エからすべて選び，記号で答えなさい。横軸とたて軸は図３と同じです。

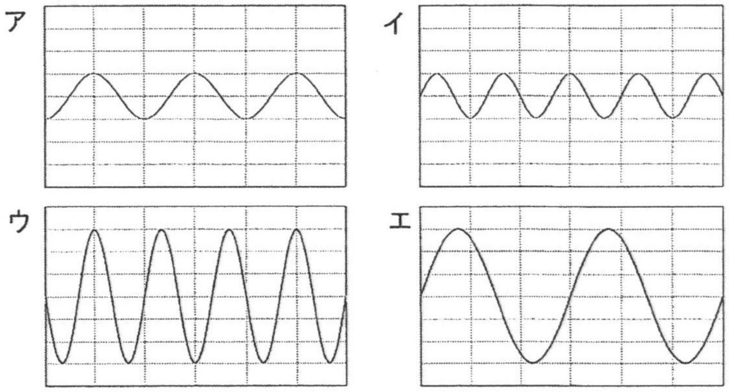

音を出すものを音源といいます。人は，音源からはなれたところで音を聞くとき，音源の振動によってまわりの空気が振動し，それが耳に届くことで音を聞いています。しかし，音源が動きながら音を出したり，人が動きながら音を聞いたりすると，聞こえる音の高さが変わります。これは，例えば目の前を救急車が通り過ぎたときに聞こえるサイレンの音の高さが変わることなどで知られています。このことを確かめるために，Ａさんと Ｂさんはつぎの実験を行いました。

【実験 2】図４のように，水平なゆかの上に，小さな球を一定の間隔《かんかく》で発射することができる発射装置と的《まと》を一直線上に置きます。発射装置と的はそれぞれゆかの上を右か左に動くことができます。このとき，球が受ける空気の抵抗《ていこう》や重力などの影響《えいきょう》は考えず，球は的に向かって減速も落下もせず，まっすぐ飛ぶものとします。

発射装置を点Ｏ（0 m）に固定し，点Ｏから 18 m はなれた位置に的を置きました。発射装置からは１秒間に１個ずつ球が発射され，発射された球は一定の速さで１秒間に 8 m ずつ進みます。いま，はじめの球が発射されたと同時に，的を一定の速さで１秒間に 2 m ずつ発射装置に近づけます。表１は，はじめの球が発射されてからの時間と，球と的の位置を 0.2 秒ごとに表したものです。ここで位置は，発射装置からのきょりで表します。

図４

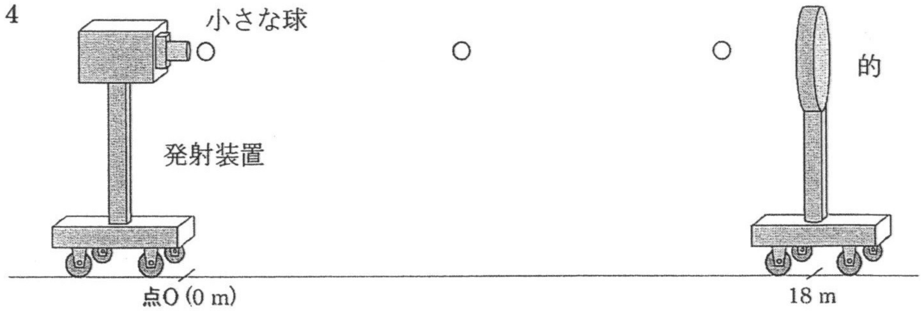

表 1

時間(秒)	0	0.2	0.4	0.6	0.8	1	…
球の位置(m)	0	ア		イ		8	…
的の位置(m)	18		ウ		エ	16	…

問 3　実験 2 について，つぎの問いに答えなさい。

ⅰ）表 1 の**ア**～**エ**にあてはまる数字を答えなさい。

ⅱ）はじめの球が発射されてから的に当たるまでの時間(秒)を答えなさい。また，そのときの的の位置(m)を答えなさい。

ⅲ）発射装置からは全部で 4 個の球を発射しました。はじめの球が発射されてからそれぞれの球が的に当たるまでの時間とその間隔をまとめた表 2 の**オ**～**ク**にあてはまる数字を答えなさい。

表 2

球の順番	1	2	3	4
的に当たるまでの時間(秒)	ⅱの答え	オ	カ	4.2
間隔(秒)	／	キ		ク

問 4　発射装置と的の間のきょりを 18 m にもどしたあと，発射装置や的を右や左に動かしながら，球が的に当たる間隔を調べました。発射装置や的を動かす場合は，それぞれ 1 秒間に 2 m ずつ動かし，発射装置が発射する球の条件は実験 2 と同じです。つぎの文中の(a)～(c)にあてはまる語句を下の**ア**～**ウ**から 1 つずつ選び，記号で答えなさい。

・発射装置を固定して的を発射装置から遠ざけると，球が的に当たる間隔は(　a　)。

・的を固定して発射装置を近づけると，球が的に当たる間隔は(　b　)。

・発射装置と的をどちらも近づく向きに動かすと，球が的に当たる間隔は(　c　)。

ア．1 秒より長くなる　　**イ**．1 秒より短くなる　　**ウ**．1 秒である

問 5　実験 2 を音にあてはめてみると，発射装置は音源，球 1 個は音の振動 1 回分，的は音を聞く人と考えることができます。つぎの文**ア**～**オ**から正しいものをすべて選び，記号で答えなさい。ただし，救急車と電車は一定の速さで直線上を移動しているものとします。

ア．立ち止まっているときに，まっすぐ近づいてくる救急車のサイレンの音は，だんだん低くなっていくように聞こえる。

イ．立ち止まっているときに，まっすぐ遠ざかっていく救急車のサイレンの音は，だんだん低くなっていくように聞こえる。

ウ．立ち止まっているときに，目の前を救急車が通り過ぎると，救急車のサイレンの音の高さがそれまで聞こえていた音の高さより急に低くなった。

エ．電車に乗っているときに，踏《ふみ》切に近づいていくと，踏切の音が本来の高さと比べて一定の高さだけ低くなって聞こえる。

オ．電車に乗っているときに，踏切から遠ざかっていくと，踏切の音が本来の高さと比べて一定の高さだけ低くなって聞こえる。

令和 6 年度　　　　受験番号（　　　　　）

解答らん　〔理科〕

※60点満点
（配点非公表）

Ⅰ

問 1	問 2

問 3	問 4	問 5 a	b	c	d

問 5	問 6	問 7
e		

Ⅱ

問 1

問 2	問 3	問 4 ①	②	③	問 5 a	b

Ⅲ

問 1	問 2 ⅰ a	b	c	d

問 2 ⅱ	問 2 ⅲ	問 2 ⅳ	問 2 ⅴ	問 3

Ⅳ

問 1	問 2 ⅰ	問 2 ⅱ
	回	

問 3 ⅰ ア	イ	ウ	エ	問 3 ⅱ	
				秒	m

問 3 ⅲ オ	カ	キ	ク

問 4 a	b	c	問 5

令和６年度　桜蔭中学校入学試験　問題　［社会］

(30分)

Ⅰ　次の文を読み、文中の空欄《くうらん》 [1] ～ [7] に適する語句をすべて漢字２文字で答えなさい。下線部については後の設問（①～⑤）に答えなさい。

桜蔭中学校から歩いて５分ほどの場所に、東京都水道歴史館があります。ここでは江戸時代から現在に至るまでの水道の歴史を知ることができます。

徳川家康は1590年に江戸に入ると、さっそく上水の整備にとりかかりました。海に近い江戸では [1] を掘《ほ》っても水に塩分が混じり、飲み水には不向きでした。そこで川や池から水路をひき、石製や木製の水道管で市中に水を送るしくみが整えられました。江戸の庶民《しょみん》は地下の水道管とつながった [1] から水をくんで生活に使いました。江戸の人口が増え、水の需要《じゅよう》が増えると、幕府は多摩川《たまがわ》の水を江戸に引き入れるため [2] 上水を開削《かいさく》し、江戸城や江戸南西部に水を送りました。武蔵野台地を流れる [2] 上水は台地のあちこちに分水され、農家の生活用水や農業用水にも利用されました。こうして①水に恵まれない武蔵野台地の開発が進められました。

江戸時代につくられた上水のしくみは、明治時代には近代化されましたが、 [2] 上水は導水路として引き続き使われました。第二次世界大戦後の高度経済成長期に東京の水の需要は大きく増えます。東京では新潟県と群馬県の県境の山から流れ出す [3] 川水系の水を利用するようになり、 [2] 上水は上流部を除いて使われなくなりました。現在、文京区本郷には、 [3] 川から荒川に引きこまれた水が朝霞《あさか》 [4] 場を経て給水されています。

水源としての重要性が高まった [3] 川上流には、水を安定的に利用するために八ッ場《やんば》ダムなどがつくられています。ダムには主に４つの役割があります。生活に必要な水や農地や工場で使う水を確保すること、渇水《かっすい》時も流水を補給して川の機能を維持《いじ》すること、水量を調節して [5] の被害《ひがい》を防いだり軽減したりすること、そして水量と落差を利用して [6] を生産することです。

生活や産業活動などには②川の水だけでなく地下水も利用されます。日本では、農業・工業・③生活用水の約１割を地下水がになっています。地下水は冬でも温度があまり低くならないので、北陸地方では [7] 用にも利用されています。

現代の世界はさまざまな水問題に直面しています。海洋、河川《かせん》、地下水の汚染《おせん》の問題もあります。巨大《きょだい》なダムの建設が水をめぐる対立を生んでいる地域もあります。④世界の災害の多くは水に関係しているそうです。世界では水不足の影響《えいきょう》が深刻化する一方で、 [5] の被害も拡大しています。2023年、世界気象機関が、この年の７月の世界平均気温が観測史上最高の月平均気温となるだろうと発表すると、国連のグテーレス事務総長は「地球温暖化の時代は終わり、⑤地球＜Ｐ＞の時代が到来《とうらい》した」と述べました。気候変動は水に関わる災害を増大させている一因と考えられています。

設問

①　下線部①について、17世紀末ごろ乾《かわ》いた赤土におおわれた武蔵野台地北東部の開発が進められました。次の図１は、開発された武蔵野台地の一部の現在の様子を、地図記号を使って示した模式図です。道路に面して家がたち、その背後に細長い畑が広がっています。細長い畑はいくつにも区切られており、その境界には樹木作物が植えられていることが、地図記号からわかります。後の表１は、この樹木の栽培《さいばい》面積が広い上位８府県を示しています。

ⅰ　畑を区切るように植えられているこの樹木作物の名称《めいしょう》を答えなさい。

ⅱ　この樹木の作物としての価値以外の役割を20字以内で答えなさい。

図１

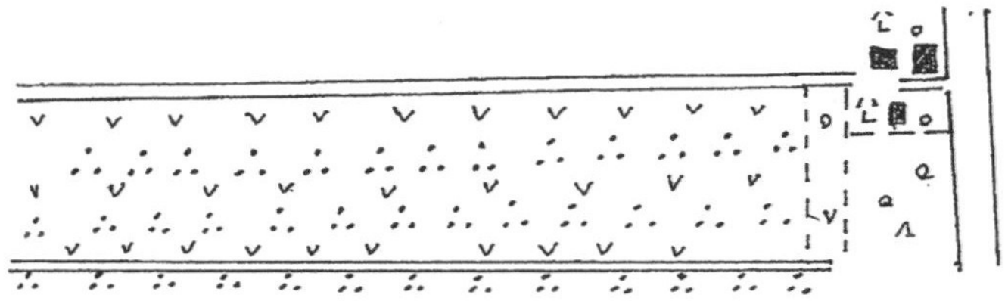

表１　栽培面積の広い府県（2023年）

順位	府県	順位	府県
1	静岡	5	福岡
2	鹿児島	6	宮崎
3	三重	7	熊本
4	京都	8	埼玉

出典「政府統計の総合窓口（e-Stat）」

②　下線部②について、次の説明文は日本の川について述べています。説明文Ａ～Ｄにあてはまる河川を後の地図中の ア～コ から１つずつ選び、記号で答えなさい。

Ａ　上流にある鉱業所からの排水《はいすい》中のカドミウムにより川の水や水田が汚染され、主に下流の住民に発生した深刻な健康被害は、1968年に国内最初の公害病に認定《にんてい》された。下流には新幹線停車駅をもつ県庁所在都市がある。

Ｂ　日本の中でもきわめて降水量の多い山岳部《さんがくぶ》から流れ出す川である。上流域はスギの産地として知られ、下流の河岸段丘《だんきゅう》では果樹栽培がさかんである。河口にある都市は、江戸時代には御三家《ごさんけ》のひとつが整備した城下町として栄えた。

Ｃ　曲がりくねって流れることで有名な川で、川に沿って明治時代にはいくつもの屯田兵《とんでんへい》村が開かれた。かつては泥炭地《でいたんち》が広がっていた下流の平野は、土地改良により今では日本を代表する水田地帯になっている。

Ｄ　四県を流れる川で、かつては下流の低地の人々は集落や農地を堤防で囲み、母屋《おもや》がある土地よりも一段高い所に水屋をつくったり、協同で土もりをして避難《ひなん》場所をつくったりしたが、現在は水屋は少なくなった。

③　下線部③について、次の表２は東京都水道局が発表している家庭での水の使われ方を示しています。表２中のＹは近年、比率が高まっています。表２中のＹにあてはまるものを次の ア～ウ から１つ選んで、記号で答えなさい。

表２　家庭での水の使われ方

	X	Y	Z	洗濯《せんたく》	その他
2022年度	20%	43%	15%	16%	6%

出典　東京都水道局一般家庭水使用目的別実態調査

ア　風呂《ふろ》　　イ　炊事《すいじ》　　ウ　トイレ

④　下線部④について、次の文中の空欄に適する国名を答えなさい。
2023年2月6日、トルコ南部でマグニチュード7.8の地震《じしん》が発生し、トルコとその南隣《みなみどなり》の国（ １ ）で多数の犠牲者《ぎせいしゃ》が出た。2011年から内戦が続く（ １ ）では、壊れた建物の修復が十分に進んでいない中で多くの被害が出た。４月にはアジアを史上最悪の熱波がおそった。とくに現在世界第１位の人口大国である（ ２ ）では記録的な猛暑《もうしょ》となった。７月には（ ３ ）で大規模な森林火災が発生し、煙《けむり》は（ ３ ）だけでなくアメリカ合衆国にも影響をおよぼした。

⑤　下線部⑤について、＜Ｐ＞に適する語句を答えなさい。

Ⅱ　次の文を読み、文中の空欄 [1] ～ [3] に適する語句を答えなさい。 [1] は漢字で答えなさい。空欄【A】・【B】にあてはまるものを後の選択肢《せんたくし》 ア～ク から１つずつ選び、記号で答えなさい。また下線部については後の設問（①～③）に答えなさい。

2023年6月、①コロンビアで行方《ゆくえ》不明になっていた１歳《さい》から13歳の４人の子どもが熱帯林で発見されたというニュースは、世界をおどろかせました。小型飛行機の墜落《ついらく》で子どもたちの母親をふくめた大人３人は亡《な》くなりましたが、乳児をふくむ４人の子どもは助かり、子どもたちだけで、熱帯林の中で40日もの間生き延びました。この子どもたちが生き延びられたのは彼《かれ》らが熱帯林での暮らしに通じた [1] であり、熱帯林で食べ物を探したり、危険な動物などから身を守ったりする力を持っていたことが大きかったと考えられます。

コロンビアという国は大陸の北側に位置し、太平洋と 【 Ａ 】 の二つの大海に面した国家です。この大陸には16世紀頃《ころ》に 【 Ａ 】を渡《わた》ってヨーロッパ系の人々がやってきて、 [1] の国家を滅《ほろ》ぼし、植民地を形成しました。奴隷《どれい》として 【 Ｂ 】 から多くの人々がつれてこられており、今日、この大陸には多様なルーツをもつ人々が見られます。コロンビアの隣にある②ブラジルという国も似たような特徴《とくちょう》がみられる国です。ブラジルの北部は世界最大の流域をもつ [2] 川が流れ、熱帯林におおわれています。隣国《りんごく》コロンビアにもその熱帯林は広がっており、小型飛行機が墜落したのもその一部です。今日では熱帯林の破壊《はかい》が急速に進んでおり、③二酸化炭素などの温室効果ガスの増加が心配されています。

この事件は技術の発達とともに私たちが失ったものを、 [1] が今なお保っていることを教えてくれました。今日、世界では多様性を尊重することが求められています。 [1] は経済成長が優先される中で、その生活様式や文化が脅《おびや》かされることが多くあります。このため、2007年に国連で [1] の権利に関する宣言が採択《さいたく》され、2008年日本でも「 [3] 民族を [1] とすることを求める決議」が採択され、2019年には「 [3] の人々の誇《ほこ》りが尊重される社会を実現するための施策《せさく》の推進に関する法律」が制定されました。

【選択肢】

ア　紅海　　イ　地中海　　ウ　インド洋　　エ　大西洋
オ　アフリカ　　カ　アジア　　キ　アメリカ　　ク　オーストラリア

設問

① 下線部①のコロンビアの場所を次の地図中の ア～ク から１つ選び、記号で答えなさい。

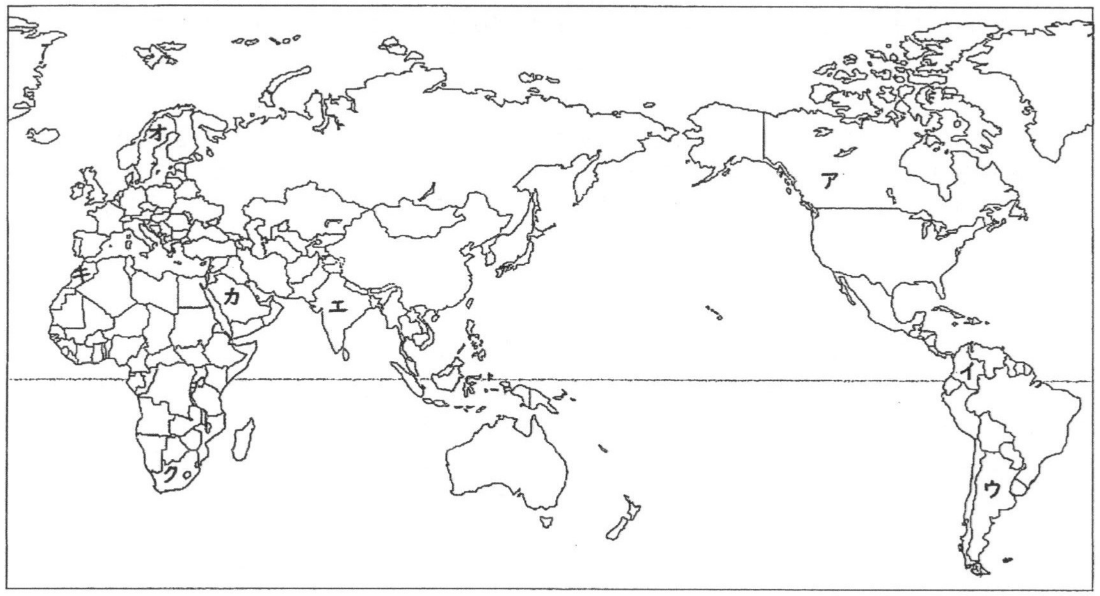

② 下線部②のブラジルについて述べた次の文ａ～ｃの正誤の組み合わせが正しいものを下の ア～ク から１つ選び、記号で答えなさい。

ａ ブラジルには多くの日本人が20世紀に移り住み、現在も多くの日系人が暮らしている。

ｂ スペインがかつてブラジルを植民地として支配していたため、スペイン語が主な言語となっている。

ｃ 2022年現在、日本で暮らす外国人は、ブラジル人が中国人に次いで２番目に多い。

ア ａ正ｂ正ｃ正　イ ａ正ｂ正ｃ誤　ウ ａ正ｂ誤ｃ正　エ ａ正ｂ誤ｃ誤
オ ａ誤ｂ正ｃ正　カ ａ誤ｂ正ｃ誤　キ ａ誤ｂ誤ｃ正　ク ａ誤ｂ誤ｃ誤

③ 下線部③について述べた次の文ａ～ｃの正誤の組み合わせが正しいものを下の ア～ク から１つ選び、記号で答えなさい。

ａ 国連安全保障理事会において、2015年「持続可能な開発目標」が採択された。

ｂ 「持続可能な開発目標」では貧困《ひんこん》をなくし、気候変動への対策をとるなどの行動が求められている。

ｃ 国連環境《かんきょう》計画などのＮＧＯを中心に、地球環境問題への積極的な取り組みが進められている。

ア ａ正ｂ正ｃ正　イ ａ正ｂ正ｃ誤　ウ ａ正ｂ誤ｃ正　エ ａ正ｂ誤ｃ誤
オ ａ誤ｂ正ｃ正　カ ａ誤ｂ正ｃ誤　キ ａ誤ｂ誤ｃ正　ク ａ誤ｂ誤ｃ誤

Ⅲ 次の文を読み、文中の空欄 [1] ～ [10] に適する語句をすべて漢字で答えなさい。[1] は１つの用語で答えなさい。空欄【Ａ】～【Ｄ】にあてはまるものを後の選択肢 ア～ソ から１つずつ選び、記号で答えなさい。また下線部については後の設問（①～⑪）に答えなさい。

私たちはなぜ税を納めるのでしょうか。今日日本では、税とは国または [1] が、その経費として人々から強制的に徴収するお金のことを指します。税を納める①義務があることが、日本国憲法においても示されています。これは国家が税を主な収入として動いているからです。税がなければ国家は機能しません。

今日の国家の原型はヨーロッパで生まれました。国王が強大な権力をにぎって戦争をくりかえし国民に重い税を課したため、これを不満に思った人々が国王と争い王政を廃止《はいし》したり、国王の権力を制限したりするようになりました。こうして生命や財産を国家から不当にうばわれることなく人間らしく生きる権利が生まれました。

このため多くの国では政治の最終的な決定権である [2] は、国民にあると考えられるようになりました。それにともなって税は支配者にとられるものから、国家の構成員である国民が自分たちのために必要な費用を分担するものとなりました。それでも税は強制的に個人の財産をうばうことになるわけですから、[2] をもつ国民の代表からなる【 Ａ 】でその使い道が決められることが必要です。

日本で、こうした近代的な税制のはじめと考えられているのが、1873年にできた [3] という税です。しかしこの時にはまだ日本には【 Ａ 】がなかったため、政府が一方的に定めた税は本当の意味での近代的な税といえるのか疑問がのこります。1874年に土佐藩出身の [4] らが政府に【 Ａ 】の開設を求める意見書を提出しましたが、そこでも税を負担するものはその使いみちについて意思を表明する権利があると述べています。

[3] は当初は政府の収入の９割以上を占《し》めていました。その後1887年には個人の収入に対して課税される [5] が導入されました。[5] による収入ははじめはごくわずかでしたが、徐々《じょじょ》に増加していきました。②1904年から政府の [3] や [5] などの税収入は急激に増加し、その後もその状態が続きました。

税にはいろいろなものがあります。いくつかをみていきましょう。関税は国家の収入となりますが、幕末に日本がアメリカなどの国と結んだ条約により、日本は関税を自分たちだけで決めることができなくなってしまいました。関税は国家の収入となるだけでなく、【 Ｂ 】をおさえて国内の産業を守るなどの役割も果たすものであり、日本の産業発展にはとても重要な意味をもちました。そこで条約の改正に取り組み、[6] が外相《がいしょう》だった時に、日本は新しい条約を結び、完全に自由に関税を決めることができるようになりました。戦後にはアメリカの占領《せんりょう》下で、[5] のような直接税を中心とした税制度がとられましたが、1989年に③消費税が導入され、間接税の割合が増えていきました。令和５年度の予算では [5] を上回り、消費税が最大の税収入となる見込《こ》みです。こうした国の税を集める仕事をしている国税庁は、国の予算に関する仕事をしている【 Ｃ 】の外局です。

次に近代以前の税制をふりかえってみましょう。そもそも④国家が存在しなかった時代には税は存在しません。日本列島で国家の形成が始まると、中国との交流が始まり中国の歴史書に日本列島のことが記されるようになります。３世紀頃に⑤邪馬台国について記した中国の歴史書【 Ｄ 】には、すでに税が存在したことが記されています。その後豪族《ごうぞく》が連合して [7] と呼ばれる政府を作り、大王が強大な力を持つようになりました。５世紀の九州に大王の力がおよんでいたことが、熊本県の [8] 古墳《こふん》出土の鉄刀からわかります。

東アジアの国々の争いが激しくなると [7] もその影響を受けるようになります。⑥聖徳太子らが改革を試み、新しい国家体制をめざしましたが、新しい国家体制が実現したのは⑦8世紀に入る頃でした。新しい国家体制の下では、従来の有力豪族は国家の役人となり、高い位をあたえられた [9] として、高い収入などの特権をえました。新しい税制が定められ、米や布などを納めるほかに、成人男性には地方で年に60日以内、土木工事などを行う [10] といった負担も課せられました。これらの税負担は非常に重く、やがて逃《に》げ出す農民が多くなり、耕作が放棄《ほうき》される土地が増えると、政府は土地制度の一部を変更《へんこう》するようになりました。最終的に11世紀頃には大土地私有が認められるようになり、税制もそれに応じたかたちに変化しました。

[9] が所有した私有地は荘園《しょうえん》と呼ばれ、それを現地で管理するものが地方武士となっていきました。やがて武士が政治において大きな力を持つようになり、⑧源頼朝が幕府を開きました。将軍は御家人に領地の支配を保障して、主従関係を結びました。将軍も武士もそれぞれが領地をもち、そこから入ってくる年貢《ねんぐ》を財源としていました。その後⑨農業生産力が高まると、農民たちは経済力をつけて、税を納めることに抵抗《ていこう》するようになりました。

戦国時代には大名たちは戦いのために税の徴収を強化しようとしますが、農民の抵抗も激しくなりました。こうした状況《じょうきょう》が大きく変わったのは⑩織田信長から豊臣秀吉の時代です。豊臣秀吉は全国の大名を従わせ、検地を行って耕地の面積や収穫高《しゅうかくだか》を把握《はあく》し、刀狩で農民たちの武器を没収《ぼっしゅう》し支配者に抵抗できないようにしました。⑪江戸時代にもその仕組みが引きつがれていきました。

江戸時代の年貢を近代的税に置きかえたものが、はじめに出てきた [3] です。この頃の政府は税を国民のために使うという意識はうすく、むしろ富国強兵のための財源と考えていたと言っていいでしょう。しかし今日の税は私たちのために使われるものであり、私たちはその使いみちを知り、選挙などを通じて自分たちの意思を表明していくことが大切です。

【選択肢】

ア 内閣	イ 『後漢書』東夷伝	ウ 輸入	エ 経済産業省	オ 裁判所
カ 総務省	キ 『魏志』倭人伝	ク 生産	ケ 国民投票	コ 内閣府
サ 議会	シ 『漢書』地理志	ス 財務省	セ 『宋書』倭国伝	ソ 輸出

設問

① 下線部①について述べた次の文ａ～ｃの正誤の組み合わせが正しいものを下の ア～ク から１つ選び、記号で答えなさい。

ａ 日本国憲法では、子どもに教育を受けさせることは義務であると定められている。

ｂ 日本国憲法では、選挙で投票することは義務であると定められている。

ｃ 日本国憲法では、働くことは義務であるとともに権利であると定められている。

ア ａ正ｂ正ｃ正　イ ａ正ｂ正ｃ誤　ウ ａ正ｂ誤ｃ正　エ ａ正ｂ誤ｃ誤
オ ａ誤ｂ正ｃ正　カ ａ誤ｂ正ｃ誤　キ ａ誤ｂ誤ｃ正　ク ａ誤ｂ誤ｃ誤

② 下線部②について、1904年に急激に政府の税収が増加したのは増税が行われたためです。なぜ増税が行われたのか、その原因とその後もその状態が続いた理由を、60字以内で説明しなさい。

③ 下線部③について述べた次の文ａ～ｃの正誤の組み合わせが正しいものを下の ア～ク から１つ選び、記号で答えなさい。

ａ 消費税は少子高齢化《こうれいか》が進み、増え続ける社会保障費をまかなうために導入された。

ｂ 消費税は年齢や働いているかどうかに関わりなく、多くの人々が負担する税となっている。

ｃ 消費税は収入が高い人ほど負担感が強い税となっており、消費を減らす危険がある。

ア ａ正ｂ正ｃ正　イ ａ正ｂ正ｃ誤　ウ ａ正ｂ誤ｃ正　エ ａ正ｂ誤ｃ誤
オ ａ誤ｂ正ｃ正　カ ａ誤ｂ正ｃ誤　キ ａ誤ｂ誤ｃ正　ク ａ誤ｂ誤ｃ誤

④ 下線部④について述べた次の文ａ～ｃの正誤の組み合わせが正しいものを下の ア～ク から１つ選び、記号で答えなさい。

ａ 5000年前の日本列島では、狩りや漁や植物採集が行われていた。

ｂ 5000年前の日本列島では、土偶《どぐう》などが作られまじないが行われていた。

ｃ 5000年前の日本列島では、全域で稲作《いなさく》が行われていた。

ア ａ正ｂ正ｃ正　イ ａ正ｂ正ｃ誤　ウ ａ正ｂ誤ｃ正　エ ａ正ｂ誤ｃ誤
オ ａ誤ｂ正ｃ正　カ ａ誤ｂ正ｃ誤　キ ａ誤ｂ誤ｃ正　ク ａ誤ｂ誤ｃ誤

⑤ 下線部⑤が近畿地方にあったという説を裏付けると考えられている遺跡《いせき》を次の ア～エ から１つ選び、記号で答えなさい。

ア 吉野ヶ里遺跡　イ 唐古・鍵遺跡　ウ 登呂遺跡　エ 纏向遺跡

⑥ 下線部⑥について述べた次の文ａ～ｃの正誤の組み合わせが正しいものを下の ア～ク から１つ選び、記号で答えなさい。

ａ 豪族に私有地と私有民をあたえて、彼らの力を強化しようとした。

ｂ 豪族に天皇の命令には絶対に従うようにうながした。

ｃ 豪族に位を与えて、役人として国家のために働かせようとした。

ア ａ正ｂ正ｃ正　イ ａ正ｂ正ｃ誤　ウ ａ正ｂ誤ｃ正　エ ａ正ｂ誤ｃ誤
オ ａ誤ｂ正ｃ正　カ ａ誤ｂ正ｃ誤　キ ａ誤ｂ誤ｃ正　ク ａ誤ｂ誤ｃ誤

⑦ 下線部⑦の出来事について述べた次の文ａ～ｃの正誤の組み合わせが正しいものを下の ア～ク から１つ選び、記号で答えなさい。

ａ 中国の法律をモデルとして作られた律令により、新しい税制が定められた。

ｂ 中臣鎌足が中国から帰国した留学生とともに政治改革に取り組んだ。

ｃ ききんや反乱が起こると聖武天皇は大仏を作るため、鑑真に高い位を与えて協力させた。

ア ａ正ｂ正ｃ正　イ ａ正ｂ正ｃ誤　ウ ａ正ｂ誤ｃ正　エ ａ正ｂ誤ｃ誤
オ ａ誤ｂ正ｃ正　カ ａ誤ｂ正ｃ誤　キ ａ誤ｂ誤ｃ正　ク ａ誤ｂ誤ｃ誤

⑧　下線部⑧の源頼朝が幕府を開くまでの出来事について述べた次の文ａ～ｃの正誤の組み合わせが正しいものを下の ア～ク から１つ選び、記号で答えなさい。

ａ　保元の乱に敗れて、源頼朝は伊豆へ流された。

ｂ　石橋山の戦いで、源頼朝が平氏に敗れた。

ｃ　壇ノ浦の戦いで、源義仲が平氏を滅ぼした。

ア　ａ正ｂ正ｃ正　　イ　ａ正ｂ正ｃ誤　　ウ　ａ正ｂ誤ｃ正　　エ　ａ正ｂ誤ｃ誤
オ　ａ誤ｂ正ｃ正　　カ　ａ誤ｂ正ｃ誤　　キ　ａ誤ｂ誤ｃ正　　ク　ａ誤ｂ誤ｃ誤

⑨　下線部⑨について述べた次の文ａ～ｃの正誤の組み合わせが正しいものを下の ア～ク から１つ選び、記号で答えなさい。

ａ　稲《いね》の二期作が各地で行われるようになり、農業生産力が高まった。

ｂ　農業生産力が高まると、農民たちが自分たちの村を守るために団結を強めた。

ｃ　各地で特産物の栽培や手工業が発達して、交通や輸送もさかんになった。

ア　ａ正ｂ正ｃ正　　イ　ａ正ｂ正ｃ誤　　ウ　ａ正ｂ誤ｃ正　　エ　ａ正ｂ誤ｃ誤
オ　ａ誤ｂ正ｃ正　　カ　ａ誤ｂ正ｃ誤　　キ　ａ誤ｂ誤ｃ正　　ク　ａ誤ｂ誤ｃ誤

⑩　下線部⑩について述べた次の文ａ～ｃの正誤の組み合わせが正しいものを下の ア～ク から１つ選び、記号で答えなさい。

ａ　織田信長は駿河の北条氏を桶狭間の戦いで破って、勢力を強めた。

ｂ　織田信長と徳川家康は騎馬隊《きばたい》を効果的に使って、長篠の戦いで武田氏を破った。

ｃ　豊臣秀吉は全国を統一すると２度にわたって清と戦った。

ア　ａ正ｂ正ｃ正　　イ　ａ正ｂ正ｃ誤　　ウ　ａ正ｂ誤ｃ正　　エ　ａ正ｂ誤ｃ誤
オ　ａ誤ｂ正ｃ正　　カ　ａ誤ｂ正ｃ誤　　キ　ａ誤ｂ誤ｃ正　　ク　ａ誤ｂ誤ｃ誤

⑪　下線部⑪について述べた次の文ａ～ｃの正誤の組み合わせが正しいものを下の ア～ク から１つ選び、記号で答えなさい。

ａ　武士、百姓《ひゃくしょう》、町人といった身分は固定されており、職業や住む場所を自由に変えることができなかった。

ｂ　人口の８割をこえる百姓は名主を中心に自分たちで村を運営し、年貢などを負担した。

ｃ　町人も百姓と同じように重い税をかけられたが、中には大名にお金を貸すような大商人も登場した。

ア　ａ正ｂ正ｃ正　　イ　ａ正ｂ正ｃ誤　　ウ　ａ正ｂ誤ｃ正　　エ　ａ正ｂ誤ｃ誤
オ　ａ誤ｂ正ｃ正　　カ　ａ誤ｂ正ｃ誤　　キ　ａ誤ｂ誤ｃ正　　ク　ａ誤ｂ誤ｃ誤

※60点満点
（配点非公表）

令和６年度　　桜蔭中学校入学試験解答欄　［社会］　　受験番号（　　　　）

Ⅰ

1		2		3		4	
5		6		7		① i	
① ii							
② A		② B		② C		② D	
③							
④ 1		④ 2		④ 3		⑤	

Ⅱ

1		2		3	
A		B		①	
②		③			

Ⅲ

1		2		3	
4		5		6	
7		8		9	
10		A		B	
C		D			
①					
②					
③		④		⑤	
⑥		⑦		⑧	
⑨		⑩		⑪	

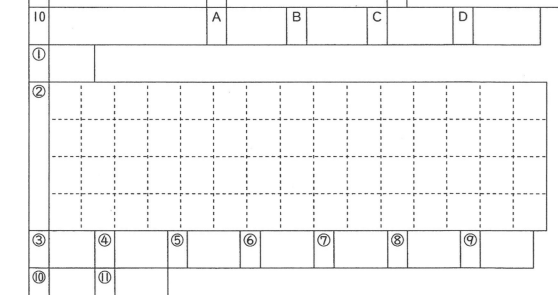

令和五年度　**桜蔭中学校入学試験問題〔国語〕**

(50分)　答えはすべて解答用紙に書きなさい。

一、次の文章を読んで、後の問いに答えなさい。

お詫び
著作権上の都合により、文章は掲載しておりません。
ご不便をおかけし、誠に申し訳ございません。
教英出版

お詫び
著作権上の都合により、文章は掲載しておりません。
ご不便をおかけし、誠に申し訳ございません。
教英出版

（高橋源一郎『高橋源一郎の飛ぶ教室―はじまりのことば』）

問一　□A～Cのカタカナを漢字に直しなさい。送りがながある場合は、それも含めて答えなさい。

問二　―部①とありますが、何にとまどい、何に怯えているのですか。簡潔に答えなさい。

問三　―部②とありますが、峯田さんはなぜ、世界がつながってひとつになることを望まないのですか。説明しなさい。

問四　―部③④とは、それぞれどのようなことの比ゆですか。簡潔に答えなさい。

問五　作家である筆者は、カミュ・峯田和伸という表現者のどのような点に希望を感じているのですか。

二、次の文章を読んで、後の問いに答えなさい。

　レジをすませてエコバッグ二つに食料を詰め、わたしは片手にリュックの入った紙袋《ぶくろ》、もう片方の手にエコバッグを持った。お姉ちゃんはトイレットペーパーとエコバッグを持って出口に向かった。

　ショッピングセンターから出たところに、おばあさんが一人立っていた。足もとに、ふくらんだ買い物袋を二つ置いている。その人がおばあさんだとわかったのは、つばの広い帽《ぼう》子の下から見えている髪《かみ》が白かったからだ。

おばあさんは腰《こし》をかがめると、いかにも重そうにそれぞれの袋を持ちあげた。
「大丈夫《だいじょうぶ》ですか」
おばあさんに声をかけたのはお姉ちゃんだった。
「いえね、ちょっと膝《ひざ》が悪いもんだから。休憩《けい》していたの」とおばあさんは言った。膝が痛いことを恥《は》じるような口ぶりだった。
「荷物、一つお持ちしましょうか」と言ったのもお姉ちゃんだった。
わたしはびくっとした。その人が今井さんだとわかったからだ。わたしの胸の中には、おとつい今井さんに言われたことがずっしりと残っていた。今井さんの話をきいていたときには今井さんの言うことには正しさのようなものがある気がしたのに、今井さんから離《はな》れたあとでは今井さんの何が正しいのか、正しさの意味がわからなくなってしまっていた。
今井さんは、わたしにはまだ気づいていないようだった。
「あら、あなたたちこそ荷物をたくさん持ってらっしゃるのに」
今井さんはわたしたちが持っている荷物に目をやった。
「大丈夫です」
そう言うと、今井さんが何か言う前に、お姉ちゃんはわたしに「そっちのリュックを背中にしょって。このトイレットペーパーをあんたが持って」と言った。「リュックが入ってた紙袋はリュックに入れちゃえばいいでしょ」
それから「持ちます、持ちます」と言って、お姉ちゃんは今井さんの手から奪《うば》うようにして買い物袋を一つ受け取った。
「いいの？　ほんとうに？」
今井さんはお姉ちゃんを見て、わたしを見た。それでも今井さんは表情を変えなかった。まだわたしに気づいていないようだ。大人から見れば、子どもの顔はみんなおんなじに見えるのかもしれない。わたしも何も言わなかった。
「平気です」とお姉ちゃんは言った。
「悪いわねえ」と言いながら、今井さんは歩きだした。「ついつい買いすぎちゃって」
今井さんとお姉ちゃんが並んで歩く後ろをわたしは歩いた。
今井さんは歩きながら、ときどきお姉ちゃんに歳《とし》をきいたり、学校のことをきいたりした。
「車の運転をずいぶん前にやめたもんだから、ほんとうに不自由で。さっきタクシーに乗ろうかとAシアンしてたところだったの。だけどおかげで助かっちゃったわ」
わたしは前を歩く今井さんの帽子の下から見えている白髪《しらが》を見る。（中略）
信号で止まるたびに今井さんはわたしをふり返り、「大丈夫？」と声をかけた。初めて会う子を見る目でわたしを見た。
わたしは黙《だま》ってうなずいた。今井さんはわたしに気づいているはずだった。あの黒い服の子だ、とわかっているはずだ。なのに今井さんは気づかないふりをしている。わたしは二人のBホチョウに合わせてついていった。
水色の格子柄《こうしがら》のワンピースを着て、スカーフを首に巻《ま》いている今井さんはやさしそうなおばあさんに見える。①あんなことをするような人には見えない。
信誠《しんせい》Cフドウサンの角まで来たとき、今井さんは「もうここでいいわ。ここからだともうすぐだし、ゆっくり歩いて帰れば大丈夫だから」と言った。
わたしは、よかったと思った。
「でももうすぐなら、ついでに家まで持っていってあげます。へっちゃらです」とお姉ちゃんは言って、「こっちですか」と、先に角を曲がっていった。
「若い人はいいわねえ。力もあるし、脚《あし》も丈夫だし。髪の毛もつやつやしてるわ。年を取るといろんなものを失っちゃうから、それが心細いのよ」
お姉ちゃんはうなずきながら話をきいている。
「思うようにならないことばっかりよ」
お姉ちゃんは大きくうなずく。
踏切《ふみきり》を渡り、それから佐々村《ささむら》整体治療《りょう》院の前を通りすぎた。お姉ちゃんがわたしをちらっとふり返った。わたしが何度も佐々村さんの話をしていたから、ぴんときたのだと思う。わたしは知らん顔をしていた。
*1椿《つばき》　カイロプラクティックの前も通りすぎた。
「こんな静かなところですけどね。この道の先の家が空き巣に入られたのよ」と今井さんはお姉ちゃんに言った。
「怖いですね。その犯人、捕《つか》まったんですか」
「どうもまだみたい。そんなこと、これまで一度だってなかったのに物騒《ぶっそう》でしょ。ときどきパトカーがまわってくれているけど、それもいつまでもってわけにもいかないから」
「鍵《かぎ》、しっかり掛《か》けてくださいね」とお姉ちゃんはやさしい声で言っている。
お姉ちゃんて、こんなに親切な人だったっけ、とわからなくなる。家の外で、お姉ちゃんはいったいどんな顔をしているんだろう。
今井さんの家に着いた。
「どうもありがとう」
今井さんはお姉ちゃんの手から買い物袋を受け取り、それから「ちょっと待って」と言って門の中へ入っていった。
「ほら、お庭を見て。バラがきれいだよ、羽美《うみ》」とお姉ちゃんは言った。
「知ってる」とわたしはこたえた。
今井さんはすぐに現れた。手には英語の文字が書かれた菓子袋を持っている。中に、一つひとつが銀紙に包まれている小粒《つぶ》のチョコレートらしいものがたくさん入っているのが見える。今井さんはその袋をお姉ちゃんがさげている買い物袋に押し込んだ。
「ほんとうに助かったわ。ありがとうございました」
今井さんはお姉ちゃんに頭をさげ、それからわたしにも頭をさげた。
そして顔をあげてわたしを見た。
「こんなやさしいお姉さんがいらっしゃったのね。また遊びにいらっしゃい」と今井さんは言った。
おとつい会ったばかりだというのに、そのことには触《ふ》れなかった。あれだけおしゃべりしたことを忘れたような顔をしていた。
「ありがとうございます」とお姉ちゃんは返事した。
わたしは何も言わなかった。（中略）
椿カイロプラクティックの前を通りすぎるときに、わたしは「ここ」と、持っていたトイレットペーパーをお姉ちゃんに渡してからカイロプラクティックを指差した。
「何が」
お姉ちゃんは立ち止まってカイロプラクティックの小さな建物を見た。（中略）
「*2このマンションの入り口んところに生ゴミが捨てられてたの。さっきの今井さんがね、捨てたの。わたし、おとつい今井さんちにあがったんだよ。今井さん、捨てたのは抗《こう》議のつもりだったって言ってた。悪いことかもしれないけど、自分が猫《ねこ》から受けている被《ひ》害に比べればなんてことないって」
お姉ちゃんは今井さんの家のほうをふり返った。今井さんの家は突《つ》き当たりを右に曲がったところにあるから、ここからは見えない。
「羽美が言っていたのはさっきの人だったんだ」
お姉ちゃんは驚《おどろ》いたようだった。
「猫と犬が大嫌《きら》いなんだって」
「ふうん」
お姉ちゃんは小さく息を吐き、「羽美はずっと犯人捜《さが》しをしてたんだ」と言った。
「行こう」とわたしは言った。「今井さん、もうしない、って言ってた」
「そうか。そんなふうには見えなかったけどね、あの人。わかんないね、人って」
歩きながらお姉ちゃんは言った。
「自分のやったことは正当化しませんって今井さんは言ったの。自分が何をしたかわかってますって。恥ずかしいことだって」
「ふうん」
お姉ちゃんは小さくうなずいた。
「おうちをとってもきれいにしているの。お庭も。隣《となり》の家からピアノがきこえてきたり、家の前に無断で車を停《と》められたりするのを迷惑《わく》がってた。子どもが隣の空き地で遊ぶのもいやみたいだった」
「羽美。いいところへ連れていってあげようか」とお姉ちゃんは言った。
「どこ」
「すぐ近く」
佐々村整体治療院の前を通りすぎるとき、お姉ちゃんは顔だけそちらに向けて玄《げん》関ドアの周囲にくっついているDヒョウサツや貼《は》り紙などを見た。
「なるほど」とお姉ちゃんは言った。
踏切を渡って信誠フドウサンの角を曲がった。しだいに買い物袋が重く感じられてきた。でも我慢《まん》した。
「どこ」
「すぐ近く」
お姉ちゃんの持っている袋のほうに大根や牛乳など、重いものがたくさん入っているはずなのに、お姉ちゃんは重そうな素《そ》振《ぶ》りも見せず、どっちかというと軽やかに歩いていく。
小学校の前を通りすぎると、「こっちだよ」と古川電器の角を曲がった。
わたしたちは黙って歩いた。

お姉ちゃんが連れていったのは宝ケ池だった。古川電器の角を曲がったあと、また踏切を越え、そこからゆるくカーブした道の先にあった。
「あ、ここ、久しぶり」とわたしは言った。
前はときどき遊びに来ていた。春に、お花見に家族みんなで来たこともある。あれはわたしがまだ保育園に行っていた頃だ。
ひょうたんの形をしている宝ケ池の周囲は散歩道になっていて、桜のほかにもいろんな木が植えられている。藤棚《ふじだな》もある。ベンチもところどころに置かれている。
道路から一段高くなったところに土手があり、土手にあがって見ると、池はかなり低い場所にある。
「あそこで休憩しよう」
土手からお姉ちゃんは池の畔《ほとり》の藤棚の下のベンチを指差した。池に沿った散歩道を犬を散歩させている人や、ほかにも三、四人の人がいたが、ベンチには誰も座っていなかった。池のまんなかに噴《ふん》水があり、水が丸く円を描《えが》いて吹きあがっている。
わたしたちは土手の上を公園の入り口へとまわり、石段をおりていった。
池の向こう側にハーモニカを吹いている男の人がいた。
池の縁《ふち》をまわって藤棚まで行くと、お姉ちゃんもわたしも荷物をおろし、ベンチに腰をおろした。リュックはしょったままだった。**（中略）**
「おとつい、ここに久しぶりに来たんだよね」とお姉ちゃんは言った。
お姉ちゃんは買い物袋をさぐり、「キスチョコ食べよう」と、さっき今井さんがくれた袋を取りだした。
袋を破り、わたしのてのひらにキスチョコを数個落とした。**（中略）**
「あのね、いい人間になるのってEムズカシイよ」とお姉ちゃんは言った。「そういうことを、ここで考えた」
お姉ちゃんは噴水を見ている。
「いい人間？」
急に言われてもわからない。たぶん、そのことについて、わたしはあまり考えたことがない。
「わたしね、小さいときからどうしたらいい人間になれるんだろうって考えてたんだ。大きくなったらいい人間になりたいと思ってたから」
「うん」
わたしも噴水を見つめる。水はいくらでも、あふれて光になる。
「誰かにいやなことをされても、我慢しなきゃいけないと思ってたこともある。我慢するのがいいことだと思ってたから。だけど我慢しているのと、いい人間になるというのは違うことなんだよね」
わたしはお姉ちゃんが家でそんなにいつも我慢していたっけ、と考える。お姉ちゃんはいつもわたしの上に君臨してなかった？と思ったけれど、言わなかった。
「かすみちゃん。おぼえてる？」
「おぼえてるよ。お母さんが病気で困ってたんだよね」
「わたし、かすみちゃんの役に立ちたいと思って、いろいろお手伝いしてたんだけど」
「知ってるよ」**（中略）**
「かすみちゃんのお母さんが病院に行くとき、一緒《いっしょ》についていったことがあるんだけどね。お母さんが診《しん》察室に入っているあいだ、わたしたちは待合室で待っていたの。そのとき、わたし、かすみちゃんに『お父さんとお母さんは、どうして離婚《りこん》なんかしちゃったの』ってきいちゃったんだよね。かすみちゃんは『知らない』って、そのときはこたえたんだけど、かすみちゃんは、わたしがそんな質問をしたことで怒《おこ》ったのかもしれなかった。っていうか、傷ついたのかもしれない。そのときはそんなことは思わなかったんだけど。だってなんでもない質問だとわたしは思ってたから。そのあと何度かかすみちゃんちに行ったけど、なんだかそれまでとは感じが違っちゃってて、それからちょっとたって、『もう、うちに来ないでくれる？』って言われたんだよね」
「えー、わかんない、わたし」
「だろうね」
お姉ちゃんは自分の膝の上にある手に目を落とした。
「わたし、そのあと、やっぱりあんなことをきいちゃったからだなって思ってたんだけど、でも、そうじゃなかったかもしれない」
池に張り出した場所にいた高校生らしい二人が立ちあがって池の外へと出ていった。
「わたし、お姉ちゃんて、すごく親切だなあって思ってたよ。いろいろ親切にしてあげてたじゃん」
「そういうのが不愉快《ゆかい》になる人もいるよ」
「だけど村重《むらしげ》さん、ほんとにそんな質問で怒ったの」
「それはね、わかんない。もしかしたら、わたしが親切ぶってることがいやだったのかもしれない。親切にするって、親切にしてあげてるほうはいい気もちになれるけど、ずっと親切にされるのって苦しいかもしれないから。かすみちゃん、ほんとはわたしのことが、ずっと前からうっとうしかったのかもしれないんだよね」
「じゃあどうすればいいの」
「わかんないけど。いいことをしようとしても人を傷つけてしまうこともあるんだから、②いい人間になろうと自分で思って何かするってことはまちがいだったって、おとついここで思いました。はい、おしまい」
「おしまいにしないでよ」
「羽美が、誰が悪いことをしている人かって、いろんな人を疑ってたから、わたしも自分のことを考えてみる気になったのかもしれない。いい人がまるごといい人ってわけじゃないし、悪い人だと言われてる人がまるごと悪いわけでもないよ。そんなに簡単に分けられないんじゃないのって言いたかっただけ」
「じゃあ、いい人っていないの」
「いるよ。いいことをしようと思わないでいいことをしちゃう人はいるよ。だからって、その人がまるごといい人ってわけでもないよ、やっぱり」
「なにそれ。今井さんは普《ふ》通のやさしそうなおばあさんに見えるのに、夜こっそり生ゴミをマンションの前に捨てに行ったり、悪口を書いた手紙を近所に配ったりしたよ。猫が自分ちの庭にうんちやおしっこをするからって、仕返ししたの。それってやっぱり悪いことだよね」
お姉ちゃんはふんふんとうなずき、「そうなんだよなあ」と言った。
「なにが」
「あの人きっと孤《こ》独なんだと思う」
「孤独？」
「わたし、わかるんだよね。どんどん孤独になって、普通に物事を判断できなくなることってあると思うよ。いつのまにか、誰かに自分が攻撃《こうげき》されてるって思い込んじゃったんじゃないの。だからやっちゃったんじゃないのかな」
「そうかなあ。わかんないよ」
「いい人の中から悪い【 ア 】が伸びることもあるんじゃないの。正しい行いの中に【 イ 】が混じってることもあるんじゃないの。だから、いい悪いは簡単には言えないよ」
「そんなのいやだなあ」
「羽美が佐々村さんや今井さんのことを嗅《か》ぎまわっていたことって、たぶん無駄《だ》じゃないよ。大道《だいどう》さんが犬をもらってあげるって言ってくれたのも、羽美が親身になって細田くんの悩《なや》みに付き合ってあげたからだよ。それに今井さんから『もうしない』って言葉を引きだしたんだから、今井さんに会いに行った意味もあるよ。ね。じゃあそろそろ帰ろうか」
お姉ちゃんは買い物袋とトイレットペーパーを持って立ちあがった。
わたしも立った。

（岩瀬成子『ひみつの犬』）

＊1　椿カイロプラクティック＝佐々村整体治療院の近くに新しくできた。悪口を書かれた手紙を配られている。
＊2　このマンション＝椿マンションのこと。犬や猫などのペットが飼育できる。

問一　□A～Eのカタカナを漢字に直しなさい。送りがながある場合は、それも含めて答えなさい。
問二　【 】ア、イにあてはまる漢字一～二字の言葉を次のひらがなから選び、漢字に直して答えなさい。
むし　いろ　め　ゆうき　りょうしん　けいさん　ぜつぼう
問三　―線部①の「あんなこと」とはどういうことですか。具体的に答えなさい。
問四　―線部②のように言うのはなぜですか。くわしく説明しなさい。
問五　＝線部について、なぜ「お姉ちゃん」は羽美をこのようにさそったのですか。くわしく説明しなさい。

解答用紙　［国語］

には記入しないこと。

受験番号（　　　　）

※100点満点
（配点非公表）

一

問一	問二	問三	問四	問五
A			③	
B			④	
C				

二

問一	問二	問三	問四	問五
A	ア			
B	イ			
C				
D				
E				

出典

一　高橋源一郎『高橋源一郎の飛ぶ教室
　　　　—はじまりのことば』

二　岩瀬成子『ひみつの犬』

令和５年度　桜蔭中学校入学試験問題　［算数］

答えはすべて解答用紙に書きなさい。

円周率を用いるときは，3.14 としなさい。

(50分)

Ⅰ　次の［　］にあてはまる数を答えなさい。

(1) $0.003\times4+\boxed{\text{ア}}\times4+2\frac{37}{54}=2\frac{106}{135}$

(2)　４つの歯車A，B，C，Dがあります。

図のように歯車AとB，CとDはそれぞれかみ合っています。

また，BとCは同じ軸《じく》に取り付けられていて，すべることなく一緒に回ります。

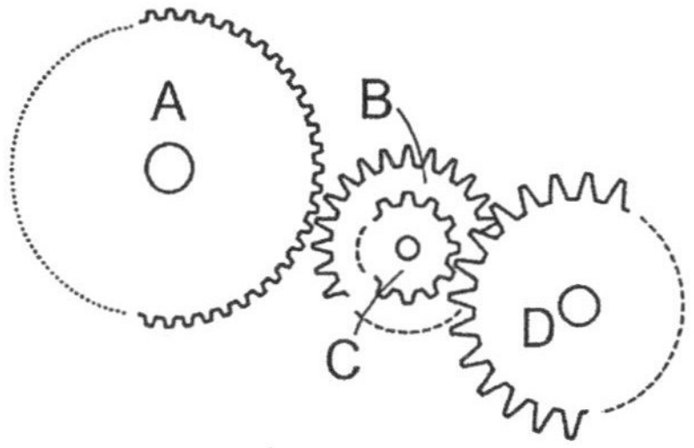

A，B，Cの歯数はそれぞれ 68，48，27 で，Aが 11 回転するときDは $7\frac{19}{24}$ 回転します。

このとき，Dの歯数は［イ］です。

さらに，Aが５回転するのに３秒かかるとすると，Dは 12 回転するのに［ウ］秒かかります。

(3)　１学年 216 人のある中学１年生全員に，３つの質問A，B，Cが「あてはまる」か「あてはまらない」かのアンケートをとりました。

このアンケート結果を２つのグループがそれぞれ別のグラフにまとめて，文化祭で発表することにしました。

まずグループⅠは次のような帯グラフでまとめました。

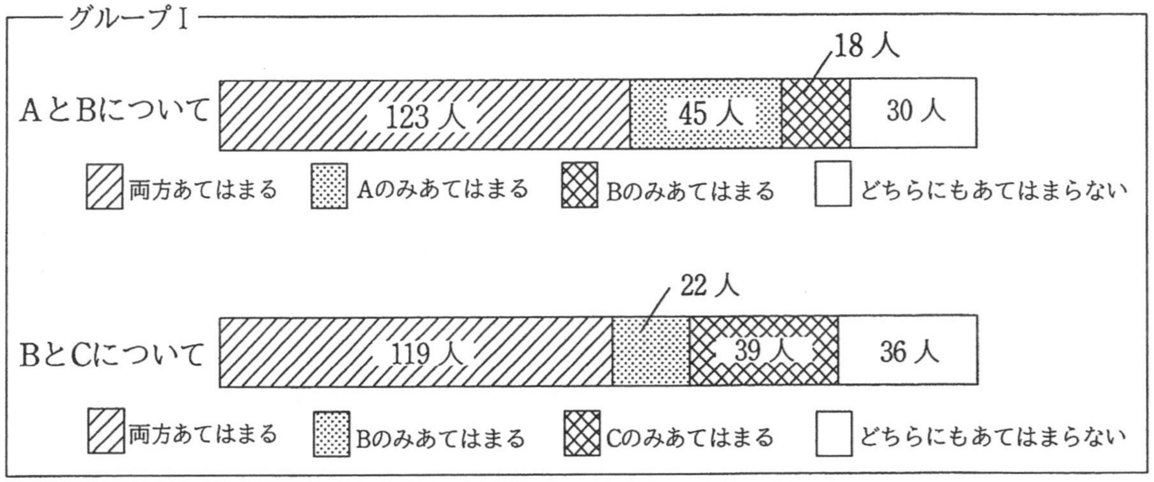

①　３つの質問それぞれについて「あてはまる」と答えた人は，

Aは［エ］人，Bは［オ］人，Cは［カ］人います。

②　グループⅠの表から，３つの質問全てに「あてはまる」と答えた人は

少なくとも［キ］人いると分かります。

③　グループⅡは，割合を小数第２位で四捨五入して次のような円グラフでまとめました。

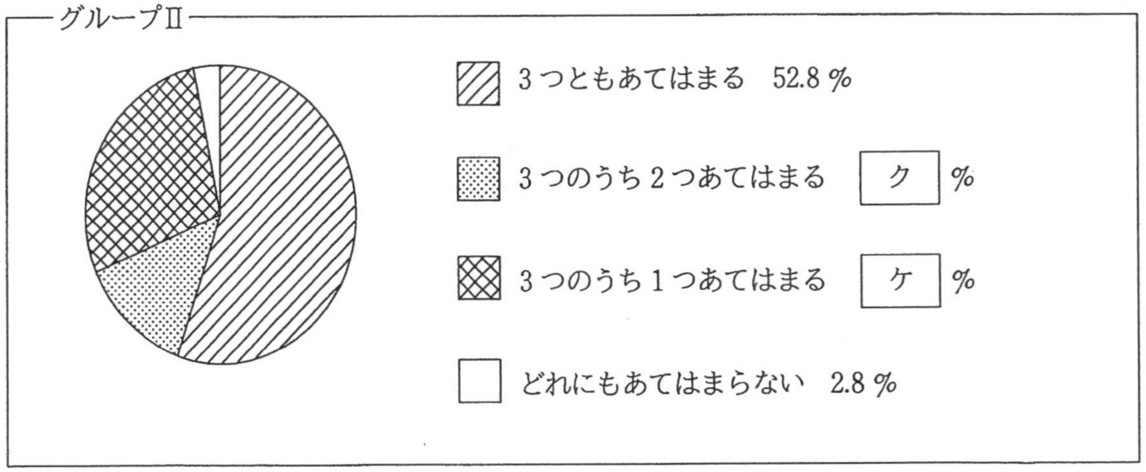

Ⅱ

たて 300 m，横 500 m の長方形の形をした土地があります。その土地のまわりに図のように，旗を立てるための穴が空いています。1つの穴に1本ずつ旗を立てる計画を考えます。
ただし，穴と穴の間は 10 m で，長方形の4つの角A，B，C，Dに穴は空いていません。
角とすぐとなりの穴との間も 10 m ずつ空いています。
また，旗の本数は十分あり，穴の大きさ，旗の太さは考えないものとします。

(1)　全ての穴に旗を立てるとすると，立てる旗は全部で何本か求めなさい。

(2)　花子さんが長方形のAの地点から，時計回りに旗を立てることを考えます。歩く速さは分速 70 m で，1本の旗を立てるのにかかる時間は $2\frac{1}{3}$ 分です。
1人で全ての穴に旗を立てるとすると，Aを出発してから最後の穴に旗を立て終えるまでにかかる時間を求めなさい。

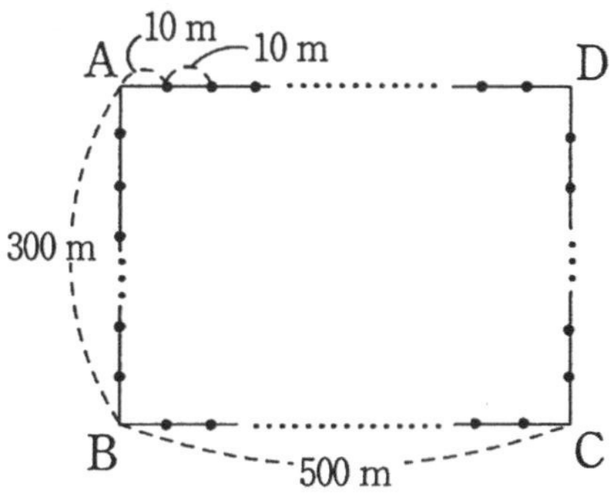

次に，花子さんと桜さんの2人で旗を立てることを考えます。
桜さんは長方形のAの地点から花子さんと同時に出発し，反時計回りに旗を立てていきます。
花子さんと同じ速さで歩き，1本の旗を立てるのにかかる時間は2分です。
ただし同じ穴に2人が旗を立てることはできず，先に立てる穴に着いた人が旗を立てます。
また，2人が同時に同じ穴に着いたときは，花子さんが旗を立てます。

(3)　2人がAを出発してから，花子さんがDに着くまでにかかる時間と，桜さんがCに着くまでにかかる時間をそれぞれ求めなさい。答えのみでよい。

(4)　2人で全ての穴に旗を立てるとすると，2人がAを出発してから最後の穴に旗を立て終えるまでにかかる時間を求めなさい。

Ⅲ

A，Bの2人がそれぞれ1つずつのさいころを同時にふって，出た目によって勝敗を決め得点をつけるゲームをします。
ここで，「素数」とは1とその数自身のほかに約数がない整数のことです。1は素数ではありません。

ルール

勝敗について
- さいころの目は「1」，「素数」，「1でも素数でもない数」の順に強いとし，強い目を出した方が勝ちとします。　ただし「6」は「1」には勝つとします。
- 2つとも同じ目の数が出たときはあいことします。
- あいこでなく，2つとも「素数」か，2つとも「1でも素数でもない数」が出たときは大きい数の方を勝ちとします。

得点について
- はじめは2人とも0点とします。
- 1回ふって勝敗が決まったときは，勝った方が1点，負けた方が0点とします。あいこのときは点はありません。
- あいこだった次に勝敗が決まったときは，あいこだった同じ目の数を勝った方の点とします。あいこが続いたときも，その次に勝敗が決まったらあいこになった同じ目の数を足して勝った方の点とします。どちらのときも，負けた方は0点とします。

2人が出した目を表にすると，次の例のようになります。

例1　2回ふったとき

	1回目	2回目
A	2	3
B	4	5
	Aの勝ち	Bの勝ち

表よりA，Bは1点ずつで同点

例2　6回ふったとき

	1回目	2回目	3回目	4回目	5回目	6回目
A	1	4	4	1	6	2
B	1	1	4	1	1	2
	あいこ	Bの勝ち	あいこ	あいこ	Aの勝ち	あいこ

表よりAは5点，Bは1点

(1)　2回ふってAが3点を得るとき，AとBの目の出方の組は全部で何通りあるか求めなさい。
また，そのうちの1組を上の例にならって解答らんの表に書きなさい。答えのみでよい。

(2)①　3回ふってAとBが同点になったとき，Aの得点として考えられる数を解答らんに全て書きなさい。ただし解答らんを全て使うとは限りません。

②　①のときのAとBの目の出方の組は全部で何通りあるか求めなさい。

Ⅳ

　1辺が10 cmの立方体があります。図1のように，２つの面に①，②と名前をつけます。
さらに，面①には半径1 cmの円Aがあり，上から見ると図2のようになっています。

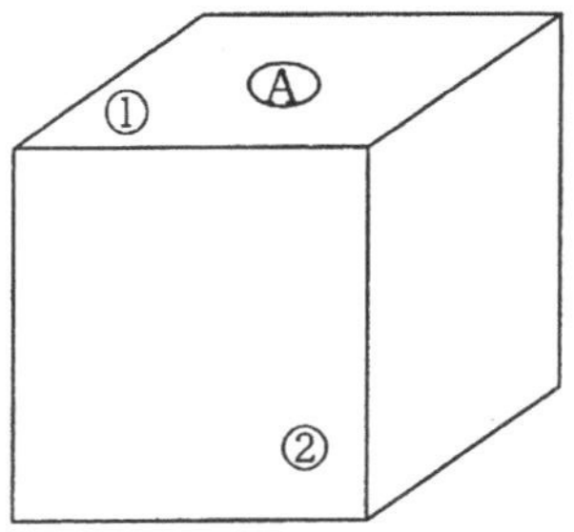

図1

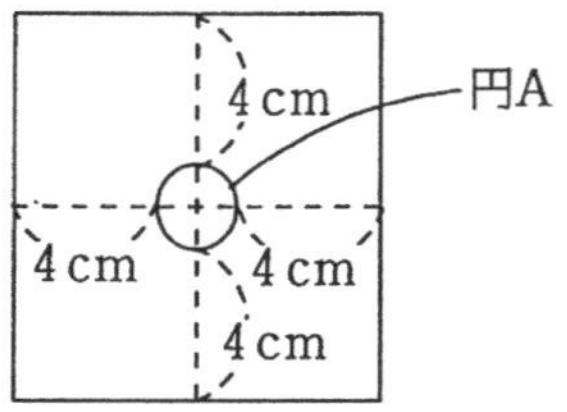

図2

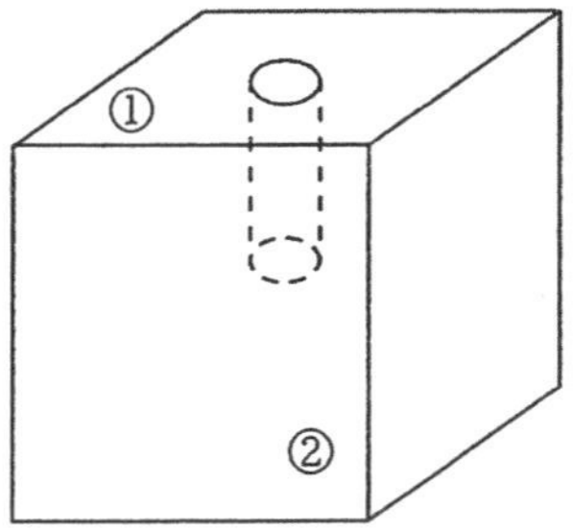

図3

円Aは面①に対して垂直に，秒速1 cmで向かい合う面まで動きます。
このとき，円Aが通過した部分を立方体からくり抜いてできる立体について考えます。
ただし，円Aの厚さは考えないものとします。
例えば円Aが動き始めてから5秒後の立体は，図3のように，立方体から底面の半径が1 cm，高さが5 cmの円柱をくり抜いてできる立体です。

(1)　円Aが動き始めてから7秒後の立体の体積を求めなさい。

さらに面②にはたて4 cm，横2 cmの長方形Bがあり，正面から見ると図4のようになっています。長方形Bは円Aと同時に出発し，面②に対して垂直に，向かい合う面まで動きます。円Aが通過した部分に加えて，長方形Bが通過した部分も立方体からくり抜いてできる立体について考えます。ただし，長方形Bの厚さも考えないものとし，円Aと長方形Bはおたがいにぶつかっても止まることなく動き続けるものとします。

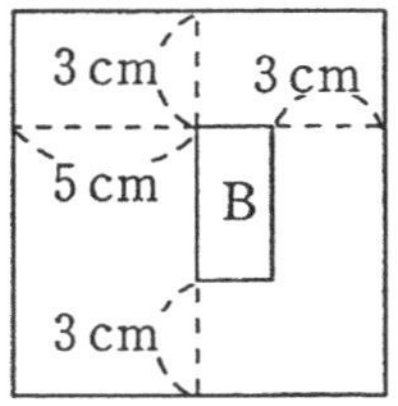

図4

(2)　長方形Bの動く速さは秒速2 cmとします。
　円Aと長方形Bが動き始めてから3秒後と5秒後の立体の体積をそれぞれ求めなさい。

(3)　長方形Bの動く速さは秒速0.625 cmとします。
　円Aと長方形Bが動き始めてから8秒後の立体の体積を求めなさい。

(4)　円Aと長方形Bが動き始めてから9秒後の立体の体積が920.42 cm^3であるとき，
　長方形Bの動く速さを求めなさい。

令和５年度　桜蔭中学校入学試験　解答用紙　［算数］

I

ア		イ		ウ	
エ		オ		カ	
キ		ク		ケ	

II

(1) 式

答　　　本

(2) 式

答　　　時間　　　分

(3)
花子さん　　　時間　　　分　　桜さん　　　時間　　　分

(4) 考え方

答　　　時間　　　分

III

(1)

答　　　通り

	1回目	2回目
A		
B		

(2) ① Aの得点
　　点，　　点，　　点，　　点，　　点

② 考え方

答　　　通り

IV

(1) 式

答　　　cm^3

(2) 3秒後　式

答　3秒後　　　cm^3

5秒後　式

答　5秒後　　　cm^3

(3) 式

答　　　cm^3

(4) 式

答　秒速　　　cm

受験番号（　　　　）　※100点満点
（配点非公表）

令和５年度　　桜蔭中学校入学試験問題　　〔理科〕

答えはすべて解答らんに書きなさい。

(30分)

Ⅰ　塩酸の中にアルミニウムを入れると，水素という気体が発生します。塩酸は塩化水素《えんかすいそ》が水にとけてできた水溶液《すいようえき》です。水素は，この塩酸の中にとけている塩化水素とアルミニウムが反応して発生します。次の実験１，２について，あとの問いに答えなさい。

【実験１】　同じ重さのアルミニウム片《へん》を５個用意した。このアルミニウム片を１つずつ異なる試験管に入れ，それぞれの試験管にうすい塩酸（塩酸Ａとする）を４mL，８mL，12mL，16mL，20mL加えて発生した水素の体積をはかると，結果は**表１**のようになった。

表１

塩酸Ａの体積 [mL]	4	8	12	16	20
水素の体積 [mL]	90	180	225	225	225

【実験２】　アルミニウム0.3ｇに２％の濃《こ》さの塩酸（塩酸Ｂとする）を加えていくと，塩酸Ｂが60mLのときちょうどアルミニウムがなくなり，375mLの水素が発生した。そして，反応後の液体を蒸発皿に入れて加熱すると，1.5ｇの白い固体が残った。

問１　塩酸の性質について，正しいものを次の**ア～オ**からすべて選び，記号で答えなさい。

ア．うすい黄色の液体である。

イ．つんとしたにおいがする。

ウ．蒸発皿に入れて加熱すると，白い固体が残る。

エ．青色リトマス紙につけると赤くなり，赤色リトマス紙につけても色の変化が起こらない。

オ．息をふきこむと白くにごる。

問２　実験１で使ったアルミニウム片１個が，ちょうどなくなるために必要な塩酸Ａは何mLですか。整数で答えなさい。

問３　実験１で使ったアルミニウム片１個の重さは何ｇですか。小数第２位まで答えなさい。

問４　実験１と同じ重さのアルミニウム片１個を使い，ある体積の塩酸Ａを加えるとアルミニウムがなくなりました。反応後の液体を蒸発皿に入れて加熱し，残った白い固体の重さをはかりました。白い固体は何ｇですか。小数第１位まで答えなさい。

問５　塩酸Ａの濃さは何％ですか。ただし，塩酸Ａ，Ｂどちらも体積が１mLのときの重さが１ｇであるとし，小数第１位まで答えなさい。

酸性の液体とアルカリ性の液体を混ぜると，酸性の性質，アルカリ性の性質をたがいに打ち消しあいます。これを中和《ちゅうわ》といいます。また，ちょうどよい量で酸性の液体とアルカリ性の液体を混ぜると，中性の液体をつくることができます。ある濃度の塩酸（塩酸Ｃとする）とある濃度の水酸化ナトリウム水溶液Ｄを50mLずつ混ぜ，この水溶液にBTB溶液を入れると，緑色になりました。Ｃ，Ｄの水溶液を使い行った実験３について，あとの問いに答えなさい。

【実験３】　塩酸Ｃを50mL入れた三角フラスコを11個用意し，それぞれに異なる量の水酸化ナトリウム水溶液Ｄを加えてよく混ぜた。その後，同じ重さのアルミニウム片をそれぞれ１つずつ入れて，発生した気体の体積をはかると，結果は**表２**のようになった。

表２

塩酸Ｃの体積 [mL]	50	50	50	50	50	50	50	50	50	50	50
水酸化ナトリウム水溶液Ｄの体積 [mL]	0	10	20	30	40	50	60	70	80	90	100
発生した気体の体積 [mL]	420	420	（実験結果の数字が入る）								

問６　加えた水酸化ナトリウム水溶液Ｄの体積と，発生した気体の体積の関係をグラフにすると，グラフの形はどのようになりますか。次の**ア～ケ**から１つ選び，記号で答えなさい。

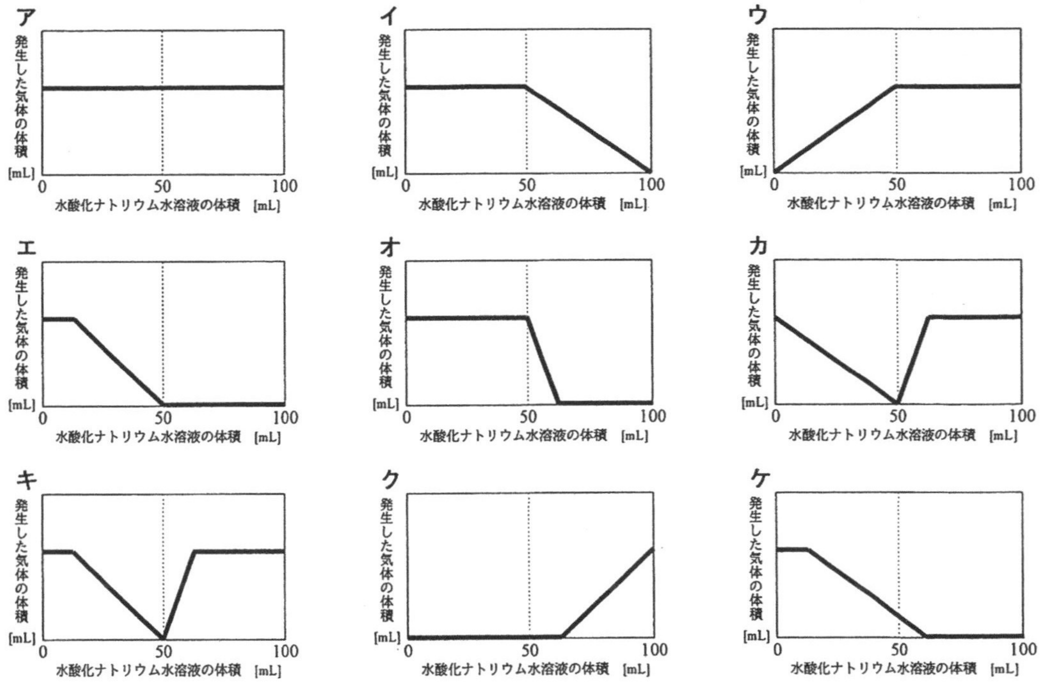

問７　実験３のアルミニウム片をある重さの鉄に変え，同じように実験を行いました。加えた水酸化ナトリウム水溶液Ｄの体積と，発生した気体の体積の関係をグラフにすると，グラフの形はどのようになりますか。問６の**ア～ケ**から１つ選び，記号で答えなさい。ただし，加えた水酸化ナトリウム水溶液Ｄと，発生した気体の体積の関係は，加えた水酸化ナトリウム水溶液Ｄが０mL，10mLのときまではアルミニウムのときと同じであったとします。

Ⅱ　夏を代表するこん虫であるセミには多くの種類があります。東京周辺ではアブラゼミ，ミンミンゼミ，ツクツクボウシ，ヒグラシ，ニイニイゼミなどが確認されています。以下の問いに答えなさい。

問１　ヒグラシの鳴き声を文字で表したときに最も近いものを次の**ア**～**カ**から１つ選び，記号で答えなさい。

ア．ツクツクボーシ　**イ**．ジージリジリ　**ウ**．ミーンミーン　**エ**．チィー
オ．カナカナカナ　**カ**．シャワシャワシャワ

問２　セミのぬけがらの中には白い糸のようなものが見えます。これは体の中で空気（酸素）を運ぶ管で，気管といいます。ヒトの体にはりめぐらされていて，酸素を運ぶ役割をしている管は何ですか。

問３　次の**ア**～**ク**をセミが卵から成虫になる順番に並べかえなさい。ただし，使わない記号もあります。

ア．さなぎになる　**イ**．土から出てくる　**ウ**．土にもぐる
エ．木の幹や葉で羽化する　**オ**．土の中で羽化する　**カ**．土の中でふ化する
キ．木の根の中でふ化する　**ク**．木の幹や枝の中でふ化する

問４　セミのオスが鳴くときに主にふるわせるのは右図の**ア**～**エ**のどの部分ですか。

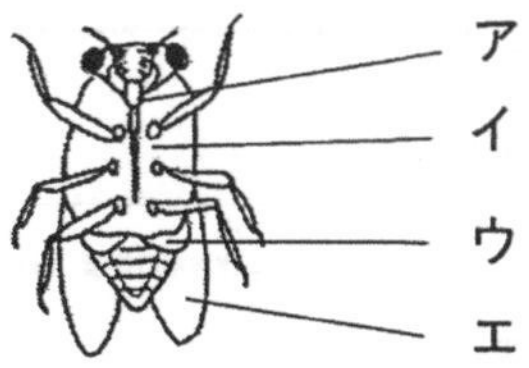

問５　セミは木のしるを吸ってえさとしており，口は吸うのに適した形をしています。セミのように，吸うのに適した形の口をもつこん虫を次の**ア**～**カ**から選び，記号で答えなさい。

ア．ハエ　**イ**．バッタ　**ウ**．カマキリ　**エ**．チョウ　**オ**．トンボ　**カ**．カブトムシ

問６　平成 17 年（2005 年）から平成 19 年（2007 年）頃《ころ》，屋外にある光ファイバーケーブルが夏になると断線し，インターネット接続が不安定になることが西日本で多数報告されました。調査の結果，ある種類のセミが産卵場所に似た光ファイバーケーブルに産卵管をさして卵を産みつけてしまうためだと判明し，現在ではセミ対策をしたケーブルが使われています。**資料１**，**資料２**を使って，あとの(1)(2)に答えなさい。

資料１　都道府県別 FTTH（光ファイバーケーブルを用いた家庭用通信サービス）提供自治体の割合（2005 年）※総務省『情報通信白書（平成 17 年)』ブロードバンドサービスの普及状況《ふきゅうじょうきょう》　をもとに作成

都道府県	普及率（%）	都道府県	普及率（%）
東京《とうきょう》都	85	大阪《おおさか》府	100
神奈川《かながわ》県	95	京都《きょうと》府	56
千葉《ちば》県	46	滋賀《しが》県	84

資料２　セミの種類と分布（2005 年）※ぬけがらや鳴き声の市民調査をもとに作成

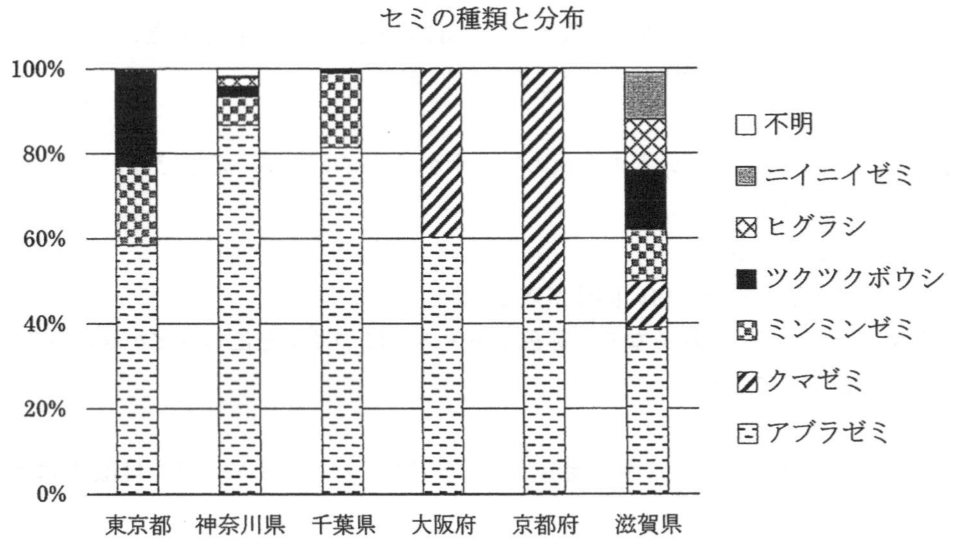

(1) 西日本でインターネット接続が不安定になる原因となったセミの種類を推定するには，どの都道府県どうしのデータを比べるのが最もよいですか。次の**ア**～**エ**から選び，記号で答えなさい。

ア．千葉県と大阪府　**イ**．東京都と京都府　**ウ**．神奈川県と大阪府　**エ**．千葉県と滋賀県

(2) （1）を比べた結果，どの種類のセミが原因だと考えられますか。

Ⅲ　以下の文章を読み，あとの問いに答えなさい。

1月1日の朝を元旦《がんたん》と呼びます。この「旦」という漢字は$_{1}$太陽がのぼるようすに由来すると言われています。年賀状には「迎春《げいしゅん》」「初春」などの文字がよく書かれます。現代では冬ですが，$_{2}$旧暦《れき》の「お正月」はもうすぐ春を迎《むか》える時期だったので言葉はそのまま残ったのです。お正月に食べるおせち料理には$_{3}$数の子，黒豆，田作り，かまぼこ，海老《えび》，栗《くり》きんとんなどが入っていて，それぞれに願いがこめられています。また，1月7日には$_{4}$七草がゆを食べて健康を願います。昔の人が実際に若菜《わかな》を野でつんでいたことは，平安時代に書かれた『枕《まくらの》草子《そうし》』に「七日の日の若菜を，六日人の持て来《き》…」とあることからもわかります。

また，枕草子を読むと当時の人が星を観察していたことを知ることもできます。「$_{5}$星は すばる。彦星《ひこぼし》。夕づつ。よばひ星すこしをかし。」という文章があり，これは今のことばに直すと「星は，昴《すばる》がいい。彦星。宵《よい》の明星《みょうじょう》。流れ星は少しおもしろい。」となります。すばるとは，プレアデス星団とも呼ばれる星の集まりです。現代よりも夜の明かりが少ない時代には肉眼でもよく見えたのでしょう。

現代人も宇宙にあこがれる気持ちは変わりません。2021年には宇宙飛行士以外の日本人が初めて$_{6}$国際宇宙ステーションに滞《たい》在したことが話題になりました。2022年にはアルテミス計画も始まり，月に再び人類が降り立つことを目指しています。

※参考文献　松尾聰，永井和子（1997）『新編日本古典文学全集18・枕草子』小学館

問1　下線部1について，日の出時刻は太陽がどの位置にきたときの時刻ですか。次の**ア**～**ウ**から1つ選び，記号で答えなさい。

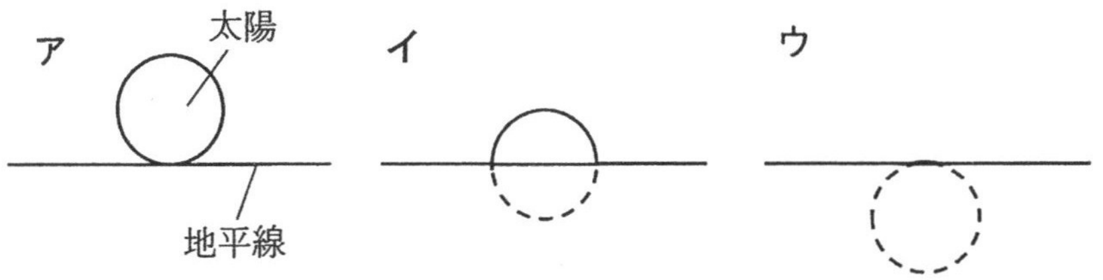

問2　下線部2について，旧暦とは一般に明治6年より前に使用されていた太陰《いん》太陽暦のことを指します。太陰太陽暦では月の満ち欠けに基づき，新月の日を1日として，次の新月にあたる日を翌月の1日とします。**図1**はある日に東京で見えた月を表し，実線（―）で囲まれた部分が光っているものとします。

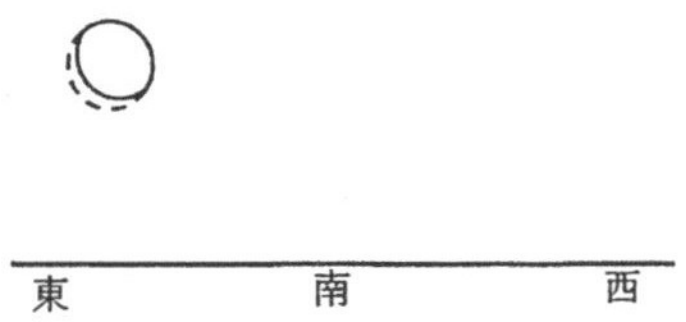

図1

(1) **図1**の月が見えるのは旧暦の何日頃ですか。次の**ア**～**カ**から1つ選び，記号で答えなさい。

ア．3日　　**イ**．7日　　**ウ**．12日　　**エ**．18日　　**オ**．23日　　**カ**．27日

(2) **図1**の月が真南に位置するのは何時頃ですか。次の**ア**～**ク**から選び，記号で答えなさい。

ア．午前0時　　**イ**．午前3時　　**ウ**．午前6時　　**エ**．午前9時
オ．午後0時　　**カ**．午後3時　　**キ**．午後6時　　**ク**．午後9時

問3　下線部3について，次の**ア**～**カ**のうち，主な材料が植物に由来するものをすべて選び，記号で答えなさい。

ア．数の子　　**イ**．黒豆　　**ウ**．田作り　　**エ**．かまぼこ　　**オ**．海老　　**カ**．栗きんとん

問4　下線部4について，次の問いに答えなさい。

(1) 春の七草は「せり，なずな，ごぎょう，はこべら，ほとけのざ，すずな，すずしろ」です。これらのうち，ダイコンはどれですか。

(2) 春の七草のうち，なずな，すずな，すずしろはアブラナ科の植物です。主にアブラナ科の植物の葉に卵を産むこん虫を次の**ア**～**オ**から1つ選び，記号で答えなさい。

ア．アブラゼミ　　**イ**．モンシロチョウ　　**ウ**．オニヤンマ　　**エ**．ナナホシテントウ
オ．アゲハチョウ

問5　下線部5について，次の問いに答えなさい。

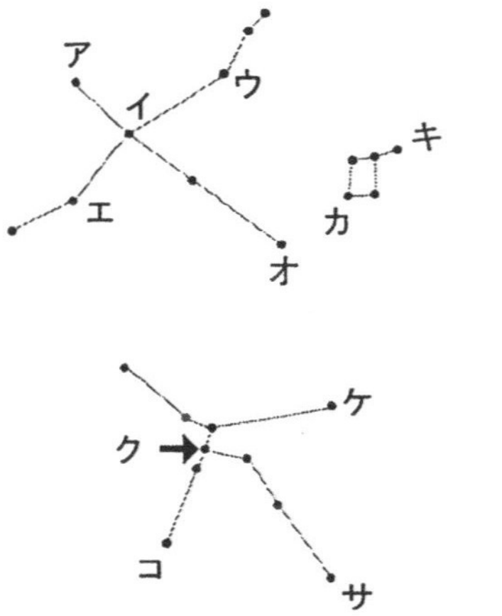

図2

(1) 地球からすばるまでの距離《きょり》はおよそ4200兆 km です。[km]を使って表すと，けた数が多くなってしまうため，[光年《こうねん》]という単位を使うのが一般的《いっぱんてき》です。1光年とは光が1年間に進む距離で，9兆5000億 km です。地球からすばるまでの距離はおよそ何光年ですか。小数第1位を四捨五入して整数で答えなさい。

(2) 「彦星」と呼ばれる星は，わし座の1等星の別名です。この星の名前を答えなさい。

(3) (2)の星は夏の大三角をつくる星の1つです。夏の大三角をつくる星を**図2**の**ア**～**サ**から3つ選び，記号で答えなさい。

(4) 夕づつ（宵の明星）とは夕方に見られる金星のことです。**図3**は，地球の北極のはるか上空から見た，太陽・金星・地球の位置関係を表しています。金星は地球と同じように反時計回りに太陽の周りを回る惑星《わくせい》です。太陽の光を反射して光るため，地球からは月のように満ち欠けをして見えます。日没《にちぼつ》後に最も長い時間見ることができるのは金星が**図3**の**ア**～**カ**のどの位置にあるときですか。ただし，太陽・金星・地球の大きさの比は実際とは異なります。

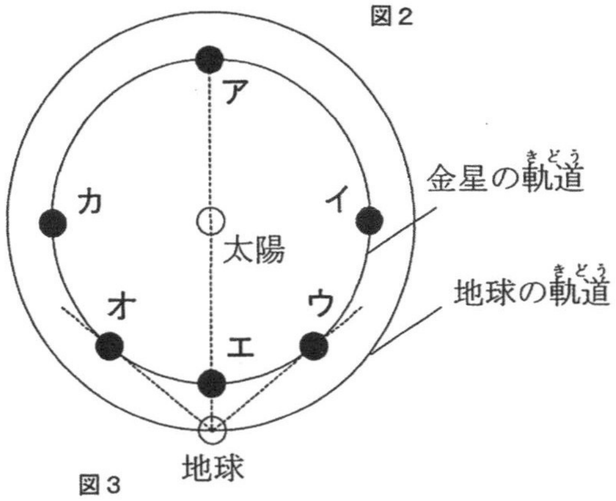

図3

(5) (4)で答えた位置に金星があるとき，東京からはどのような形に見えますか。大きさは考えないものとして，次の**ア**～**キ**から1つ選び，記号で答えなさい。ただし，実線（―）で囲まれた部分が光っているものとし，金星の満ち欠けの観察にはふつう望遠鏡を使いますが，肉眼で見えたものとします。

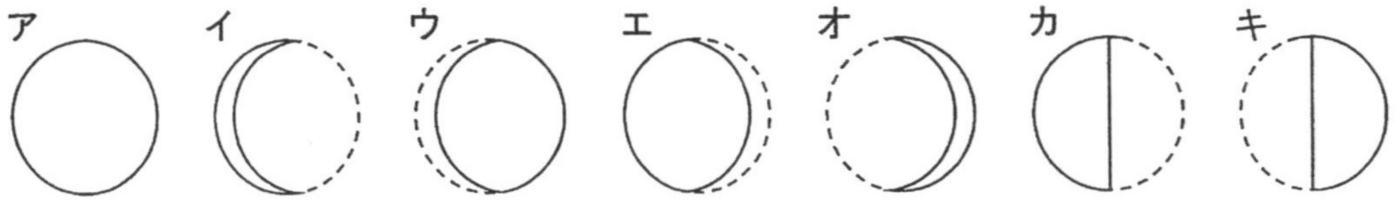

問６　下線部６について，国際宇宙ステーションはアルファベット３文字で何と呼ばれますか。

問７　太陽の活動状態は私たちの生活に大きな影響《えいきょう》をおよぼします。2025 年には「太陽〇〇〇」による大規模な通信障害が予想されています。文中の〇〇〇にあてはまるカタカナ３文字を答えなさい。

Ⅳ　以下の文章を読み，あとの問いに答えなさい。

ばねは，加えられた力に応じて伸《の》び，伸びると縮んで元にもどろうとする性質をもっています。台ばかりには内部にばねが組みこまれており，ばねの伸びた長さから物の重さを調べることができます。

ある台ばかりを分解したところ，内部は**図１**のようになっていました。8 cm のうで２本と 16 cm のうで２本が，一番奥《おく》（図の右側）を支点として平行に取り付けられています。ばねは，その上端《じょうたん》が調節ねじの差しこまれたナットに，その下端が下のうでの中央にわたされた棒に，それぞれ固定されています。調節ねじは台ばかりの外箱の上面にはめこまれており，回すとナットが上下するようになっています。

皿に物をのせると下のうでの中央がおし下げられ，**図２**のように４本のうでが平行をたもったまま下に動きます。するとばねの下端が下に引かれてばねは伸び，また，下のうでの手前側（図の左側）に取り付けられた板状の歯車①が円形の歯車②を回転させ，歯車②に固定された針がふれるようになっています。

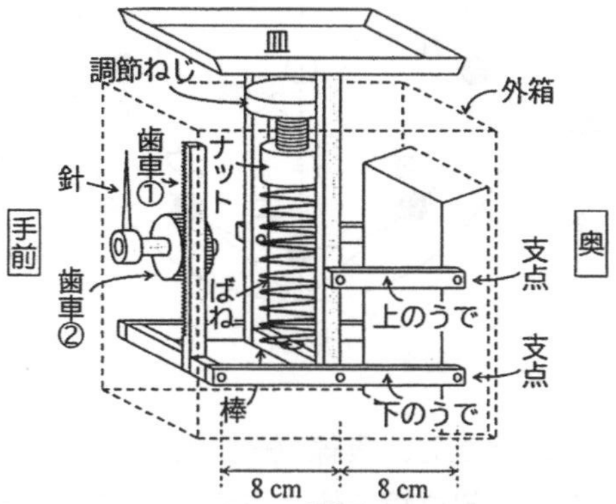

図１

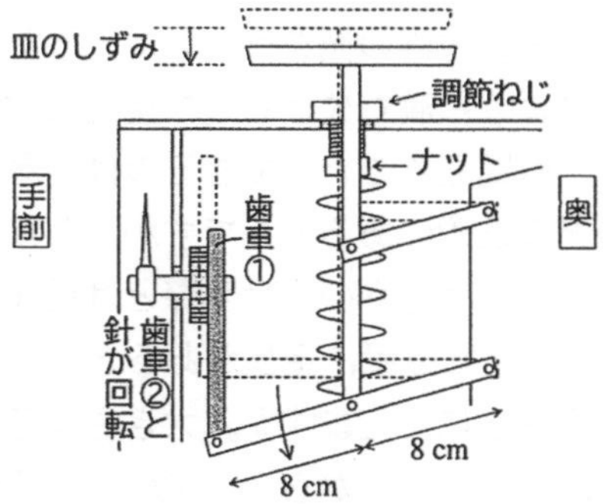

図２

問１　次の１～３は台ばかりの使い方の手順を示したものです。[a]，[b]にあてはまる文を，図中の語句を１つずつ用いてそれぞれ 10 字程度で答えなさい。

１　台ばかりを平らな台の上に置く。

２　[a]ことによって，[b]ようにする。

３　はかる物を皿の上に静かにのせる。

問２　皿に 2 kg の物をのせたところ，皿が 1 cm しずみ，針が 180°回転しました。歯車②の直径は何 cm ですか。円周率を 3.14 として計算し，小数第２位を四捨五入して小数第１位まで答えなさい。

次に，ばねと同じように，加えられた力に応じて伸び，伸びると縮んで元にもどろうとする性質をもつゴムひもについて調べるために，以下の実験【A】を行いました。ゴムひもは，両端に小さな輪を作っておき，力を加えずにまっすぐに置いたときの長さが 10 cm のものを用いました。両端の小さな輪の長さは無視できるものとします。

【A】　図３のように，１本のゴムひもの片方のはしを平らな床《ゆか》に固定し，もう一方のはしを重さ 500 g の台車のフックに引っかけ，ゴムひもの長さが 20 cm となるところ，つまりゴムひもが元の長さから 10 cm 伸びたところまで台車を引っ張って手をはなしました。すると台車はゴムひもが縮む向きに動き出しました。手をはなしたときの台車の先端を点 P とします。この実験のようすを横から動画にとり，0.1 秒ごとの台車の位置，つまり点 P から進んだ距離《きょり》を調べました。**表１**は，手をはなしてからの時間と台車の位置の関係を示したものです。

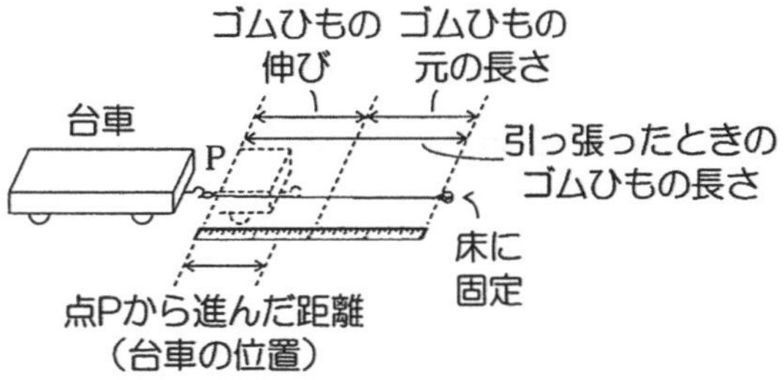

図3

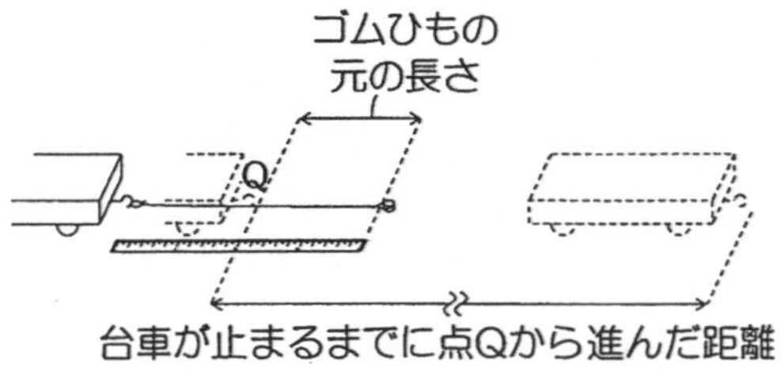

図4

表１

時間［秒］	0	0.1	0.2	0.3	0.4	0.5	0.6	0.7	0.8	0.9
台車の位置［cm］	0	0.3	1.2	2.5	4.3	6.5	8.8	11.3	13.6	15.9

ゴムひもが元の長さにもどったとき，つまり台車が点 P から 10 cm 進んだときに台車は最も速くなりました。このときの台車の先端《せんたん》を点 Q とします。点 Q を過ぎるとゴムひもが台車からはずれ，**図４**のように，点 Q から 60 cm 進んで台車は止まりました。

問３　台車が最も速くなったのは，手をはなしてからどのくらい時間が経ったときですか。次の**ア**～**ク**から選び記号で答えなさい。

ア．0.1～0.2 秒　**イ**．0.2～0.3 秒　**ウ**．0.3～0.4 秒　**エ**．0.4～0.5 秒
オ．0.5～0.6 秒　**カ**．0.6～0.7 秒　**キ**．0.7～0.8 秒　**ク**．0.8～0.9 秒

問４　問３の 0.1 秒間に台車は何 cm 進みましたか。

実験【A】と同様の実験を，【B】～【D】のように条件を変えて行いました。

【B】　台車の重さを 1000 g，1500 g と変え，それぞれ 1 本のゴムひもの長さが 20 cm となるところまで引っ張って手をはなした。

【C】　1 本のゴムひもを重さ 500 g の台車に引っかけ，ゴムひもの長さが 30 cm，40 cm となるところまで引っ張って手をはなした。

【D】　ゴムひもを 2 本，3 本重ね，それを重さ 500 g の台車に引っかけ，ゴムひもの長さが 20 cm となるところまで引っ張って手をはなした。

それぞれの条件と，「台車が最も速くなった 0.1 秒の間に進んだ距離」，「台車が止まるまでに点 Q から進んだ距離」を示したものが**表 2** です。

表 2

実験	【A】	【B】		【C】		【D】	
台車の重さ [g]	500	1000	1500	500	500	500	500
ゴムひもの本数 [本]	1	1	1	1	1	2	3
引っ張ったときの ゴムひもの長さ [cm]	20	20	20	30	40	20	20
台車が最も速くなったときの 0.1 秒間に進んだ距離 [cm]	問 4 の 答え	1.7	1.4	4.8	7.3	3.4	4.2
台車が止まるまでに 点 Q から進んだ距離 [cm]	60	30	20	240	540	120	180

問 5　ここまでの実験結果からわかることとして正しいものを，次の**ア**～**キ**からすべて選び，記号で答えなさい。

ア．ゴムひもの本数，引っ張ったときのゴムひもの長さが同じであれば，台車の重さを 2 倍にすると，台車が最も速くなったときの 0.1 秒間に進んだ距離は 0.5 倍になる。

イ．ゴムひもの本数，引っ張ったときのゴムひもの長さが同じであれば，台車の重さを 2 倍にすると，台車が止まるまでに点 Q から進んだ距離は 0.5 倍になる。

ウ．台車の重さ，ゴムひもの本数が同じであれば，引っ張ったときのゴムひもの長さを 2 倍にすると，台車が最も速くなったときの 0.1 秒間に進んだ距離も 2 倍になる。

エ．台車の重さ，ゴムひもの本数が同じであれば，引っ張ったときのゴムひもの伸びを 2 倍にすると，台車が止まるまでに点 Q から進んだ距離も 2 倍になる。

オ．台車の重さ，ゴムひもの本数が同じであれば，引っ張ったときのゴムひもの伸びを 2 倍にすると，台車が止まるまでに点 Q から進んだ距離は 4 倍になる。

カ．台車の重さ，引っ張ったときのゴムひもの長さが同じであれば，ゴムひもの本数を 2 倍にすると，台車が最も速くなったときの 0.1 秒間に進んだ距離も 2 倍になる。

キ．台車の重さ，引っ張ったときのゴムひもの長さが同じであれば，ゴムひもの本数を 2 倍にすると，台車が止まるまでに点 Q から進んだ距離も 2 倍になる。

問 6　ゴムひもを 2 本重ね，それを重さ 250 g の台車に引っかけ，ゴムひもの長さが 25 cm となるところまで引っ張って手をはなすと，台車が止まるまでに点 Q から進んだ距離は何 cm だと考えられますか。整数で答えなさい。

令和 5 年度　　　　受験番号（　　　　）

解答らん〔理科〕

※60点満点
（配点非公表）

I

問 1	問 2	問 3	問 4
	mL	g	g
問 5	問 6	問 7	
%			

II

問 1	問 2	問 3	
問 4	問 5	問 6	
		(1)	(2)

III

問 1	問 2		問 3
	(1)	(2)	
問 4		問 5	
(1)	(2)	(1)　光年	(2)
問 5			問 6
(3)	(4)	(5)	
問 7			

IV

問 1	
(a)	
(b)	

問 2	問 3	問 4	問 5	問 6
cm		cm		cm

令和５年度　　桜蔭中学校入学試験　問題　［社会］

(30分)

Ⅰ　次の文を読み、後の問いに答えなさい。

日本は太平洋北西部に位置する島国で、隣《とな》り合う国との ＜　X　＞ は海上にあります。島とは、水域によってまわりを完全に囲まれた陸地をさし、国土交通省「日本の島嶼《とうしよ》の構成」（2022年４月１日現在）によれば、日本は6852の島からなり、そのうち421島に人が住んでいます。主な島として、面積の広い順に、①本州、北海道、九州、四国、[1] 島、国後島、沖縄島などがあります。②都道府県庁所在都市のある５つの島を本土や本島と呼び、その他の島を離島《りとう》と呼びます。

1953年７月に、「離島振興《しんこう》法」が制定され、離島として指定された地域では、電気・水道・港湾《こうわん》・漁港・道路の整備、医療《いりよう》・教育などの環境《かんきよう》の改善が、国からの補助によって進められることになりました。ただし③奄美《あまみ》群島や [2] 諸島、沖縄については、離島振興法の対象ではなく、それぞれ「奄美群島振興開発特別措置法《そちほう》」、「[2] 諸島振興開発特別措置法」及《およ》び「沖縄振興特別措置法」という法律に基《もと》づき振興が図《はか》られています。

2007年４月には、我《わ》が国の④＜　Y　＞、排他的《はいたてき》経済水域などを適切に管理する必要性が増大していることから、「有人 ＜　X　＞ 離島法」が施行《しこう》されました。＜　X　＞ に近い人の住む島は、漁業、海洋資源の調査、＜　Y　＞ の警備などに関わる活動の拠点《きよてん》として重要な役割を果たしています。北海道の礼文《れぶん》島や石川県 [3] 半島沖の舳倉《へぐら》島、⑤日本海で面積が最も大きい島、大韓民国《だいかんみんこく》から50kmほど離《はな》れた位置にあって江戸時代には朝鮮《ちようせん》との交流の窓口だった [4] 、潜伏《せんぷく》キリシタンの集落が世界遺産に登録されている [5] 列島などがその例です。これらの島々では、航路・航空路運賃の引き下げなど、生活を便利にし、島の経済を活発にするための取り組みが法律に基づき進められています。

島の成り立ちはさまざまです。⑥喜界《きかい》島や与論《よろん》島はサンゴ礁《しよう》が隆起《りゆうき》してできた島で、諏訪之瀬《すわのせ》島や [2] 諸島の西之《にしの》島は火山活動によってできた島です。2021年８月13～15日には、[2] 諸島の硫黄《いおう》島南方で海底火山の「福徳岡ノ場《おかのば》火山」が大規模な噴火《ふんか》を起こし、新しい島ができましたが、その後消滅《しようめつ》しました。この噴火では多量の ＜　Z　＞ が火山周辺の海面を埋《う》め尽《つ》くしました。海流によって西に移動した ＜　Z　＞ は奄美群島、沖縄島などに漂着《ひようちやく》し、観光業や⑦漁業への影響《えいきよう》が心配されました。

問１　文中の空欄《くうらん》 ＜　X　＞ ～ ＜　Z　＞ に適する語句を、それぞれ漢字２文字で答えなさい。

問２　文中の空欄 [1] ～ [5] に適する地名を漢字で答えなさい。

問３　下線部①について、本州の男鹿《おが》半島に北緯《ほくい》40度を示す碑《ひ》があります。本州の男鹿半島とほぼ同じ緯度にある都市として最も適当なものを次の ア～エ から１つ選び、記号で答えなさい。

ア　ロンドン（イギリス）　　　イ　ニューヨーク（アメリカ合衆国）
ウ　リヤド（サウジアラビア）　エ　キャンベラ（オーストラリア）

問４　下線部②について、次の A～C の説明文に当てはまる都道府県庁所在都市を下の地図の ア～コ から１つずつ選び、それぞれ記号で答えなさい。

A　日本で最も工業出荷額《しゆつかがく》の多い都道府県の都道府県庁所在都市で、日本最大の輸出額をほこる貿易港がある（2020年）。

B　江戸時代には阿武隈《あぶくま》川の水運と養蚕でさかえた城下町で、今日県内では３番目に人口が多い都市である。

C　三大都市圏《けん》以外の都道府県庁所在都市としては、人口が最も多い都市で、ビールなどの食品工業がさかんである。

注）図には、一部地域が描《えが》かれていません。

問５　下線部③について、この３地域が離島振興法の対象とはならずに、それぞれ特別な法律がつくられた理由を説明しなさい。

問６　下線部④について、次の A～C の文の正誤の組み合わせとして正しいものを下のア～カ から１つ選び、記号で答えなさい。

A　自国の沿岸から200海里までは、天然資源開発などの権利が認められている。

B　領土と海岸から12海里までの海域の上空を領空という。

C　許可なく、ほかの国の排他的経済水域に入ってはいけないことになっている。

ア　A：正　B：正　C：誤　　イ　A：正　B：誤　C：正
ウ　A：正　B：誤　C：誤　　エ　A：誤　B：正　C：正
オ　A：誤　B：正　C：誤　　カ　A：誤　B：誤　C：正

問７　次の図は日本に属する島です。下線部⑤に該当《がいとう》する島を ア～エ から１つ選び、記号で答えなさい。縮尺も方位も一定ではありません。

ア　　　　イ　　　　ウ　　　　エ

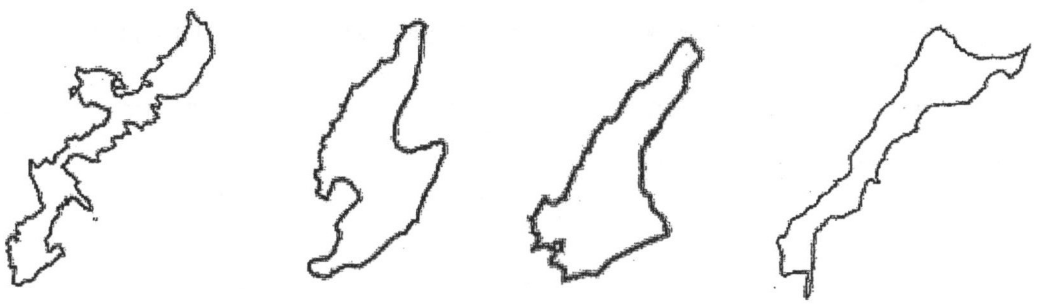

問８　下線部⑥について、喜界島では次の図のように地中に壁《かべ》を設けて地下にダムをつくっています。喜界島で地下ダムを利用する理由と地下ダムのしくみを、図を参考にして説明しなさい。（問８と問９の解答場所に注意すること）

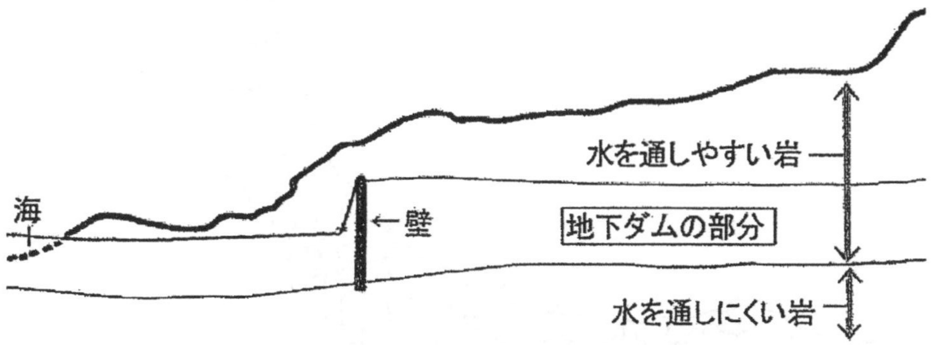

問９　下線部⑦について、次の表は、神奈川県、佐賀県、長崎県、北海道の漁業に関する統計をまとめたものです。神奈川県、佐賀県、長崎県に当てはまるものを表中の ア～エ から１つずつ選び、それぞれ記号で答えなさい。
（問８と問９の解答場所に注意すること）

	海面漁業就業者数（人）	海面漁業漁獲量（ｔ）	海面養殖業《ようしょくぎょう》収穫量（ｔ）	産出額の多い魚介類《ぎょかいるい》
ア	24,378	894,911	94,115	貝類
イ	3,669	6,531	76,685	海そう類・えび類
ウ	11,762	228,051	23,021	アジ類・マグロ類
エ	1,848	30,599	816	マグロ類

『データブックオブザワールド2022』および
漁業・養殖業都道府県別生産量・産出額(2020)水産庁資料より作成

Ⅱ　次の文を読み、文中の空欄 [1] ～ [6] に適する語句を漢字で答えなさい。
　また、下線部について後の問いに答えなさい。

　2022年２月末からのロシアによる①ウクライナ侵攻《しんこう》の影響は、世界中に広がりました。それにともなって、小麦価格が上昇《じょうしょう》しました。そもそも侵攻前から高温や乾燥《かんそう》がもたらした不作などで、世界的に小麦価格は上がっていました。ロシアとウクライナだけで世界の小麦輸出量の４分の１を占《し》めていたため、世界に大きな影響を与《あた》えました。②日本は小麦の多くを輸入に頼《たよ》っているため、小麦価格の上昇は大きな問題です。日本ではいつから小麦を栽培《さいばい》し、いつから小麦を食べていたのでしょうか。「小麦の歴史」について考えてみましょう。

　小麦は人類が古くから栽培していた植物の１つで、今から１万年以上前にはすでにつくられていました。日本には、③弥生時代に中国や朝鮮半島から伝来したといわれています。④今から1800年ほど前の水田跡《あと》で有名な静岡県の遺跡《いせき》からは、炭化した小麦の種子も出土しています。⑤５世紀ころまでには米とともに麦類やあわ、ひえなども主食として栽培されるようになりました。日本最古の歌集とされる『 [1] 』にも麦を詠《よ》んだ歌があります。奈良時代には朝廷《ちょうてい》が麦の栽培をすすめており、⑥平城宮跡からも「小麦五斗《と》」と記された木簡が見つかっています。鎌倉時代中期から [2] が始まり、稲《いね》の裏作として小麦が栽培されるようになりました。小麦の栽培は、江戸時代になると本格的に全国へ普及《ふきゅう》し、特に米の栽培に向いていない地域で小麦が生産されました。

　江戸時代には、[3] を起点とする五街道《ごかいどう》など全国各地を結ぶ道が整備され、航路も発達しました。交通の発達にともなって、茨城の小麦が千葉の銚子《ちょうし》にしょうゆの原料として運ばれたり、海路によって九州の小麦が大阪に運ばれたりしました。また、[4] 参りなど信仰《しんこう》と楽しみをかねた旅が流行するなかで、[4] 神宮《じんぐう》には各地から来た農民が稲穂《いなほ》や小麦の種子を納めたといわれています。

　小麦を使った麺《めん》も生まれました。うどんやそうめんの起源は、唐《とう》からもたらされた菓子《かし》だとされています。現在の形とは違《ちが》う団子のようなもので、細長く切って食べるようになったのは⑦宋《そう》の食文化の影響だといわれています。麺の形になってからも、僧侶《そうりょ》や貴族が食べる高級品であり、庶民《しょみん》の食べ物ではありませんでした。

　小麦を使った菓子については、平安時代、疫病《えきびょう》退散のための儀式《ぎしき》に小麦・卵・砂糖を使った「唐板(からいた)」というせんべいが供えられたという記録があります。疫病退散の儀式は15世紀後半に京都で起きた [5] の乱で途絶《とだ》えてしまいましたが、乱の後に唐板は復活し、現代まで受け継《つ》がれてきました。また、16世紀にはヨーロッパ人宣教師が日本を訪《おとず》れ、⑧キリスト教とともにカステラやビスケットなどを伝えました。その多くはポルトガル人やスペイン人との [6] 貿易によってもたらされたため、これらのお菓子を「 [6] 菓子」と呼びます。⑨織田信長はヨーロッパからの物産品を非常に喜んだといわれています。

　16世紀半ばにポルトガル人がもたらしたパンは、⑩江戸時代には一般《いっぱん》に普及することはありませんでした。⑪1842年に伊豆《いず》の代官江川太郎左衛門《えがわたろうざえもん》が日本で初めてパンを焼いたとされていますが、日本で「パン食」が広がり始めたのは⑫明治時代に入ってからのことです。⑬日本が開国すると、アメリカ産の小麦粉がたくさん流入するようになりました。しかし欧米《おうべい》の食文化がすぐに日本で広まったわけではなく、日本人は米食文化を守り続けました。朝食にパンを食べるということが一般的になったのは⑭第二次世界大戦後のことで、アメリカのライフスタイルが日本でも広がり、食パンが流行するようになりました。パンやパスタには外国産の小麦の方が向いていることもあり、⑮国産小麦の生産は落ち込《こ》みました。しかし、1970年代の世界的な穀物の不作をきっかけに、国内で自給できるように生産拡大や品種改良を目指す政策がとられました。

小麦に関わらず、私たちの食卓《しょくたく》は、自国から遠く離れた地域でつくられたものであふれています。さまざまな要因でモノやヒトの流れが滞《とどこお》ると、多くの人々の生活に影響がでます。世界中に適切に食料が供給されるよう、平和を願うばかりです。

① この国の位置として正しいものを 次の地図の ア～オ から１つ選び、記号で答えなさい。

② 現在、日本が最も多く小麦を輸入している国を次の ア～エ から１つ選び、記号で答えなさい。

ア アメリカ　イ カナダ　ウ 中国　エ オーストラリア

③ 吉野ヶ里《よしのがり》遺跡（佐賀県）からの出土品のうち、弥生時代の出土品として正しくないものを次の ア～エ から１つ選び、記号で答えなさい。

ア 祭りのときに使われたと考えられる銅鐸《どうたく》

イ 矢じりがささった人骨

ウ 筒型《つつがた》や人型などさまざまな形の埴輪《はにわ》

エ 中国製の貨幣《かへい》や、南方の貝でつくった腕輪《うでわ》

④ この遺跡の名称《めいしょう》として正しいものを次の ア～エ から１つ選び、記号で答えなさい。

ア 板付《いたづけ》遺跡　イ 登呂《とろ》遺跡　ウ 三内丸山遺跡　エ 菜畑遺跡

⑤ ５世紀の日本の様子を説明した文として正しいものを次の ア～エ から１つ選び、記号で答えなさい。

ア 中国の後漢王朝の皇帝《こうてい》から金印を授《さず》けられた。

イ 『古事記』や『日本書紀』が完成した。

ウ 大和朝廷の影響力が、九州から関東まで及んだ。

エ 有力者の墓である古墳《こふん》がつくられ始めた。

⑥ 平城京の位置として正しいものを次の地図の ア～カ から１つ選び、記号で答えなさい。なお、地図上の点線は現在の府県の境界線をあらわしています。

⑦ 宋王朝が存在したころの日本の出来事として正しいものを次の ア～エ から１つ選び、記号で答えなさい。

ア 豊臣秀吉が、二度にわたって朝鮮に兵を送った。

イ 源頼朝が、石橋山の戦いで敗れた。

ウ 徳川家光が、祖父の家康をまつる日光東照宮《とうしょうぐう》を建て直した。

エ 足利義満が、京都の北山に金閣を建てた。

⑧ 以下の A～D は、日本にキリスト教が伝わった後の出来事です。時代の古い順に並べ、解答欄に従って答えなさい。

A：島原や天草で、キリスト教の信者を中心とした大規模な一揆《いっき》が起こった。

B：天正遣欧《けんおう》使節として、４人の少年たちがローマに送られた。

C：オランダ人を出島に移し、鎖国《さこく》が完成した。

D：徳川家康が、キリスト教の布教を全国で禁止した。

⑨ 織田信長は1560年に尾張《おわり》国で今川義元軍を破りました。この戦いの名称を漢字で答えなさい。

⑩ 江戸時代以前の武士は主人のために戦うことを義務づけられていました。江戸時代に入り、戦いがほとんど起こらなくなると、将軍と大名との主従関係を確認《かくにん》するために、将軍は大名たちに戦うことの代わりにどのようなことを命じましたか。以下の語句をすべて使って60字以内で説明しなさい。

〔　江戸　　領地　　河川《かせん》　〕

⑪　19世紀前半の出来事として正しいものを次の ア～エ から１つ選び、記号で答えなさい。

ア　もと幕府の役人だった大塩平八郎《へいはちろう》が、幕府に対して大阪で兵をあげた。

イ　一国一城令が出され、大名が住む城以外は壊《こわ》されることになった。

ウ　貧しい人々のために医療をほどこす小石川養生所がつくられた。

エ　徴兵令《ちようへいれい》が出され、20歳《さい》以上の男子が３年以上軍隊に入ることになった。

⑫　明治政府は民間の会社を育成することにも力を入れました。日本初の銀行や多くの会社の設立にたずさわり、日本経済の発展に力を尽くした実業家の名前を漢字で答えなさい。

⑬　開国前後のことがらについて述べた、次の A～C の文の正誤の組み合わせとして正しいものを下の ア～カ から１つ選び、記号で答えなさい。

A　ペリーの艦隊《かんたい》は、アメリカ合衆国の西海岸から太平洋をわたって、日本の浦賀《うらが》に来航した。

B　アメリカからの開国要求について、幕府は朝廷に報告するとともに、広く大名からも意見を求めた。

C　外国から多くの食品が輸入されるようになると、米が余って価格が下がり、農民の生活が苦しくなった。

ア　A：正　B：正　C：誤　　イ　A：正　B：誤　C：正
ウ　A：正　B：誤　C：誤　　エ　A：誤　B：正　C：正
オ　A：誤　B：正　C：誤　　カ　A：誤　B：誤　C：正

⑭　第二次世界大戦について述べた、次の A～C の文の正誤の組み合わせとして正しいものを下の ア～カ から１つ選び、記号で答えなさい。

A　1939年にドイツがソビエト連邦《れんぽう》を攻撃《こうげき》して、第二次世界大戦が始まった。

B　日本は1940年に、ドイツ・イタリアと同盟を結んだ。

C　日本は1941年にマレー半島を攻撃して、イギリスとの戦いを始めた。

ア　A：正　B：正　C：誤　　イ　A：正　B：誤　C：正
ウ　A：正　B：誤　C：誤　　エ　A：誤　B：正　C：正
オ　A：誤　B：正　C：誤　　カ　A：誤　B：誤　C：正

⑮　次の ア～オ は小麦を含《ふく》む５つの農作物に関して、その収穫量《しゆうかくりよう》の多い順に都道府県名を並べたものです。小麦に当てはまるものを表中の ア～オ から１つ選び、記号で答えなさい。

	1位	2位	3位	4位	5位
ア	新潟	北海道	秋田	山形	宮城
イ	北海道	福岡	佐賀	愛知	三重
ウ	熊本	北海道	愛知	茨城	栃木
エ	北海道	千葉	徳島	青森	長崎
オ	茨城	熊本	北海道	山形	青森

『日本国勢図会2022/23』

Ⅲ　次の １～５ の文を読み、文中の空欄 [1] ～ [5] に適する語句・数字を答えなさい。[1] は解答欄に従って答えなさい。[2] ～ [5] は、略称は用いず、漢字で答えなさい。また、下線部についてそれぞれの問いに答えなさい。

1　日本国憲法が施行された [1] は憲法記念日です。日本国憲法は大日本帝国憲法を①改正するという手続きを経て、制定されました。

問１　文中の下線部①に関連して、国民投票法が2007年に制定されました。憲法改正についての記述として誤っているものを次の ア～エ から１つ選び、記号で答えなさい。

ア　衆議院及び参議院で総議員の３分の２以上の賛成によって、改正が発議される。

イ　憲法改正には、国民投票で有効投票数の過半数が賛成する必要がある。

ウ　国民投票法は、投票年齢《ねんれい》を18歳以上としている。

エ　憲法改正が成立すると、内閣総理大臣の名で、天皇はこれを公布する。

2　日本国憲法の三大原則は、国民主権・基本的人権の尊重・②平和主義です。基本的人権については、憲法制定時には想定されていなかった状況《じようきよう》に対して「新しい人権」が主張されることがあります。プライバシーの権利の主張を背景に、2003年に [2] 法が制定されました。

問２　文中の下線部②に関連する記述として誤っているものを次の ア～エ から１つ選び、記号で答えなさい。

ア　日本国憲法第９条は、国際紛争《ふんそう》を解決する手段としての交戦権を否定しているが、自衛権を否定しているわけではない、というのが政府の見解である。

イ　1950年に朝鮮戦争が起こり、ＧＨＱ（連合国軍最高司令官総司令部）の指令によって、自衛隊の前身である警察予備隊がつくられた。

ウ　自衛のための必要最小限度の戦力は保持できる、というのが政府の見解である。

エ　自衛隊の任務には、防衛のほか、災害派遣や国際協力などが含まれる。

3　「主権」ということばにはいくつかの意味があり、「③国民主権」や「主権国家」のように使われます。選挙で投票することも主権の行使の１つです。近年、投票率の低下が指摘《してき》されており、投票率を向上させるためにさまざまな手段がとられています。投票日以前に、自分の選挙区内の指定された投票所で、投票日と同じ方法で投票できる制度を [3] 投票といいます。

問３　文中の下線部③の主権の意味として正しいものを次の ア～エ から１つ選び、記号で答えなさい。

ア　国の政治のあり方を最終的に決める権力のこと。

イ　独立していて、他の国や勢力に支配されていないこと。

ウ　国民が国の代表であるということ。

エ　統治権（立法権・行政権・司法権）が及ぶということ。

４　国の一般会計予算（2020年度）の歳入の税収の中で１番大きな割合を占めている税目は［ 4 ］税でした。④歳出の主要経費別分類の中で、１番大きな割合を占めているのは社会保障関係費です。

問４　文中の下線部④に関連して、国の一般会計予算（2020年度）の歳出の主要経費別分類で、２番目に多いものを次の ア～エ から１つ選び、記号で答えなさい。

ア　公共事業関係費　　　イ　国債費《こくさいひ》
ウ　教育及び科学振興費　エ　地方交付税交付金等

５　ロシアによるウクライナ侵攻などによって、⑤国際連合のあり方が問われているといえます。国連の主要機関のうち、国際平和と安全の維持《いじ》、国際紛争の解決などで重要な役割を果たしているのが［ 5 ］です。［ 5 ］は国連加盟国に対して強い権限をもっています。

問５　次のグラフは文中の下線部⑤の分担金の国別割合をあらわしています。ａはアメリカです。ｂに当てはまる国名を次の ア～エ から１つ選び、記号で答えなさい。

ア　イギリス　　イ　ドイツ　　ウ　日本　　エ　中国

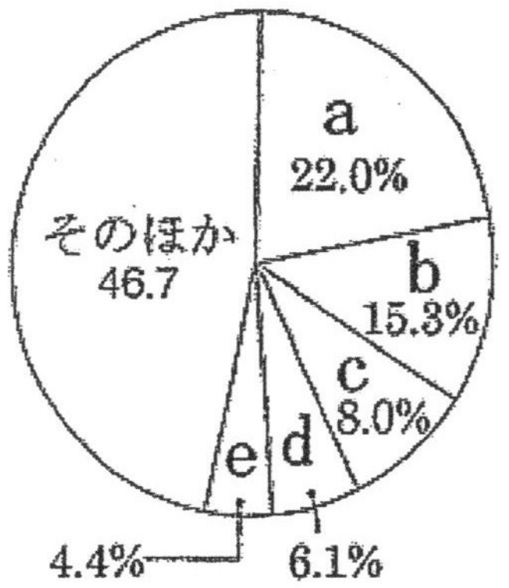

〔2020-2022年〕

令和５年度　桜蔭中学校入学試験解答欄　［社会］　受験番号（　　　）

※60点満点
（配点非公表）

Ⅰ　問８と問９の解答場所に注意すること

問1	X		Y		Z			
問2	1	島	2	諸島	3	半島	4	
	5	列島	問3		問4	A	B	C
問5								

問6		問7		問9	神奈川		佐賀		長崎	
問8										

Ⅱ

1		2		3		4			
5		6		①		②		③	
④		⑤		⑥		⑦			
⑧	→ → →	⑨	の戦い						
⑩									
⑪		⑫		⑬		⑭		⑮	

Ⅲ

1	月　日	2	法	3	投票	4	税		
5		問1		問2		問3		問4	
								問5	

令和四年度　**桜蔭中学校入学試験問題〔国語〕**

（50分）

答えはすべて解答用紙に書きなさい。

一、次の文章を読んで、後の問いに答えなさい。

野菜には栄養がある。食べることは栄養とエネルギーの摂取《せっしゅ》である。だが、本当にそうなのだろうか。

周防大島《すおうおおしま》から届いたとれたてのスナップえんどうに食らいつくとき、僕たちの頭には栄養やエネルギーのことなど少しもない。ただどうしようもなくそそられてかぶりつく。そして「うまーい！」と叫ぶ。

食べるという行為を緻密《ちみつ》に捉《とら》えようとすると、どんな風景が浮かび上がるのだろうか。これに関して、生物学者の福岡伸一《ふくおかしんいち》が面白い研究を紹介している。それは、ドイツに生まれ、アメリカに亡命したユダヤ人科学者ルドルフ・シェーンハイマーによる実験である。

シェーンハイマーが立てた問いはシンプルだった。それは、動物が何かを食べるとき、食べものはどこに行くのだろうかという問いだ。これを確かめるために彼は、同位体標識法《どういたいひょうしきほう》という手法を用い、注1元素《げんそ》に目印を付け、その元素を含むアミノ酸を作って、ネズミに三日間食べさせてみた。

シェーンハイマー自身は、食べものはネズミの体内で燃やされ、しかるべき時間が経過したあと、燃えかすが呼吸や糞尿《ふんにょう》となって排泄《はいせつ》されるだろうと予想していた。だが実験の結果は予測を裏切るものであった。目印を付けたアミノ酸は、ネズミの全身に飛び移り、その半分以上が、脳や筋肉、消化器官や骨、血管、血液など、あらゆるaソシキや臓器を構成するタンパク質の一部となっていたのだ。

食べることは単にカロリーをとることでも、栄養を摂取することでもなかった。緻密に調べてみると、食べることは、文字通り自分の体の一部が、食べられたものに置き換わっていく過程であることがわかったのだ。

動物が何かを食べることと、車にガソリンを入れることの違いがここにある。車にどれほどガソリンを入れても、車を構成する部品が、ガソリンの成分に置き換わっていくことはない。ところが僕たちがえんどう豆を食べ、魚を食べ、リンゴを食べるときには、えんどう豆や魚やリンゴを構成していた注2分子が、それまで自分の体を構成していた分子と置き換わっていく。さっきまでえんどう豆だったものが僕になり、さっきまで魚の一部だったものが自分の一部になる。まるでカメレオンのように、僕はキャベツになり魚になりトマトになりスナップえんどうになる。①緻密に調べてみると、想像以上に注3シュールなことが、食べるときにはくり広げられている。

少なくともただカロリーや栄養を摂取しているだけというのは、食の理解としてあまりにも注4解像度《かいぞうど》が低い。②僕たちは食べるとき、もっと愉《ゆ》快《かい》で、壮大《そうだい》なことをしているのかもしれない。

僕は自宅で食事をするとき、食卓に並ぶ食材を生み出してきたあらゆるものの注5生態学的《せいたいがくてき》な連関を、なるべく詳細《しょうさい》に想像してみようとする。鯛《たい》が泳いでいた瀬戸内海の海。その海の流れを生み出してきた大気。スナップえんどうを育てた土の微生物《びせいぶつ》。土をはぐくみ続けた宮田さん。あそこの土には周防大島の海から打ち上げられた海藻《かいそう》や竹チップも投入されているのだった。種子から見事にこんなに丸々と育った豆たち。一億五〇〇〇万キロ離れた太陽の光をbアビて、こんなにも豊かに育ってきた。

大豆を煮込《にこ》み、潰《つぶ》し、発酵《はっこう》させて、じっくりとcスガタを変えてきた味噌《みそ》。そういえば僕が作った味噌はどうなっているだろうか。天草《あまくさ》の塩もある。富山の米もある。それぞれが別の進化の来歴をたどってきた動物や植物や鉱物たちが、いまこの食卓の上で共演をしている。そのすべては、少なくとも三五億年前から一度も滅びたことがない「生命」の異なる表現である。同じ地球環境を、鯛は鯛として、キャベツはキャベツとして、イチゴはイチゴとして、イモはイモとして受け止め、解釈《かいしゃく》し、この地上で生きるとはどういうことかを、それぞれのやり方で表現してきた。僕たちは何億年も前に別の進化の道を歩みはじめ、ここで、この食卓で、久しぶりに再会をした。

「これはお母さんによる宇宙と生命の歴史の表現なんだよ」と僕が子どもたちに語る。息子たちは目を丸くして笑いながら「うまーい！」と叫ぶ。何気ない食事の場面から、あらゆるスケールに認識がはみ出し、この世の生態学的な豊かさに、感動としみじみとした喜びを覚える。この感動はしかし、彼らが大人になる頃には、いまと同じように魚を食べることなどできなくなっているかもしれないという悲しみと A 合わせなのである。

春になり、法然院《ほうねんいん》の土地にうずたかく積もった腐葉土《ふようど》を、近隣《きんりん》で畑をしている人たちがときどきもらいに来てくれるようになった。小倉ヒラクさんを招いたワークショップで作った落ち葉堆肥《たいひ》とは別に、すでにここには長年にわたって、庭掃除《にわそうじ》で出た落ち葉を重ね続けてきた結果、大量の腐葉土が蓄積《ちくせき》されている。これをみんなでふるいにかけ、小石や枝を取り除き、真っ黒でふかふかの腐葉土を、好きなだけ持ち帰ってもらうのだ。

親と一緒にやってくる子どもたちも、僕たちと一緒に土をふるいにかける。飽《あ》きたら石や枝を探して遊ぶ。育てたり、作ったりする経験もいいが、③子どもたちにはまず、「もらう」こと、「拾う」ことを、たくさん経験してほしいと思う。

自然の圧倒的に潤沢《じゅんたく》な富を、僕たちの社会はお金を払わなければ買えない商品に変えてしまう。「あのみかん採ってもいい？」と散歩中に息子に聞かれて僕は、「ダメだよ、あれは他の誰かのものだから」と答えなければいけない。自然からの純粋《じゅんすい》な贈《おく》り物《もの》を、僕たちはお金を払わなければ買えないことにしてしまった。散歩道に美味しそうなビワがなっているのに、僕は子どもたちに「採ってもいいよ」と言えない。それは誰か別の人の土地に植わったビワの木だからだ。

かつて人間は、自然からもらい、拾いながら生きていた。育てたり、作ったりする以前に、自然から圧倒的《あっとうてき》な富を与えられていた。自然から与えられるというこの経験が、人間の生活の前提にあった。物を贈り合う連鎖《れんさ》は、「こんなにもらってしまった」という、驚《おどろ》きと感謝の経験からこそ動き出すのではないだろうか。

腐葉土をもらいにきた家族の子どもたちは、石や枝を拾って、それをもらっていく。「どんどんもらってね！」と僕が言うと、子どもたちも真剣《けん》になって探し始める。思う存分拾ったりもらったりできる場所を、僕たちはもっと作っていかないといけない。

知識や学問だって本当は、圧倒的に潤沢な富として、もっと自由に拾ったりもらったりできるものであってもいいはずである。 B が集い、思わぬ来客が行き交う未来の学《まな》び舎《や》は、拾うこととももらうことの自由に溢《あふ》れた場所にしたいと思う。

（森田真生『僕たちはどう生きるか　言葉と思考のエコロジカルな転回』）

注1　化学的にそれ以上は分解することができない物質

注2　物質の化学的性質を失わない最小単位

注3　表現や発想が非日常的であるさま

注4　デジタル画像の細かさを表す度合い

注5　生物と環境のつながりを研究する学問

問一　□a～cのカタカナを漢字に直しなさい。なお、送り仮名が必要な場合は送り仮名も含めて書きなさい。

問二　 A にあてはまる、身体の一部を表す言葉を考えて漢字で答えなさい。

問三　 B にあてはまる、「あらゆる人々」という意味を表す四字熟語を考えて答えなさい。

問四　――線部①からは、何についてのどのような（筆者の）気持ちが読み取れますか。説明しなさい。

問五　――線部②とありますが、筆者は「食べる」ことをなぜ「愉快で、壮大」だと述べているのですか。説明しなさい。

問六　――線部③の経験をすることで、筆者は子どもたちがどのように成長していくと考えていますか。現在の社会のあり方をふまえて説明しなさい。

二、次の文章を読んで、後の問いに答えなさい。

◇中学生のソラは、同級生の臣野《おみの》たちのいじめの対象になったことをきっかけに教室に行けなくなり、保健室に登校しています。ある日、保健室でハセオという生徒に出会います。ハセオはいつも俳句をつくっていて、保健の北村先生に俳句を教えています。

窓辺まで、いそいそと歩いて行った北村先生は、さーっとカーテンを開けた。

「じゃあ、今日のお題は、ヒマワリで決まりね」

保健室の前に、北村先生が作っている花壇《だん》。その花を、切り取ってきて、窓辺の花瓶《びん》にさすのが習慣だった。でも、いまは、その必要はない。背の高いヒマワリが、窓の向こうにa[リン立]して、大きな金色の花を、ソラたちに誇《ほこ》っていたからだ。

「すげっ！」と、椅子《いす》の上にあぐらをかいていたハセオは、そのまま立ち上がる。

「北村センセ、ナイス！　じゃあ、お題はヒマワリで、制限時間はいまから二十分。一句。はじめー」

「まるでスポーツみたいだね」とソラが笑うと、ハセオものってくる。

「いいこと言うな、ソラ！　そうそう、俳句は、言葉のスポーツ。句会は、試合なんだよ」

「がんばるわよお」

などと、いまにも腕《うで》まくりしそうな北村先生の張り切りに影響《えいきょう》されたのだろうか。

「おれ、ちょっと観察してくる」

と、ハセオは窓をがらがらと開けると、上履《うわば》きのまま、外の花壇へ飛び出してしまった。

とはいえ、張り切ればよいというものではないことが、作り始めて、ソラにはわかってきた。言いたいことを言おうとすると、あまりに十七音は少なすぎた。ほとんど、作文の一行と見分けのつかない言葉になってしまう。言葉を削《けず》る必要があるのだろうが、言いたいことが伝わらなくなってしまいそうで、どこをどう削ればよいのか、見当がつかない。

「あのさ」とソラは、窓に近づく。花壇では、ハセオが、ヒマワリの花とにらめっこしていた。長身のハセオが、ヒマワリには見下ろされているかっこうになるので、なんだかおかしかった。

「なんか、コツみたいのないかな」

「ないよ。自由に詠《よ》めばいいんだ」

「そうは言ってもさ」

「うーん」ハセオは、コツなどいままで考えたこともない、というふうだった。

「おれはね、まずは当たり前のことはいわないようにしてる。ヒマワリだったら、【　ア　】とか、【　イ　】とかは、当たり前だろ。それいっても、つまんないじゃん」

「たしかに」ソラは、手許《もと》のノートに、さっそくメモをする。

〈当たり前のことはいわない〉

「それから？」

「うーん、あとは、挨拶《あいさつ》するように詠むといいって、いわれるな」

「挨拶？」

「そう。俳句はさ、ひとりでつぶやくようなもんじゃないってこと。誰《だれ》かに向けて書くっていうのかな。その相手は、人だったり、ヒマワリだったり、場所だったり、いろいろなんだろうけど」

「挨拶ねえ」

わかったようでわからない。それでも、一応、

〈挨拶の心を持つ〉と書いておく。

ハセオのほうでは、ソラの顔をじっと見て、

「おっ、いいな、いま、一句できたわ」

「はー！？」

自分だけわかっているかのようにからから笑うハセオが急に憎《にく》らしくなり、ソラは自分の席に戻った。北村先生は、いつもの笑《え》みが消え、真剣なb[表ジョウ]で、ノートに向き合っている。書いては消し、消しては書き、を繰り返しているようだ。

結構本気だな……ソラは、北村先生の、知らない一面をかいま見た気がした。

そうこうしているうちに、二十分は、あっという間に経過した。

「はいはい、ゴ――――ル――――試合終了《りょう》――――」（中略）

「じゃあ、作った中から一句、これぞというのを短冊《たんざく》に書いて」

ハセオがまた、ポケットから短冊を出してきて、北村先生と、ソラに渡《わた》す。ハセオがどこからともなく短冊を出してくるマジック（？）にも、だんだん慣れてしまった。

「書いた？　じゃあ、それを、読みあげてみよう。はいソラくん」

「えっ、これ口に出すの？　自分で？」

短冊を持ったまま、ソラはかたまってしまった。

「そそそ」

「それはちょっと……」

自分の句を――しかも、ほとんどはじめて作って、おそらく出来もいまいちのはずの句を、自分の口で読み上げるのは、抵抗感があった。

「経験者のハセオくんからがいいんじゃない？　いきなりソラくんじゃ、緊《きん》張するわよ」

北村先生が、A（　　　）を出してくれる。

「そっかー。ソラのが、早く見たかったんだけどな。じゃあ、まずはおれから――」

そう言って、ハセオが朗々と読み上げる。あの日、「白雨」の句を読み上げたのと同じ、澄《す》んだ声で。

向日葵《ひまわり》の種みたいだなそのホクロ

――しかし、その朗読は、あのときとは、まったく正反対の効果をもたらしてしまった。

その句が声となって宙空に放たれたとたん、保健室の空気が、さっと変わった。明るかった日ざしまでもが、一瞬《いっしゅん》で翳《かげ》ったように錯覚《さっかく》した。

ハセオの句は、あきらかに、ソラの顔のホクロを詠んだものだった。

「……どうかな？　感想は？　んん？」

ハセオは、二人の顔を見比べる。はじめて学校で句会ができたうれしさ、会心の句ができたうれしさが、その顔にはあふれていた。だが、対照的に、ソラの顔は、ひきしまり、かたくなっていた。

北村先生は、あわてていた。何か言わなくては、という焦《あせ》りが、顔に出ていた。

ソラはそのまま立ち上がって、保健室を出ていこうとした。うっかり、入り口わきのラックに入れておいた鞄《かばん》を、取り忘れるところだった。ドアの前でキュッとするどく上履きを鳴らして方向転換《かん》し、鞄のほうに手を伸《の》ばす。

「どうした？」と、駆け寄ってきたハセオが、その腕をつかんだが、ソラはそれをふりきり、ドアを開けて、廊《ろう》下へ踏《ふ》み出した。

◇◇◇

三日前の句会でハセオが作った句が、ソラには、どうしても許せないでいた。

ヒマワリの花壇で、ソラの顔をじっと見ていたハセオ。

気にしないようなそぶりはしていたけれど、やはり、このホクロのことを、おもしろおかしく俳句にするほどには、関心を持っていたのだ。

ほかの花よりも、ずっと大ぶりで、存在感のあるヒマワリ――種も、りっぱだ。その種にたとえられた、この、大きなホクロ。

ベッドの上で寝《ね》返りを打つ。（中略）体重でベッドがきしむ音が、いやに大きく聞こえる。昼ごはんの時間が近づいていたけれど、動いていないせいか、ちっともおなかがすかない。

そのまま眠った夢の中に、さまざまな記憶《おく》の断片《へん》が、ただよっていた。椅子に縛《しば》りつけられ、まぶたを金具で固定されて、むりやりいくつもの映画を見せられているようだった。短く断ち切られた記憶が、何度も目の前を過《よ》ぎっては、消えていく。

目覚める直前に見ていたのは、臣野シゲルたちが、ソラが買ってきたパンを、パスし合っている記憶だった。（中略）

「あの、お友だち、来てるわよ」

母が言い終わらないうちに、

「ソラ、おれ、おれ」

と、聞きなれた声がした。

ハセオだ。驚《おどろ》きよりも、奇妙《きみょう》な感覚が、先におそってきた。自分の家の中で、ハセオの声を聞くなんて。

少しだけ開いたドアの向こうには、困惑《わく》ぎみの、母の顔があった。その顔の上に、長身のハセオの顔が、のぞいている。

ソラは、反射的に、マスクをしていない口元を手で隠《かく》そうとしたが、やめた。いまさら、と思ったのだ。

「ごめん、ストーカーみたいなことして……北村センセにたのみこんで、

住所、教えてもらったんだ」
ストーカーみたい、じゃない。
家にまで来るなんて、完全にストーカーだよ、と思いつつ、ここまで入ってきてしまった以上、無視することもできない。ハセオのことだ。玄《げん》関で迎《むか》えた母に、いつもの調子で、相手が吹《ふ》き飛んでしまいそうな風速で言葉を送り続けて、強《ごう》引に家の奥《おく》まで入り込んできたのだろう。
「待って待って」
こんなにちらかっている部屋の中を、見せるわけにはいかない。着ているものも、パジャマのままだ。
「ちょっと、外行こ」
ソラは、ハセオをうながして、階段を下りていった。（中略）
すでに日が暮《く》れかけていた。（中略）おのずから足が向いたのは、いつもふらっと行く陸橋の方角。後ろをついてくるハセオは、いつになく物静かで、おなかをすかした犬のように素直《すなお》だった。（中略）
道が急に盛り上がったところに、陸橋がかかっている。ほとんど人の通らないこの橋で、通り過ぎる電車を眺《なが》めていると、心がおちつくのだ。学校で臣野シゲルたちのいじめの対象になっていたときも、放課後ここへ来て、欄《らん》干にもたれて、時間を過ごしたものだった。（中略）
ソラが、いつものとおりに欄干にもたれると、ハセオも、となりで同じポーズをとる。
しばらく、しんみりとした沈黙《ちんもく》が流れるのかなと思っていたが、
「ソラ、あのな、悪かったよ」
ためらいもなく、頭を下げてくるあたりが、ハセオらしいと思いつつ、ソラは反応を示さなかった。
「あのな、あの句なんだけどな……いや、まず、これ見て」
ハセオは、さっと手を出す。どこからか取り出した様子はなかったから、ずっと手に握《にぎ》っていたようだ。てのひらを、ひらく。薄《うす》暗がりの中でも、あきらかなそれは、ヒマワリの種だった。
ソラの顔がくもったのを察したのか、ハセオは早口になって、
「これ、北村センセの花壇のやつを、一個もらってきたんだけど……おれにとってはな、ヒマワリって、こう、噴《ふん》水みたいというか、花火みたいというか……」
ハセオは、両手をけんめいに上下させた。たぶん、噴水のかたちを示したかったのだろう。でも、だれかを応援《えん》しているような、場違《ちが》いなジェスチャーになってしまっていた。
「……こんな感じでな、地面の中のパワーが、あの茎《くき》を通って、噴《ふ》き出しているように見えんの。それで、ヒマワリの種は、そのおおもとっていうか」
指先に挟《はさ》んだ種を、じっと眺《なが》めつつ、
「それで、あのときな、ソラの顔にホクロあるなー、ヒマワリの種みたいだなー、ソラの顔からヒマワリ、ぶわーっと生えたらおもしろいなーとか…ぜんぜん、そんな、バカにするつもりは、なかったんだよ。あのあとも、どうしてソラが怒《おこ》ってんのかわからなくて、北村センセに言われて、ようやく気づいたんだ。でも、どうしたらいいのかわからなくて」
こぶしを握《にぎ》りしめて、種を再びてのひらにおさめてから、ハセオは、さっきと同じ、欄干でソラと並ぶポーズに戻《もど》る。
ぽつぽつと話すハセオの声は、ときどきやってくる電車の轟《ごう》音にかき消されながら、続いていく。
「でもな、おれ、下手くそなんだよな。まだまだ、俳句、下手くそでさ。あの句もさ、挨拶のつもりだったんだ。あのとき言っただろ？　挨拶だって……そんで、おれも、ソラに何か挨拶の俳句が作れんかなと思って、それで出てきたのが、あの句でさ……でも、下手くそだよな、ぜんぜん伝わってないんだもんな、まだまだだよな……」
ハセオは、話しているうちに、ソラに謝っているというよりも、自分の俳句の下手さにしょげているようになった。
「挨拶句ってさ、うまくいくと、すげー句になるんだよな、たとえばさ、昔の人の句で、
①たとふれば独楽《こま》のはじける如《ごと》くなり
っていうのがあって、これ、死んじゃった友だちっていうか、ライバルに贈《おく》った、まあ、一種の挨拶句なんだけどさ、コマがばちばちーって戦うような二人だって言っててさ、こういうたとえができるのって、カッコいいと思うんだよな。②おれの句、ぜんぜんだめだよな」
聞いているうちに、ソラは、怒《いか》りや不快感よりも、呆《あき》れる気持ちが強くなってきた。
コイツ、どれだけ、俳句好きなんだよ。
ソラに謝っているのか、自分のc[カリョウ]不足を嘆《なげ》いているのか。だいたい、友だちが死んだときに詠まれた句を例にあげるなんて、不吉《ふきつ》じゃないか。友だちの前で——
そこまで思って、ソラははっとした。
そうか、僕《ぼく》にとっては、ハセオはもう友だちなんだ。
「もう、いいよ」
その言葉が、素《す》直に出てきた。③いま浮《う》かんだというよりも、すでにソラの中にあって、出るのを待っていた、という感じの言葉だった。
ハセオが、悪意で、ああいう句を作るやつじゃないことは、わかっていた。こんなに俳句が好きなハセオが、俳句を、揶揄《からか》うためや、馬鹿にするために使うはずはない、ということ。
「そっか、ありがとう！」
その言葉が聞きたかった！　とばかりにハセオの顔が輝《かがや》いたのは、夕闇《やみ》の中でも、はっきりわかった。
ソラの手を、ぐっとつかんで、あらあらしく上下に振《ふ》る。
「おれ、ずっと俳句をやってきたけど、ソラだけなんだ、『俳句なんて』って言わなかったやつ。オヤジもさ、友だちもさ、みんな、『俳句なんて、古臭《くさ》い』とか『将来のために何の役にも立たない』とかって……」
ソラははっとして、ハセオの顔を、正面から見た。
こういうふうに見えて、ハセオも、いろいろな言葉に傷ついてきたのかもしれない。（中略）
ぶんぶんぶん。
激しく手を振られて、ようやく解放されたソラの手には、何か違《い》和感があった。
手を開くと、そこにはヒマワリの種がひとつ。
「なに、これ」
「いや、やるよ」
「こんなんもらっても…さっき、うち見たでしょ？　植える庭、ないよ」
「じゃあ、こっから投げるか？」
ちょうど、鎖《くさり》をひきずるような音を立てて、陸橋の下を、電車が通過したところだった。
「線路のわきに、いつかヒマワリが咲くかもな。それはそれで、俳句に詠んでみたい」
ソラは、その言葉にうなずくと、ぱっと欄干の向こうへ、こぶしを振った。
ハセオは、フェンスに阻《はば》まれる恰好《かっこう》になりながらも、投げられたもののゆくさきを追おうと、身を乗り出した。
しかし——線路へまっさかさまに落ちていくヒマワリの種は、いくら目を凝《こ》らしても、見えなかった。
ハセオはすぐさま、ソラのほうに視線を移した。待ちかまえていたように、ソラはてのひらをさしだしてみせる。そこにはさっきと変わらず、大地のパワーのおおもとが、ひとつ。
「捨ててもいいって！」と、ちょっと照れくさそうなハセオ。
「いいや」ソラはかぶりをふって、ぐっと手の内の種を握りしめた。
④「取っておく」

（髙柳克弘『そらのことばが降ってくる　保健室の俳句会』）

問一　□a～cのカタカナ部分の漢字を使った二字熟語を自分で考えて答えなさい。上下どちらに使ってもよい。

問二　【　ア　】【　イ　】にあてはまる言葉を考えて答えなさい。

問三　——線部[A]は慣用句です。（　）に当てはまる言葉を考えて答えなさい。

問四　（1）——線部①の句はどのようなことをいっていますか。説明しなさい。

（2）——線部①の句と比べて、ハセオが——線部②のようにいうのはなぜですか。ハセオの気持ちをくわしく説明しなさい。

問五　——線部③とありますが、「出るのを待っていた」という表現をふまえて、ここでのソラの気持ちを説明しなさい。

問六　——線部④とありますが、この時のソラはどのような気持ちだったでしょうか。説明しなさい。

解答用紙［国語］

□には記入しないこと。

受験番号（　　　　）

※100点満点
（配点非公表）

一

問一	問二	問三	問四	問五	問六
a	A	B			
b					
c					

二

問一	問二	問三	問四	問五	問六
a	ア	A	①		
b	イ		②		
c					

令和４年度　桜蔭中学校入学試験問題　［算数］

答えはすべて解答用紙に書きなさい。

円周率を用いるときは，3.14 としなさい。

円すいの体積は(底面積)×(高さ)×$\frac{1}{3}$ で求めることができます。

(50分)

Ⅰ　次の□にあてはまる数を答えなさい。

(1)　$13\frac{1}{3}-\left\{\left(4\frac{13}{14}\times\boxed{\text{ア}}-2.375\right)\div1\frac{2}{11}-3\frac{5}{7}\right\}=5\frac{11}{24}$

(2)　高さ６cm の２つの正三角形ABCとPQRを，図のように斜《しゃ》線部分がすべて同じ大きさの正三角形になるように重ねて，１つの図形を作ります。

この図形を，直線 ℓ 上をすべることなく矢印の方向に１回転させます。

最初，点Ａは ℓ 上にあり，ℓ と CB は平行です。

①　２点Ａ，Ｒが同時に ℓ 上にある状態になるまで図形を回転させたとき，

点Ｐが動いた道のりは［イ］cm です。

②　点Ａが最初にあった位置をＸとします。図形を回転させて，再び点Ａが ℓ 上にくる位置をＹとします。

このとき，２点Ｘ, Ｙの距離《きょり》は［ウ］cm です。

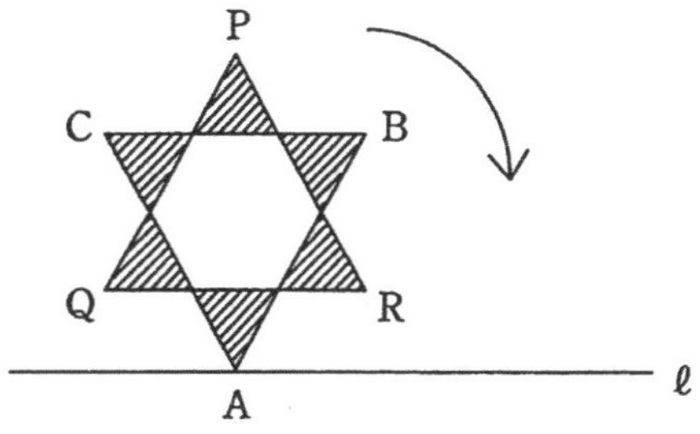

(3)　次のようなルールで整数を１つずつ選んでいきます。

１つ目は１以上の整数を選びます。

２つ目は１つ目より大きい整数を選びます。

３つ目以降は，直前に選んだ２つの数の和である数を選びます。

たとえば，１つ目の数が１，２つ目の数が２であるとき，

３つ目の数は３，４つ目の数は５，５つ目の数は８，……となります。

①　１つ目の数が２，４つ目の数が 24 であったとき，２つ目の数は［エ］です。

②　８つ目の数が 160 であったとき，１つ目の数は［オ］，２つ目の数は［カ］です。

Ⅱ　12 時間で短針が１周するふつうの時計があります。０時から 24 時までの１日の針の動きに注目します。

(1)　０時を過ぎてから最初に短針と長針が重なるのは何時何分ですか。

(2)　０時を過ぎてから 24 時になる前に，短針と長針は何回重なりますか。

Ⅲ　一定の速さで流れている川の上流に地点Ａがあり，その５km 下流に地点Ｃがあります。

２地点Ａ，Ｃの間に地点Ｂがあり，AB 間の距離は BC 間の距離よりも短いです。

２せきの定期船Ｐ，Ｑは，

Ｐは　Ａ→Ｂ→Ｃ→Ｂ→Ａ→……，　Ｑは　Ｃ→Ｂ→Ａ→Ｂ→Ｃ→……

の順で AC 間を往復します。

ＰはＡから，ＱはＣから同時に出発し，出発した後の地点Ａ，Ｂ，Ｃではそれぞれ５分とまります。

２せきの船の静水時の速さは同じであり，川の流れの速さの４倍です。

船がＡを出発してから，はじめてＣに着くまでに 25 分かかります。

ただし，川の幅は考えないこととします。

(1)　静水時の船の速さは分速何ｍですか。

(2)　Ｐ，Ｑは，２地点Ｂ，Ｃの間で初めて出会いました。

その地点をＤとするとき，AD 間の距離は何ｍですか。

(3)　Ｐ，Ｑが２回目に出会ったのは地点Ｂでした。

このとき，ＰはちょうどＢを出発するところで，ＱはちょうどＢに着いたところでした。

AB 間の距離は何ｍですか。

Ⅳ

(1) いくつかの同じ大きさの正方形を，辺が重なるように並べます。
図1は4つの正方形を並べた例です。図2のようにずれたり，
図3のように離《はな》れたりすることはありません。
こうしてできた図形を，底面(A)とよぶことにします。

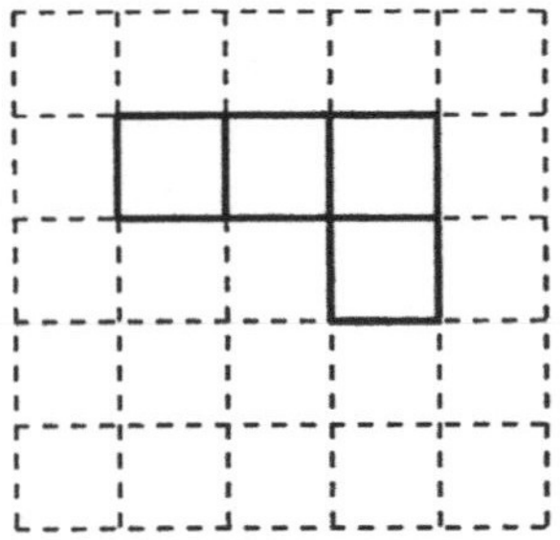
図1

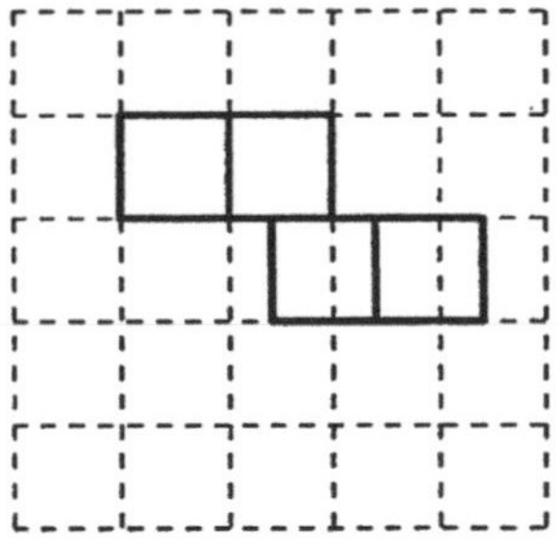
図2

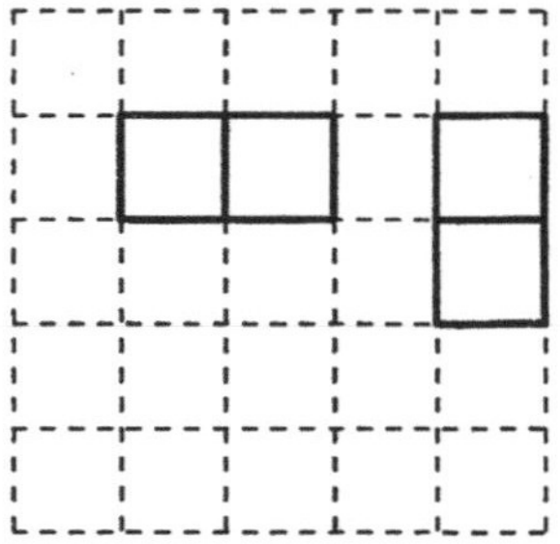
図3

底面(A)をつくる正方形と同じ辺の長さの立方体をいくつか用意し，
次の規則に従って，底面(A)の上に積み上げていきます。
規則「底面(A)をつくる正方形それぞれについて，
他の正方形と重なっている辺の数だけ立方体を積み上げる」
たとえば，底面(A)が図4の場合は，図5のような立体ができます。

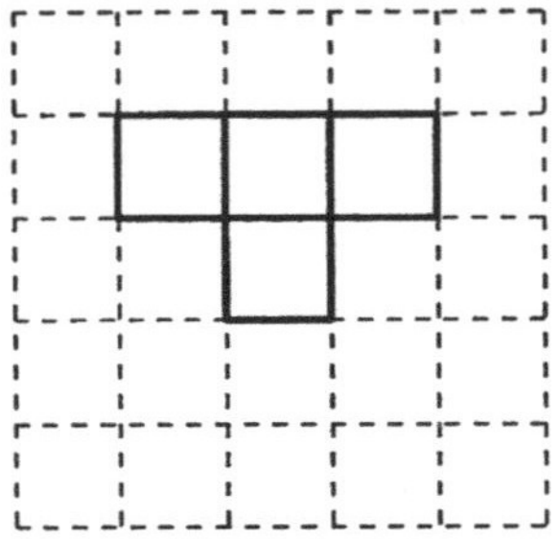
図4

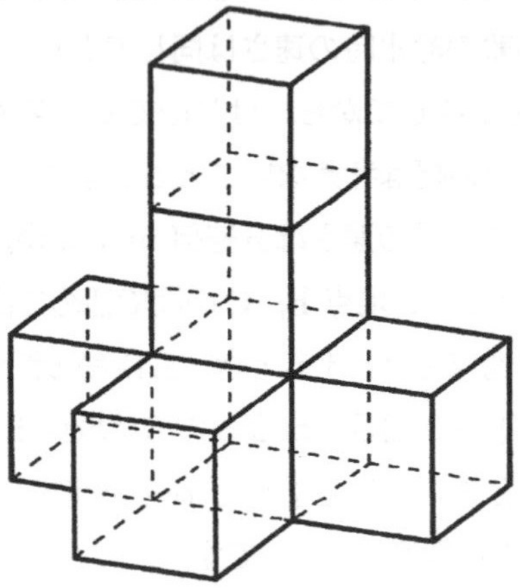
図5

5つの正方形を並べて底面(A)をつくるとき，

① 使う立方体の数が一番多くなるような底面(A)を，問題文の図にならってかきなさい。
複数ある場合は，そのうちの1つをかくこと。また，そのときに使う立方体は何個ですか。

② 一番高く立方体が積み上がるような底面(A)を，問題文の図にならってかきなさい。
複数ある場合はそのうちの1つをかくこと。

(2) 半径3cmのいくつかの円を，他の円と接するように並べます。2つの円のときは，
図6のようになります。
(1)と同じように，離れることなく並べ，できた図形を底面(B)とよぶことにします。
底面の半径が3cmで高さが3cmの円柱と円すいをいくつか用意し，
次の規則に従って，底面(B)の上に積み上げていきます。
規則「底面(B)をつくる円それぞれについて，接している円の数だけ円柱か円すいを積み上げる。
ただし，円すいの上に円柱や円すいを積むことはできない」
たとえば，底面(B)が図6の場合は，図7のような3種類の立体ができます。

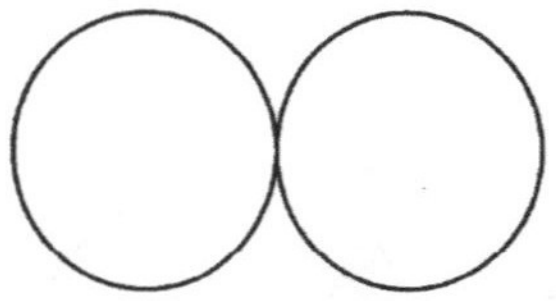
図6

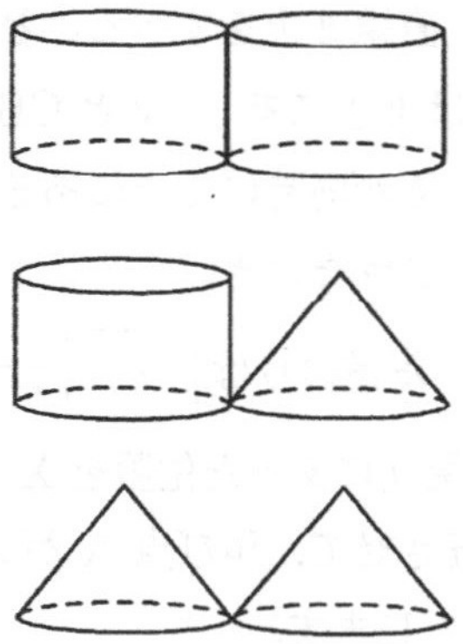
図7

4つの円を並べて底面(B)をつくるとき，積み上げてできた立体の体積が
350 cm^3以上750 cm^3以下となるものについて考えます。

① 体積が一番大きくなる立体について，円柱と円すいを何個ずつ使いますか。
また，その立体の体積を求めなさい。

② 使う円すいの数が一番多くなる立体について，体積が一番大きくなる立体と，
一番小さくなる立体の体積をそれぞれ求めなさい。

令和４年度　桜蔭中学校入学試験　解答用紙　［算数］

I

ア		イ		ウ	
エ		オ		カ	

II

(1) 式

答　　時　　分

(2) 考え方

答　　回

III

(1) 式

答　分速　　m

(2) 式

答　　m

(3) 式

答　　m

IV

(1) ① 底面

答　使う立方体の個数　　個

(1) ② 底面

(2) ① 考え方

答　使う円柱の個数　　個

使う円すいの個数　　個

体積　　cm^3

(2) ② 考え方

答　一番大きい体積　　cm^3

一番小さい体積　　cm^3

受験番号（　　　　）

※100点満点
（配点非公表）

令和４年度

桜蔭中学校入学試験問題　〔理科〕

答えはすべて解答らんに書きなさい。

(30分)

Ⅰ　桜さんの小学校では，ゾウリムシ，ザリガニ，メダカ，カエル，イモリ，ハムスター，メキシコサンショウウオ（ウーパールーパーとも呼ばれる）を飼っています。これらの生き物を，色々な基準でなかま分けしたものが，下の**図１**です。

まず，**a**のゾウリムシとそれ以外の**b**～**f**の生き物は，からだをつくる細胞《さいぼう》が１個か，複数個かで分けることができます。細胞が複数個ある生き物は，卵《らん》（ヒトでは卵子《らんし》と呼ぶ）と（　Ａ　）が結びついてできた（　Ｂ　）が細胞を増やしながら成体へと成長していきます。

つぎに，**b**のザリガニとそれ以外の**c**～**f**の生き物は，からだの中に骨があるかないかで分けることができます。骨のある**c**～**f**の生き物には，骨と骨のつなぎ目である（　Ｃ　）と，骨につながり，ちぢんだりゆるんだりする（　Ｄ　）があり，それらのはたらきでからだを支えたり，動かしたりしています。<u>**c**～**f**の生き物は，いろいろな方法でさらになかま分けできます。</u>

図１

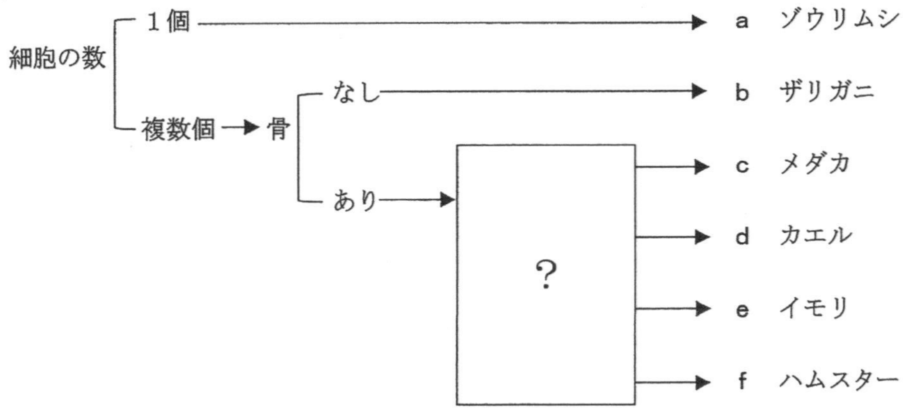

問１　文章中の（　Ａ　）～（　Ｄ　）にあてはまる語を答えなさい。

問２　文章中の下線部について，**c**～**f**の生き物を基準Ｘ～基準Ｚによってグループ①とグループ②の２つに分けました。基準Ｘ～基準Ｚの説明として正しいものを，**ア**～**オ**から１つずつ選び，記号で答えなさい。

	グループ①	グループ②
基準Ｘ	**c**メダカ	**d**カエル　**e**イモリ　**f**ハムスター
基準Ｙ	**c**メダカ　**d**カエル　**e**イモリ	**f**ハムスター
基準Ｚ	**c**メダカ　**f**ハムスター	**d**カエル　**e**イモリ

説明

ア．子の世話をしないのがグループ①，子の世話をするのがグループ②
イ．かたい殻《から》のない卵《たまご》を産むのがグループ①，かたい殻のある卵を産むのがグループ②
ウ．肺呼吸をする時期がないものがグループ①，肺呼吸をする時期があるものがグループ②
エ．冬眠《とうみん》しないのがグループ①，冬眠するのがグループ②
オ．からだの表面がうろこでおおわれているのがグループ①，
　　毛でおおわれているのがグループ②

図２

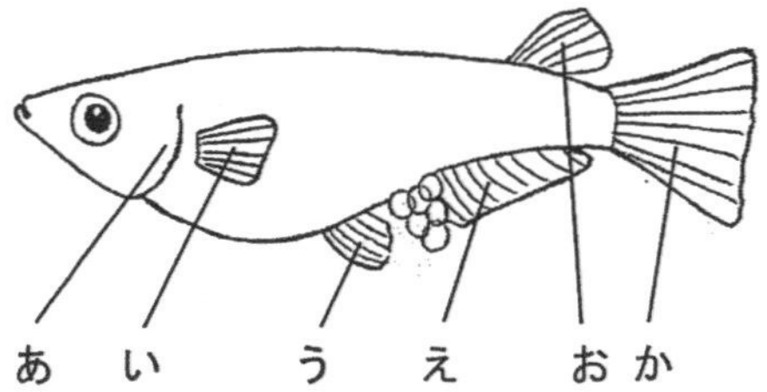

図３

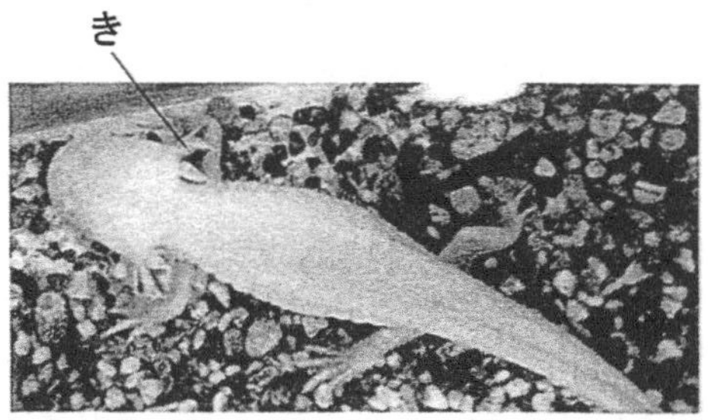

図２は，産卵しているメダカのスケッチです。**図３**はウーパールーパーの成体の写真です。ウーパールーパーはからだの中に骨を持つ生き物です。ウーパールーパーに近いなかまの多くは変態しますが，ウーパールーパーは幼生（子供の時の姿）の特ちょうを残したまま成体になります。

問３　ウーパールーパーの**き**の部分はメダカの**あ**の内部にある構造が外側に出ているものです。この部分を何というか，答えなさい。

問４　ウーパールーパーの**き**の部分はひだ状になっています。この利点は何ですか。つぎの**ア**～**エ**から１つ選び，記号で答えなさい。

ア．エサをつかまえて，取りこみやすい　　**イ**．表面積が大きくなり，酸素を取り入れやすい
ウ．水草に姿が似ていて，敵に見つかりにくい　　**エ**．見た目が派手になり，メスをひきつけやすい

問５　水中生活をする魚の「ひれ」のうちのいずれかが，陸上生活をする生物の「前足（手）」と「後足（足）」に相当します。メダカの「ひれ」のうち，ウーパールーパーの「後足（足）」にあたるものはどれですか。**図２**の**い**～**か**から１つ選び，記号で答えなさい。

図４は，カエル，イモリ，ウーパールーパーが幼生から成長して成体になるようすを表したものです。

図４

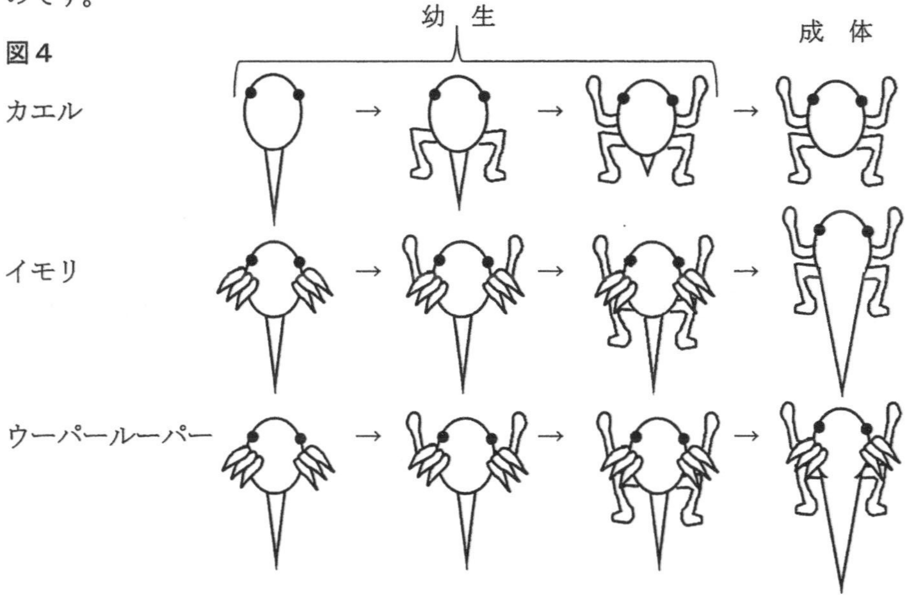

問６　ウーパールーパーはカエル，イモリのどちらに近いなかまだと考えられますか。「カエル」または「イモリ」を丸で囲みなさい。また，【部位】の２か所に注目して，その理由を２つ説明しなさい。

【部位】目　頭　胸　腹　ひれ　足　尾《お》

ハムスターの赤ちゃんは，母親の体内で約 15 日間育った後，体重はおよそ 5 g で生まれてきます。一度に 10 ぴき近い赤ちゃんが生まれることもあります。**図５**は，ハムスターの体内に 6 ぴきの赤ちゃんがいる図です。

図５

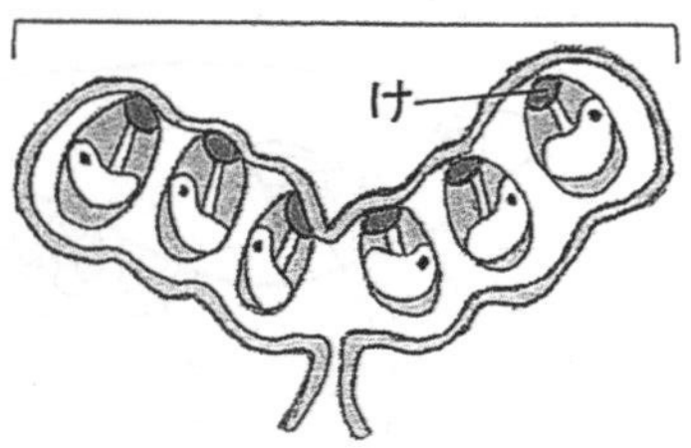

問７　**図５**のく，けの部分を何というか，それぞれ答えなさい。

Ⅱ　文章【A】【B】を読み，各問いに答えなさい。

【A】　液体は，温度が変化すると同じ重さのまま体積が変化します。このことを利用して簡単な温度計を作ることができます。**図１**の装置はガリレオ温度計と呼ばれ，ある液体中にいくつかのおもりを入れたものです。液体の体積が温度によって変化することから，中に入れたおもりの浮《う》き沈《しず》みを観察することで温度を調べることができます。

ここで**図２**のように，アルコールの一種であるエタノールを容器に注ぎ，そこにいろいろな重さのおもりを入れ，ガリレオ温度計を作ることを考えます。おもりは，温度によって体積の変化しない 10 cm^3 の容器に適量の砂を入れて密閉した**図３**のようなものをいくつか用意します。また，**図４**は，エタノール 100 g の体積と温度の関係を表したグラフです。

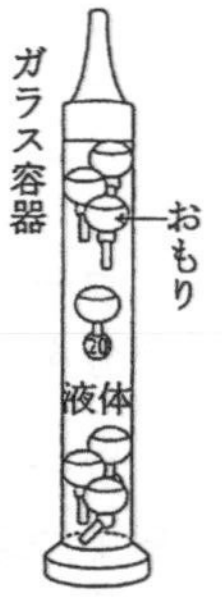

図１　市販の
ガリレオ温度計

問１　**図２**のガリレオ温度計内のエタノールの温度が 43°C よりも高いか低いかを調べるためには，何 g のおもりを用いればよいですか。小数第２位を四捨五入して小数第１位まで答えなさい。また，エタノールの温度が 43°C よりも高いとき，このおもりは浮きますか，それとも沈みますか。「浮く」または「沈む」を丸で囲みなさい。

問２　問１で用意したおもりの他に，それよりも 0.1 g ずつ重くしたものを４つ用意し，全部で５つのおもりをエタノールに入れました。エタノールがある温度となったとき，５つのおもりのうちの３つが浮き，２つが沈みました。このときのエタノールの温度は何°C だと考えられますか。つぎの**ア**～**オ**から最も近いものを１つ選び，記号で答えなさい。

ア．1°C　　**イ**．13°C　　**ウ**．26°C　　**エ**．36°C　　**オ**．48°C

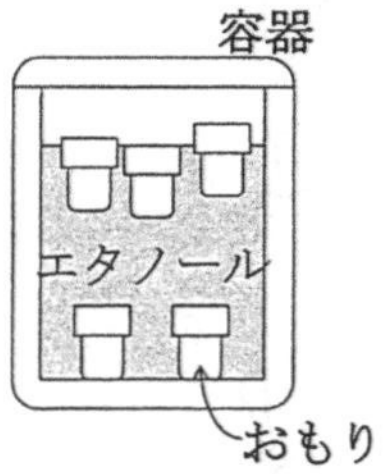

図２

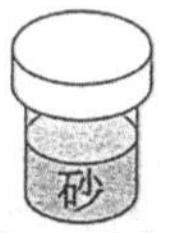

図３　おもり

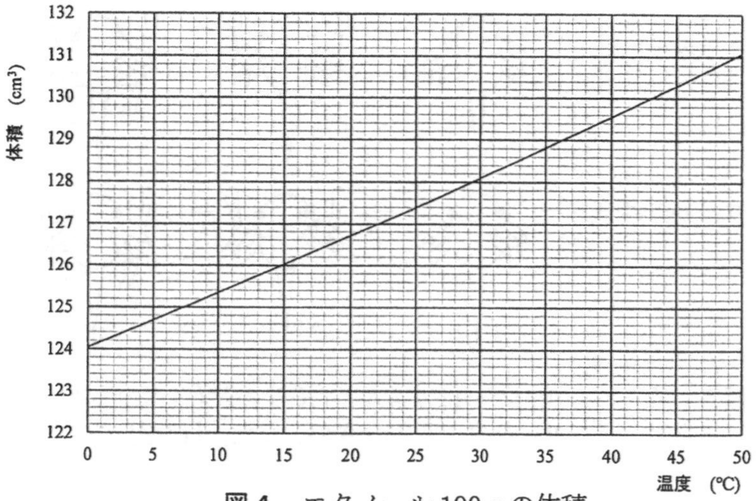

図４　エタノール 100 g の体積

問３　以下の文章の空らん①～④にあてはまる語を下の**ア**～**エ**から選び，記号で答えなさい。

エタノールを冷やしていくと，－（マイナス）114°C で固体となる。この温度で固体となる前の液体のエタノール 100 g の体積は 117 cm^3 であり，同じ温度で固体となったエタノール 100 g の体積は 107 cm^3 である。同じ体積の－114°C の固体と液体のエタノールを比べると，固体のほうが液体よりも［　①　］く，固体を液体に入れると［　②　］ことが知られている。また，水は冷やしていくと 0°C で氷となるが，同じ体積の 0°C の液体の水と比べると，固体のほうが液体よりも［　③　］く，固体を液体に入れると［　④　］ことが知られている。

ア．重　　**イ**．軽　　**ウ**．浮く　　**エ**．沈む

【B】　0°C のときの長さがちょうど 2 m で同じ重さの鉄の棒を２本用意しました。１本を 0°C に保ち，もう１本を均一にゆっくりと温めたところ，45°C になったときに２本の長さの差が 1 mm となりました。（**図５**）　温度が 1°C 上がるごとにのびる長さは同じであるものとします。

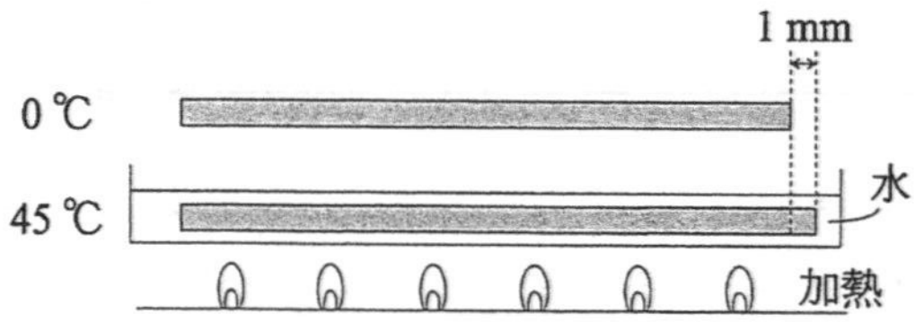

図５

問４　0°C のときの長さが 25 m である鉄の棒を並べて鉄道のレールを作る場合について考えます。温度が変化しても棒がぶつかってゆがむことのないよう，鉄の棒はすきまを開けて並べられます。直射日光が当たって温度が 50°C となっても，となり合うレール同士がぶつからないようにするためには，0°C のときに少なくとも何 mm のすきまを開けておけばよいですか。小数第１位を四捨五入して整数で答えなさい。

Ⅲ　桜さんは，洗たく物がかわくようすに興味を持ち，以下の実験を行いました。

【実験１】室内と庭にぬれたタオルを 15 枚ずつ干し，そのかわき方を確認しました。そのときの庭と室内を上から見たようすと条件を図１に，タオルの干し方を図２に示します。タオルは，図２中の||||の場所に干しています。

図１

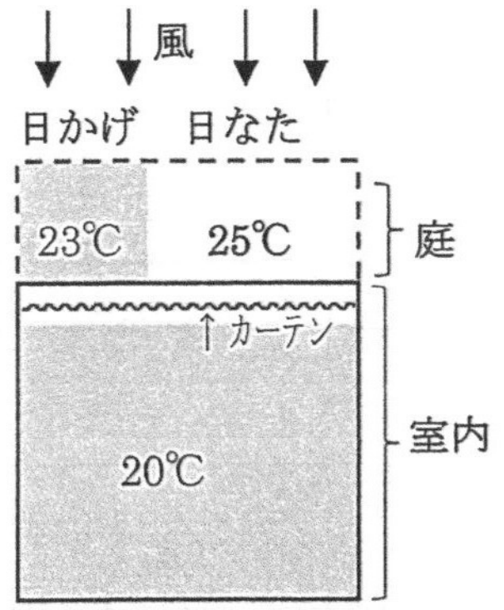

図２

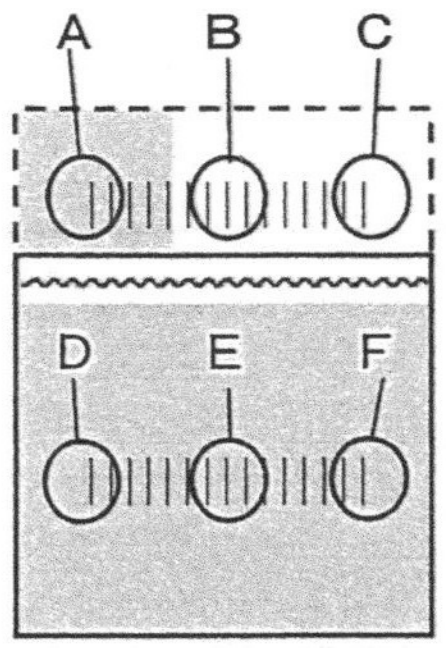

・タオルは等間かくで干してある。
・タオルの素材・形は同じである。

図２のＡとＤを比べると，Ｄの方がかわくのに時間がかかりました。桜さんは，その理由を以下のように考えました。

（１）室内のＤは，庭のＡとちがって（あ）がないこと。
（２）室内のＤは，庭のＡとくらべて（い）が低いこと。

問１　上記の理由の文中の（あ），（い）にあてはまる語を答えなさい。

問２　図２のＡ～Ｆの中で，タオルが最もかわきやすい場所と最もかわきにくい場所の組み合わせとして正しいものを，つぎのア～カから選びなさい。

	ア	イ	ウ	エ	オ	カ
最もかわきやすい場所	A	A	B	B	C	C
最もかわきにくい場所	E	F	E	F	E	F

【実験２】①～④のように，タオルの重さの変化を調べました。

①　かわいたタオルの重さをはかったら，43 g だった。
②　①のタオルを水にぬらして軽くしぼり，その重さをはかったら，151 g だった。
③　閉め切った部屋の中に②のタオルを干した。
④　24 時間後に，再びタオルの重さをはかったら，60 g だった。

④で取り出したタオルは，完全にはかわいていませんでした。これは部屋の空間に，タオルにふくまれている水を水蒸気としてすべてふくむことができなかったからです。空気中にふくむことができる最大の水蒸気量を飽和《ほうわ》水蒸気量といい，20°C では 1 m³ あたり 17.3 g です。

この実験中，室内は閉め切っていて，部屋の外との空気の出入りはなく，気温は常に 20°C，部屋の容積は 15 m³，24 時間後の部屋の中は水蒸気を飽和水蒸気量までふくんでいるものとして答えなさい。

問３　①～④から，つぎの重さを求めなさい。
（ⅰ）ぬらして軽くしぼったタオルにふくまれている水の重さ
（ⅱ）24 時間のあいだにタオルから部屋の空気中に移動した水蒸気の重さ

問４　この 20°C の部屋全体にふくむことができる水蒸気は最大何 g か。小数第１位を四捨五入して整数で答えなさい。

問５　タオルを干しはじめたとき，部屋全体にふくまれていた水蒸気は何 g か。小数第１位を四捨五入して整数で答えなさい。

問６　一定の容積の空間において，ふくむことができる最大の水蒸気量に対する，実際にふくまれている水蒸気量の割合（%）のことを，しつ度といいます。タオルを干しはじめたときの部屋の中のしつ度は何%か。小数第１位を四捨五入して整数で答えなさい。

Ⅳ　文章を読み，各問いに答えなさい。

ものが燃えるときには，空気中の酸素が使われます。例えばろうそくが燃えると，ろうの成分が酸素と結びついて 気体Ａと水（水蒸気）ができます。

鉄は燃えるのでしょうか。厚い鉄板は燃えませんが，スチールウールならば燃えます。厚い鉄板でも，空気中に置いておくとしだいにさびていきます。さびるとは，ゆっくり時間をかけて酸素と結びつく現象です。このように鉄には酸素と結びつきやすい性質があるのです。

使いすてカイロは，鉄が酸素と結びつくときに発生する熱を利用しています。鉄を粉末状にして内袋《うちぶくろ》に入れ，さらに外袋に入れて保管します。使うときに外袋から取り出すと，温度が上がり始めます。ちょうど良い温度が長い時間続くように工夫されています。

問１　酸素について説明した文として正しいものをア～クからすべて選び，記号で答えなさい。
ア．空気中でスチールウールを燃やすと発生する。
イ．水にとかすと酸性を示し，石灰水に通すと白くにごる。
ウ．人が空気を吸いこむときよりも，はき出したときに体積での割合が減る気体である。
エ．品質を保つためにおかしの袋に入っていることがある。
オ．水にドライアイスを入れると出てくるあわと同じ気体である。
カ．日光が当たると植物が出す気体で，空気中での体積の割合が２番目に多い。
キ．塩酸にスチールウールを入れると発生する。
ク．100°C で液体から気体に変化する。

問２　気体Ａについて説明した文として正しいものを問１のア～クからすべて選び，記号で答えなさい。

問３　下線部について，スチールウールが燃えるのはなぜですか。「厚い鉄板よりもスチールウールのほうが，」に続けて 10～20 字で答えなさい。

問４　使いすてカイロについて説明した文として正しいものをア～キから３つ選び，記号で答えなさい。
ア．内袋には小さな穴がたくさんあいていて，外袋から取り出すとすぐに鉄が空気にふれて温度が上がり始める。
イ．内袋には小さな穴がたくさんあいていて，中の空気が膨張《ぼうちょう》して袋が破れるのを防いでいる。
ウ．内袋も外袋も空気を通さない素材でできているため，長期間保管することができる。
エ．製造過程で発熱し始めても，内袋に入れると止まる。
オ．製造過程で発熱し始めても，外袋に入れると止まる。
カ．鉄のつぶが大きいほうが速く温度が上がる。
キ．鉄のつぶが小さいほうが速く温度が上がる。

つぎの手順で，使いすてカイロの温度を調べる実験をしました。

手順１　カイロを外袋から取り出し，タオルの上に置く。

手順２　図１のようにタオルとカイロの間に温度計をはさみ，１時間おきにカイロの温度を測定する。

図１

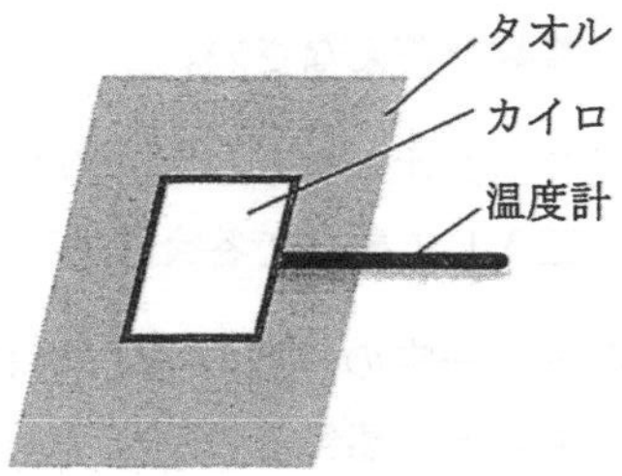

図２

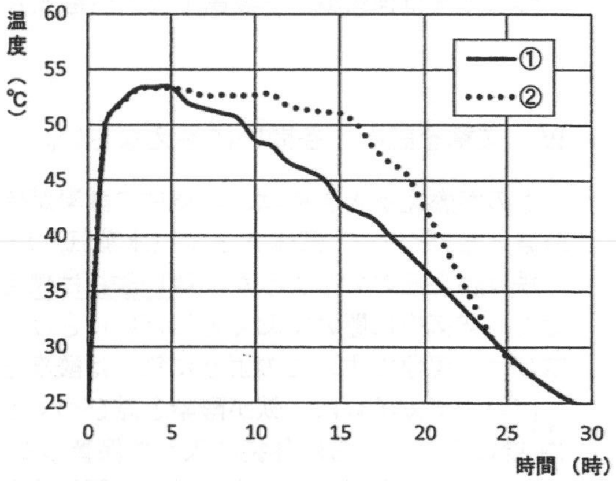

同じカイロを２つ用意し，カイロ①は振《ふ》らずにそのまま置いておき，カイロ②はときどき振りました。外袋から取り出したあとの時間に対する温度の変化をグラフで表すと図２のようになりました。

実験後のカイロをさわってみると，①は板のように固まっていましたが，②はさらさらしていました。実験後のカイロ①の重さは，実験前より５g増えていました。カイロ①に磁石を近づけると，引きつけ方は実験後のほうが実験前より弱くなりました。

問５　実験結果のグラフ（図２）について説明した文として正しいものを**ア**～**カ**からすべて選び，記号で答えなさい。

ア．カイロを振ると鉄が空気にふれやすくなるため，最高温度に達するまでの時間は振ったもののほうが振らないものより短い。

イ．カイロを振るたびにまわりの空気で冷やされるため，最高温度に達するまでの時間は振ったもののほうが振らないものより長い。

ウ．カイロを振っても振らなくても，温度の上がり方に大きな差はない。

エ．カイロを振ると鉄が空気にふれやすくなるため，最高温度は振ったもののほうが振らないものより高い。

オ．カイロを振るたびにまわりの空気で冷やされるため，振ったものには振らないものより低い温度が続く時間帯がある。

カ．カイロを振るたびに空気にふれていなかった鉄が空気にふれるため，振ったものには振らないものより高い温度が続く時間帯がある。

問６　増えたカイロの重さは，すべて鉄と結びついた酸素の重さだとすると，カイロ①の実験に必要な空気は少なくとも何Lですか。小数第２位を四捨五入して小数第１位まで答えなさい。ただし，空気の体積の21%が酸素であり，酸素１Lの重さは1.31gとします。

問７　実験後のカイロ②について説明した文として正しいものを**ア**～**カ**から２つ選び，記号で答えなさい。

ア．重さは，実験後のカイロ①より軽い。

イ．重さは，実験後のカイロ①と同じである。

ウ．重さは，実験後のカイロ①より重い。

エ．磁石の引きつけ方は，実験前より強い。

オ．磁石の引きつけ方は，実験前より弱く，実験後のカイロ①より強い。

カ．磁石の引きつけ方は，実験後のカイロ①より弱い。

令和４年度　　　　受験番号（　　　　）

解答らん〔理科〕

※60点満点
（配点非公表）

Ⅰ

問１			
A	B	C	D

問２			問３	問４	問５
X	Y	Z			

問６		問７
生物 カエル ・ イモリ	理由	く
	理由	け

Ⅱ

問１		問２
g	浮く　・　沈む	

問３				問４
①	②	③	④	mm

Ⅲ

問１		問２
あ	い	

問３		問４	問５	問６
i　g	ii　g	g	g	%

Ⅳ

問１	問２

問３

厚　い　鉄　板　よ　り　も　ス　チ　ー　ル　ウ　ー　ル　の　ほ　う　が　，

問４		問５	問６	問７	
			L		

令和４年度　桜蔭中学校入学試験　[社会]　　受験番号（　　　）

＊漢字で書くべきものは漢字で記しなさい。

(30分)

Ｉ　次の文章を読んで，後の問いに答えなさい。

世界的に広がる感染症《かんせんしょう》は，人の流れを妨《さまた》げましたが，貨物の流れは宅配便などの利用増加によってますます重要になってきました。旅客や貨物を運ぶ手段には，①自動車，鉄道，船舶《せんぱく》，航空機などがあり，それぞれに適した利用法があります。

後の図は首都圏《しゅとけん》の主な自動車専用道路の略図です。このうち北関東自動車道は比較的《ひかくてき》新しい道路で，2011年に②群馬県の高崎市と茨城県のひたちなか市を結ぶ形で開通しました。この道路の終点はひたちなか市にある茨城港へとつながっていて，③北関東工業地域と港を結ぶ働きをしています。そのため，この道路が完成したことで④貨物の流れに大きな効用が生まれています。茨城港では何基ものクレーンによって，国際規格の大きさに統一された［　1　］が，専用船と陸上輸送用のトラックの間を行き来しています。また，⑤主要な輸出品を運ぶための専用埠頭《ふとう》もあります。

茨城港は貿易港であると同時に周辺には⑥工場や発電所があります。ここにある火力発電所は［　2　］を燃料とする火力発電所です。［　2　］は価格が比較的安く，供給が安定していることから，日本では長く火力発電の燃料のひとつとされてきました。しかし近年，地球温暖化防止のため，二酸化炭素の排出量《はいしゅつりょう》を実質ゼロにする［　3　］社会をめざす世界的傾向の中で，その発電方法が問題となっています。

地球温暖化の傾向は数値にもはっきりあらわれています。気象庁は昨年５月に新しい「平年値」を公表しました。平年値は10年ごとに更新《こうしん》されていて，過去［　4　］年間分の観測値による平均値が使用されます。それによると，旧平年値に比べ，東京（北の丸公園）の新しい年平均気温は0.4度上がり，およそ［　5　］度となりました。最高気温が35度以上になる［　6　］日も増えています。地球温暖化の影響《えいきょう》は日本近海の海水温にもおよんでいます。秋になって海水温が下がると［　7　］海流に乗って，成魚が日本近海へ南下する［　8　］の水揚《みずあ》げの時期が遅《おく》れたり，量が減少したりという変化にも関連しているといわれます。2020年の［　8　］の水揚げ量は10年前の約15%ほどでした。また本来日本では越冬《えっとう》できなかった動植物が，外国からの貨物とともに運ばれ，繁殖《はんしょく》する例も報告されています。その中には，感染症を引き起こす害虫もいます。

感染症を媒介《ばいかい》することもある蚊《か》を防ぐ目的で，日本で古代から使われてきたものに「蚊帳《かや》」があります。蚊帳は文字通り蚊の侵入《しんにゅう》を防ぐために室内につるす麻《あさ》や綿を素材とするネットです。高温多湿な日本の夏は蚊の発生が多く，蚊帳や除虫菊《じょちゅうぎく》からつくる蚊取線香《かとりせんこう》は欠かせないものでした。昭和後期以降，日本では一般《いっぱん》家庭の窓に，アルミサッシ枠《わく》の［　9　］が普及《ふきゅう》して，蚊帳の使用は減っていきました。しかしマラリアやデング熱など蚊が媒介する感染症がある熱帯地方では蚊帳の需要《じゅよう》がまだ多く，日本でつくられた蚊帳も海外援助《えんじょ》のひとつとして発展途上《とじょう》国に贈《おく》られています。また蚊帳のほか，日本発祥《はっしょう》のうずまき型蚊取線香を，日本の協力で現地で生産している国もあります。このような形の海外援助は，［　10　］の通じていない地域でも導入できるうえ，現地で取れる作物などから［　11　］を調達できるので，その国の人々の生活を向上させ産業発展にも役立ちます。また，新型コロナウイルス感染症の拡大によって，日本の家庭で一般的な［　12　］が海外で注目されています。［　12　］は明治時代に来日した外国人との習慣の違《ちが》いの問題を解決するために日本人が考案したオーバーシューズがもとになったそうです。地球温暖化や感染症は地球人の共通の課題です。風土や宗教の違いは大きくても，物や人，情報の交流が頻繁《ひんぱん》になった今，ともに知恵《ちえ》を出しあい，協力しあって解決しなくてはなりません。

首都圏の主な自動車専用道路略図

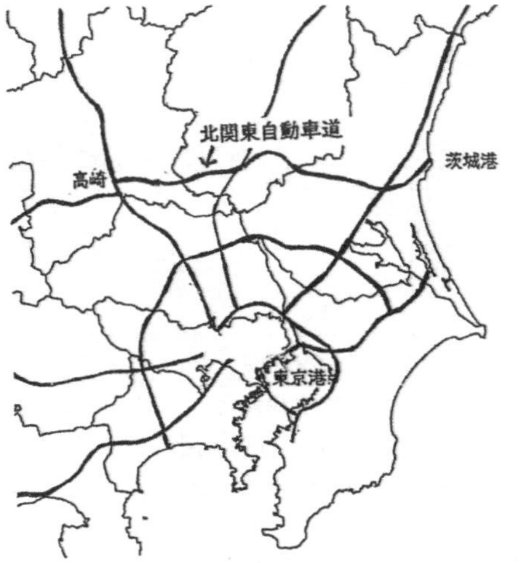

問１　文中の空欄《くうらん》［　1　］～［　12　］に当てはまる語句または数字を答えなさい。ただし，［　5　］については，もっとも適切な数字を次から１つ選び，そのまま記しなさい。

［　5　］に適する数字：　14　　16　　18　　20

問２　次の文にあげた特徴《とくちょう》を持つ交通の手段を，文中の下線部①にある４つの輸送手段から１つ選び，そのまま記しなさい。

【重いものも，正確な時間で輸送でき，温室効果ガスの排出も比較的少ない。日本では貨物よりも旅客輸送に多く利用される。】

問３　文中の下線部②について，次の表は，群馬県と人口数が近い福島・岡山・岐阜の各県を比較したものです。群馬県の数値などを示すものを表中の あ～え から１つ選び，記号で答えなさい。

	あ	い	う	え	全国
田の割合（%）注１	38.2	78.4	70.6	76.5	54.4
在留外国人数（百人）注２	617	316	156	602	29331
在留外国人数のうち国籍《こくせき》別人数が１位の国名	ブラジル	ベトナム	中国	フィリピン	中国
一世帯当たり乗用車保有台数（台）注３	1.68	1.40	1.57	1.63	1.08

二宮書店「データブックオブザワールド2021」・「出入国在留管理庁　統計」より作成

注１　田の割合：耕地の総面積にしめる田の割合（2019）

注２　在留外国人数：観光客などの３か月以内の短期滞在《たいざい》者を除く外国人の数（2019年12月末）

注３　一世帯当たり乗用車保有台数（2020）

問４　文中の下線部③について，北関東工業地域内の工業都市の特徴をのべた文として適切でないものを次の あ～え から１つ選び，記号で答えなさい。

あ　太平洋戦争中に疎開《そかい》してきた軍需工場がもとになって機械工業が発展した。
い　絹織物の産地として知られ，現在も繊維《せんい》工業が立地している。
う　二毛作の裏作として生産するコムギを原料とした製粉業が立地している。
え　1950 年代後半から工業用地を造成し，石油化学コンビナートなどが形成された。

問５　文中の下線部④について，北関東自動車道の完成が，北関東工業地域にもたらした効用について，完成前の状況《じょうきょう》と比較して説明しなさい。

問６　文中の下線部⑤について，次の写真は，この埠頭に最も関連の深い専用船です。この船舶で運ばれる工業製品名を答えなさい。

日本海事広報協会「日本の海運 2021-2022」より

問７　国土地理院の地形図に使われる地図記号は，時代の流れによって変わります。文中の下線部⑥の記号は一部の地形図では使われなくなりました。一方で新しく考案された記号もあります。後の〈 い 〉の地図記号はもともとあった〈 あ 〉の記号をもとにしてつくられ，現在はこの２種類の記号が使い分けられていて，〈 い 〉は〈 あ 〉よりも少し大きめに描かれています。〈 あ 〉の例としてあげた写真〈 あ 〉は東京の渋谷駅前のもので，地形図にも掲載《けいさい》されています。また，写真〈 い 〉は桜蔭中学校の近くにある〈 い 〉の例で、2021 年の６月に国土地理院のウェブ地図に掲載されました。

〈 あ 〉および〈 い 〉の地図記号名を明らかにしながら，〈 あ 〉と区別する形で〈 い 〉の地図記号がつくられた理由を説明しなさい。

〈 あ 〉

〈 い 〉

写真　〈 あ 〉

写真　〈 い 〉

Ⅱ　次の文章を読んで，後の問いに答えなさい。

2020 年の日本人の平均寿命《じゅみょう》は男女とも過去最高となりました。医療《いりょう》技術の進歩や健康意識の高まりなどがその要因ですが，日本の医療はどのような歴史を歩んできたのでしょうか。①縄文・弥生時代の住居跡《あと》から薬に使われたものと思われる植物が発見されていますが，主に儀式《ぎしき》やまじないが医療行為《こうい》として行われていたようです。縄文時代に，人間をかたどってつくられた [1] は，豊かなめぐみだけでなく，ケガをした部分の回復を願い [1] の同じ場所を壊《こわ》したとも考えられています。②古墳時代になると朝鮮半島を経て医療技術が日本に伝わり，遣隋使・③遣唐使の時代には中国から直接医療技術がもたらされるようになりました。中国から来日し，奈良に [2] 寺を建てた鑑真は薬に関する豊富な知識で医療の進歩に貢献《こうけん》しました。また，８世紀には④聖武天皇のきさきによって病人を保護する施設もつくられました。その一方で，⑤平安時代の人々は病気の原因を⑥恨《うら》みを持つ霊《れい》のたたりと考え，霊を退治するための祈《いの》りや儀式も行われていました。紫式部が書いた長編小説『 [3] 』にはそのようすが描《えが》かれています。

鎌倉時代，僧の栄西は中国の⑦宋に留学した際に，薬としての [4] の効用などを学んできました。その後，[4] を飲む習慣は広がり，戦国時代には千利休によって [4] を楽しむ新しい作法が定まりました。また，戦国時代には南蛮人の渡来《とらい》によって⑧西洋の医療も日本に伝わりました。江戸時代に入ると，８代将軍 [5] の時代に⑨鎖国下でも日本への来航が認められていた [6] から西洋の医療が伝わります。中津藩の医者であった [7] と小浜藩の医者であった杉田玄白は，[6] 語で書かれた解剖《かいぼう》に関する書物を翻訳《ほんやく》し『解体新書』を出版しました。その後，⑩1858 年に伝染病が大流行すると幕府もその対策として西洋の医療を重視しました。

明治時代，政府は⑪近代化のための改革を進め，その過程で⑫藩立病院が県立病院へと移行するなど，医療の分野にも変化が生じました。日清・⑬日露戦争に突入《とつにゅう》すると，医療は富国強兵を支える基盤《きばん》として重視されるようになります。また，この時期は⑭西洋の文化が積極的に取り入れられ，⑮医療も発展しました。大正時代，第一次世界大戦が起こりヨーロッパからの輸入が停滞すると医療品の国産化が進みましたが，太平洋戦争では医療品や医師が不足する苦しい状況に陥《おちい》りました。

戦後はＧＨＱの指導の下，医療の分野でも改革が行われました。その後，⑯独立を回復すると，⑰経済発展により家庭用電気製品が普及し生活水準が向上すると同時に，レントゲンや心電図などの医療機器も普及し医療水準も向上しました。近年は，最新の科学技術が医療の発展に貢献する一方，それに伴《ともな》う新たな問題も生じており，これからの医療のあり方が問われています。

問１　文中の空欄 [1] ～ [7] に適する語句を答えなさい。その際に [6] 以外は漢字で，[4] は漢字一字で答えなさい。

問２　文中の下線部①に関する次の X～Z の文の正誤の組合せとして正しいものを，後の あ～か から１つ選び，記号で答えなさい。

X　縄文時代の人々は土器を用いて，野生の動物や木の実などを煮《に》たり，貯えたりした。
Y　縄文時代の人々は石や木，金属などを加工して生活に必要なさまざまな道具をつくっていた。
Z　弥生時代の人々は石包丁や田げた，千歯こきなどの農具を使い，協力して作業をするようになった。
あ　X:正 Y:正 Z:誤　　い　X:正 Y:誤 Z:正　　う　X:正 Y:誤 Z:誤
え　X:誤 Y:正 Z:正　　お　X:誤 Y:正 Z:誤　　か　X:誤 Y:誤 Z:正

問３　文中の下線部②に関する次の X～Z の文の正誤の組合せとして正しいものを，下の あ～か から１つ選び，記号で答えなさい。
X　前方後円墳は近畿地方を中心に全国に広がっており，大和朝廷が北海道から九州までの豪族や王を従えていたことが分かる。
Y　大和朝廷の中心人物は大王《おおきみ》と呼ばれ，稲荷山古墳から出土した鉄剣《てっけん》にはヤマトタケルの名が刻まれている。
Z　渡来人が養蚕や織物，焼き物などの高度な技術を日本に伝えた。
あ　X:正 Y:正 Z:誤　　い　X:正 Y:誤 Z:正　　う　X:正 Y:誤 Z:誤
え　X:誤 Y:正 Z:正　　お　X:誤 Y:正 Z:誤　　か　X:誤 Y:誤 Z:正

問４　文中の下線部③に関して，遣唐使とともに留学生として唐に渡り皇帝に仕えたが，帰国できず唐で一生を終えた人物名を答えなさい。

問５　文中の下線部④の命令でつくられた大仏の材料の中で最も多く使われたものを，次の あ～え から１つ選び，記号で答えなさい。
あ　金　　い　銅　　う　水銀　　え　すず

問６　文中の下線部⑤に関して，藤原道長は一条天皇から後一条天皇の時代に摂政として，頼通は後一条天皇から後冷泉天皇の時代に摂政や関白として大きな力を持ちました。しかし，藤原氏は後三条天皇が即位《そくい》すると力を失いました。このことから，摂政や関白などとして力を持つためには天皇とどのような関係になることが重要であったかを，次の系図を参考に説明しなさい。

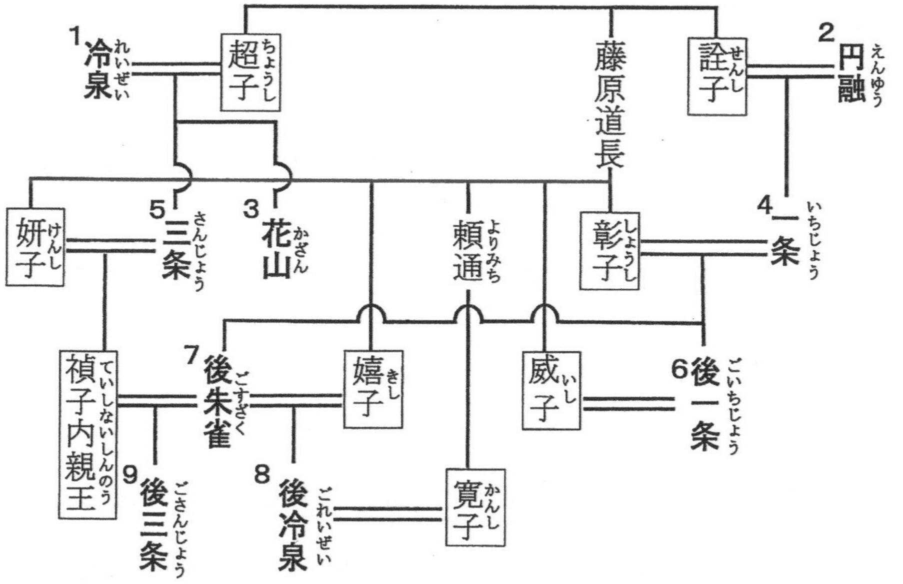

（太字は天皇，数字は即位の順番を表す。＝は婚姻《こんいん》関係を，□で囲まれた人物は女性を表す。）

問７　文中の下線部⑥に関して，当時の人々にたたりをもたらすとして恐《おそ》れられた人物には，遣唐使の廃止《はいし》を提案した人物もいます。この人物名を答えなさい。

問８　文中の下線部⑦に関して，平清盛が宋との貿易拠点《きょてん》として整えた港があった現在の県名を，次の あ～え から１つ選び，記号で答えなさい。
あ　広島県　　い　兵庫県　　う　山口県　　え　福岡県

問９　文中の下線部⑧に関して，戦国大名の織田信長，豊臣秀吉の西洋の医療に対する態度は，両者のキリスト教に対する態度とほぼ同じでした。このことを参考に，信長と秀吉の西洋の医療に対する態度についての文として適切と考えられるものを，次の あ～え から１つ選び，記号で答えなさい。
あ　信長も秀吉も西洋の医療の受け入れに積極的であった。
い　信長は西洋の医療の受け入れに積極的で，秀吉は消極的であった。
う　信長は西洋の医療の受け入れに消極的で，秀吉は積極的であった。
え　信長も秀吉も西洋の医療の受け入れに消極的であった。

問10　文中の下線⑨に関して，鎖国下における交流について次の X～Z の文の正誤の組合せとして正しいものを，下の あ～か から１つ選び，記号で答えなさい。
X　朝鮮との間では対馬藩を窓口に貿易が行われ，日本から朝鮮に通信使が派遣《はけん》された。
Y　蝦夷地《えぞち》では松前藩が，本州の産物とアイヌの人々が生産した生糸《きいと》や木綿《もめん》などを取り引きした。
Z　琉球王国は，幕府の将軍や琉球国王が代わるたびごとに江戸に使節を送った。
あ　X:正 Y:正 Z:誤　　い　X:正 Y:誤 Z:正　　う　X:正 Y:誤 Z:誤
え　X:誤 Y:正 Z:正　　お　X:誤 Y:正 Z:誤　　か　X:誤 Y:誤 Z:正

問11　文中の下線部⑩に関して，1858 年に結ばれた以下の史料の条約において，空欄【　A　】【　B　】に当てはまる語句の組合せとして正しいものを，下の あ～え から１つ選び，記号で答えなさい。

> 第１条　今後日本とアメリカは友好関係を維持《いじ》する。
> 第３条　下田・函館に加え，以下の港を開港…（中略）…する。
> 　　　　神奈川（横浜）　【　A　】　新潟　兵庫（神戸）
> 第６条　日本人に対し法を犯《おか》したアメリカ人は，領事裁判所にて【　B　】の国内法に従って裁かれる。

あ　A:長崎　B:アメリカ　　い　A:長崎　B:日本
う　A:博多　B:アメリカ　　え　A:博多　B:日本

問12　文中の下線部⑪に関して，政府が医療の近代化の手本とした国は，大日本帝国憲法の作成の際にも参考とした国です。君主の権限が強い憲法を持ったこの国を，次の あ～え から１つ選び，記号で答えなさい。
あ　イギリス　　い　アメリカ　　う　フランス　　え　ドイツ

問13　文中の下線部⑫に関して，この移行の背景には明治政府が中央集権化のため 1871 年に行った政策がある。この政策の名称《めいしょう》を答えなさい。

問14　文中の下線部⑬に関して，日露戦争後（1905 年）の日本の領土を，次の あ～え から１つ選び，記号で答えなさい。なお，後の地図中の濃《こ》い部分が日本の領土を表します（図の範囲《はんい》に一部省略があります。また，図中の点線は現在の国境線を表します）。

2022(R4) 桜蔭中
教英出版　社5の3

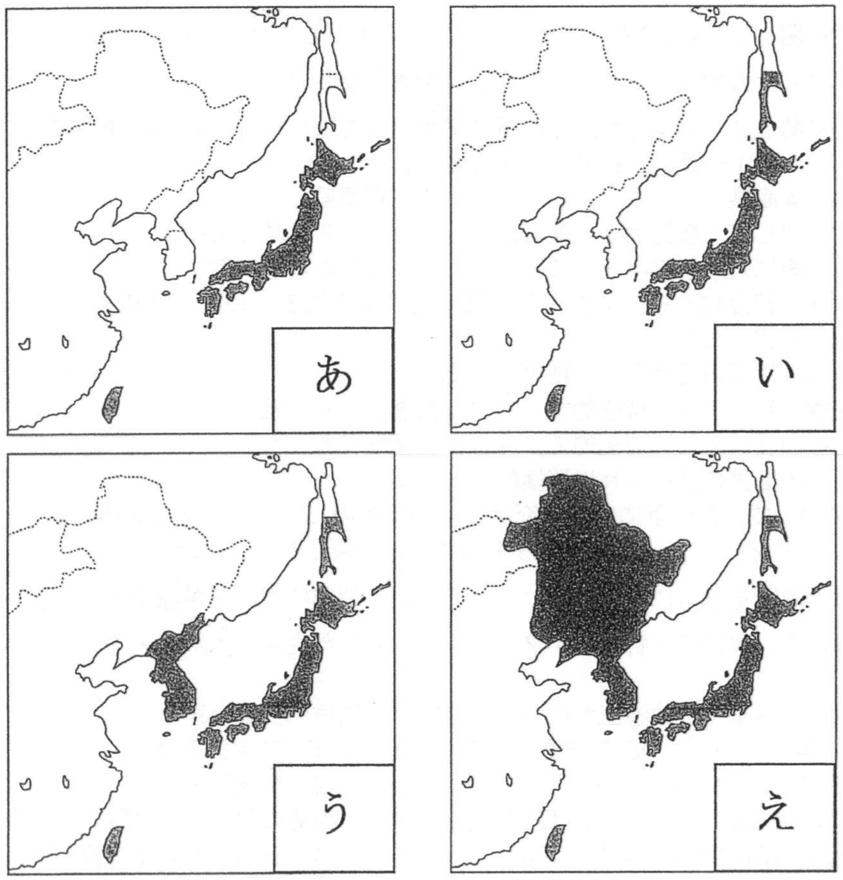

問 15　文中の下線部⑭に関して，1883 年に外交上のねらいから，日本が西洋化したことを示すため，外国人との社交場として東京に建てられた西洋風の建物の名称を答えなさい。

問 16　文中の下線部⑮に関して，感染症の赤痢《せきり》の原因となる菌《きん》を発見し，医療の発展に貢献した人物名を，次の あ～え から１つ選び，記号で答えなさい。

あ　北里柴三郎　　い　野口英世　　う　鈴木梅太郎　　え　志賀潔

問 17　文中の下線部⑯に関して，この時に結ばれた以下の条文を含む条約名を答えなさい。

> 第１条　アメリカの軍隊を日本国内とその付近におく。この軍隊は，日本が外国から武力で攻撃《こうげき》されたり，内乱が起きたりしたときなどに使用される。

問 18　文中の下線部⑰に関して，ある年の『経済白書』(政府が発表する日本経済に関する報告)には「もはや戦後ではない。回復を通じての成長は終わった」と記されています。

これは，戦後の復興によって生産が戦前の水準を超《こ》え，新たな経済発展の段階に入ったことを表しています。この『経済白書』が発表された時期を，次の あ～え から１つ選び，記号で答えなさい。

あ　1940 年代　　い　1950 年代　　う　1960 年代　　え　1970 年代

Ⅲ　次の①～⑤の各文の空欄 [1] ～ [5] に適する語句をそれぞれ答えなさい。そのとき，[4] と [5] はカタカナで記しなさい。さらに 問A～E に答えなさい。

①　1950年に [1] が起こり，アメリカは戦争に加わりました。アメリカ軍は戦争に必要な物資の多くを日本から調達したため，日本経済が復興するきっかけとなりました。その後，日本経済は大いに発展しました。

問A　高度経済成長期に関する記述のうち誤っているものを，次の ア～エ から１つ選び，記号で答えなさい。

ア　1960年代には東京オリンピックが開かれ，国内では新幹線や高速道路などが整備され，世界に日本の復興を印象づけた。

イ　1960年頃《ごろ》に，白黒テレビや洗濯機《せんたくき》，冷蔵庫が各家庭にも普及するようになり，国民は生活が豊かになっていくことを実感した。

ウ　産業の発展とともに，環境《かんきょう》の破壊《はかい》も進み，四大公害病をはじめとする多くの公害問題が発生し，環境省が設置された。

エ　1960年代半ばから，輸出額が輸入額を上回り，それ以降，アメリカとの間でカラーテレビや鉄鋼をめぐって貿易摩擦《まさつ》問題が起こった。

②　2021年で，東日本大震災《だいしんさい》から10年が過ぎました。道路や学校，防潮堤《ぼうちょうてい》などの再建を進めるための省庁として [2] が設置されました。[2] は2021年３月末で閉じられることになっていましたが，家族を失った人々の心のケアなどをするために，さらに10年間存続されることになりました。

問B　震災に関する記述のうち誤っているものを，次の ア～エ から１つ選び，記号で答えなさい。

ア　関東大震災からの復興に取り組んだ政治家に後藤新平がいる。

イ　９月１日を防災の日とし，この日を含《ふく》む一週間を防災週間とするのは，1923年の９月１日に関東大震災が起こったことに由来している。

ウ　2011年には，東日本大震災からの復興を進めるために，国会は補正予算を成立させ，仮設住宅などがつくられた。

エ　東日本大震災からの復興に役立てるため，消費税率10%には復興税（復興特別税）分が含まれている。

③　三権のうち，国会で決められた法律や予算にもとづいて，それを実施《じっし》するのが [3] 権である。

問C　[3] 権に関する記述のうち誤っているものを，次の ア～エ から１つ選び，記号で答えなさい。

ア　内閣総理大臣は，国会が指名し，天皇が任命する。

イ　国務大臣は，内閣総理大臣が任命する。

ウ　内閣総理大臣と国務大臣で行う閣議で，内閣の方針を多数決で決定して，政治を進めていく。

エ　内閣が統制する機関には，各省のほかに，消費者庁や金融庁《きんゆうちょう》，宮内庁《くないちょう》などがある。

④　2019年の参議院議員選挙で，重度の障害を持つ人が当選したことが大きく取り上げられました。また，東京オリンピック・パラリンピックの開催《かいさい》もあり，障害者への理解が進んだと思われます。障害者だけでなく，高齢者《こうれいしゃ》や国籍の違う人など，すべての人が使いやすいように意図してつくられた製品や情報・環境のことを［　4　］と呼びます。

問D　障害者や少数者に関する記述のうち誤っているものを，次の ア～エ から１つ選び，記号で答えなさい。

ア　2006年に国際連合は障害者権利条約を採択《さいたく》し，障害のある人たちの権利を世界に広げていくことが約束された。

イ　2013年に，日本では障害者差別解消法が制定され，障害のある人が行動の妨げになるものを取り除くように求めた場合，役所や会社，店などは負担が重くなり過ぎない範囲で対応することが求められた。

ウ　2008年にアイヌ民族を日本の先住民族とすることを求める決議が，国会で採択された。

エ　2020年に，沖縄の文化の復興・発展のための拠点として民族共生象徴《しょうちょう》空間（ウポポイ）が沖縄県那覇市に開かれた。

⑤　第二次世界大戦が終了《しゅうりょう》し，日本はアメリカを中心とする連合国軍に占領《せんりょう》されました。連合国軍は日本の民主化を進めました。教育制度も改革され義務教育は小学校中学校の９年間となりました。［　5　］は第二次世界大戦によって荒廃《こうはい》した国々の子どもたちに緊急《きんきゅう》の食料を与《あた》えたり健康管理を行う目的で1946年に設立された国際連合の機関です。日本も［　5　］から支援を受けた粉ミルクなどが，学校給食に使われました。

問E　次の出来事を時代の古い順に並べたとき２番目になるものを，次の ア～エ から１つ選び，記号で答えなさい。

ア　日本国憲法が公布される。

イ　日本が独立を回復する。

ウ　女性の参政権が認められる。

エ　サンフランシスコ平和条約を結ぶ。

令和４年度　桜蔭中学校入学試験解答欄　［社会］　受験番号（　　　　）

※60点満点
（配点非公表）

Ⅰ　問５と問６の解答場所に注意すること

問1	1		2		3		4	
	5		6	日	7		8	
	9		10		11		12	

問2		問3		問4		問6	

問5	
問7	

Ⅱ

問1	1		2	寺	3		4	
	5		6		7			

問2		問3		問4		問5	

問6	

問7		問8		問9		問10		問11		問12	
問13		問14		問15							
問16		問17		問18							

Ⅲ

1		2		3	権	4					
5		問A		問B		問C		問D		問E	

答えはすべて解答用紙に書きなさい。

二〇二一年度　桜蔭中学校入学試験問題　〔国語〕

(50分)

一、次のⅠとⅡの文章を読んで、後の問いに答えなさい。

Ⅰ　ゾウはどんな生き物でしょうか。

「ゾウは鼻が長い動物である」そう答える人が多いかもしれません。しかし、本当にそうですか。

「群盲《もう》象を評す」というインド発祥《しょう》の寓《ぐう》話があります。

昔むかし、目の見えない人たちが、ゾウという生き物について感想を言い合いました。

鼻に触《ふ》れた人は、「ゾウはヘビのように細長い生き物だ」と言いました。ある人は、牙《きば》に触れて「ゾウは槍《やり》のような生き物だ」と叫びました。そして、耳に触《さわ》った人は、「ゾウはうちわのような生き物だ」と言いました。そして、太い足を触った人は「ゾウは木のような生き物だ」と言ったのです。

みんな正しいことを言っています。しかし、誰《だれ》一人としてゾウの本当の姿がわからなかったのです。

私たちも目の見えない物語の人たちと、そんなに違いはありません。

「ゾウは鼻の長い動物である」

本当に、それがゾウのすべてですか。

それでは、キリンはどうでしょう。キリンは首が長い動物……ただ、それだけですか。

それでは、シマウマはどうでしょう。バクはどうでしょう。

ゾウは、一〇〇メートルを一〇秒くらいで走ります。人間のオリンピック選手くらいの速さです。

ゾウは足の速い動物でもあるのです。

ゾウは鼻が長いというのは、ゾウの一面でしかありません。

Xオオカミは恐《おそ》ろしい動物と言われています。本当にそうでしょうか。

確かにオオカミはヒツジなどのa**カチク**を襲《おそ》います。しかし、オオカミは家族で生活をし、お父さんは家族のために獲《と》ってきた獲《え》物を、まず子どもたちに与《あた》えます。オオカミは家族思いのとってもやさしい動物でもあるのです。

(中略)

人間も同じです。

あなたのことを「おとなしい人だ」と思う人がいるかもしれません、一方、あなたのことを「活発な人だ」と思う人もいるかもしれません。おそらく、そのどちらも本当です。

本当のところ私たちは、そんなに単純な存在ではありません。

しかし、人間はどうも一面を見て判断してしまいがちです。しかも、人間のb**ノウ**は複雑なことは嫌いですから、できるだけ簡単に説明したくなります。

ゾウは鼻が長い動物で、キリンは首が長い動物、というような括《くく》り方で、あなたのことも「〇〇な人」と単純に納得したくなるのです。

それは、仕方のないことだというのも事実です。人間のノウは、あなたの複雑さなど理解したくないのです。

気をつけなければいけないのは、周りの人が一方向からみたレッテルを、あなた自身も信じてしまうことです。

たとえば「おとなしい子」と他の人が思ったのは間違いではないかもしれません。しかし、それは一面でしかありません。

それなのに、みんなが思ったとおり、「おとなしい子」があなたらしさだと勘《かん》違いしてしまうのです。そして「おとなしい子」でなければ自分らしくないと、「おとなしい子」になっていってしまうのです。

こうして、人は「自分らしさ」を見失っていきます。

〃本当の自分〃とは違う自分に苦しくなってしまうときもあります。

そして時に人は、〃本当の自分〃らしさを自ら捨ててしまうのです。

「らしさ」って何でしょうか。

それは、まわりの人たちが作り上げた幻《げん》想ではないでしょうか。

他にも自分らしさを見失わせる「らしさ」があります。

上級生らしく、中高生らしく、男らしく、女らしく、お兄ちゃんらしく、優等生らしく……。

私たちのまわりにはたくさんの「らしさ」があります。

そして、その「らしさ」は、上級生らしくすべき、中高生らしくすべき、男らしくあるべき、女らしくあるべき、お兄ちゃんらしく振《ふ》る舞《ま》うべき、優等生らしく頑《がん》張るべき……という「べき」という言葉を必ず連れてきます。

確かに、社会が期待するような「らしさ」に従うことも必要です。

しかし、①〃本当の自分〃らしさを探すときには、皆さんのまわりにまとわりついている「らしさ」を捨ててみることが必要なのです。

「らしさ」という呪縛《じゅばく》を解いたときに、初めて自分の「らしさ」が見つかるのです。

(中略)

②私は雑草と呼ばれる植物に心惹《ひ》かれます。

皆さんの中にも、「雑草魂《だましい》」という言葉が好きだったり、「雑草集団」と呼ばれるチームは応援《えん》したくなる人がいるかもしれません。エリートではないのに、頑張っている。雑草にはそんなイメージがあるかもしれません。

しかし、私が雑草を好きな理由は少し違います。

雑草は図鑑《かん》どおりではありません。それが何よりの魅《み》力です。

図鑑には春に咲くと書いてあるのに、秋に咲いていたり、三〇センチくらいの草丈《たけ》と書いてあるのに、一メートル以上もあったり、そうかと思うと五センチくらいで花を咲《さ》かせていたりします。まったく図鑑どおりではないのです。

人間にとって、図鑑は正しいことが書いてあるものです。「こういうものだ」「こういうのが平均的だ」と書いてあります。つまり、「こうあるべきだ」と書いてあるのです。

しかし、図鑑は人間が勝手に作ったものです。図鑑に書かれていることは、人間の勝手な思い込みなのかもしれません。植物にしてみれば、図鑑どおりでなければいけない理由はまったくありません。

雑草は、図鑑に書かれていることを気にせず、自由に生えています。そして自由に花を咲かせます。

図鑑に書かれていることと違うということは、植物を研究している私にとっては、とても面倒《どう》くさいことで、とても困ることです。しかし、人間が勝手に作り出したルールや「こうあるべき」という幻想にとらわれない雑草の生き方が、とてもc**ツウカイ**で、少しうらやましくもあるのです。

Ⅱ　③古代中国の思想家・孫子《そんし》という人は「戦わず勝つ」と言いました。孫子だけでなく、歴史上の偉《い》人たちは「できるだけ戦わない」という戦略にたどりついているのです。

偉人たちは、どうやってこのd**キョウチ**にたどりついたのでしょうか。おそらく彼らはいっぱい戦ったのです。そして、いっぱい負けたのです。

勝者と敗者がいたとき、敗者はつらい思いをします。どうして負けてしまったのだろうと考えます。どうやったら勝てるのだろうと考えます。

彼らは傷つき、苦しんだのです。

そして、ナンバー1になれるオンリー1のポジションを見つけたのです。

そんなふうに「戦わない戦略」にたどりついたのです。

生物も、「戦わない戦略」を基本戦略としています。

自然界では、激しい生存競争が繰《く》り広げられます。生物の進化の中で、生物たちは戦い続けました。そして、各々の生物たちは、進化の歴史の中でナンバー1になれるオンリー1のポジションを見出しました。そして、「できるだけ戦わない」というキョウチと地位にたどりついたのです。

（中略）苦手なところで勝負する必要はありません。嫌なら逃げてもいいのです。

しかし、無限の可能性のある若い皆さんは、勝手に苦手だと判断しないほうが良いかもしれません。

ペンギンは地面の上を歩くのは苦手です。しかし、水の中に入れば、まるで魚のように自由自在に泳ぎ回ります。アザラシやカバも、地上ではのろまなイメージがありますが、水の中では生き生きと泳ぎ始めます。まだ進化することなく、地上生活していた彼らの祖先たちは、まさか自分たちが水の中が得意だとは思いにもよらなかったでしょうし、さらに自分たちの祖先が水中生活を得意としていたとは思わなかったことでしょう。

リスは、木をすばやく駆《か》け上がります。しかし、リスの仲間のＹモモンガは、リスに比べると木登りが上手とは言えません。ゆっくりゆっくり上がっていきます。しかし、モモンガは、木の上から見事に滑《かっ》空することができます。木に登ることをあきらめてしまっては、空を飛べることに気がつかなかったかもしれません。

人間も同じです。

サッカーには、ボールを地面に落とさないように足でコントロールするリフティングという基礎《そ》練習があります。しかし、プロのサッカー選手でもリフティングが苦手だったという人もいます。リフティングだけで苦手と判断しサッカーをやめていたら、強力なシュートを打つ能力はｅカイカしなかったかもしれません。

小学校では、算数は計算問題が主です。しかし、中学や高校で習う数学は、難しいパズルを解くような面白さもあります。大学に行って数学を勉強すると、抽《ちゅう》象的だったり、この世に存在しえないような世界を、数字で表現し始めます。もはや哲《てつ》学のようです。計算問題が面倒くさいというだけで、「苦手」と決めつけてしまうと、数学の本当の面白さに出会うことはないかもしれません。

勉強は得意なことを探すことでもあります。苦手なことを無理してやる必要はありません。最後は、得意なところで勝負すればいいのです。しかし、得意なことを探すためには、すぐに苦手と決めて捨ててしまわないということが大切なのです。

（稲垣栄洋『はずれ者が進化をつくる　生き物をめぐる個性の秘密』ちくまプリマー新書）

問一　――線部ａ～ｅのカタカナを漢字に直しなさい。

問二　――線部①のように言う筆者が――線部②のように言うのはなぜでしょうか、説明しなさい。

問三　――線部③について、私たちが「戦わずに勝つ」ためにはどうすればよいでしょうか、本文の内容にそって説明しなさい。

問四　Ｘオオカミ と Ｙモモンガ はどのようなことを説明するための例としてあげられていますか、それぞれ説明しなさい。

二、次の文章を読んで、後の問いに答えなさい。

あのな、タロ。うち、おなじクラスに、にがてな女子がおるねん。

中沢真紀。

五年二組でいちばん髪《かみ》が長くて、足もすーっと長くて、おはだもつるつるしとって、やたらおしゃれで、なんや気どっとる。男子には「クールビューティー」言われとるけど、うちは真紀ちゃんの目がこわい。

あれは、ケモノの目や。タロよりずっと狂暴《きょうぼう》や。

真紀ちゃんはいつもジミめの田中さんを手下みたいにしたがえて、ハデめの男子らとキャアキャアはしゃいどるのに、ときどき、なんや（注1）味《あじ》変《へん》みたいな感じで、うちらのグループにくっついてくる。うちら、お人よしさかい、くっついてきたらムシできひん。そやから、うちらのグループは基本四人やねんけど、真紀ちゃんと田中さんがおるときは六人になる。

六人になるたび、うち、なんや無口になってまう。

なんでやろ。

うち、だれとでもペラペラしゃべれるはずやのに、真紀ちゃんとだけはよう話さん。口が動いてくれへんし、舌がまわってくれへん。根性ふりしぼって口開いても、あっというまに話がつきてまう。

たとえば、うちが「今日はえらい暑いなあ」とか、言うやろ。そしたら、真紀ちゃん、つんとした声で「ま、夏やしな」なんて言うねん。夏やしな、言われたら、もうなんも返せへん。冬かて「寒い」って言われへん。

真紀ちゃんの言葉がうちには通じひん、ちゅう問題もある。

まえに、うちが「肩《かた》からつるすズボンみたいなやつ、はいてみたい」言うたら、真紀ちゃん、「それ、ひょっとしてサロペットのことちゃう？」なんて、ケモノの目をギラギラさせて、つっこむねん。「肩からつるすズボンとか、ウケるー」なんて、ケラケラ高笑いや。

真紀ちゃんはセレブっぽいカタカナ言葉が好物で、なんでもカタカナにおきかえる。うちには意味がわからへん。日本語で言えることを日本語で言うてなにが悪いねん。

いつもはツンとしとるのに、射程圏《けん》内に男子が入ったとたん、あまったるい声ではしゃぎだすのも見苦しい。態度がちがいすぎるねん。

そないな女子は、これまでもクラスに一人か二人はおったけど、うちはかかわりあいにならへんように遠くからながめとった。

真紀ちゃんはそうもいかへん。花たばみたいなにおいのコロンをぷんぷんさせて、自分から近づいてくる。

真紀ちゃんがそばにおると、時間がたつのがおそい。休み時間の十分が、使いきれへんくらいに長ったらしく思える。給食もよう味わわん。真紀ちゃんのすまし顔をまっすぐ見られへんで、うちの目、いつも泳いどる。

ほんまに、ほんまに、にがてやねん。

ほんで、もっとあかんことに――たぶん、真紀ちゃんもうちがにがてや。うちの顔、まっすぐ見いひんし。めったに話しかけてきいひんし。うちのギャグにもしらっとしとるし。真紀ちゃんがうちを見て笑うときは鼻で笑うときやし。

みんなでろうかを歩いとるあいだに、うっかり、うちが真紀ちゃんの横になったりするやろ。そしたら、真紀ちゃんの足が急にはよなるねん。徒競走か、ちゅうくらいのいきおいでみるみるはなれてく。

あの人、ぜったい、うちがにがてやわ。

いや――にがてどころか、うち、真紀ちゃんにごっつきらわれとるんちゃうやろか。

古い橋みたいにぐらぐらしとったうちと真紀ちゃんの関係に、バリッと強烈《れつ》なヒビが入ったのは、何日かまえの昼休みや。

昼どきはよく真紀ちゃんと田中さんがうちらにくっついてくるから、四人グループが六人になる。その日も、つくえ六つ合わせて、味のぼんやりした給食を食べとるあいだ、うち、半分ギャグでこぼしてん。

「うちの学校の給食、ほんま、塩分ひかえめすぎるわ。調味料のケチりかたえげつない」

ただの軽口やで。人間社会では、こないなギャグをスパイスにして、味のぼんやりした給食を食べるんや。生きる知恵《え》や。

なのに、言うたとたんに、真紀ちゃんのずぶとい声が飛んできた。

「ほな塩でもしょうゆでも家からもってきて、どっさどっさかけて、高血圧になったらええわ」

Ａがつんと顔に岩塩《がんえん》ぶつけられた気がしたわ。ほんま。

ほかのみんなもぶったまげた顔して、一瞬《しゅん》、その場がしんとなった。二、三秒やな。それから、みんなはなんもなかったふりして、またぼちぼちしゃべりだしたけど、Ｂうちはなかなか復活できひんかった。

頭のなかで真紀ちゃんの声がぐるぐるしとってん。

男子のまえではぜったい出さへん野性のうねりが、な。

その夜、うちは爆《ばく》発した。
「あー、もう限界や。なんでうち、真紀ちゃんにあないなこと言われなあかんのやろ。給食の味がうすいのは、全校生徒に共通のなやみや。うちはみんなの心のさけびを代弁したっただけや。なんで真紀ちゃんがカッカせなあかんのん？　ほんま、あの子はうちのやることなすこと気にいらんのやろな。そやけど、それはおたがいさまや。うちかて、ぜんぜん負けへんくらい、真紀ちゃんがヤでヤでしゃあないわ」
　うっぷんをぶちまけたあいては、塾《じゅく》仲間のミーヤン。毎週、火曜日と木曜日に塾で会うて、電車でとちゅうまでいっしょに帰る。
　塾の仲間は、学校の人間関係を知らへんさかい、気楽になんでもしゃべれるねん。
「けど、ほんまにわからんわ。ケンカしたわけでもあらへんのに、なんでうちと真紀ちゃん、こないなことになっとるんやろ」
　塾でも、帰り道でも、うちはひたすらグチりつづけた。
　そしたら、うちのおりる駅が近づいたころ、それまでふんふんきいとるだけやったミーヤンが、きゅうに口を開いてん。
「あんな、水穂《みずほ》」
　ハスキーボイスのミーヤンは、じーっとうちの目を見て、ハスキーに言うてん。
「あんたと真紀ちゃんは、生まれながらに相性が悪い。それだけや」
「へ？」
「馬が合わへん、ちゅうやっちゃ」
　ちなみに、ミーヤンは今どきめずらしい六人きょうだいの長女で、だからか知らんけど、ごっつ①性根がすわっとる。うちはひとりっ子やし、親もようは家におらんさかい、ミーヤンを姉ちゃんみたいに思っとるとこもある。
　そのたのもしいミーヤンが、あんまりあっけらかんと言うてくれたもんやから、うち、ぽかんとなってしもて、十秒くらいなんも言えへんかった。
「……馬が、合わへん？」
　十一秒めくらいにかぼそい声を出したら、ミーヤンはアネゴらしく「そや」とあごをあげた。
「どうにもならへん生まれつきの相性や。どっちがええとか、あかんとかの話ちゃう。なやんだところで時間のムダや。ノウ細胞《ぼう》の浪《ろう》費や」
「へ。馬が合わへんかったら、なやんでもムダなんか？」
「そや。馬が合わへんちゅうのは、そういうこっちゃ。合わんもんは合わん。そうわりきって終わりにするしかない。そないな相性のあいてが、だれにでもおるねん」
「おるんか？」
「おる、おる。うちにもおるで」
「ミーヤンにも？」
「それが人生や」
「はあ……」
　ほんま、ミーヤンときたら、えらいきっぱり絶望的な宣言をしてくれたもんや。
　そやけどな、「どっちがええとか、あかんとかの話ちゃう」言うてもろたことで、なんとなく、Cうち、ホッとしたのもほんまやねん。
　親や先生に話したら、「人をきらったらあかん」とか、「ええとこ探したれ」とか、言われるやん。けど、ええとこ見つからへんから、うちはこまっとるねん。
　もともと馬が合わへんのんなら、たしかに、しゃあない思えるわ。
うちも真紀ちゃんも悪なくて、あかんのは馬や。
うちと真紀ちゃんは馬が合わへん。
うちと真紀ちゃんは馬が合わへん。
うちと真紀ちゃんは馬が合わへん。
ふしぎやねん。D頭のなかでなんどもくりかえしとるうちに、なんや、うち、みるみる元気になってきた。
　うちと真紀ちゃんのあいだにあった、うまく言葉にならへんぎくしゃくした感じ。いつも空いとるびみょうな距離《きょり》。目と目のバチバチ。わけがわからへんかったそれに「馬が合わへん」ちゅう名前をもろて、なんや、すうっとむねが軽なった。
「ミーヤン、おおきに！　うち、らくになったわ」
　別れぎわ、ミーヤンに②カンシャのハグをしたったら、
「水穂はえらいたんじゅんやなあ」
　って笑われた。
　真紀ちゃんのことはいまもにがてやで。
　あの声も、あの顔も、あのコロンのにおいも。
　そやけど、あれ以来、真紀ちゃんにむかついたり、むかつかれたりして、頭のどこかにどくどく「にがて汁」が流れこんできたときには、馬が合わへん、馬が合わへんって、心のなかで呪《じゅ》文みたいにとなえることにしとる。そしたら、ちょっとは汁がうすまる。
　そや、似とる言葉も見つけたで。
「虫がすかん」
　これも、なんやようわからへんけど馬が合わへんあいてをさす言葉やろ。
　あと、あかん相性の者どうしを「水と[ア]」って言ったりもする。
　こんだけいろんな言葉ができたのは、やっぱり遠いむかしから、どこにでも、だれにでも、にがてなあいてがおったせいちゃうやろか。そのあいてへの腹立ちを、むかしの日本人は、うまいこと馬や虫にすりかえようとしたのかもしれん。人類の③エイチやな。
　Eそやからな、タロ。
　そや、あんたの話や。
　知っとるで。あんた、浅木《あさぎ》さんとこのクリストファーがにがてやろ。散歩で会うたび、ガーッて歯をむきだして、えらいけんまくでおこっとるもんな。
　たしかに、柴犬《しばいぬ》のあんたと、アフガンハウンドのクリストファーは、おなじ犬とは思えん。いもようかんと[イ]くらいかけはなれとる。
　そやかて、おこってもムダや。体力の消費や。
　カッときたときは、ぐっとのみこんで、そっと心で(注2)つぶやいとき。
「しゃあない、うちらは『犬猿《えん》の仲』なんや」って。

（森絵都「あの子がにがて」『あしたのことば』）

注　1　料理を食べているとちゅうで、調味料などで味を変えること。
　　2　「つぶやいておきなさい」の意。

問一　━━線部①～③のカタカナを漢字に直し、漢字は読みを答えなさい。

問二　[ア]にあてはまる漢字一字を答えなさい。

問三　[イ]にはどのような言葉があてはまると思いますか。想像して答えなさい。

問四　――線部A、Bとありますが、なぜこのようになったのでしょうか。このときの水穂の気持ちを、これまでの真紀ちゃんとの関係をふまえて、説明しなさい。

問五　――線部Cとありますが、なぜ「ホッとした」のでしょうか。わかりやすく説明しなさい。

問六　――線部Dからは、水穂のどのような気持ちの変化がわかりますか。読点の打ち方に注目して説明しなさい。

問七　――線部Eとありますが、なぜタロに言い聞かせているのだと思いますか。考えて答えなさい。

解答用紙　［国語］

受験番号（　　　）

※100点満点
（配点非公表）

□には記入しないこと。

一

問一		問二	問三	問四	
a	d			X	Y
b	e				
c					

二

問一	問二	問三	問四	問五	問六	問七
①						
②						
③						

令和３年度　桜蔭中学校入学試験問題［算数］

答えはすべて解答用紙に書きなさい。

（50分）

I　次の□にあてはまる数を答えなさい。[イ]は色を答えなさい。

(1)　$\left(7\frac{64}{91}\times\boxed{ア}-0.7-\frac{5}{13}\right)\times 11+76\frac{11}{13}=85\frac{5}{7}$

(2)　2021年のカレンダーの日付を１月１日から順に，青，黄，黒，緑，赤，青，黄，黒…と５色の○で囲んでいきます。

①　10月１日を囲んだ○の色は[イ]色です。

②　４月の日付のうち黒色の○で囲まれた日付の数字を全部足すと[ウ]になります。

(3)　整数Ｘの約数のうち１以外の約数の個数を【Ｘ】，１以外の約数をすべて足したものを<Ｘ>と表すことにします。
たとえば，2021の約数は，1，43，47，2021なので【2021】＝3，<2021>＝2111 です。

①　<Ａ>÷【Ａ】が整数にならない２けたの整数Ａのうち，最大のものは[エ]です。

②　【Ｂ】＝２，<Ｂ>＝1406のとき，Ｂ＝[オ]です。

③　２を10回かけた数をＣとするとき【Ｃ】＝[カ]です。

④　60以下の整数のうち【Ｄ】＝３となる整数Ｄは全部で[キ]個あります。

II　同じ大きさの白と黒の正方形の板がたくさんあります。図１のように白い板を９枚すきまなく並べて大きな正方形を作り，図２のように中央の板に◎をかきます。次に◎以外の８枚のうち何枚かを黒い板と取りかえます。
このとき，大きな正方形の模様が何通り作れるかを考えます。
ただし，回転させて同じになるものは同じ模様とみなします。
たとえば，２枚取りかえたときは図３のように四すみの２枚を取りかえる２通り，図４のように四すみ以外の２枚を取りかえる２通り，図５のように四すみから１枚，四すみ以外から１枚取りかえる４通りの計８通りになります。

図１

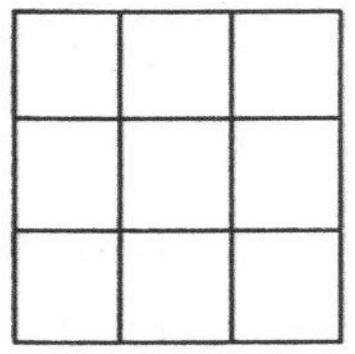

図２

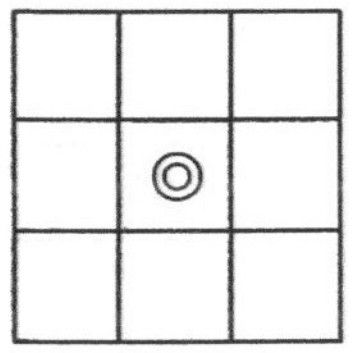

図３

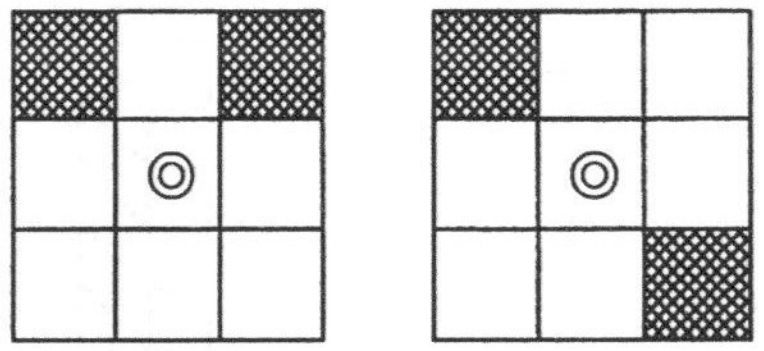

図４

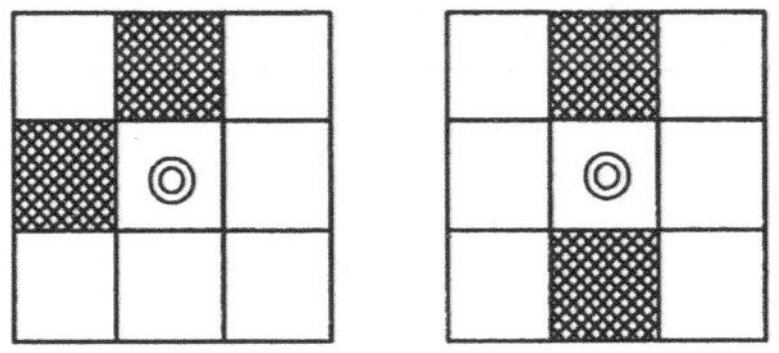

図５

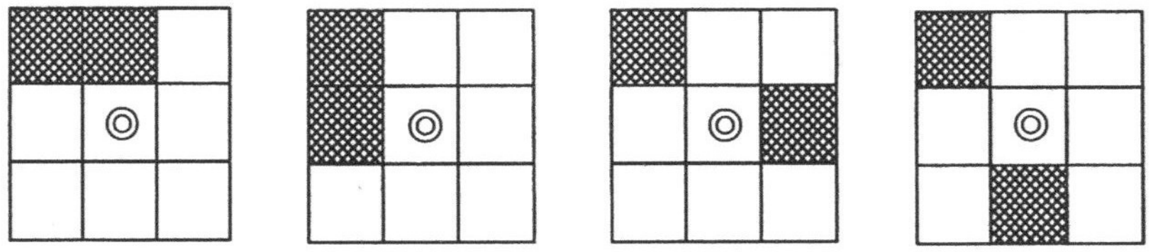

下の□にあてはまる数を答えなさい。

(1)　大きな正方形の模様は，９枚のうち◎以外の８枚の白い板を１枚も取りかえないときは１通り，１枚取りかえたときは[ア]通り，３枚取りかえたときは[イ]通り，４枚取りかえたときは[ウ]通りになります。

(2)　同じように５枚，６枚，…と取りかえるときも考えます。図２の場合もふくめると大きな正方形の模様は全部で[エ]通りになります。

Ⅲ　底面が1辺35 cmの正方形で，高さが150 cmの直方体の容器の中に1辺10 cmの立方体12個を下から何個かずつ積みます。立方体を積むときは，図のように上と下の立方体の面と面，同じ段でとなり合う立方体の面と面をそれぞれぴったり重ね，すきまなく，横にはみ出さないようにします。積んだあと，この容器に一定の速さで水を入れていきます。立方体は水を入れても動きません。積んだ立方体の一番上の面まで水が入ると水は止まります。下の表は右の図の場合の立方体の積み方を表していて，このとき水を入れはじめてからの時間と水面の高さの関係は下のグラフのようになりました。

図

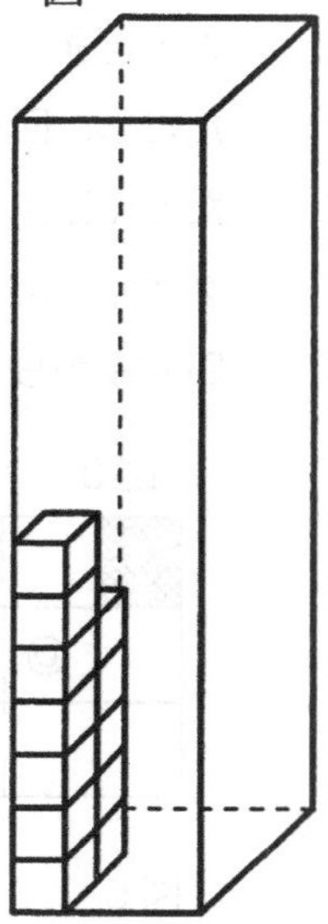

表

1段目	2段目	3段目	4段目	5段目	6段目	7段目	8段目
2	2	2	2	2	1	1	0

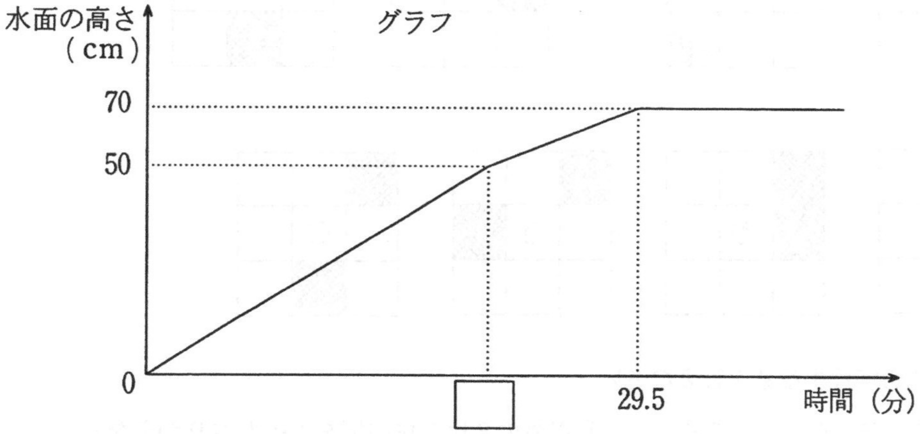

(1)　毎分何 cm^3 の水を入れていますか。

(2)　グラフの□にあてはまる数を求めなさい。

(3)　立方体の積み方を変えてもっとも短い時間で水が止まるようにします。そのときにかかる時間は何分ですか。また，その場合の立方体の積み方をすべてかきなさい。解答らんは全部使うとは限りません。

(4)　水が止まるまでの時間が19.7分になる場合の立方体の積み方のうち，1段目の個数が多いほうから4番目のものをすべてかきなさい。解答らんは全部使うとは限りません。

Ⅳ　円周率は，3.14を使って計算することが多いです。しかし，本当は3.14159265…とどこまでも続いて終わりのない数です。この問題では，円周率を3.1として計算してください。

図のように点Oを中心とした半径の異なる２つの円の周上に道があります。Aさんは内側の道を地点aから反時計回りに，Bさんは外側の道を地点bから時計回りに，どちらも分速50 mの速さで同時に進みはじめます。Aさんと Bさんのいる位置を結ぶ直線が点Oを通るときに，ベルが鳴ります。ただし，出発のときはベルは鳴りません。

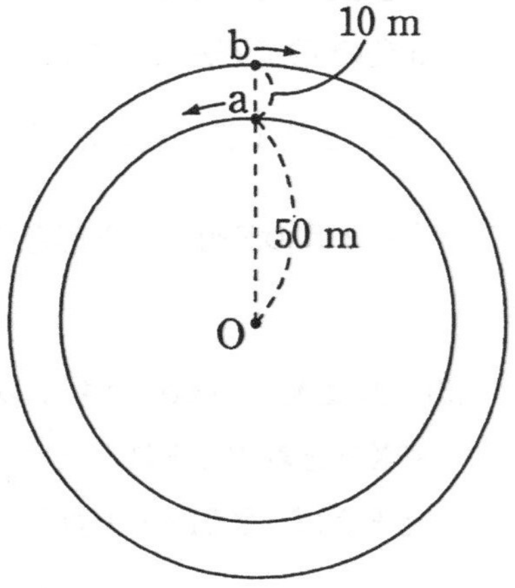

(1)　AさんとBさんが道を1周するのにかかる時間はそれぞれ何分ですか。

(2)　1回目と2回目にベルが鳴るのは，それぞれ出発してから何分後ですか。

(3)　出発してから何分かたったあと，2人とも歩く速さを分速70 mに同時に変えたところ，5回目にベルが鳴るのは速さを変えなかったときと比べて1分早くなりました。速さを変えたのは，出発してから何分後ですか。

令和 3 年度　桜蔭中学校入学試験　解答用紙　[算数]

I

ア		イ		ウ	
エ		オ		カ	
キ					

II

ア		イ		ウ		エ	

III

(1)式

答＿＿＿＿＿ cm^3

(2)式

答＿＿＿＿＿

(3)式

答 かかる時間＿＿＿＿＿分

(積み方)

1段目	2段目	3段目	4段目	5段目	6段目	7段目	8段目

(4)(積み方)

1段目	2段目	3段目	4段目	5段目	6段目	7段目	8段目

IV

(1)式

答 Aさん＿＿＿＿＿分　Bさん＿＿＿＿＿分

(2)式

答 1回目＿＿＿＿＿分後　2回目＿＿＿＿＿分後

(3)式

答＿＿＿＿＿分後

※100点満点
(配点非公表)　受験番号（　　　　　）

令和３年度　　**桜蔭中学校入学試験問題**　　〔理科〕

答えはすべて解答らんに書きなさい。

(30分)

Ｉ　３本のストローにエナメル線をそれぞれ50回，100回，200回均等に巻いたコイルを作りました。ストローとエナメル線はそれぞれ同じ長さのものを用い，それぞれ余ったエナメル線は切らずに束ねておきました。

これらのコイルを用いて行った以下の実験について問いに答えなさい。

問１　右図のように50回巻きのコイル，電球，電池，およびスイッチをつなぎ，コイルの横に方位磁針を置きました。スイッチを入れたとき，方位磁針の指す向きとして正しいものをつぎのア～オから選び，記号で答えなさい。

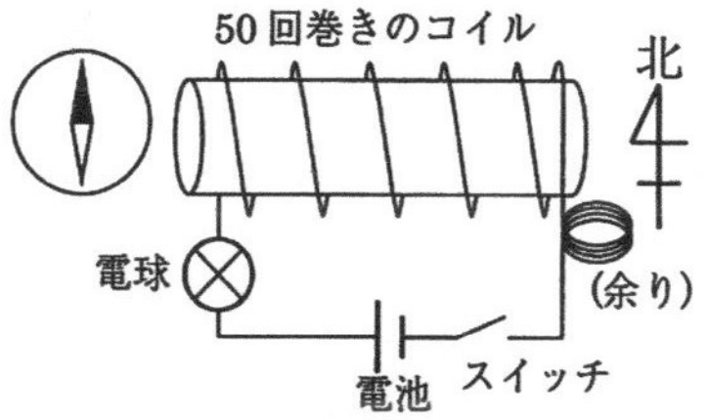

問２　右図のように電池のつなぐ向きを変え，問１と同じ実験を行いました。方位磁針の指す向きとして正しいものを問１のア～オから選び，記号で答えなさい。

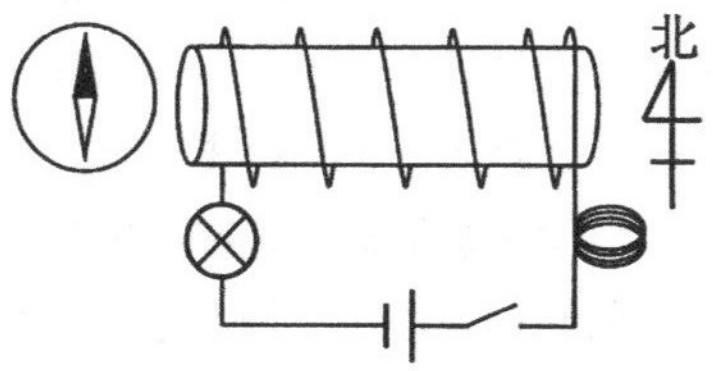

問３　100回巻きのコイルに変え，問１と同じ実験を行いました。方位磁針の振《ふ》れる角度は問１と比べてどのようになりますか。つぎのア～ウから選び，記号で答えなさい。

ア．大きくなる　　イ．変わらない　　ウ．小さくなる

問４　右図のように50回巻きのコイルに鉄くぎを入れ，問１と同じ実験を行いました。方位磁針の指す向きとして正しいものをつぎのア～エから選び，記号で答えなさい。

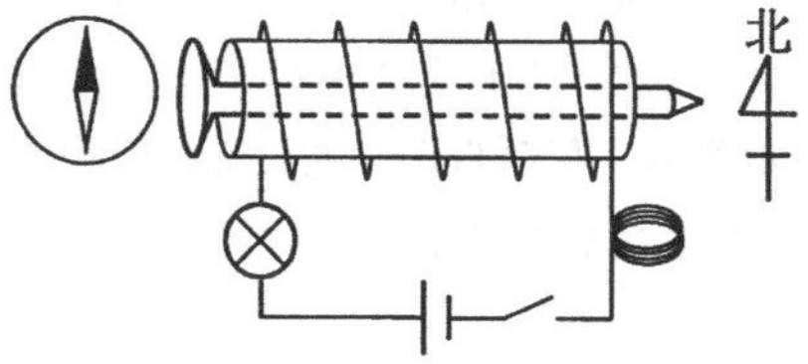

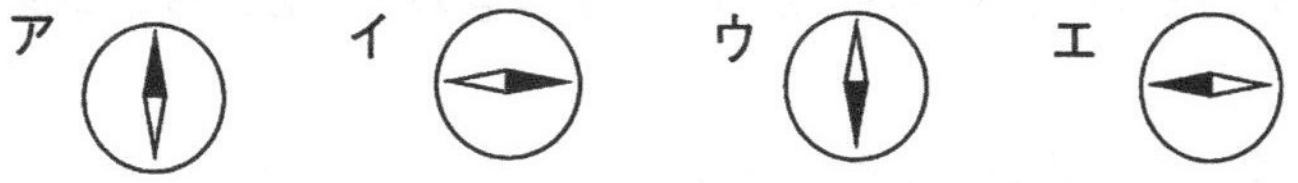

問５　問４のようにコイルの中に鉄くぎを入れて電流を流すと，鉄くぎが磁石になります。この磁石を何といいますか。

問６　下図のように鉄くぎを入れた100回巻きのコイルと電球，電流計，電池をつなぎ，ゼムクリップを引きつける実験を行いました。電球や電池のつなぎ方を変え，鉄くぎが引きつけたゼムクリップの数と電流の大きさを記録し，表１にまとめました。表中の①～⑧には何が入りますか。ア～カから選び，記号で答えなさい。同じ記号を何回使ってもかまいません。図中のⒶは電流計を表しています。

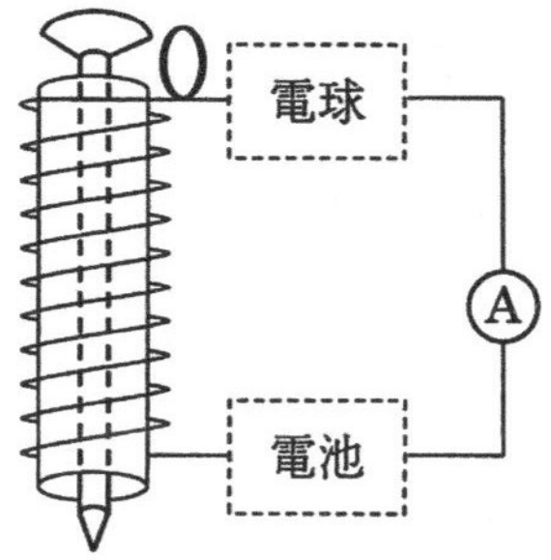

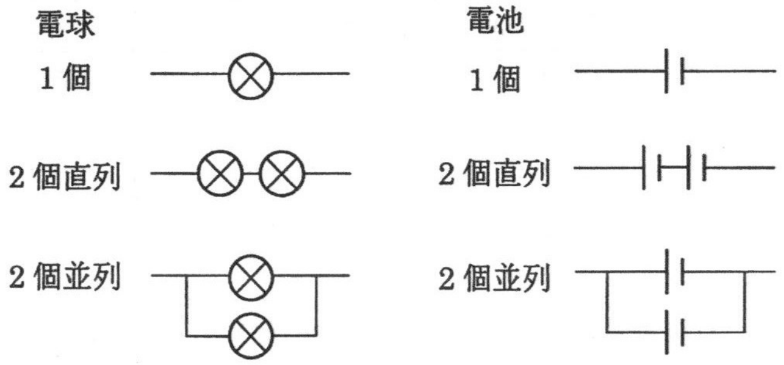

表１

電球	数	１個	１個	１個	２個	２個	２個	２個
	つなぎ方				直列	並列	③	⑥
電池	数	１個	２個	２個	１個	１個	２個	２個
	つなぎ方		①	②			④	⑦
電流の大きさ		0.5A	1A	0.5A	0.25A	1A	⑤	⑧
ゼムクリップの数		６個	12個	６個	３個	12個	６個	12個

ア．直列　　イ．並列　　ウ．0.25A　　エ．0.5A　　オ．1A　　カ．2A

問７　鉄くぎを入れた200回巻きのコイルと２個の電球，２個の電池を使い，いろいろなつなぎ方をして，鉄くぎが引きつけるゼムクリップの数を記録しました。その数が最も少なくなるつなぎ方をしたときのゼムクリップの数をつぎのア～ウから選び，記号で答えなさい。

ア．1～2個　　イ．３個　　ウ．６個

II　つぎの文章を読み，あとの問いに答えなさい。

植物の花の開く時刻は生育環境や天候によって多少変わりますが，植物の種類によってある程度決まっています。1日のうちで，開花時刻の早いものから順に円状に並べて植えることで「花時計」を作ることができます。表1は東京で見られる植物を用いて作られたものの1つです。

表1

開花時刻	植物名	開花時刻	植物名
4時	ハス	12時	スミレ
5時	（　A　）	13時	カワラナデシコ
6時	リンドウ	14時	キキョウ
7時	フクジュソウ	15時	オニアザミ
8時	（　B　）	16時	ツユクサ
9時	ユキワリソウ	17時	ヨルガオ
10時	サフラン	18時	（　C　）
11時	チューリップ	21時	クジャクサボテン

※『花と花粉―自然のふしぎないとなみ』岩波洋造　著（1967年）　一部改変

問1　表1の（　A　）～（　C　）にあてはまる植物名の組み合わせとして正しいものをつぎのア～カから選び，記号で答えなさい。

	（　A　）	（　B　）	（　C　）
ア．	タンポポ	アサガオ	オオマツヨイグサ
イ．	タンポポ	オオマツヨイグサ	アサガオ
ウ．	アサガオ	オオマツヨイグサ	タンポポ
エ．	アサガオ	タンポポ	オオマツヨイグサ
オ．	オオマツヨイグサ	アサガオ	タンポポ
カ．	オオマツヨイグサ	タンポポ	アサガオ

植物の開花には光や温度が関わっています。アサガオの開花と光や温度との関係を調べるためにつぎのような実験をしました。

温度を20℃，23℃，25℃に調節した光の入らない箱を3つずつ用意しました。ある日の18時に切り取ったアサガオのつぼみをそれぞれの箱に入れました。箱の中に蛍光灯《けいこうとう》を入れておき，光の条件をつぎの①～③のように変えて，翌朝の状態を観察しました。表2はその結果をまとめたものです。

① 一晩中蛍光灯の光を当てた。
② 18時から22時まで暗くし，その後蛍光灯の光を当てた。
③ 18時から翌日2時まで暗くし，その後蛍光灯の光を当てた。

表2

	20℃	23℃	25℃
①	開花した	開花しなかった	開花しなかった
②	開花した	開花した	開花しなかった
③	開花した	開花した	開花した

問2　アサガオの開花について，この実験から正しいと考えられるものをつぎのア～キからすべて選び，記号で答えなさい。

ア．開花には，温度は全く関係していない。
イ．開花するには，必ず温度を25℃以上にしなくてはならない。
ウ．開花するには，必ず温度を20℃以下にしなくてはならない。
エ．25℃のとき，暗くする時間が4時間では開花しないが，8時間では開花する。
オ．23℃のとき，暗くする時間に関係なく開花する。
カ．温度を低くするほど，暗くする時間が短くても開花する。
キ．開花には，暗くする時間は全く関係していない。

問3　つぎのア～オから，アサガオの葉を選び，記号で答えなさい。

問4　アサガオの花は5枚の花びらがつながっています。アサガオのように，花びらがつながっているものをつぎのア～オからすべて選び，記号で答えなさい。

ア．ハス　　イ．スミレ　　ウ．キキョウ　　エ．ツツジ　　オ．ホウセンカ

マツバボタンの花は朝早い時間に開き，その日の午後には閉じることから，太陽の光によって開花するのだと考えられていました。しかし，マツバボタンのつぼみを早朝に暗室（光の入らない部屋）に入れて温度を高めると開花しました。この実験から，マツバボタンの花の開閉には，光の有無は無関係であるとわかりました。

図1は32℃で開花していた花を26℃の暗室に移し（この時を0分とする），40分後に28℃，32℃，34℃の暗室に移したときのそれぞれの花の開度の変化をグラフにしたものです。ただし，花の開度90度は，花びらが左右に45度ずつ開いていることを表しています。

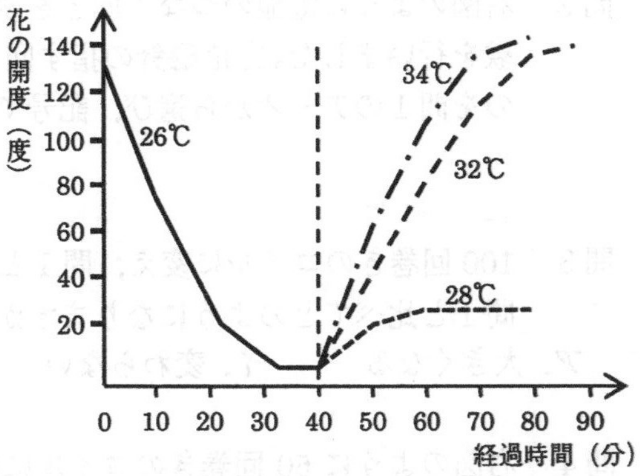

図1　マツバボタンの花の開度と温度の関係

問5　マツバボタンの開花について，本文および図1からわかることをつぎのア～カから3つ選び，記号で答えなさい。

ア．温度の変化によって，一度閉じた花も再び開くことがある。
イ．一度花が開くと，その後の温度や光の変化に関係なく開いたままである。
ウ．温度の低いところから高いところに移すと花は閉じる。
エ．温度が高いところから低いところに移すと花は閉じる。
オ．温度を低いところから高いところに移したとき，温度差が大きいほど花は早く開く。
カ．温度を低いところから高いところに移したとき，温度差が小さいほど花は早く開く。

Ⅲ　硫酸銅《りゅうさんどう》という固体を水にとかし，硫酸銅水溶液《すいようえき》をつくりました。以下の問いに答えなさい。

問1　上皿てんびんの使い方として正しいものをア～オからすべて選び，記号で答えなさい。

ア．使う前に，針が中央で静止《せいし》するまで必ず待ち，つり合っているかを確認する。

イ．上皿てんびんは水平な台の上に置いて使う。

ウ．硫酸銅の固体の重さをはかるとき，右ききの人は，右の皿に硫酸銅をのせる。

エ．5g の硫酸銅をはかりとるとき，左ききの人は，左の皿に硫酸銅を少しずつのせていき，おもりとつり合わせる。

オ．使った後は，左右に皿をのせてつりあった状態で片付ける。

問2　図は，上皿てんびんを使って，ある重さの硫酸銅の固体をはかりとろうとしているときのようすです。

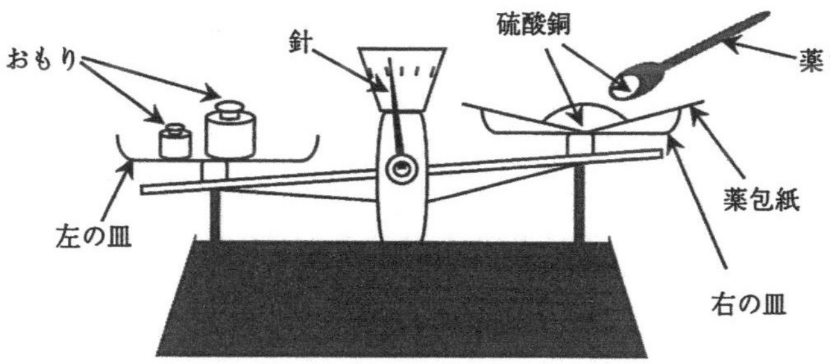

(1) 左の皿にのっているおもりを何といいますか。ひらがな4文字で答えなさい。

(2) この状態では正確に硫酸銅をはかりとることができません。正しくはかりとるにはどのようにしたらよいですか，簡単に説明しなさい。ただし，上皿てんびんやおもりは変えないものとします。

問3　水の体積を 100mL のメスシリンダーではかると図1のようになりました。メスシリンダーに入った水の体積は何 mL ですか。また，目もりを読み取るときの目の位置を図2のア～ウから選び，記号で答えなさい。

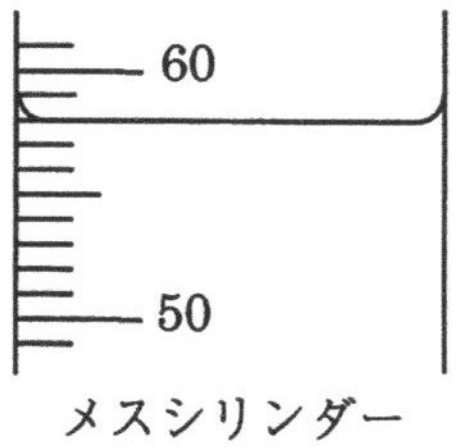

図1

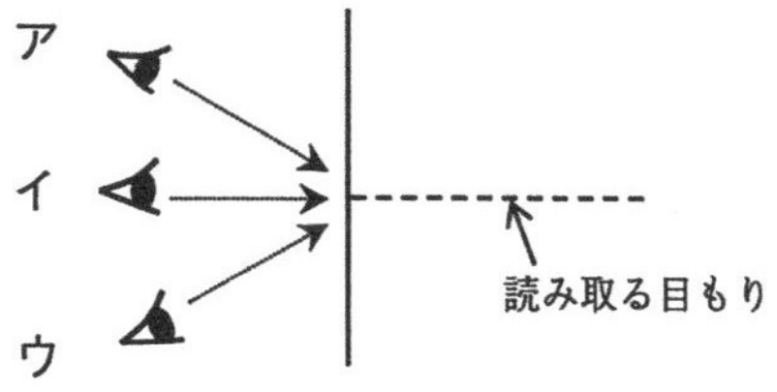

図2

硫酸銅は，30℃の水 100g に 25g までとけます。また，水を取りこんだ状態の固体である「硫酸銅五水和物《こすいわぶつ》」というものもあります。硫酸銅五水和物に含まれる硫酸銅と水の割合《わりあい》は一定です。たとえば，硫酸銅五水和物 25g には，硫酸銅 16g と水 9g がふくまれています。この硫酸銅五水和物 25g を 100g の水にとかした水溶液は，硫酸銅 16g を水 109g にとかしたものと同じ濃《こ》さになります。以下の問いに答えなさい。ただし，割り切れない場合は，小数第2位を四捨五入して小数第1位で答えなさい。

問4　硫酸銅 15g を 30℃の水 75g にとかしました。この硫酸銅水溶液の濃さは何％ですか。

問5　硫酸銅五水和物 15g を 30℃の水 75g にとかしました。

(1) このとき，水溶液中の水は何 g ですか。

(2) この硫酸銅水溶液の濃さは何％ですか。

問6　30℃の水 50g を用意し，ある量の硫酸銅五水和物をとかすと，とけ残りができました。その後，この水溶液をろ過しました。

(1) ろ過した後のろ紙を広げたとき，とけ残った固体はどのようにろ紙についていますか。正しいものをつぎのア～オから選び，記号で答えなさい。ただし，点線はろ過をしたときのろ紙の折り目，灰色の部分は固体を示しています。

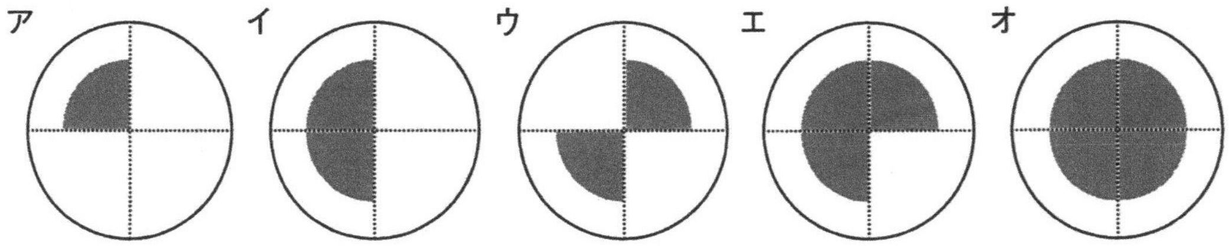

(2) ろ紙を通った水溶液の濃さは何％ですか。ただし，温度は 30℃のままであるとします。

Ⅳ　つぎの文章を読み，あとの問いに答えなさい。

現在では，季節に関係なく1日を 24 等分したものを1時間とする定時法が用いられていますが，江戸《えど》時代の日本では日の出と日の入りの時刻をもとにした不定時法が用いられていました。

この不定時法では日の出の 30 分前を「明け六つ」，日の入りの 30 分後を「暮れ六つ」と呼び，「明け六つ」から「暮れ六つ」までを昼とし，それを6等分して昼の一刻《いっとき》とします。同じように「暮れ六つ」から「明け六つ」までを夜とし，それを6等分して夜の一刻とします。したがって，1日の中でも昼と夜の一刻の長さは異なり，季節によっても一刻の長さは変化します。

不定時法の時刻は日の出前の「明け六つ」に続き，昼は一刻ごとに「五つ」「四つ」「九つ」「八つ」「七つ」と進み，日の入り後の「暮れ六つ」になります。「暮れ六つ」に続き，夜は「五つ」「四つ」「九つ」「八つ」「七つ」と進み，つぎの日の「明け六つ」になります。

当時，機械式の時計を持っていない人たちも「時の鐘《かね》」の鳴る回数や影《かげ》の長さから時刻を読み取る紙製の携帯《けいたい》用日時計などによって時刻を知ることができました。「時の鐘」は人々に気がつかせるためにまず鐘を3回打ち，その後「明け六つ」であれば6回鐘を打ちました。

問1　夏のある日，日の出時刻は4時30分，日の入り時刻は19時でした。

(1) この日の昼の一刻の長さは何分ですか。

(2) この日の昼，「時の鐘」が3回のあとに9回鳴りました。その時刻は何時何分ですか。

問2　冬のある日，Aさんは夜の「九つ」にそば屋に行き，翌日は夜の「四つ」に行きました。この2日間はともに日の出時刻は7時，日の入り時刻は17時であるとします。Aさんが2日目そば屋に行ったのは前日に比べて何時間何分早い，または，おそい時刻ですか。何時間何分かを答え，「早い」，または，「おそい」を丸で囲みなさい。

問3　下線部の日時計をまねて，暦《こよみ》を現在のものに直し，時刻は不定時法のままにした日時計を作りました。図1は6月のある日にこの日時計を使ったときのようすです。6月と書かれた札《ふだ》を折って垂直に立て，札を太陽の方角に向けて水平な地面に置きます。このときの影の長さからおおよその時刻を読み取ります。図2は日時計を真上から見たようすです。九 と書いてある線まで影が伸びていれば「九つ」を意味しています。実際には各月のところに時刻を表す線と数字が書いてありますが，図2では一部しか書いてありません。

(1) 図2のア，イには一方に 四（「四つ」を表す），他方に 五（「五つ」を表す）が入ります。五 が入るのは図2のア，イのどちらですか。

(2) 12月の 九 の線の位置を図2のウ～オから選び，記号で答えなさい。

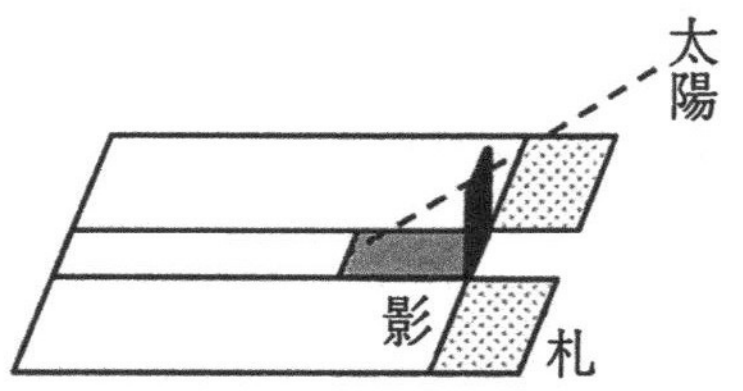

図1　日時計を使ったときのようす

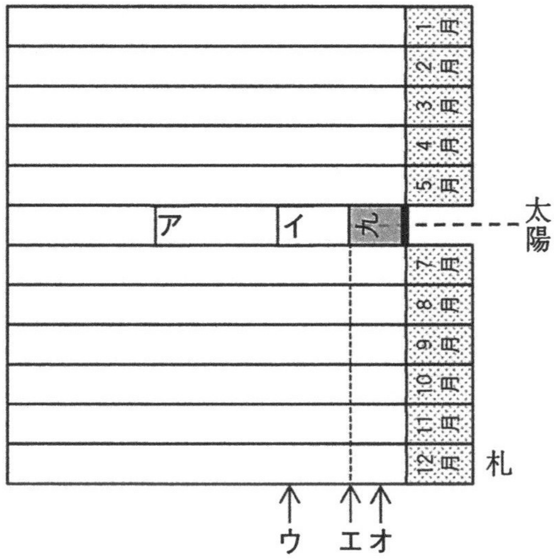

図2　日時計を真上から見たようす

※60点満点
(配点非公表)

令和3年度　　　　受験番号（　　　　）

解答らん〔理科〕

I

問1	問2	問3	問4	問5
問6				
①	②	③	④	⑤
問6			問7	
⑥	⑦	⑧		

II

問1	問2	問3	問4
問5			

III

問1

問2				
(1)				(2)

問3		問4
体積　mL	位置	%

問5		問6	
(1)　g	(2)　%	(1)	(2)　%

IV

問1		問2
(1)　分	(2)　時　分	時間　分　早い・おそい
問3		
(1)	(2)	

令和３年度　桜蔭中学校入学試験問題　［社会］

(30分)

Ⅰ　次のＡ・Ｂの文を読み，後の問いに答えなさい。

Ａ　2020年１月，国際地質科学連合が今から約77万４千年前～12万９千年前の地質時代を［ 1 ］と呼ぶことに決定しました。地層の年代の境界になる地磁気の逆転現象がよく記録されているとして，①市原市田淵《たぶち》にある地層が国際標準模式地に選ばれたからです。この地層を見に出かけましょう。［ 2 ］半島を走る小湊《こみなと》鉄道を利用して，最寄《もよ》り駅「月崎《つきざき》」まで行き，そこから30分ほど歩くと養老川沿いの崖《がけ》地でこの地層を観察できます。

小湊鉄道は単線の鉄道路線で，年々利用客が減少していますが，その一方で，登録有形文化財に指定されている古い駅舎や車両，里山の景観が観光客を集めています。沿線の石神地区では，毎年３月末から４月に車窓からの景色が一面黄色に染まり，［ 3 ］畑が乗客を楽しませています。［ 3 ］は10年ほど前から植えられ始め，②年々［ 3 ］畑の面積が広がっています。［ 3 ］は毎年５月に種取りをし，９月に種をまきます。種の一部は，食用油の生産に利用します。市原市では，都市に住む人々にこのような作業と自然を楽しむ体験をしてもらう［ 4 ］を振興《しんこう》し，里山を守るとともに観光業をさかんにしようとしています。③この地層も地域の観光資源の一つとなることが期待されています。

問１　文中の空欄《くうらん》［ 1 ］～［ 4 ］に適切な語句を答えなさい。［ 1 ］・［ 4 ］はカタカナで答えなさい。

問２　下線部①について，次の表は市原市，横浜市，豊田市，京都市の工業について示しています。市原市に当てはまるものを表中の あ～え から１つ選び，記号で答えなさい。

	第二次産業人口比率*	業種別製造品出荷額《しゅっかがく》（2016）		
		食料品製造業	化学工業	輸送用機械器具製造業
あ	47.3%	529億円	71億円	133926億円
い	20.7%	5384億円	1051億円	4980億円
う	21.6%	1387億円	777億円	1149億円
え	30.3%	379億円	14405億円	538億円

*就業人口に占《し》める第二次産業で働く人の割合(2015)　　データブックオブザワールド2020など

問３　下線部②について，［ 3 ］畑が広がってきた理由を述べた次の Ｘ～Ｚ の文の正誤の組み合わせとして正しいものを，下の あ ～く から１つ選び，記号で答えなさい。

Ｘ　地域の高齢化《こうれいか》がさらに進んで耕作放棄《ほうき》地の面積が増大しており，耕作放棄地が荒地になるのを防ぐためにこの活動に参加する人が増えたから。

Ｙ　環《かん》太平洋経済連携《れんけい》協定（ＴＰＰ）によって国によるコメの生産調整が強化され，コメを作付けしない土地を有効活用しようとする農家が増えたから。

Ｚ　農業・農村の多面的機能の一つである良い景観の形成を促すものとして，市がこの活動を支援しているから。

あ　Ｘ 正　Ｙ 正　Ｚ 正　　い　Ｘ 正　Ｙ 正　Ｚ 誤　　う　Ｘ 正　Ｙ 誤　Ｚ 正
え　Ｘ 正　Ｙ 誤　Ｚ 誤　　お　Ｘ 誤　Ｙ 正　Ｚ 正　　か　Ｘ 誤　Ｙ 正　Ｚ 誤
き　Ｘ 誤　Ｙ 誤　Ｚ 正　　く　Ｘ 誤　Ｙ 誤　Ｚ 誤

問４　下線部③について，地球科学的な価値を持つ大地の遺産を保全し，持続可能な開発を進める「ジオパーク」が注目されています。日本各地のジオパークに関する説明文 ａ～ｅ に該当《がいとう》する地域を，右の地図中の あ～く から１つずつ選び，記号で答えなさい。

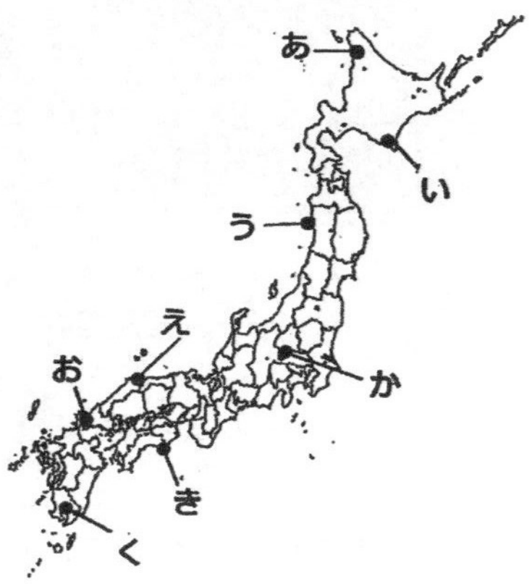

ａ　「半島と干拓《かんたく》が育《はぐく》む人と大地の物語」をテーマとする地域で，日本列島のでき方がわかる地層があり，ナマハゲなどの伝統行事で知られる。

ｂ　カルスト台地特有の地形が広がり，東大寺の大仏をつくるときに使われた銅の産出地跡《あと》や化石採集で知られる大嶺《おおみね》炭田跡などがある。

ｃ　アイヌの人々の伝説が多く残る奇岩《きがん》が続く地域で，マグマが冷え固まった崖の下では夏にはコンブ干し作業が行われる。

ｄ　海底火山噴出物《ふんしゅつぶつ》が地下深くで圧力を受けて変成した緑色岩が特徴《とくちょう》の地域で，かつて蚕の卵を貯蔵した風穴は世界遺産に登録されており，特産のコンニャクでも知られている。

ｅ　今も海底で火山ガスが吹《ふ》き出す海にはレアメタルが存在する。降り積もった火山灰を使った陶芸品《とうげいひん》や，シラスを使った化粧品《けしょうひん》がある。

Ｂ　2019年の日本の植物油の搾油量《さくゆりょう》が最大の原料作物は［ 5 ］です。［ 5 ］は古くから日本で栽培《さいばい》され，食材・調味料の原料として使われてきましたが，現在はその多くをアメリカ合衆国，ブラジル，カナダなどから輸入しています。［ 5 ］以外の植物油の原料作物も海外に依存《いぞん》しており，国産はほぼコメ油の原料の米ぬかだけです。ぬかは，縄《なわ》や俵をつくるのにも使われる［ 6 ］とともに④イネの副産物です。多くの植物油が油脂《ゆし》作物の種子そのものから油をとるのに対し，副産物を利用するコメ油は資源の有効利用という点で優《すぐ》れています。コメ油は他の植物油に比べ生産量が少なく，家庭ではあまり使われていませんが，地域でつくられたものを積極的に使用する学校給食ではよく使われています。地元の食材を活用する⑤地産地消は，消費者にとって新鮮《しんせん》でより安価なものを手に入れられる利点があります。食品がいつどこで誰《だれ》によってつくられたのかを明らかにする［ 7 ］も容易になり，地域の食文化の継承《けいしょう》にも役立ちます。

日本では，⑥原料や飼料を海外に依存している油脂類や畜産物《ちくさんぶつ》の消費量が増える一方で，自給率の高いコメの消費量が減少してきたことから，食料自給率が長期的に低下傾向《けいこう》にあります。地産地消は⑦地元の農業・漁業の振興，国産の農水産物の消費につながり，その結果，食料自給率の向上も期待できます。

問５　文中の空欄［ 5 ］～［ 7 ］に適切な語句を答えなさい。［ 7 ］はカタカナで答えなさい。

問６　下線部④について，イネを育て，コメができるまでにはさまざまな作業が必要です。次の写真のように，田植えの前に田に水を張って土を砕《くだ》いて表面をならす作業を何と呼ぶか，答えなさい。

農林水産省HPより

問７　下線部⑤について，地産地消は地球規模の環境問題の対策として役立つとされます。その理由を説明しなさい。

問８　下線部⑥について，次の　a～c　の文は日本が農水産物を輸入している国について述べています。a～c　に当てはまる国名を答えなさい。

a　カニやサケ・マスの主な輸入先である。寒い地域で栽培されるビーツを使って，肉やタマネギなどを煮込《にこ》むボルシチはこの国を代表する料理である。

b　ワイン輸入量ではチリについで第２位，金額では第１位の輸入先である。2024年にはこの国の首都でオリンピック・パラリンピックが開催《かいさい》される予定である。

c　パーム油やエビの輸入先である。赤道付近にあり，火山と地震《じしん》の多い島国で，オランダの植民地であった時期もある。

問９　下線部⑦について，次の表は北海道，千葉県，茨城県，鹿児島県の農業に関して示しています。表中の　a～d　に当てはまる県・道名を下の　あ～え　から１つずつ選び，記号で答えなさい。

	第一次産業人口比率* (2017)	耕地に占める田の割合 (2018)	耕地面積1ha当たりの農業産出額 (2017)	収穫量全国１位の農作物 (2019)
a	6.1%	19.4%	111.5万円	カボチャ　アズキ
b	8.1%	32.1%	420.2万円	サツマイモ　ソラマメ
c	5.4%	57.9%	296.5万円	メロン　ピーマン
d	2.8%	58.8%	373.9万円	カブ　サヤインゲン

*就業人口に占める第一次産業で働く人の割合(2017)　　データブックオブザワールド2020など

あ　北海道　　い　千葉県　　う　茨城県　　え　鹿児島県

2021(R3) 桜蔭中
教英出版　社5の2

Ⅱ　次の文を読み，空欄【 Ａ 】～【 Ｄ 】に適する語を後の選択肢《せんたくし》から１つずつ選び記号で答え，空欄 [1] ～ [8] には適する語句を答えなさい。その際に [1] [4] [6] [7] [8] は漢字で答えなさい。また，下線部について後の問いに答えなさい。

人類は移動を続けてきました。現在の人類はアフリカ大陸で誕生したと考えられていますが，そこから人類が移動したからこそ，世界中に人類が広がったのです。人が移動することによって起こることを考えていきましょう。人が移動する理由の一つには「飢《う》え」があります。日本列島に人類が渡《わた》ってきたのも，地球がとても寒かった氷河時代に，主な食料だったマンモスなどの大型動物を追って移動してきたためと考えられています。

氷河時代が終わり地球が温暖化し，日本列島には①縄文《じょうもん》文化が生まれました。人々は定住を始めますが，その一方で人々はかなりの距離《きょり》を移動し②遠い地域と交易を行っていたことがわかっています。

弥生《やよい》時代が始まるのも，朝鮮《ちょうせん》半島から人々が日本列島に移動してきたからです。朝鮮半島からきた渡来人《とらいじん》たちは，③日本列島に新しい文化を伝え，その結果弥生文化が誕生しました。世界的に農耕が始まり穀物が生産され，金属器の使用が普及《ふきゅう》すると，交易がさかんになります。農耕が発達するのは豊かな土地ですが，金属の産出される土地はたいていの場合やせた土地で穀物の生産には向いていないからです。日本列島の場合，鉄器は朝鮮半島南部から入ってきました。こうした交易ルートを確保するため，この時期の日本列島の小国の支配者は中国に使者を送りました。１世紀に中国の【 Ａ 】という王朝の皇帝《こうてい》に九州北部の支配者が使者を派遣《はけん》したことが，中国の歴史書に記されています。

５世紀になるとワカタケル大王が中国の皇帝に使いを送り，朝鮮半島南部での力を認めて欲《ほ》しいと願い出ています。このころ日本列島では大和政権の支配が広がっており，[1] 県の遺跡《いせき》からはワカタケル大王の名前が刻まれた鉄刀が，埼玉県の遺跡からは鉄剣《てっけん》が見つかっています。７世紀のはじめには中国の隋《ずい》という王朝に使者が派遣されましたが，対等な関係を主張したため中国の皇帝の怒《いか》りを買いました。この時国内では④改革が進められており，日本は中国から国家のしくみを学ぼうと留学生を派遣しました。

８世紀には日本は中国をモデルとした国家体制をつくりあげました。それにともない⑤国内の移動もさかんになりました。こうした移動の活発化は問題も引き起こしました。⑥735年に《 a 》から入ってきた天然痘《てんねんとう》という感染症《かんせんしょう》が《 b 》のあたりで流行し，その後徐々《じょじょ》に《 c 》へと広まり，737年には《 d 》で多くの死者を出すことになります。自然災害や反乱などにも苦しんだ聖武天皇が，全国に国分寺をつくり，仏教の力で国を守ろうと考えるきっかけとなりました。さらに聖武天皇は東大寺に大仏をつくることを命じます。聖武天皇が亡《な》くなると，ゆかりの品が東大寺の正倉院に納められました。そうした品々にはシルクロードの大移動を通じて伝えられたペルシア（現在の国名は [2] ）やヨーロッパの文化の影響《えいきょう》が見られるものがあります。これにはこの当時の世界の交易の活発化と関《かか》わりがあります。７世紀にアラビア半島で，商人だった人物が始めた [3] 教が急激に広がり大帝国を築くと，陸上交通と海上交通の要となる地を支配し，移動や交易がさかんになりました。シルクロードや海の道といったアジアとヨーロッパを結ぶ交易の中間点をつないだ

のが [3] 教の地域でした。こうした交易の終着点に正倉院があるわけです。

12世紀のおわりに日本では源頼朝《みなもとのよりとも》が朝廷《ちょうてい》から許可を得て，⑦鎌倉《かまくら》幕府をつくりました。13世紀にモンゴルがチンギス・ハンによって統一され，さらにユーラシア大陸の大半を支配する大帝国が形成されると，移動はとても活発になりました。中国で王朝を築いたモンゴルは，朝鮮半島の【 B 】を支配しました。日本にも従うように求める使者を派遣しましたが，執権《しっけん》の [4] が要求を拒《こば》んだため，２回にわたって日本に攻《せ》め込《こ》んできました。暴風雨などにも助けられ日本はどうにかこれを退けることができましたが，この戦いの費用の負担から御家人《ごけにん》は経済的に苦しくなり，幕府の滅亡《めつぼう》につながっていきます。

15世紀になると日本は中国と正式に国交を結び，使者を派遣し貿易も行いました。この時代は今日の日本文化のもととなるものがたくさん生まれました。祇園祭《ぎおんまつり》が京都の富裕《ふゆう》な町人の力によって復興されたのは有名ですが，祇園祭の山鉾《やまぼこ》を飾《かざ》るヨーロッパやペルシアの織物など国際色豊かな品々には，世界的な交易の発達の影響をみることができます。アジアとヨーロッパの交易はインド洋からペルシア湾か紅海を経て，陸路で【 C 】の沿岸まで移動し，そこから再び海路でヨーロッパ各地の港へと向かうのが一般的《いっぱんてき》でしたが，こうした交易のあり方を劇的に変えたのが [5] という国でした。彼《かれ》らは大西洋を南下してアフリカ大陸の南端《なんたん》をまわってインド洋へと直接入る航路を開拓《かいたく》したのです。 [5] は東南アジアの香辛料《こうしんりょう》をヨーロッパへ運び，大きな富を得ました。その延長で彼らは中国との貿易も活発に行うようになりました。そのころに [5] 人が種子島に漂着《ひょうちゃく》し，日本に鉄砲《てっぽう》を伝えます。 [5] は中国のマカオに拠点を築き，中国産の生糸《きいと》を日本に運ぶなど，さかんに日本にやってくるようになりました。また日本からも東南アジアなどに出かけていき貿易を行うようになり，日本人が現地に移り住んだ日本町も形成されました。

しかし江戸《えど》幕府は17世紀の前半に鎖国《さこく》政策をとるようになり，海外にいた日本人は帰国できなくなり，日本と海外の移動は大幅《おおはば》に制限されました。貿易を認める港も長崎に限定され，中国と⑧オランダに限り長崎への来航が許されました。これ以外には [6] 藩《はん》を通じて朝鮮との貿易も行われました。一方で江戸時代に日本国内の経済活動が活発になり，国内の移動もとてもさかんになりました。商品生産が拡大したため，海上交通は特に重要な輸送手段となりました。しかし鎖国政策のため，外洋航海に適したような船をつくることは厳しく制限されていました。

ペリーが来航し開国に向かうと，そうした制限は解除されました。アメリカが日本に開国を迫《せま》った理由の一つには，【 D 】を横断して中国へ行く貿易ルートを開きたいと考えていたことがあります。この当時アメリカは蒸気船をいち早く実用化していましたが，蒸気船を動かすには燃料の石炭が必要です。アメリカから【 D 】を横断して中国に行くには，途中《とちゅう》で石炭を補給する必要がありました。このためペリーが２隻《せき》の蒸気軍艦《ぐんかん》を含《ふく》む４隻の軍艦を率いて最初に来航した際は，【 D 】を横断するルートはとっていません。

欧米《おうべい》列強は18世紀後半以降，産業革命により機械で大量生産した商品の市場を求めてアジアやアフリカに積極的に進出し，世界規模の移動が進みました。こうした欧米列強の進出に対抗《たいこう》するために，⑨幕府を倒《たお》し欧米のような近代国家を形成することを日本は選びました。近代国家となるには，憲法を制定し法律にもとづいて国家が運営されることが必要です。日本は⑩大日本帝国憲法や様々な法律を制定しました。

第一次世界大戦を経て1920年代に欧米列強と日本は協調体制をとっていきますが，1929年

にアメリカの株式市場で大暴落が起きたことから世界恐慌《きょうこう》と呼ばれる大不況《だいふきょう》が世界中に広がると，各国は自国の経済を優先し，高い関税をかけて自国や植民地などの市場を守ろうとしていきます。こうした争いの中で日本は⑪満州を独占《どくせん》しようとし，さらには日中戦争，太平洋戦争へと突《つ》き進んでいきました。戦争のための移動が活発になってしまった時代です。

戦後，アメリカは当初は日本の力をできるだけ弱めようとしましたが，アメリカとソ連の間で [7] が起こると，中国が共産主義の国家となったことに対抗させるために，アメリカは日本の経済復興を促《うながす》すことになります。 [7] が実際の戦いへと発展した朝鮮戦争をきっかけに，日本の経済は回復していきます。第二次世界大戦の反省からも自由な貿易の推進が図《はか》られ，日本は世界経済の復興とともに，高度経済成長を迎《むか》えることになります。しかし [7] は世界経済に影を落とします。 [7] は世界の移動も貿易も妨《さまた》げました。そして発展途上国《とじょうこく》はその影響を大きく受けることになります。そうした中で1973年に起こった地域紛争《ふんそう》がきっかけで，サウジアラビアなどの国々が自分たちの意見に反対しているとみなした国に対して [8] の輸出を制限し， [8] 価格が急激に上がるという事態が起こります。このため日本経済は大打撃《だいだげき》を受け，高度経済成長が終わることになりました。

1989年に米ソ両国の首脳によって [7] の終結が宣言されました。移動と貿易の自由が進み，世界に平和が訪《おとず》れたかのように思われましたが，その後も世界各地では地域紛争が続いています。さらに近年はむしろ自国第一主義がさかんになり，移動と貿易に制限をかけようとする動きもみられます。これから，私たちはどうこの問題に向かい合っていくのか，真剣《しんけん》に考えなくてはなりません。

【選択肢】
あ 新羅《しらぎ》　い 太平洋　う 明　え 大西洋　お 清《しん》　か 黒海　き 漢
く 北海　け インド洋　こ 唐《とう》　さ 高麗《こうらい》　し 元　す 地中海　せ 宋《そう》
そ 百済《くだら》　た 高句麗《こうくり》　ち 東シナ海

① 縄文文化について述べた，次の X～Z の文の正誤の組み合わせとして正しいものを，下の あ～く から１つ選び，記号で答えなさい。

X　木の実が重要な食料となっており，石包丁は木の実をすりつぶすのに使われた。
Y　貝塚《かいづか》を調べることによって，どのようなものを食べていたのかを知ることができる。
Z　土器を使い煮ることによって，食生活は以前よりも安全で豊かになった。

あ　X 正　Y 正　Z 正　　い　X 正　Y 正　Z 誤　　う　X 正　Y 誤　Z 正
え　X 正　Y 誤　Z 誤　　お　X 誤　Y 正　Z 正　　か　X 誤　Y 正　Z 誤
き　X 誤　Y 誤　Z 正　　く　X 誤　Y 誤　Z 誤

② 遠い地域と交易が行われていたことと最も関わりが深い文を，次の あ～え から１つ選び，記号で答えなさい。

あ　クリを栽培していた地域があり，クリの木が竪穴《たてあな》住居などにも使われた。
い　シカやイノシシといった動物を狩《か》り，食料とするだけでなく，その骨や角を釣針《つりばり》などの道具に利用した。
う　各地域では，それぞれ特色のある装飾《そうしょく》をした土器がつくられるようになった。
え　限られた地域でのみとれる黒曜石が，各地で矢じりとして使われていた。

③　渡来人たちが伝えた新しい文化について述べた，次の X～Z の文の正誤の組み合わせとして正しいものを，下の あ～く から１つ選び，記号で答えなさい。

X　米づくりが伝えられ，たくわえられる食料の生産が始まったことで，人々の間の戦いは縄文時代よりも減っていった。

Y　青銅器が伝えられ，銅鐸《どうたく》や銅剣などが豊作を祈《いの》る祭りの道具として使われた。

Z　鉄器が伝えられ，石器より優れた鉄製の武器がつくられ，軍事力が高まった。

あ　X 正　Y 正　Z 正　　い　X 正　Y 正　Z 誤　　う　X 正　Y 誤　Z 正
え　X 正　Y 誤　Z 誤　　お　X 誤　Y 正　Z 正　　か　X 誤　Y 正　Z 誤
き　X 誤　Y 誤　Z 正　　く　X 誤　Y 誤　Z 誤

④　この時進められていた改革についての記述として誤っているものを，次の あ～え から１つ選び，記号で答えなさい。

あ　聖徳太子が蘇我《そが》氏とともに天皇中心の政治体制をつくろうとしていた。
い　豪族《ごうぞく》の支配していた土地と人民を，すべて天皇の支配下に置いた。
う　冠位十二階《かんいじゅうにかい》の制度を定めて，能力に応じて役人に取り立てるしくみをつくった。
え　天皇の命令に従うことなどを命じた憲法十七条という役人の心得が制定された。

⑤　このころの移動について述べた，次の X～Z の文の正誤の組み合わせとして正しいものを，下の あ～く から１つ選び，記号で答えなさい。

X　農民たちの中には兵士となって九州まで行き，九州の守りについた者もいた。

Y　都から地方の役所へ，さまざまな命令を伝えられる制度がつくられた。

Z　各地の特産物が都へ税として運ばれ，北海道からはコンブが運ばれた。

あ　X 正　Y 正　Z 正　　い　X 正　Y 正　Z 誤　　う　X 正　Y 誤　Z 正
え　X 正　Y 誤　Z 誤　　お　X 誤　Y 正　Z 正　　か　X 誤　Y 正　Z 誤
き　X 誤　Y 誤　Z 正　　く　X 誤　Y 誤　Z 誤

⑥　《 a 》～《 d 》に当てはまるものを次の あ～え から１つずつ選び，《 a 》～《 d 》の順番に記号で答えなさい。

あ　東　　い　博多　　う　朝鮮半島　　え　平城京

⑦　鎌倉幕府について述べた，次の X～Z の文の正誤の組み合わせとして正しいものを，下の あ～く から１つ選び，記号で答えなさい。

X　周辺地域との移動がとても便利な地形である鎌倉を，幕府の中心地とした。

Y　御家人たちは戦いがないときでも，将軍への奉公《ほうこう》の一つとして鎌倉や京都を守るため，領地から鎌倉や京都へ行く必要があった。

Z　将軍は御恩《ごおん》の一つとして，戦いで成果をあげた御家人に，新しい領地を与《あた》えた。

あ　X 正　Y 正　Z 正　　い　X 正　Y 正　Z 誤　　う　X 正　Y 誤　Z 正
え　X 正　Y 誤　Z 誤　　お　X 誤　Y 正　Z 正　　か　X 誤　Y 正　Z 誤
き　X 誤　Y 誤　Z 正　　く　X 誤　Y 誤　Z 誤

⑧　ヨーロッパから来た国の中で，幕府がオランダとの貿易を認めたのはなぜか，鎖国を行った理由と，オランダと他のヨーロッパ諸国との違《ちが》いにも触《ふ》れて60字以内で答えなさい。

⑨　幕府が倒れるまでの出来事について述べた，次の X～Z の文の正誤の組み合わせとして正しいものを，下の あ～く から１つ選び，記号で答えなさい。

X　貿易が開始されると物価が上昇《じょうしょう》するなど経済が混乱し，民衆の不満が高まった。

Y　長州藩の木戸孝允《たかよし》は土佐《とさ》藩の勝海舟《かつかいしゅう》の助けを得て薩摩《さつま》藩と結び，倒幕《とうばく》をめざした。

Z　将軍徳川慶喜《よしのぶ》が政権を天皇に返上すると，薩摩藩の大久保利通らは新政府をつくり旧幕府軍との戦いに勝利して政権をにぎった。

あ　X 正　Y 正　Z 正　　い　X 正　Y 正　Z 誤　　う　X 正　Y 誤　Z 正
え　X 正　Y 誤　Z 誤　　お　X 誤　Y 正　Z 正　　か　X 誤　Y 正　Z 誤
き　X 誤　Y 誤　Z 正　　く　X 誤　Y 誤　Z 誤

⑩　大日本帝国憲法についての記述として誤っているものを，次の あ～え から１つ選び，記号で答えなさい。

あ　この憲法では軍隊を統率《とうそつ》する権限は天皇にあるとされた。
い　この憲法では条約を結ぶ権限は政府にあるとされた。
う　この憲法では法律と予算を審議《しんぎ》する権限は議会にあるとされた。
え　この憲法では国民は法律の範囲内《はんいない》でのみ言論の自由などが認められた。

⑪　満州についての記述として誤っているものを，次の あ～え から１つ選び，記号で答えなさい。

あ　軍部は満州の資源が戦争には欠かせないと考えた。
い　1931年に中国軍が南満州鉄道を爆破《ばくは》したことをきっかけに満州事変が始まった。
う　満州国がつくられたが，事実上日本の支配下に置かれていた。
え　国内の不況で農民が苦しんでいたので，満州への移民がさかんに行われた。

Ⅲ　次の①～⑤の各文の空欄 [1] ～ [5] に適する語句をそれぞれ答えなさい。そのとき漢字で書けるところは漢字で答えなさい。さらに 問A ～ 問E に答えなさい。

①　日本は少子高齢社会となっており，今後もさらに少子高齢化は進むと考えられている。子育てや高齢者の世話をしながら働き続けることができるように，1995年に [1] 法がつくられた。

問A　日本の人口構成や介護《かいご》保険についての記述として誤っているものを，次の あ～え から１つ選び，記号で答えなさい。

あ　日本の人口は，2000年代後半から減少に転じている。
い　現在，65歳《さい》以上の人口の比率は25%を超《こ》えている。
う　介護保険では，20歳以上の人が保険料を払《はら》っている。
え　介護保険でサービスを受けるためには，サービスを受ける必要があると認定《にんてい》を受けなければならない。

②　国会は，法律をつくることや予算を認めることなどを行っている。また，国の政治のあり方が正しいかどうかを調べるのも国会の重要な仕事で，衆参両院は証人を呼んだり省庁に報告や記録の提出を求めることができる [2] 権をもっている。

問B　国会についての記述として誤っているものを，次の あ～え から１つ選び，記号で答えなさい。

あ　法律案は，参議院よりも先に衆議院で審議されることになっている。
い　法律案は，本会議での審議の前に，委員会で審議されることになっている。
う　衆議院の方が，参議院より選挙に立候補できる年齢《ねんれい》が低い。
え　参議院の方が，衆議院より任期が長い。

③　日本では，2009年から裁判員制度が導入されている。裁判の種類を２つに分ける場合，裁判員裁判の対象になっていないのが［ 3 ］裁判である。

問C　裁判員制度についての記述として誤っているものを，次の あ～え から１つ選び，記号で答えなさい。

あ　裁判員は，20歳以上の人の中からくじで選ばれる。

い　裁判員裁判は，地方裁判所でのみ行われる。

う　裁判員は裁判官とともに，有罪か無罪かを判断し，有罪の場合には，量刑《りょうけい》（刑罰《けいばつ》の重さ）も判断する。

え　判決で死刑《しけい》が科される可能性がある，重い犯罪は裁判員裁判の対象外である。

④　われわれは，日本国民であるとともに，都道府県および市区町村の２つの［ 4 ］に属している。［ 4 ］にはその住民の選挙で選ばれた首長がいる。

問D　地方自治についての記述として誤っているものを，次の あ～え から１つ選び，記号で答えなさい。

あ　市区町村の予算の歳入《さいにゅう》には，市区町村民からの税金だけでなく，国や都道府県からの交付金や補助金が含《ふく》まれる。

い　住民は，国に対して要望や苦情を申し出る請願《せいがん》を行うことができるが，直接請求《せいきゅう》権があるため，都道府県や市区町村への請願権は認められていない。

う　都道府県や市区町村の中には，これから行おうとしている取り組みについて，住民から広く意見を集めて参考にする，パブリックコメントをとり入れているところがある。

え　子どもや高齢者の相談にのったり，その内容を市区町村などに伝える，民生児童委員（民生委員）が置かれている。

⑤　国や地域をこえて，地球規模で取り組まなければならない問題が起きている。環境問題では，近年，地球温暖化の問題が深刻化している。2015年に，［ 5 ］が採択《さいたく》され，世界の平均気温の上昇を産業革命前と比較《ひかく》して，２℃より低く抑《おさ》えることが目標とされた。

問E　国際的に取り組むべき問題や，そのための機関についての記述として誤っているものを，次の あ～え から１つ選び，記号で答えなさい。

あ　1972年に国連人間環境会議が開かれ，気候変動枠《わくぐ》組み条約が採択された。

い　地球温暖化の要因の一つとして，オゾンホールの問題をあげることができる。

う　難民の保護や救済・支援《しえん》を行うことを目的として，国連難民高等弁務官事務所が創設されている。

え　食料が不足している国や天災などを受けた国に食料を援助《えんじょ》する，国連世界食糧《しょくりょう》計画（ＷＦＰ）が，2020年のノーベル平和賞を受賞した。

※60点満点
（配点非公表）

令和３年度　桜蔭中学校入学試験解答欄　［社会］　受験番号（　　　　）

Ⅰ

問1	1		2	半島	3		4	

問2		問3		問4	a		b		c		d		e		

問5	5		6		7		問6	

問7	

問8	a		b		c	

問9	a		b		c		d	

Ⅱ

A		B		C		D	

1	県	2		3	教	4	
5		6	藩	7		8	

①		②		③		④		⑤	

⑥	→	→	→	⑦	

⑧	

⑨		⑩		⑪	

Ⅲ

1	法	2	権	3	裁判	4	

5		問A		問B		問C		問D		問E	

令和二年度　桜蔭中学校入学試験問題〔国語〕

(50分)

答えはすべて解答用紙に書きなさい。

一、次の文章を読んで、後の問いに答えなさい。

☆登山がスポーツなのかどうかについて私見を述べてみたい。

まず登山云々《うんぬん》の前にスポーツとは何かということについて考えてみたい。

私の考えではスポーツとはある一定数の人が活動していることと、舞《ぶ》台が整っていることの二つが成立条件になってくると思う。一定数の人がいることはいいとして、問題は後者のほうだ。舞台が整っているというのは、一つには文字どおり競技の舞台が用意されていることを意味する。野球でいえばスタジアム、ボクシングならリングだ。屋外でおこなわれる競技も、マラソンやトライアスロンなどは決まったコースから外れると失格になるので本質的には施《し》設内と同じだ。また舞台が整っているということは、主催《さい》者により競技者の安全が——たとえそれが名目的であっても——確保されていることも意味している。ボクシングでは二人のファイターが野放図に死ぬまで殴《なぐ》りあうわけではない。事故で亡くなることはあっても、そうならないようにルールを設けて制限しているわけで、これもスポーツの舞台性を形成する重要な要件であろう。

そう考えると※1トレイルランニングや山岳《がく》マラソン、アドベンチャーレースなどは、登山と同じように山や自然を競技の場とはしているものの、明確にスポーツだと規定することができる。マラソンなどと同様コースが決まっているし、万が一の事故や急病に備えてスタッフや医療《りょう》関係者が各所に配置されている。もちろん自然が舞台なので亡くなったり怪《け》我したりするリスクはあるだろうが、そうならないように主催者は全体に配慮《りょ》の網《あみ》をかぶせている。またゲレンデクライミングも、岩場の開拓《たく》者がルートを整備したりトポ（ルート図）を発行したりして安全の確保やルール作りに取り組んでいることなどを考えると、スポーツだと考えてよさそうだ。

さて登山はどうだろうか。登山の場合ももちろん舞台はあるが、それが整っているとはいいにくい。登る山とルートが決まっていたとしても、当日の天候やルート状況によっては変更《こう》することが頻繁《ひんぱん》に起こるし、長い縦走や継《けい》続クライミングの場合などは、［ア］変［イ］化する自然状況《きょう》に柔軟《じゅうなん》に対応してルートを変更したり、エスケープしたりすることのほうがむしろ多いぐらいだ。それどころか、途中で目標を変更してまったく別の山に登る、などということもないわけではない。これがスポーツだったら完全に失格だが、登山では予定通りに登れなくても必ずしも失敗というわけではない。そしてその※2融通無碍《ゆうずうむげ》なところが登山の魅《み》力だったりもする。

それに登山にはゴミを捨てないだとか、岩には無駄《だ》にボルトを打たないなどといった倫《りん》理はあっても、スポーツにあるような堅《かた》苦しいルールや行動範《はん》囲を縛《しば》りつける規制は、今のところ存在しない。どの山をどのように登るかは個人の好みや技術、体力に応じて思い思いに決定することができる。また当然、主催者がいるわけではなく、自分で安全を確保しながら登ることが原則となる。つまり登山とはスポーツのように第三者が舞台を整えてそこで競技するものではなく、自分で舞台を拵《こしら》えておこなう自己①カンケツ型の行為《い》だといえる。

ではスポーツではないとすれば何なのか。私はその本質は旅だと考えている。旅の本質とは何か考えてみると、それは今日の判断が明日の自分の成り行きを決定するような時間の流れのなかにある。たとえば、とある国を旅していたときにAという町にたどりつくとする。本当は明日にでもB町に移動するつもりだったが、A町がすっかり気に入ってしまったので二週間ほど居つくことにした。すると町の食堂で少し怪《あや》しげだが気のいいXという人物と親しくなり、C町に日本への留学経験のある友人がいるから会いに行かないかと誘《さそ》われた。しようがないからとC町に行ってみると、その留学経験のある友人の娘がたいそう美人で……というのが典型的な旅である。

このように旅とは予定調和に終わらず、その場の状況や判断によって内容が次々と更新されていくのを本来の姿としている。よくいえば放浪《ろう》、悪くいえば行き当たりばったりこそ、旅の本質だ。旅をしたときに自由だと感じられるのは、外国に行くことで日本の色々なしがらみから解放されるからではなく、むしろこの判断と成り行きの連動作業を体験できるからだろう。明日以降の自分がどうなるのかわからないなかで判断し、その結果がおのずと自分の運命に跳《は》ね返ってくるのだから、かなり純粋《すい》なかたちでの自由がそこには達成されている。

私が登山を旅的と感じるのはこの部分だ。登山は天候やルート状況を勘《かん》案しながら判断をくだして進めるゲームである。判断が正しければ登れるし、間違っていれば登れない。判断を間違うと登山者は最悪の場合、死という大きな代償《しょう》を支払うことになるわけだから、結果として跳ね返ってくる運命の大きさを考えると、旅の最も旅的な部分を抽出《ちゅうしゅつ》したような行為だとすらいえる。

そしてその意味で、登山では旅よりもさらに高度な判断と成り行きの連動作業が経験できる。だから、享《きょう》受できる自由の感覚も途方もなく大きくなる。この自由の感覚こそスポーツでは決して味わえない旅ならではの感覚であり、自由であるからこそ、登山者は危険にもかかわらず性懲《しょうこ》りもなく山に足を運ぶのだろう。★

（中略）

GPSの問題について深く考えるようになったのは北極圏《けん》の旅をはじめてからである。

北極圏に行くまで私の探検の舞台はチベットやネパール、ニューギニアの山岳地帯が多かった。山では尾《お》根や谷の地形的な起伏《ふく》が顕著《けんちょ》なので、地図とコンパスさえあれば自分の位置を正確に把握《はあく》できる。GPSはあってもなくてもどうでもいい存在で、ちゃんと使ったこともなければ、さほど意識したこともなかった。

ところが北極圏の旅では、凍《こお》った海氷や平らな雪原に覆《おお》われたツンドラなど、地形的に目印の乏《とぼ》しい場所を進むことが多い。こうした場所では山とちがい、尾根や谷のかたちや向きから位置を推測することができず、地図とコンパスで位置を決定することがとても難しくなる。そのため航海と同じように緯《い》度と経度を求めて「航法（ナビゲーション）」しなければならず、GPSが圧倒《とう》的な威力《いりょく》を発揮する。

二〇一一年にはじめて北極圏を旅するまで、私はこのGPSの威力を正確に認識できていなかった。（中略）GPSが登場する前も探検家や航海士は※3六分儀《ろくぶんぎ》で※4天測していたわけだから、GPSを使うといっても六分儀が多少便利になっただけで、機器で航法するという本質に変化はないと、あまり深く考えていなかった。

ところが実際に旅でGPSを使いはじめると、これが六分儀と全然ちがう。最大の相違《い》点は、GPSを使うと周囲の自然条件と無関係に現在地を出せるところだ。

六分儀による天測だと、天体の高度を観測して位置を計算するわけだから、太陽だろうと夜空の星だろうと、とにかく外に出て天体観測しなくてはならない。そしてこの観測作業は口でいうほど簡単ではない。

特に極地のような極限的な寒さの中ではハードルが高く、氷点下四十度の寒さの中で向かい風に耐《た》えながら、細かなネジを調整して天体を水平線に一致《ち》させるだけでも、極度に集中力が必要となる。しかも観測するうちに、六分儀には自分の吐《は》く息で霜《しも》が張りついて星そのものが見えなくなってくるし、三十分も作業していたら手足は寒さでかじかみ、鼻ももげそうになる。

なんとか観測を終えても、今度はテントの中で天体の暦《こよみ》や対数表とにらめっこしながら、観測値を位置情報に変換《かん》するための複雑な計算作業に没《ぼっ》頭しなければならない（ただし計算機があれば、この作業は省略できる）。苦労がともなうだけでなく、その観測値には少なくとも数キロの②ゴサがつきもので、一番困るのは、GPSとちがい、その結果がどこまで正確に出せているかは観測者には絶対的にはわからないことだ。天測とは、最後は自分の腕《うで》を信じるしかなく、その意味では極《きわ》めてアナログな技術なのである。

ところがGPSを使うと、そういう苦労がすべてなくなり、夕飯の支度《たく》をしながら片手でボタンを数回押すだけで位置情報を取得することができてしまう。しかも、その情報は天測とちがってゴサがほぼゼロの、かぎりなく正確なものだ。

GPSを使うと、本来、旅において最も難しいはずの作業が最も③カンタンになるという逆転現象が発生する。それは〈前よりも便利になった〉という次元をはるかに超《こ》える、人間はなぜ冒《ぼう》険をするのかという本質を侵《おか》しかねない［A］コペルニクス的な転回だ。

なぜ私たちが探検や冒険をするのかというと、それは行為のプロセスの中にある〈自然との関わり方〉に秘密があるからだ。

北極が例だとわかりにくいだろうから、登山を例に考えてもいい。私たちが山に登るのは、単に山頂に行きたいからではない。山頂に至るまでの〝山との関わりあい〟の中に魅力があるからこそ、人間は山に登るのではないだろうか。

登山者は山という厳しい自然に規定された世界の中で、少しおおげさにいうと、命を懸《か》けた判断をくだしながら山頂を目指している。その過程として見逃せないのは、登山者がその行動や判断をつうじて常時、山になんらかの働きかけをおこなっていることだ。働きかけをして山と関係性を構築することで、登山者は山から肯《こう》定され、今その瞬《しゅん》間、そこに自分が存在しているという感覚を強く持つことができる。
　これは何も抽象的な話ではない。クライミングをする人なら、誰にでも岩壁《べき》や氷壁《へき》を登っている最中に墜《つい》落の恐怖でガタガタと足が震《ふる》えた経験があるはずだ。この恐怖《ふ》という負の感情をつうじて私たちが獲《かく》得できているのは、「氷壁の中に自分が今ある」という明確な自己存在確認である。
　周囲の世界との関係の中で、身体的な五感をつうじて自己の存在を確立できること、つまり山からきわめて実体的な存在を与えられることに登山の最大の魅力はあり、逆にいうとそこにしかないともいえる。
　それは登山に限らず、極地探検や外洋航海でも同じことだ。過酷《こく》な寒さやどこまでもつづく④大海原によって実体存在を与えられることに、探検や冒険の魅力はある。そしてこの自己存在確認の感覚は、こちらから自然に働きかけ、関与《よ》する⑤リョウイキが広がり、そして深まるほど大きくなる。
　ところがGPSを使うと、この自然への働きかけと関与リョウイキが極端に狭《せま》くなってしまう。地図読みや天測にはあった外の世界を読みとるという働きかけがない状態で、いきなり百パーセントの正解が与《あた》えられるので、外との関係が薄《うす》くなり、自然から存在が与えられているという感覚も弱まってしまうのだ。
　GPSを使いながら北極の荒《こう》野を歩いていたとき、私は常に[B]妙《みょう》なもどかしさを感じていた。連日、寒さや風には苦しめられたし、極限的な空腹にも苛《さいな》まれたが、それでも私は自分は北極という土地を爪《つめ》で引っ掻《か》いているだけなんじゃないかという奇妙な※5隔靴掻痒《かっかそうよう》感を取り除くことができなかった。
　肉体的には追いつめられているのに、なぜか？
　その理由は、明らかにGPSを使っていることにあった。そのことには旅の途中で気がついていたが、しかしもはやどうしようもなかった。
　結局このときの旅では「航法」という極地探検においてもっとも基本的な作業を機械に外部委託《いたく》したせいで、自分が北極の自然とがっちりかみあっているという感覚を最後まで得ることができなかった。GPSを使うと、周囲の自然と自分との間にどうしても壁《かべ》ができてしまい、その土地の真実の姿を知る機会を奪《うば》われてしまうのだ。

（角幡唯介《かくはたゆうすけ》『エベレストには登らない』）

注　※1　山野を走るレース。
　　※2　身の処し方がしなやかで、さまざまに変化する周囲の状況にただちに対処できる様子。
　　※3　天体と地平線との間の角度を測る道具。
　　※4　その場所の緯度と経度を知るために天体の位置を調べること。
　　※5　かゆいところに手が届かないようにもどかしいこと。

問一　[ア]・[イ]にあてはまる漢数字をそれぞれ一字ずつ答えなさい。
問二　――線部①～⑤のカタカナを漢字に直し、漢字は読みを答えなさい。
問三　この文章がのっている本の題名は『エベレストには登らない』です。☆から★までの文章をふまえて、この題名にこめた筆者の思いを考えて説明しなさい。
問四　――線部[A]「コペルニクス的転回」とはどういうことですか。この表現で筆者が言おうとしていることを具体的に説明しなさい。
問五　――線部[B]「妙なもどかしさ」とはどのようなことですか。なぜもどかしいのかがわかるように説明しなさい。

二、次の文章を読んで、後の問いに答えなさい。

「じゃあ、※1ニュウシュを書こうかね」
とうとうユンエイが言ったので、チャオミンは鼻息を荒《あら》げて顔をあげた。
「はあーいっ、はいっ」
「みんなでチャオチャオへの言葉を三朝書にして届けよう」
「さ、三朝書？」
　はじめてきく言葉を、鼻息交じりにくりかえしたチャオミンに、ユンエイは説明をしてくれた。
「結婚《こん》していく人への思いを文字にして綴《つづ》るんだ。結婚していく女の人の幸せを、心から願って思いをこめて書くんだよ」
　ユンエイは「心から」というところに力をこめて言った。
　少し前まで手仕事をしにきていたチャオチャオという人が、結婚して隣《となり》の街に行くことになったので、お祝いに贈《おく》るのだそうだ。
「言った言葉はそのときだけだけど、思いを文字にしておけば、チャオチャオは読むたびにみんなのことを思い出せるだろう。ジュアヌ、あんたは特に気持ちをこめてね」
「もちろん」
　ユンエイからそう言われて、ジュアヌは神妙《しんみょう》な顔でうなずいた。
　チャオチャオはジュアヌの※2結交姉妹なのだそうだ。
「チャオミンはまだ書けないから、これで勉強するといい」
　ユンエイはそう言って、壁《かべ》にしつらえた棚《だな》から、ノートを一冊取りだした。紙を皮の表紙で綴《と》じた古い小さなノートだ。紙の部分は全体的に黄ばんでふちはささくれだっているが、ユンエイは両手で丁寧《ていねい》に取りあつかった。紙は貴重品なので、大事にしなくてはならない。
「これがニュウシュだよ」
　ユンエイはまず表紙を開いた。
「わあ、きれい」
　そこに書かれていた文字を見て、チャオミンは目を[1]た。文字は細くこまかかった。ひとつひとつが形良く引きしまっている。それでいて、流れるようにしなやかだ。まるでシューインが刺《さ》す花の刺《し》しゅうのようだった。見方によっては文字のところどころにある小さな丸は、花芯《かしん》か種のようにも見える。父さんが書いている文字は角ばってごつごつしているが、こちらはやわらかく可憐《かれん》で、やはり全然ちがう文字だとチャオミンは思った。
「まるできれいなお花みたい。いえ、小鳥の【 ☆ 】みたい」
　この美しさをどう表現していいのかもどかしかったが、チャオミンの言葉にユンエイはぷっと噴《ふ》きだした。
「チャオミンは面《おも》白いことを言うね。鳥の声なんて言った人ははじめてだよ」
　ユンエイは愉快《ゆかい》そうに言いながらさらにノートを開いた。
「このノートは、ずっと前からここにあるんだよ。普《ふ》段、私たちが歌う歌をニュウシュであらわしたものが書かれている。これはめでたいときに歌う祝い歌だよ。あんたも上手《じょうず》に歌ってただろ」（中略）
　家に帰ったチャオミンは土間に座りこみ、文字の練習を始めた。字が書けるようになったことが嬉《うれ》しくてたまらない。土間の床《ゆか》に棒《ぼう》で書く。土でできた床は、とがったものでなぞると形がつくのだ。
「一つ空には」
　口ずさみながら棒の先で書きつけていく。
「娥眉《がび》……、あれ？」
　だが、さっそく文字が詰《つ》まってしまい、チャオミンは首をかしげた。
「うーんと、娥、はどうだったっけ？」
　思いだそうとチャオミンがうなっていると、台所で煮物《にもの》を作っていた母さんがひょいと顔をだした。母さんはそばに座ると、こうじゃない？　と指を動かした。それは確かに、娥、という文字だった。
「あ、そうだ！」
　チャオミンはすっきりしたが、すぐにまた、あれ？　と首をかしげた。
「母さん、ニュウシュを知っているの？」
　母さんは文字の読み書きができないはずだ。そもそもあまり関心がないらしく、チャオミンが文字を教わりたいと言ったときも、少し困ったような顔をした。なのに、分からない字をすぐに書いて教えてくれるなんて。
「インシェンはニュウシュなんて書けないよ」
　そのとき、突然《とつぜん》ぴしゃんとした声がきこえた。振《ふ》りかえると、入り口につえをついたイーレイおばあさんが立っていた。
「まあ、お義母《かあ》さん、いらっしゃいませ」
　母さんははじかれるように立ちあがり、「すぐにお茶をお出しします」と台所に行ってしまった。隣に住むイーレイおばあさんは、チャオミンの家にしょっちゅうやってくるが、そのたびに母さんはまずお茶の準備をしなくてはならない。それが客に対する最低限の礼儀《れいぎ》なのだそうだ。
「ハル族の女たちは、文字を持たないの。ニュウシュの読み書きができるのは、漢族の女だけだよ」
　面白くなさそうに言いながら、イーレイおばあさんはつえを頼《たよ》りによたよたと歩いてくると、「よいしょ」と上がり口に腰《こし》をかけた。（中略）
　こうしてチャオミンは、文字を覚えていった。最初は歌に合わせてユンエイの字を見ながら真似《まね》をしていたのだが、少しずつ見なくても書けるようになった。そして、次第に頭の中に文字が浮《う》かぶようになったのだ。
「九つ、黄龍《こうりゅう》は泳ぐ」

チャオミンはつぶやきながら、握《にぎ》ったペンを板に滑《すべ》らせた。頭に浮かんだ一文字ずつが、板の上に浮かびあがった。

ここまですべての文字を、お手本を見ずに書けた。

さあ、最後の一行だ。

胸がどくとくと弾《はず》んだが、チャオミンは握ったペンを止めることはしなかった。頭の中にある文字が消えてしまわないうちに、板の上に移したかったのだ。急《せ》くような気持ちで、息を詰めペン先を見つめる。

もう歌うこともつぶやくこともできなかった。

――十で、鯉《こい》は竜門《りゅうもん》をはねる

「ふう」

一気に書きあげると、やっと息をもらした。

しばらくチャオミンは、自分の書いた文字をながめた。書いては消しているせいで、板の表面はすっかり黒くなっているけれど、チャオミンが書いた文字がしっかりとそこにある。不格好で大きさもふぞろいだけれど、まぎれもなく意味を持った言葉だ。

さっきまであんなに急《せ》いていた胸が、不思議なほど静かになっていた。風のない夜中の麦の穂《ほ》のように、なぜかそよとも動かなかった。

「書けた」

チャオミンはつぶやいた。小さな声をききとった耳が、震《ふる》えた気がした。

「書けた」

もう一度、言ってみる。今度は大きな声で。

それを合図にしたように、胸がぽんとはじけた。またとくとくと鼓動《こどう》が騒《さわ》ぎ始め、体の芯が熱くなる。

胸の内からあぶくのような喜びが噴きだすようにこみあげてきた。[A]内側から湧《わ》いてくる痛いほどの喜びに、チャオミンは自分の体を抱《かか》えこむように縮めた。この気持ちを外にもらしたくはなかった。（中略　※3）

シューインは結婚式の日を迎《むか》えた。チャオミンとジュアヌが書いた手紙は、結婚のしきたりにしたがい、シューインの実家に預けられることになった。三朝書は、実家から贈られる品物と一緒に大切に納められ、結婚式の三日目にシューインに届けられるのだ。

結婚式の前日、チャオミンは机に向かい自分の書いた三朝書をもう一度読み直した。

まだあまりうまくはない。けれどもせめて人一倍の願いだけはこめた。

封《ふう》をしようとしたところ、母さんがやってきた。

「チャオミン、この手紙も一緒《しょ》に入れてちょうだい」

母さんは、小さく折りたたんだ紙をさしだした。

「母さん、手紙を書いたの？」

チャオミンは目を[2]た。

「ええ。母さんもどうしても気持ちが送りたかったから」

母さんは恥《は》ずかしそうに笑った。

「読んでもいい？」

チャオミンは返事もきかないうちに紙を広げてしまった。そして、にっこり笑った。そこには、短いけれど大切な言葉が書いてあった。チャオミンも大好きな言葉だった。

あわただしく結婚準備を終え、シューインは住み慣れた愛《いと》おしい町から花《はな》駕籠《かご》に乗った。（中略）

新しい家では三日三晩祝宴《しゅくえん》が続いた。

はじめて会った夫とその両親、それから弟や妹たち。見知らぬ人たちの間で、シューインは自分がどこに座っているのかもわからなかった。強張《こわば》るシューインにみんなは意地悪をするようなことはなかったけれど、やはり不安でいっぱいだった。

これから知らない人たちと暮らすのだ。

そんな不安をしばし吹《ふ》きとばしてくれたのは、祝宴の途中《とちゅう》で届いた、実家からの荷物だった。

シューインは飛びつくように荷物を受け取り、焦《あせ》る手つきで結び目をほどいた。何はさておき三朝書だ。自分の愛しい人たちにつながる物がほしかった。

「まあ、こんなに」

入っていた三朝書を胸に抱《だ》く。[B]愛おしい重さを感じた。生み育《はぐく》んでくれた母や、慈《いつく》しみをかけてくれた叔母《おば》や兄嫁《あによめ》、そして長い付き合いだったユンエイ。

それぞれがくれた言葉の数々を、シューインは吸い取るように丹念《たんねん》に読んだ。特にユンエイからの言葉には励《はげ》まされた。（中略）

飾《かざ》りのないまっすぐな言葉に、シューインの背筋はすっと伸《の》びた。日に焼けたユンエイの笑顔が見えるようだった。

三朝書を読みながら、シューインは心が落ち着いていくのを感じていた。さっきまでふわふわとして頼りなく、むなしく散ってしまいそうだった心に、芯が戻ったような気分だ。言葉に、自分のためにつづられた思いに、こんなにも力があるなんて。シューインは震える指先をおさえつつ、文字を追った。

もちろん二人の大切な姉妹からも三朝書をもらった。ジュアヌは誇《ほこ》り高く整った文章で結婚を祝ってくれた。そして、チャオミンは素直な思いを祈《いの》るようにつづってくれた。チャオミンらしいかわいらしい字だ。

〝わたしの小さなサンゴの筆で、シューインお姉さんに言葉を送ります

まずはありがとうと伝えます

本当に嬉しいご縁《えん》があって、わたしたちは姉妹になりました

わたしにとって、どんなに幸いなことだったでしょう

シューインお姉さんには、たくさんのことを教えていただきました

それなのにわたしには、あなたのためにできることがないのです

それが残念でなりません

だからせめて祈ります。この先のシューインお姉さんの幸せを祈ります

この手紙を書いている筆は、サンゴの飾りがついています

サンゴは海の底に眠《ねむ》っているのだそうです

深い深い海の底。その海のように深く深く、わたしは祈ります

刺しゅうもお裁縫《さいほう》も上手なシューインお姉さんは

新しい家のみなさんにきっと大事にされることでしょう

シューインお姉さん、どうかお元気で

ずっと、ずっと、大好きです

チャオミン〟

シューインは言葉のひとつひとつをすくい取るように三朝書を読んだ。今から先の生活はきっとこれらの言葉が助けてくれる。そう確信できた。

「あら」

シューインが、その紙に気がついたのは三朝書を戻《もど》そうとしたときだった。チャオミンからの三朝書の中に、もう一枚紙が入っていたのだ。シューインはその小さく折りたたまれた紙を引っ張りだした。

そこには、こう書いてあった。

〝[C]辛《つら》いときは、書きましょう

苦しいときは、歌いましょう

ヤン・インシェン〟

（まはら三桃《みと》『思いはいのり、言葉はつばさ』）

注　※1　女性だけが書く文字。チャオミンが住む集落では、男たちが野や山で働いているときに、女たちがだれかの家に集まっていっしょに手仕事をしたりひそかに文字を習ったりする。チャオミンは十歳になったのでその集まりに参加できるようになった。

※2　集まりの中で仲良くなった人同士は〝姉妹〟となり、かたい絆《きずな》で結ばれる。

※3　チャオミンは、あこがれのシューインと結交姉妹になった。シューインは親の決めた相手と結婚し、遠くへ行くことになった。

問一　[1]・[2]にあてはまる言葉を次の中から選び記号で答えなさい。ただし、同じ記号を二度使ってはいけません。

【ア　輝かせ　イ　そらし　ウ　しばたたかせ　エ　むい　オ　丸くし】

問二　［ ☆ ］に、小鳥がしきりに鳴く様子を表す言葉を、文中にあてはまるようにして入れなさい。

問三　――線部[A]について、どのような喜びでしょうか。説明しなさい。

問四　――線部[B]について、「愛おしい重さ」とはどういうことですか。説明しなさい。

問五　――線部[C]について、チャオミンのお母さん（ヤン・インシェン）がこのように手紙を書いたのはなぜでしょうか。説明しなさい。

解答用紙 ［国語］

□には記入しないこと。

受験番号（　　　　）

※100点満点
（配点非公表）

一

問一	問二	問三	問四	問五
ア	① ② ③			
イ	④ ⑤			

二

問一	問二	問三	問四	問五
1				
2				

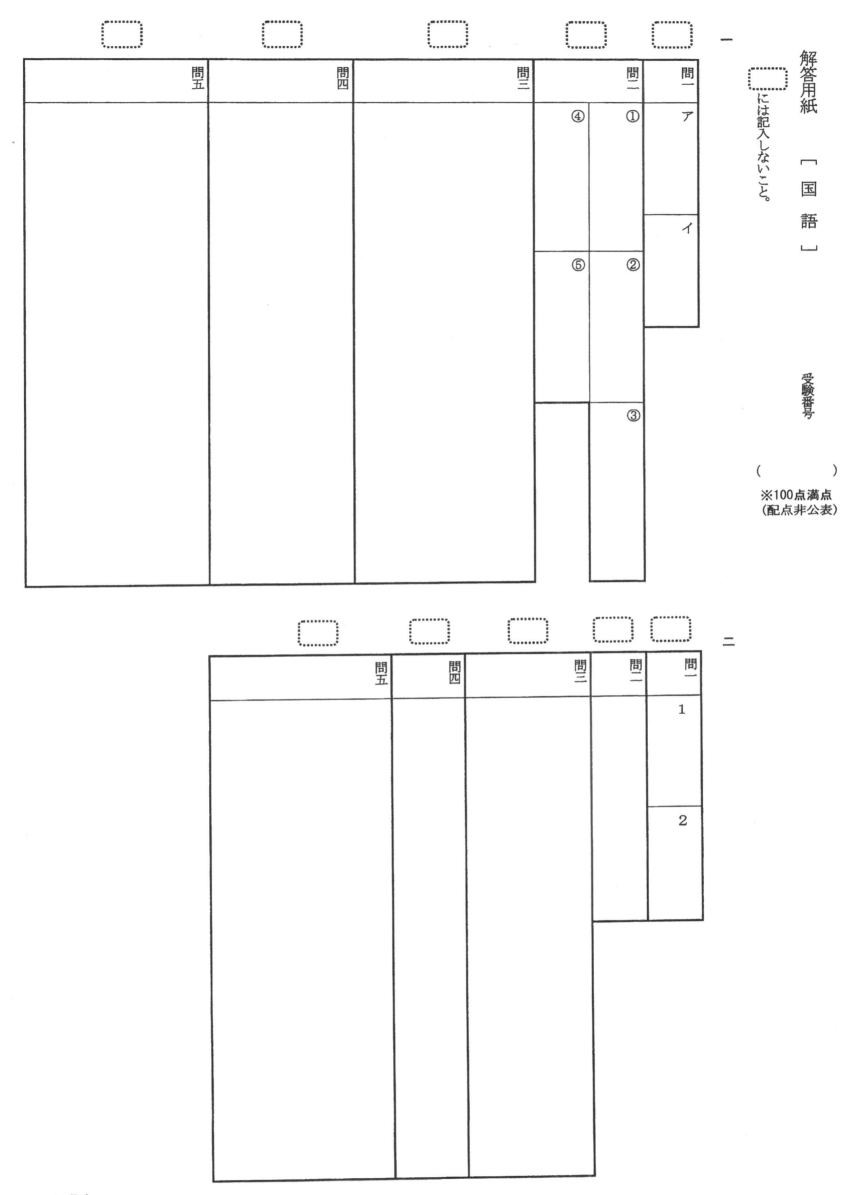

答えはすべて解答用紙に書きなさい。

円周率を用いるときは，3.14としなさい。

三角すいの体積は（底面積）×（高さ）× $\frac{1}{3}$ で 求めることができます。

（50分）

Ⅰ　次の $\boxed{}$ にあてはまる数を答えなさい。

(1)　$1\frac{11}{54}-\left\{\left(1.875-\frac{5}{12}\right)\times\boxed{\text{ア}}\right\}\times 3=\frac{25}{27}$

(2)　花子さんはお母さんと弟といっしょにお菓《か》子を買いに行きました。花子さんと弟は同じお菓子をそれぞれ12個ずつ買うことにしました。花子さんはそのうちのいくつかを持ち帰り，残りをお店で食べることにしました。弟は花子さんがお店で食べる個数と同じ個数のお菓子を持ち帰り，残りをお店で食べることにしました。2人分のお菓子の代金をお母さんがまとめて支払《はら》うため税込《こ》みの金額を計算してもらうと，ぴったり1308円でした。このお菓子１個の税抜《ぬ》きの値段は $\boxed{\text{イ}}$ 円です。ただし，消費税はお店で食べるお菓子には10％，持ち帰るお菓子には８％かかります。

(3)　まっすぐな道に柱を立ててロープを張り，そこにちょうちんをつるします。柱と柱の間は５m 50cmで，ちょうちんとちょうちんの間は１m 35cmです。１本目の柱から35cm離《はな》れたところに１個目のちょうちんをつるしました。ロープはたるまないものとし柱の幅《はば》は考えません。柱を10本立てて，ちょうちんをつるしました。

①　ちょうちんは全部で $\boxed{\text{ウ}}$ 個使いました。また10本目の柱に１番近いちょうちんはその柱から $\boxed{\text{エ}}$ cmのところにつるしました。

②　柱から35cm以内の部分につるしたちょうちんは，とりはずすことにしました。ただし１個目のちょうちんはとりはずしません。このとき，つるされたまま残っているちょうちんは $\boxed{\text{オ}}$ 個です。

Ⅱ　(1)　右の図のようなコースで輪をころがしながら進む競走をします。コースは長方形と，半円を２つあわせた形をしています。Aさんがころがすのは周の長さが150cmの輪，Bさんがころがすのは周の長さが120cmの輪です。輪はすべることなくころがるものとします。

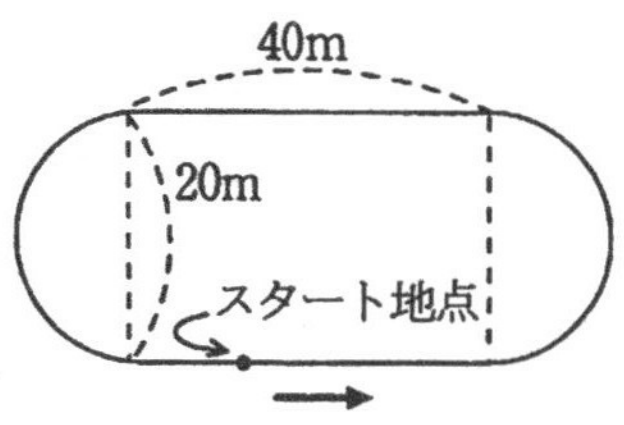

①　Aさんがこのコースを１周すると輪は何回転しますか。

②　AさんとBさんが図のスタート地点を矢印の向きに同時に出発しました。２人とも輪を１秒１回転させながら進みます。途《と》中，Aさんは２回，輪をコースの外にころがしてしまい，コースにもどるまでに１回20秒かかりました。その後AさんとBさんは同時にゴールしました。AさんとBさんは出発してからゴールするまでにこのコースを何周しましたか。スタート地点とゴール地点は同じとは限りません。

(2)　底面が半径３cmの円で高さが１cmの円柱の形をした白い積み木がたくさんあります。

(a) ①　この積み木を図１のように10個積み重ねてできた円柱の体積を求めなさい。

②　①でできた円柱の表面に青い色をぬりました。青い色をぬった部分の面積を求めなさい。

③　②の積み木を図２のように少しずつずらしてくっつけました。上から２番目と３番目の円柱は底面の円の面積の３分の1が重なっています。上から５番目と６番目，８番目と９番目も同じずらし方です。この立体の表面で白い部分の面積を求めなさい。

横から見た図

図１　図２

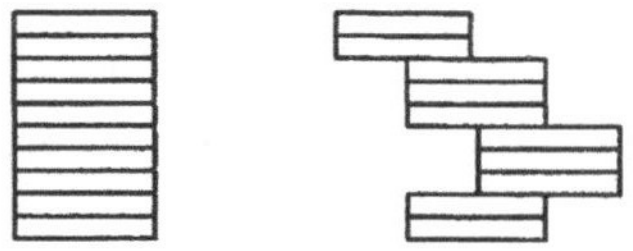

(b)　あらためて新しい積み木を図３のように積み重ねます。上から１段目には１個，２段目には２個，３段目には３個のように積み重ねます。図３の積み木「ア」と積み木「イ」，積み木「ア」と積み木「ウ」はそれぞれ底面の円の面積の３分の1が重なっています。他の部分の重ね方も同じです。今，積み木が200個あります。

①　これらの積み木を机の上で積み重ねました。何段まで積み重ねることができますか。また，積み木は何個余りますか。

②　①で積み重ねた立体の上から見えるところと，机に触《ふ》れているところを赤くぬりました。赤くぬった部分の面積を求めなさい。

図３　横から見た図

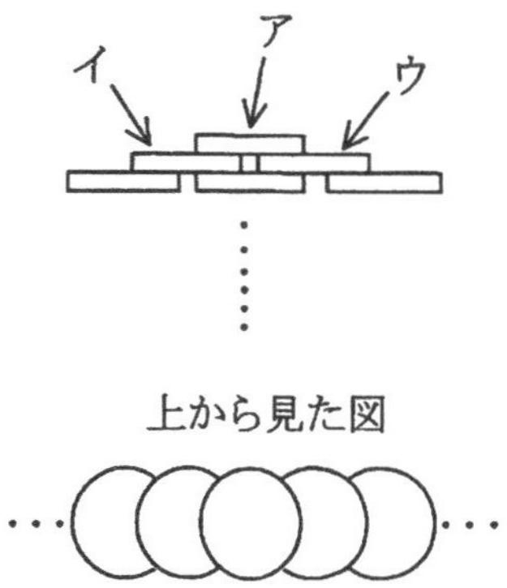

Ⅲ　図の直方体ABCD－EFGHにおいて，
辺DC，HGの真ん中の点をそれぞれM，Nとします。
またMN上に点Lがあり，AD＝4 cm，
DM＝3 cm，ML＝3 cm，AM＝5 cm です。
三角形ADMを拡大すると，三角形GCBに
ぴったり重なります。三角形GCBの一番
短い辺はBCです。
このとき次の問いに答えなさい。

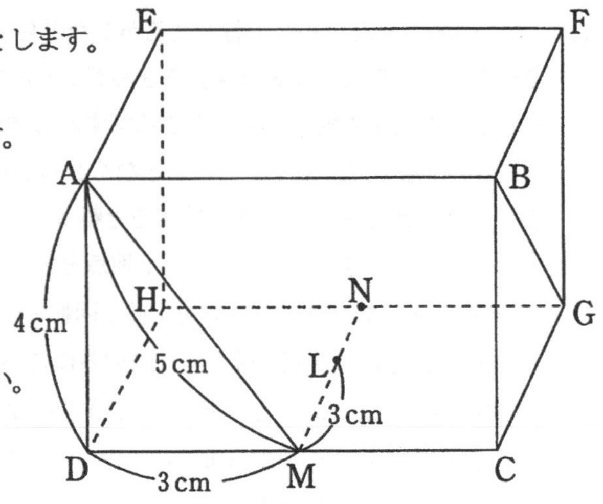

(1)　次の[　　]にあてはまる数を答えなさい。

辺GCの長さは[ア]cm，BGの長さは
[イ]cm です。

(2)　三角形ANB，三角形ALB，三角形ALN，三角形BLN で囲まれた立体ALBNの体積を求めなさい。

(3)①　三角形ANBの面積を求めなさい。
②　立体ALBNの表面積を求めなさい。

Ⅳ　1個 10 g，20 g，60 g の球があります。
10 g の球には 1 から100 までの整数のうち，4 の倍数すべてが 1 つずつ書いてあります。
20 g の球には 1 から100 までの整数のうち，3 で割って 1 余る数すべてが 1 つずつ書いてあります。
60 g の球には 1 から100 までの 4 の倍数のうち，3 で割って 1 余る数すべてが 1 つずつ書いてあります。ただし，同じ重さの球にはすべて異なる数が書いてあります。

(1)　60 g の球に書いてある数字を分母，20 g の球に書いてある数字を分子として分数をつくります。このときできる 1 未満の分数のうち，分母と分子を 5 で約分できる分数の合計を求めなさい。

(2)①　これらの球から13 個の球を選んで，その重さの合計がちょうど 250 g になるようにします。10 g の球，20 g の球，60 g の球をそれぞれ何個ずつ選べばよいですか。考えられるすべての場合を答えなさい。ただし，選ばない重さの球があってもよいとします。解答らんは全部使うとは限りません。

②　①で求めた選び方の中で，60 g の球の個数が 2 番目に多い選び方について考えます。13 個の球に書かれている数の合計を 4 で割ると 2 余りました。合計が最も大きくなるとき，その合計を求めなさい。

令和２年度　桜蔭中学校入学試験　解答用紙　[算数]

I

ア		イ		ウ	
エ		オ			

II

(1)①式

答　　　　回転

②式

答　　　　周

(2)(a)①式

答　　　　cm³

②式

答　　　　cm^2

③式

答　　　　cm^2

(b)①式

答　　　　段　　　　個

②式

答　　　　cm^2

III

(1)ア		イ	

(2)式

答　　　　cm^3

(3)①式

答　　　　cm^2

②式

答　　　　cm^2

IV

(1)式

答

(2)①

10gの球の個数					
20gの球の個数					
60gの球の個数					

②式

答

※100点満点　受験番号（　　　　）
（配点非公表）

令和２年度　　桜蔭中学校入学試験問題　　〔理科〕

答えはすべて解答らんに書きなさい。

(30分)

Ｉ　つぎの文章を読み，あとの問いに答えなさい。

図１は，2015 年のある月から３年間の，マウナロア（北緯《い》 19 度），綾里《りょうり》（北緯 39 度），グリム岬《みさき》（南緯 40 度）における二酸化炭素濃度《のうど》（単位 ppm：1 ppm=0.0001 %）を，図２は図１と同時期の二酸化炭素の世界平均濃度を示したものである。

二酸化炭素の放出源が（ ア ）半球に多く存在するため，（ ア ）半球で濃度が高く，（ イ ）半球で低い。また，季節による変化は主に陸上の生物の活動によるものであり，夏に(1)植物の（ ウ ）が活発化することで濃度が（ エ ）し，冬には生物の呼吸や，(2)菌《きん》類・細菌類による土中の有機物の分解活動が優勢となって濃度が（ オ ）する。

濃度が最大となる時期は，北半球と南半球では異なる。また，季節による濃度の差は，北半球の中・高緯度では大きいが，(3)北半球の低緯度や(4)南半球では小さい。そのため，図２で示す二酸化炭素の世界平均濃度は北半球の影きょうを強く受ける。

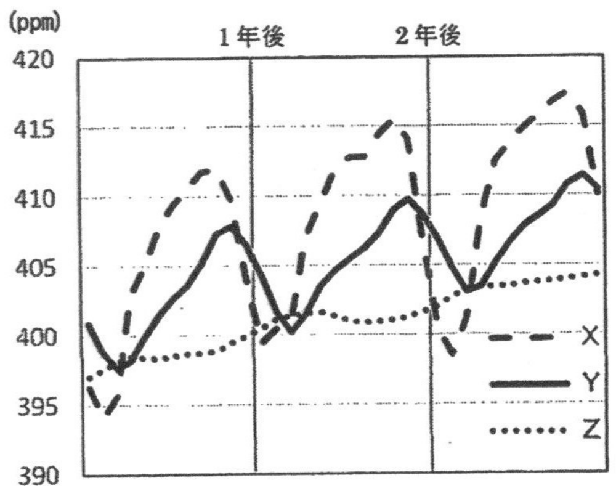

図１

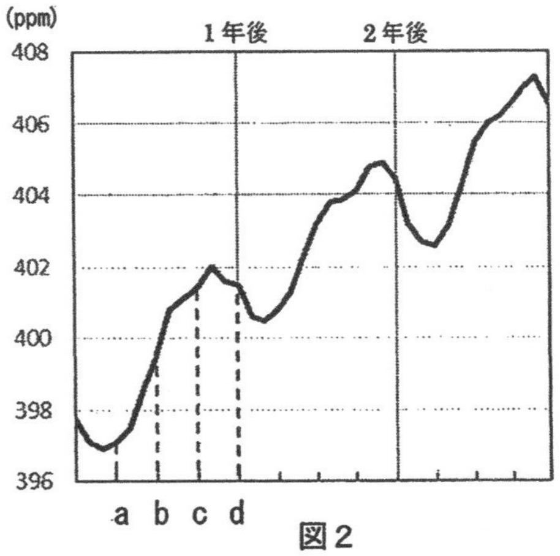

図２

問１　（ ア ）～（ オ ）にあてはまる語句を書きなさい。

問２　右の図３は，生態系を構成する大気，動物，植物，菌類・細菌類（分解者）の間の炭素の移動のようすを簡単に示したものです。なお，図中のＡ，Ｂ，Ｃは，動物，植物，菌類・細菌類のいずれかです。また，炭素は大気中では二酸化炭素として，生物のからだの中ではでんぷんなどの有機物として存在しています。

文章中の下線部(1)，下線部(2)を示す矢印の番号を，図３の①～⑦からそれぞれ選んで番号で答えなさい。

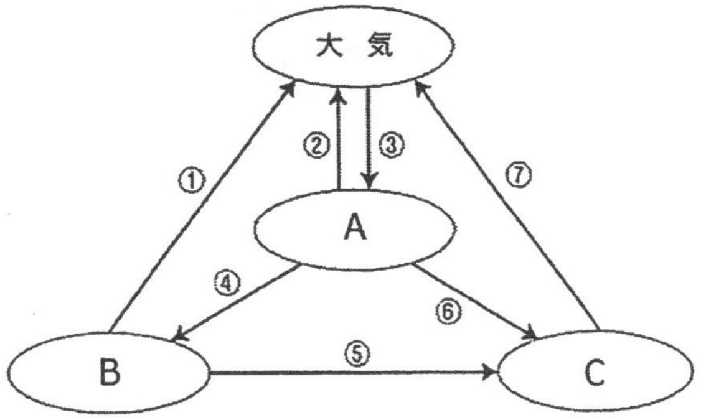

図３

問３　下線部(3)，(4)で季節による濃度の差が小さくなる理由として最もふさわしいものを，つぎのあ～えからそれぞれ選び，記号で答えなさい。

あ．陸地の面積が小さく，生物の総重量が少ないため。

い．海の面積が大きく，湿《しつ》度が高いため。

う．年間を通して温暖で，多種類の生物が生育できるため。

え．年間を通して日光が十分に当たり，葉がしげっているため。

問４　図１のＸ～Ｚのグラフが示す地点の組み合わせとして正しいものをつぎのあ～かから１つ選び，記号で答えなさい。

	Ｘ	Ｙ	Ｚ
あ．	マウナロア	綾里	グリム岬
い．	マウナロア	グリム岬	綾里
う．	綾里	マウナロア	グリム岬
え．	綾里	グリム岬	マウナロア
お．	グリム岬	マウナロア	綾里
か．	グリム岬	綾里	マウナロア

問５　図２のａ～ｄは，３月，６月，９月，12 月のいずれかを示しています。12 月はａ～ｄのどれにあてはまるか，記号で答えなさい。

問６　つぎの文章中の（ カ ），（ キ ）にあてはまる語句を書きなさい。

地球温暖化問題に関する国際的な枠《わく》組みを設定した条約が，「気候変動に関する国際連合枠組み条約」である。この条約の第３回締約《ていやく》国会議（COP3）で採択《さいたく》された「（ カ ）議定書」は，先進国のみに温室効果ガスの排《はい》出削《さく》減目標を課す枠組みである。 2015 年に開かれた COP21 では，2020 年以降の気候変動対策について，先進国，開発途《と》上国を問わず全ての締約国が参加する公平かつ実効的な法的枠組みである「（ キ ）協定」が採択された。

Ⅱ　つぎの文章を読み，あとの問いに答えなさい。

今年の夏，開催《かいさい》される東京 2020 オリンピック・パラリンピック競技大会では，約 5,000 個の金・銀・銅メダルが用意される予定です。 このメダルを，全国から集めたリサイクル金属で作ろうというプロジェクトが進められました。集めた使用済みの小型家電を，まず細かくくだき，軽い[A]を弾《はじ》き飛ばし，巨大《きょだい》な磁石で[B]を取り除いた後，さらに残った金属を分けます。そして 2019 年 3 月までに，金を約 32 kg，銀を約 3500 kg，銅を約 2200 kg 集めることができました。

なお，東京 2020 オリンピックのメダルの重さ，原材料は次のように発表されています。

金メダル　重さ：556 g　銀 550 g の表面に 6 g の金がはりつけられているもの※
銀メダル　重さ：550 g　銀 100 %
銅メダル　重さ：450 g　銅 95 %　亜鉛《あえん》 5 %

※　実際に発表されているのは，金メダルは「純銀に 6 g 以上の金メッキ」

銅メダルは，銅と亜鉛の 2 種類の金属の合金です。

金，銀，銅，亜鉛 1 cm^3 あたりの重さは，それぞれ 19.3 g，10.5 g，9.0 g，7.1 g です。

問 1　下線部のように，携帯《けいたい》電話やパソコンのような使用済みの小型家電をリサイクルし，金属が回収されました。これらの小型家電は，金・銀・銅などの貴金属や希少金属を含《ふく》みます。このことから，大量に廃棄《はいき》される小型家電などを何と呼びますか。漢字 4 文字で答えなさい。

問 2　[A]には 1 円玉にも使われている金属が入ります。A は何ですか。

問 3　[B]に入る金属は何ですか。

問 4　1 台の携帯電話から回収できる金が 0.05 g とすると，金メダル 1 つあたりに必要な携帯電話は何台ですか。

問 5　銀メダルの体積は何 cm^3 ですか。小数第 2 位を四捨五入して答えなさい。

問 6　もし，この金メダルと同じ体積のメダルを，金だけで作るとしたら，重さは何 g になりますか。小数第 1 位を四捨五入して答えなさい。

Ⅲ　桜さんの住む地域では，定期的に植物の調査をして，絶滅《めつ》危惧《ぐ》種（絶滅のおそれのある種），在来種（もともとその地域に存在していた種），外来種（明治以降にその地域に入ってきた種）を調べています。あとの問いに答えなさい。

調査を行ったのは，以下の 6 か所です。

落葉樹林：[A]を中心とする落葉樹の雑木林
常緑樹林：人工的に植えられた[B]や，古くからある[C]を中心とする常緑樹の森林
かく乱地：定期的に地面をほり起こして草を取り除く場所
草刈《かり》地　：定期的に植物の地上部が刈り取られる場所
湿《しっ》地　　：水田や休耕田
水辺　　：河川や池

問 1　[A]～[C]に適する樹木の組み合わせとして正しいものを，つぎのア～カから 1 つ選び，記号で答えなさい。

	A	B	C
ア.	スギ・ヒノキ	クヌギ・コナラ	スダジイ・アラカシ
イ.	スギ・ヒノキ	スダジイ・アラカシ	クヌギ・コナラ
ウ.	クヌギ・コナラ	スギ・ヒノキ	スダジイ・アラカシ
エ.	クヌギ・コナラ	スダジイ・アラカシ	スギ・ヒノキ
オ.	スダジイ・アラカシ	スギ・ヒノキ	クヌギ・コナラ
カ.	スダジイ・アラカシ	クヌギ・コナラ	スギ・ヒノキ

問 2　つぎのア～カの植物は，調査地全体で多く見られたものです。この中で，(1) 外来種 を 3 つ，(2) 胞子《ほうし》をつくって子孫を残す在来種 を 1 つ，それぞれについて選び，記号で答えなさい。

ア．セイタカアワダチソウ　　イ．ヨモギ　　ウ．スギナ（ツクシ）
エ．ヒメジョオン　　オ．シロツメクサ　　カ．カラスノエンドウ

下の表は，調査結果を示したものです。

	あ	い	う	計
落葉樹林	0	73	34	107
常緑樹林	0	24	8	32
かく乱地	68	69	0	137
草刈地	63	107	16	186
湿地	10	86	17	113
水辺	6	12	3	21

[あ][い][う]には，絶滅危惧種，在来種（絶滅危惧種を除く），外来種のいずれかが入る。

表中の数字は，それぞれの場所における植物の種類数を示している。

問 3　つぎの①～③は，調査結果と分かったことをまとめたものです。

① 落葉樹林や常緑樹林では[あ]が見られないが[う]は存在し，かく乱地や草刈地では[あ]が多いが[う]が少ない。[い]はすべての場所に見られる。土ほりや草刈りによって土地が開ける場所には[あ]が増えやすく，[う]がその数を減らしてしまうと考えられる。
② 落葉樹林と常緑樹林では，落葉樹林の方が植物の種類が多い。
③ 陸上に比べて，水中の植物の種類は少ない。これは，植物が陸上生活に適応して進化したからだと考えられる。

(1)　[あ]と[う]にあてはまるものを，つぎのア～ウから 1 つずつ選び，記号で答えなさい。
ア．絶滅危惧種　　イ．在来種（絶滅危惧種を除く）　　ウ．外来種

(2)　②の理由として考えられることを答えなさい。

(3)　③の下線部について，コンブやワカメなどの海藻《そう》とはちがい，植物が陸上生活に適応した結果得たものを，つぎのア～オからすべて選び，記号で答えなさい。
ア．気孔《こう》を通して蒸散を行う　　イ．光合成によってデンプンを合成する
ウ．じょうぶな茎《くき》でからだを支える　　エ．根から水を吸収する
オ．酸素を用いて呼吸を行う

Ⅳ　長さ 60 cm，重さ 15 g の棒の端《はし》から 30 cm の位置にひもを結んでつり下げると，棒は水平になりました（図１）。この棒と，重さ 45 g の皿，重さ 100 g のおもり，分銅を使い，つぎの①～④の手順で「さおばかり」を作りました。あとの問いに答えなさい。ただし，ひもの重さは考えなくてよいものとします。

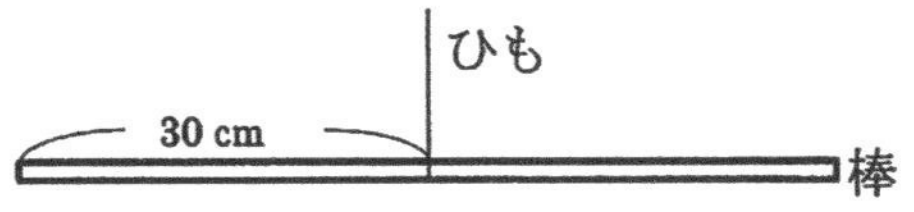

図１

【手順】
① 棒の左端に皿を下げ，左端から 15 cm の位置にひもを結んで棒をつるす。
② 何も皿にのせず，棒が水平になる位置におもりを下げる。おもりの位置に「0 g」の印を付ける（図２）。棒をつるすひもからおもりまでの長さを a とする。
③ 皿に 10 g の分銅をのせ，棒が水平になる位置におもりを下げる。おもりの位置に「10 g」の印をつける。
④ 皿にのせる分銅を 10 g 増やすごとに，おもりの位置に印をつける作業を繰り返し，棒の右端まで印を付ける。

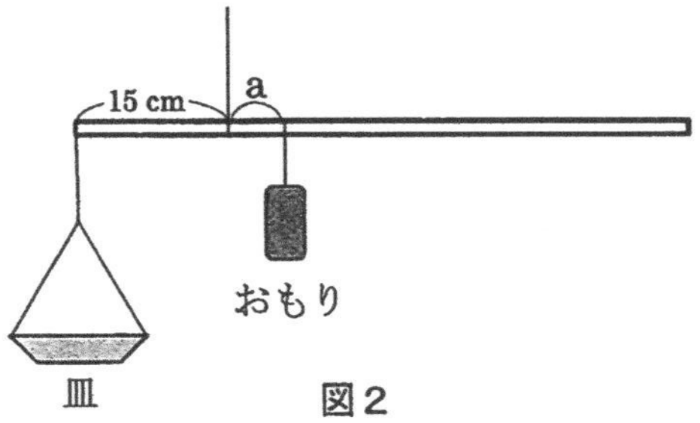

図２

問１　a は何 cm ですか。

問２　10 g ごとの印の間隔《かく》は何 cm ですか。

問３　図３のように，重さ 180 g のものを皿にのせて棒を水平にしました。棒をつるすひもからおもりまでの長さ b は何 cm ですか。

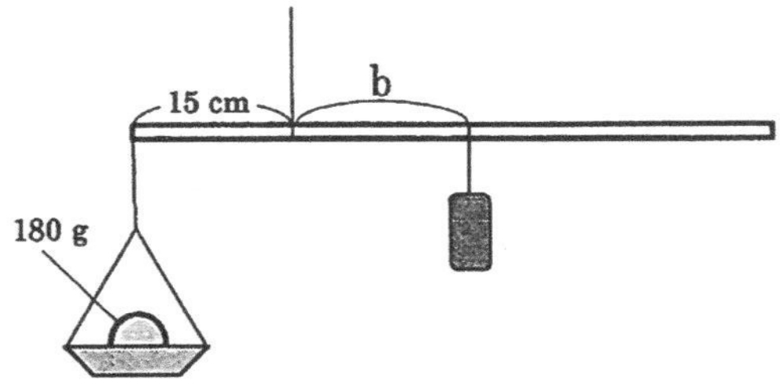

図３

問４　棒の右端までおもりを下げられるとすると，量れる重さは最大で何 g ですか。

問５　重さ 150 g のおもりを使い，同じ手順でさおばかりを作った場合，量れる重さは最大で何 g ですか。

問６　おもりの重さを変えると，さおばかりはどう変わるかを説明したつぎの文**ア**～**カ**から，正しいものを２つ選び，記号で答えなさい。
ア．おもりの重さを変えると，0 g の印の位置も，10 g ごとの印の間隔も変わる。
イ．おもりの重さを変えると，0 g の印の位置は変わらず，10 g ごとの印の間隔は変わる。
ウ．おもりの重さを変えると，0 g の印の位置は変わり，10 g ごとの印の間隔は変わらない。
エ．おもりの重さが２倍になると，量れる重さの最大値も２倍になる。
オ．おもりの重さが 100 g 増えると，量れる重さの最大値も 100 g 増える。
カ．おもりの重さが 100 g 増えると，量れる重さの最大値は 300 g 増える。

Ⅴ　空のコップと水の入ったコップがあります。そこに同じ大きさの氷を，それぞれ１つずつ入れると，水の入ったコップに入れた氷のほうが早くとけます。そこで氷のとけるようすを調べるために，つぎのような実験を行いました。あとの問いに答えなさい。

［実験］
同じ形の，空の 500 mL のペットボトル（プラスチックのラベルは外してある）が３本ある。ペットボトルAは下から 1 cm のところに，ペットボトルBは下から 10 cm のところに，それぞれ直径 5 mm 程度の穴を１つあけた。ペットボトルAとBは穴をビニールテープでふさぎ，穴をあけていないペットボトルCとともに，下から 15 cm のところまで水を入れ，キャップを外したまま立てて凍《こお》らせた。25℃の部屋で，図のように，凍らせた３本のペットボトルを流しの中の台に置き，ビニールテープを外して氷がとけるようすを観察した。

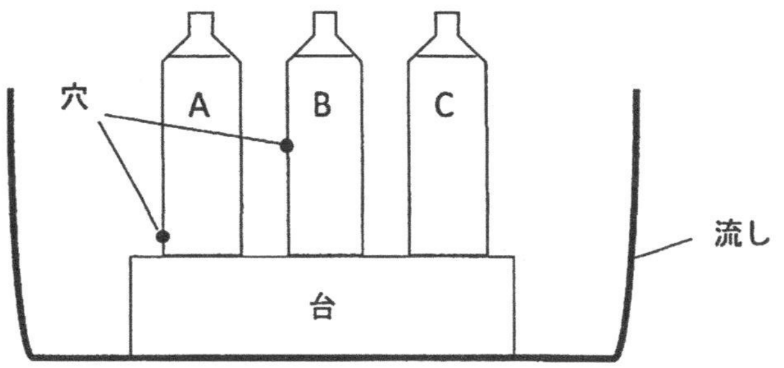

問１　氷がとけ終わるまでの時間が短い順にA，B，Cの記号で答えなさい。
また，その理由をつぎの**ア**～**オ**からすべて選び，記号で答えなさい。
ア．空気は水より熱を伝えやすいから。
イ．水は空気より熱を伝えやすいから。
ウ．穴からあたたかい空気が入りこみ，内部で対流をおこすから。
エ．氷がとけた水が氷のまわりを覆《おお》うことによって氷がとけやすくなるから。
オ．穴から水がぬけることによって，熱が均等に伝わるから。

問２　ペットボトルA～Cの氷が半分ほどとけたときの氷のようすを**ア**～**オ**から，とけた水の高さを**あ**～**お**からそれぞれ選び，記号で答えなさい。

[氷のようす]

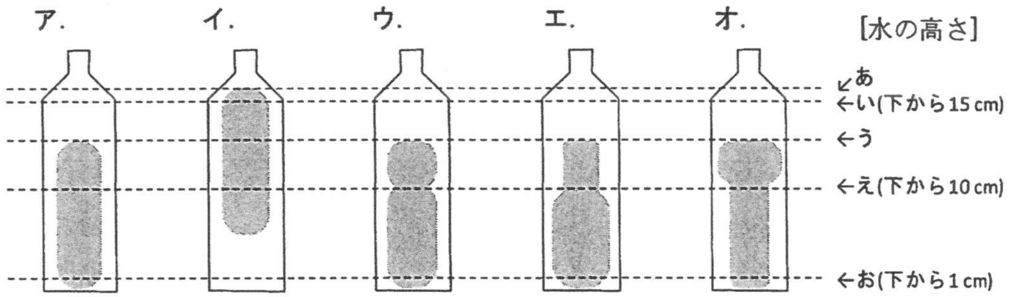

令和２年度　　受験番号（　　　　　）　　（計算等に用いてよい）

解答らん〔理科〕

※60点満点
（配点非公表）

Ⅰ

問１				
ア	イ	ウ	エ	オ

問２		問３		問４	問５
(1)	(2)	(3)	(4)		

問６	
カ	キ

Ⅱ

問１	問２	問３

問４	問５	問６
台	cm³	g

Ⅲ

問１	問２		問３　(1)	
	(1)	(2)	あ	う

問３　(2)

問３　(3)

Ⅳ

問１	問２	問３	問４
cm	cm	cm	g

問５	問６
g	

Ⅴ

問１	
順序	理由

問２					
氷のようす			水の高さ		
A	B	C	A	B	C

桜蔭中学校入試問題［社会］

(30分)

Ⅰ　次の文章を読んで，後の問いに答えなさい。

今年開かれる東京オリンピック・パラリンピックの主会場として建設されたのが，国立競技場（オリンピックスタジアム）です。この競技場の特色の１つが，日本産の木材を使っていることです。他《ほか》の競技場でも，積極的に国産材が使われています。これは2010年に施行《しこう》された「公共建築物等における木材の利用の促進《そくしん》に関する法律」に基《もと》づくもので，公共の建物に国産材を積極的に使用することで日本の林業の活性化を図《はか》る目的があります。

日本の国土面積の［ 1 ］%は森林で占《し》められているため，昔から木の利用がとても盛んでした。森林は再生可能な資源で，きちんと手入れをすればずっと私たちの生活に役立ってくれます。木は使いみちも多く，近年，海洋生物が飲み込《こ》んでしまう被害《ひがい》などで問題になっている［ 2 ］製のものを，木製のものに代える例も増えてきました。皆《みな》さんも木のスプーンやフォークを見たことがありますね。とりわけ質の良い木材は特産品となり，①「秋田スギ」など，全国に名が知られた木材を産する林業地域もあります。また植林による人工林ではなく，人の手のほとんど入っていない②原生林も自然の生態系を守る貴重な存在です。山間の雪の多い地域では集落の周りの斜面《しやめん》の樹林を「雪持ち林」と呼び，［ 3 ］の被害から集落を守るものとして大事にしてきた例もあります。

しかし，長い間日本の木の文化を支えてきた国内の森林も，戦後の木材需要《じゆよう》の急増と,それにともなう輸入木材割合の増加によって大きく変化しました。日本の森林はほとんどが山地にあるため，手入れも伐採《ばつさい》も運搬《うんぱん》もたくさんの人手が必要で，値段も高くなりがちです。かつては③木材の運搬には河川《かせん》が利用され，伐採した丸太を組んで［ 4 ］にし，河口へ運ぶことが多くありました。しかし［ 5 ］が多く作られるようになったこともあってそれも難しくなりました。労働も過酷《かこく》であり，日本の林業をめぐる状況《じようきよう》は，大変きびしくなっていきました。

林業が衰退《すいたい》すると森林は荒《あ》れます。手入れも伐採もされないままの木が，台風や豪雨《ごうう》などで倒木《とうぼく》となって流され，橋脚《きようきやく》や建物を壊《こわ》して被害をさらに大きくすることも多くなりました。このような状況を変えるために，先にあげた法律が作られたのですが，いくら国産材を利用しようにも，まずは森林を育て，守る人々が必要です。そのためには林業に携《たずさ》わる人たちの作業環境《かんきよう》を良くする必要があります。「スマート林業」への試みもその１つで，人間の代わりに，小回りのきく［ 6 ］を使って，森林の生育状況調査や薬剤《やくざい》散布などを行なう例が出てきています。

さて，国立競技場の外側を囲む「のき」と「［ 7 ］」には全国４７都道府県の木材が使われています。そのうちの１県を除いてはすべて④スギの木です。スギは日本原産の樹木で，成長が早く，加工もしやすいため，戦後の植林の主役でもありました。競技場では，各地の木材はほぼ方位別に並べられます。観客の出入り口となる北・東ゲートには2011年の東北地方太平洋沖地震《おきじしん》で⑤津波《つなみ》などの被害を受けた東北三県のスギが，南ゲートには2016年４月の地震で被害を受けた［ 8 ］県のスギが使われています。「のき」とは建物の屋根が壁《かべ》から突《つ》き出している部分，「［ 7 ］」とは窓や出入り口の上に突き出した部分をいいます。ともに日本の気候に根ざした作り方です。「のき」は雨から建物の壁を守ります。「［ 7 ］」は太陽高度の高い夏には強い日差しが室内に入るのを遮《さえぎ》り，太陽高度の低い冬には【 Ａ 】ように工夫《くふう》されています。

オリンピック・パラリンピックが終わったあとも競技場は使われますから，ゲートをくぐるとき，震災を忘れないで，そして木の「［ 7 ］」の優《やさ》しさを感じていたいと思います。

問１　文中の空欄《くうらん》［ 1 ］に入る最適な数字を次の あ～え から選び，記号で答えなさい。

あ　６０　　い　６７　　う　７４　　え　８１

問２　文中の空欄［ 2 ］～［ 8 ］に当てはまる語句を答えなさい。
［ 8 ］は漢字で記しなさい。

問３　文中の【 Ａ 】に入る適切な文を答えなさい。

問４　文中の下線部①について，「木材の名称」と「その木材産地に関連の深い地名」との組み合わせとして適切でないものを，次の あ～え から１つ選び，記号で答えなさい。

あ　津軽《つがる》ヒバ　―　岩木山　　い　木曽《きそ》ヒノキ　―　御嶽《おんたけ》山
う　北山スギ　―　鈴鹿《すずか》山脈　　え　吉野《よしの》スギ　―　紀伊《きい》山地

問５　文中の下線部②について，ブナの原生林が保全されていることが評価されて世界自然遺産となった地域がある県の組み合わせとして正しいものを，次の あ～お から１つ選び，記号で答えなさい。

あ　青森県と岩手県　　い　青森県と秋田県　　う　秋田県と岩手県
え　岩手県と山形県　　お　山形県と新潟県

問６　文中の下線部③について，下の図には，ものや人の運搬を担《にな》ってきた河川のおもな流路が示されています。次の ア～オ はそれぞれの河川の上流から下流までに関連する語句の組み合わせです。ア～オ に適する河川を図中の Ａ～Ｋ から１つずつ選び，記号で答えなさい。

ア　越後《えちご》山脈　―　河川付け替《か》え工事　―　水揚《みずあ》げ量全国一の漁港
イ　外輪山　―　久留米《くるめ》がすり　―　干拓《かんたく》地
ウ　甲武信《こぶし》ヶ岳《がたけ》　―　リンゴ産地　―　大河津《おおこうづ》分水路
エ　電子機器　―　伊那盆地《いなぼんち》　―　茶の産地
オ　中山道《なかせんどう》　―　毛織物　―　輪中

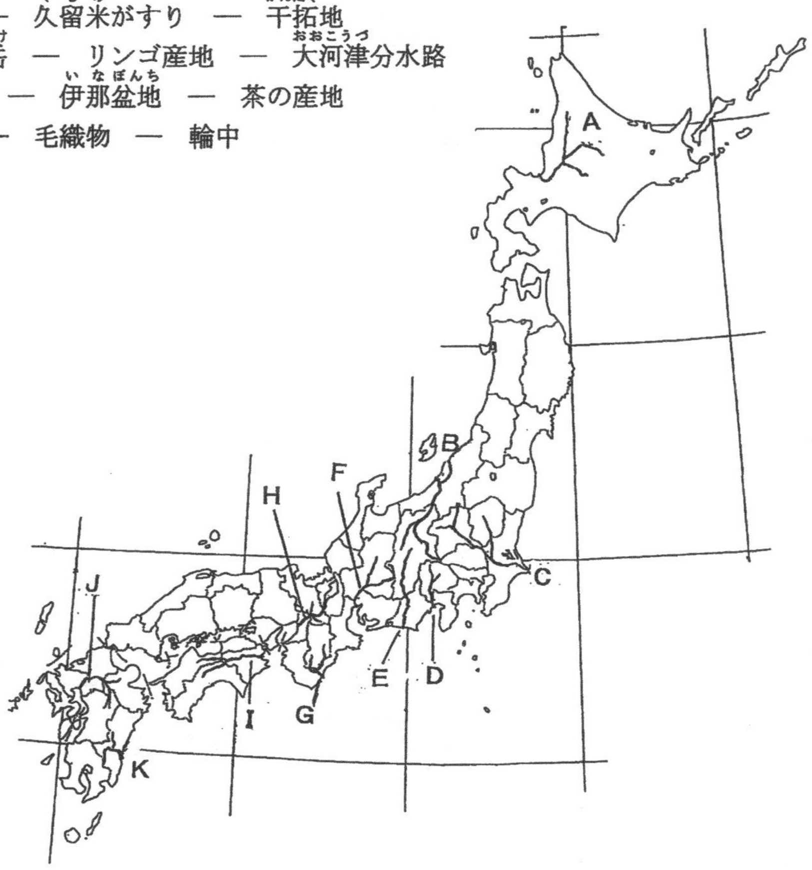

問７　文中の下線部④のスギの森林を，地形図で表したときに使われる地図記号として適切なものを次の あ～え から１つ選び，記号で答えなさい。

あ　　い　　う　　え

問８　文中の下線部⑤について，次の図は静岡県の海岸近くで見られる建造物で，図Ａも図Ｂも津波から人々を守るために作られたものです。ＡとＢを比較《ひかく》して，Ａの利点を２つの面から説明しなさい。

図Ａ

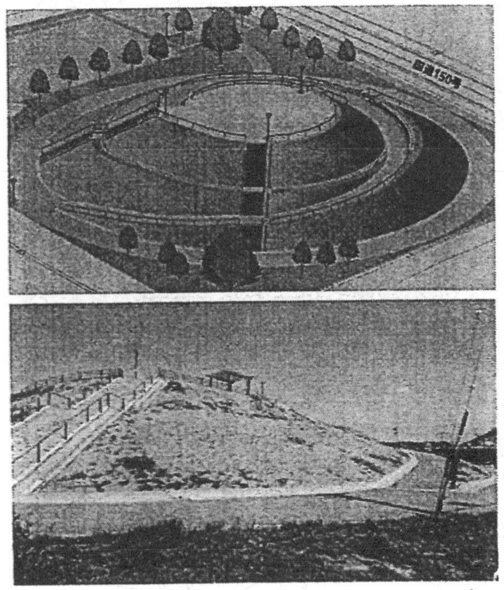

図Ｂ

上の図は全体の模式図，下の図は実際に撮《と》った写真です。

Ⅱ　次の文章を読んで，空欄 1 ～ 4 に適する語句を答えなさい。また，下線部について後の問いに答えなさい。

　私たち人類は，誕生以来，知りえたことや伝えたいことをさまざまな素材に書いて記録を残し，コミュニケーションを図ってきました。その素材には岩や石，粘土《ねんど》，骨，木，竹，布，紙などがありますが，その中でも，紙は文明の発達に大きな影響《えいきよう》を与《あた》えてきました。紙や紙を使った情報伝達の歴史について，考えてみましょう。

　紙が発明されたのは①紀元前２世紀頃《ごろ》の中国であったといわれています。日本には７世紀に朝鮮《ちようせん》半島の 1 から製紙技術が伝わりました。当時の朝鮮半島は三国に分かれており，1 はその中でも最北部に位置した王朝でした。その後，日本では８世紀の初めに大宝律令《りつりよう》が制定されて法整備が進み，紙による記録が残されました。ただ，紙が広く普及《ふきゆう》するまでは竹簡《ちくかん》や木簡《もつかん》が使われていました。平城京からも多くの②木簡が出土しています。書く内容が多い場合は何本もの竹簡・木簡を使用し，バラバラにならないように紐《ひも》で縛《しば》って束ねました。この状態を表す漢字「 2 」は，書物を数える単位として現在も使われています。

　紙を使った情報伝達における大きな転換点《てんかんてん》が印刷技術の発明です。隋《ずい》から唐《とう》の時代にかけて発明された木版印刷技術は，朝鮮半島を経由して，遅《おそ》くとも奈良時代までに日本へ伝わりました。東アジアにおける印刷は，③仏教と密接な関係があり，初期の印刷物のほとんどが仏教に関するものでした。日本最古の印刷物と考えられている「百万塔陀羅尼《とうだらに》」は，８世紀半ばの天皇が国家の安定を願って，お経《きよう》を百万枚印刷させてそれぞれ小塔に入れ，10の寺に納めたものです。その多くは失われてしまいましたが，現存する日本最古の木造建築が残る 3 には約四万塔が今も納められています。

　金属活字による印刷技術は，④キリスト教の宣教師による布教が進む中で日本に伝わりました。16世紀後半に，西洋へ派遣《はけん》された少年使節たちによって西洋式印刷機が持ち帰られ，キリスト教の教えや辞書などが印刷されました。その後，⑤豊臣秀吉による朝鮮出兵の際に朝鮮半島からも金属活字が伝わります。

　集めた書物を保存，公開するための施設は歴史上つねに存在しました。世界史上最古の図書館としては紀元前の⑥イラクのものが知られています。日本において「図書館」の名称《めいしよう》が初めて使われるのは明治時代です。⑦明治政府による近代化政策の中で，東京に国立図書館（帝国《ていこく》図書館）が設置されました。この図書館は関東大震災や太平洋戦争などの被害をくぐり抜《ぬ》け，現在の国立国会図書館につながります。

　書物の保存庫や図書館の設置は，ほとんどが国家政策として行われましたが，庶民《しよみん》の間にも読書文化は着実に根づいていきました。 4 が全国に作られたこともあって江戸時代の識字率は高く，書物の読者数は大幅《おおはば》に増えました。ただし，当時はまだ本の値段が高かったので，人々はおもに貸本屋から本を借りて読んでいました。明治初期に印刷技術が発達すると，⑧『学問のすすめ』などのベストセラーが生まれました。明治後期には小説のベストセラーも登場します。

　21世紀に入り，本のあり方は大きく変化しました。電子書籍《しよせき》が登場し，その利用率は年々上がっています。この先，紙の本はなくなっていくのでしょうか。それとも残っていくのでしょうか。

問１　文中の下線部①に関連して，紀元前２世紀頃の日本について説明した文として正しいものを，次の あ～え から１つ選び，記号で答えなさい。
　あ　大仙《だいせん》古墳などの巨大《きよだい》な古墳が作られた。
　い　人々は米を作り，高床《たかゆか》の倉庫にたくわえた。
　う　おもに木の実を採ったり，漁や狩《か》りをしたりして暮らしていた。
　え　中国の皇帝に使いを送り，金印などを与えられた。

問２　文中の下線部②について，右の図のような木簡は，どのような用途《ようと》で使われていたか説明しなさい。

問３　文中の下線部③に関連して，日本での仏教の広がりについて説明した文として正しいものを，次の あ～え から１つ選び，記号で答えなさい。
　あ　中国の僧《そう》鑑真は，航海の失敗を乗り越《こ》えて日本にたどり着き，奈良に東大寺を建てた。
　い　平安時代には，伊勢《いせ》参りなど信仰《しんこう》と楽しみをかねた旅行が流行した。
　う　織田信長は，比叡山延暦寺《ひえいざんえんりやくじ》や石山本願寺などの仏教勢力をおさえこんだ。
　え　五か条の御誓文《ごせいもん》では，仏教をあつく信仰することがしめされた。

問４　文中の下線部④に関連して，日本に初めてキリスト教を伝えた人物が最初に上陸した地は現在の都道府県ではどこにあたりますか。次の あ～え から１つ選び，記号で答えなさい。

あ　長崎県　　い　鹿児島県　　う　山口県　　え　大阪府

問５　文中の下線部⑤に関連して，この出来事により朝鮮との関係は悪化しましたが，江戸時代には将軍が代わるごとに使節が送られるようになりました。この使節の名称を漢字で答えなさい。

問６　文中の下線部⑥について，現在のイラクの位置を，次の地図の あ～か から１つ選び，記号で答えなさい。

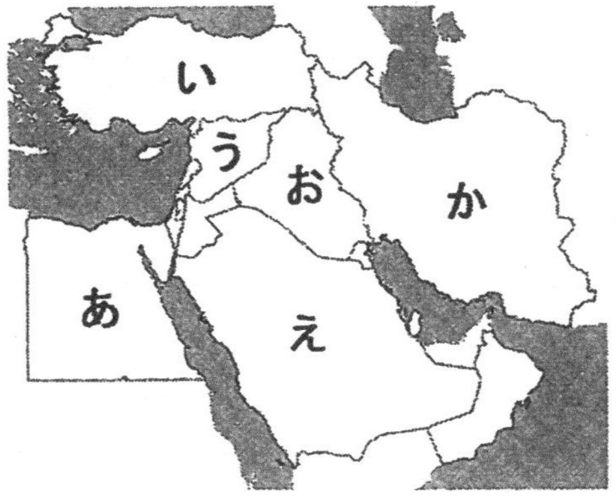

問７　文中の下線部⑦について説明した文として正しいものを，次の あ～え から１つ選び，記号で答えなさい。

あ　不平等条約の改正を目指して，岩倉具視や木戸孝允，西郷隆盛らを欧米《おうべい》に派遣したが，条約改正には失敗した。

い　学制が定められて全国に小学校が作られ，翌年には６歳《さい》以上の男女すべてが通うようになった。

う　全国の田畑の面積や収穫高《しゆうかくだか》を調べ，全国共通のますを使って米を納めさせることで政府の税収入を安定させた。

え　フランス人技師の指導によって若い女性に製糸技術を教えた富岡《とみおか》製糸場などの，西洋式の工場を作った。

問８　文中の下線部⑧について，この本の作者の名前を漢字で答えなさい。

Ⅲ　次の文章を読んで，空欄 [1] ・ [2] に適する語句を答えなさい。また，下線部について後の問いに答えなさい。

①昭和という時代は，不況《ふきよう》の中で始まりました。②1910年代半ば，綿製品や船の輸出が急増しましたが，1920年代には輸出が減少し，その後は長く不景気が続きました。③元号が昭和に代わったのはそのような時期のことです。1929年に世界恐慌《きようこう》が起こったことで，世界中が不景気となりました。こうした中で，日本は大陸での影響力を拡大していきます。1937年に北京郊外《こうがい》での軍事衝突《しようとつ》により日中戦争が始まると，戦争は中国各地に広がり，日本は当時の中国の首都だった [1] を攻《せ》め落としましたが，中国の人々の抵抗《ていこう》は続き，戦争は長引きました。やがて，日本はアメリカやイギリスとの戦争へと突入《とつにゆう》しました。

1945年に戦争が終わると，連合国軍総司令部の指令のもとで農業や④選挙などさまざまな分野におよぶ改革が行われました。1951年にアメリカの [2] で開かれた会議で平和条約が結ばれ，翌年日本は国際復帰を果たしました。1950年代半ば以降は，⑤高度経済成長と呼ばれる発展期を迎《むか》え，1964年の東京オリンピックは戦後の日本の復興と経済発展の様子を世界にしめすものとなりました。

問１　文中の下線部①について，昭和元年は西暦《せいれき》何年にあたるか、数字を答えなさい。

問２　文中の下線部②に関して，次の問いに答えなさい。

（ア）日本の輸出が増えた理由を説明しなさい。

（イ）輸出が増えたにもかかわらず，多くの人々の生活が苦しくなったのはなぜか，説明しなさい。

問３　文中の下線部③に関して，天皇一代につき元号を１つとする制度になったのは今から何年前ですか。最も近いものを次の あ～え から１つ選び，記号で答えなさい。

あ　600年前　　い　300年前　　う　150年前　　え　75年前

問４　文中の下線部④に関して，日本の選挙制度について述べた文として誤っているものを，次の あ～え から１つ選び，記号で答えなさい。

あ　明治時代の第一回衆議院議員選挙では，15円以上の税金を納めた30歳以上の男性のみに選挙権が与えられた。

い　貴族院は，選挙で選ばれた議員ではなく，皇族や華族《かぞく》の他，天皇が任命する議員からなっていた。

う　大正時代には普通選挙を要求する運動が高まり，25歳以上の男性すべてに選挙権が認められた。

え　初めて女性に選挙権が認められたのは，太平洋戦争後のことである。

問５　文中の下線部⑤について，この成長期は1970年代前半に終わりますが，その原因となった国際的な出来事を答えなさい。

Ⅳ　次の①～⑤の各文の空欄 [1] ～ [5] に適する語句をそれぞれ答えなさい。[2] は３字以上で記しなさい。さらに空欄【 A 】～【 E 】に適するものをそれぞれの選択肢《せんたくし》より１つずつ選び，記号で答えなさい。

①　国会の働きには，内閣総理大臣を指名したり裁判官を裁く裁判を行ったりすることがある。さらに，内閣だけが作成し，衆議院に先に提出される [1] 案を決める（議決する）ことがある。内閣の働きには，外国と条約を結ぶことなどのほかに，憲法に定められている天皇の仕事（国事行為《こうい》）に [2] を与えることがある。

②　国民主権の具体的な例として，憲法改正に対する [3] をあげることができる。また，国民の代表である衆議院議員や参議院議員を選ぶことも国民主権の例の１つである。参議院についての記述として誤っている文は【 A 】である。

【 A 】あ　2019年７月に行われた国政選挙は参議院議員選挙であった。

い　今まで衆議院議員選挙でも参議院議員選挙でも，投票率が50％を下回ったことはない。

う　衆議院議員選挙に立候補できるのは25歳以上の国民であるが，参議院議員選挙に立候補できるのは30歳以上の国民である。

え　衆議院には解散があるが，参議院には解散がない。

③　2019年10月に消費税率は８％から10％に引き上げられた。消費税は間接税で，【 Ｂ 】である。また，日本の消費税の特徴《とくちょう》として正しい文は【 Ｃ 】である。

【 Ｂ 】あ　国税　　い　地方税　　う　国税と地方税の両方

【 Ｃ 】あ　所得の高い人に高い税率を課し，所得の低い人には低い税率を課すことができる。
い　所得の低い人より，所得の高い人の方が，税の負担感が高くなる。
う　ヨーロッパ連合（ＥＵ）の国々の消費税（付加価値税）よりも税率が高い。
え　企業の利益に対して課される税（法人税）よりも，景気の良い悪いによって税収が増えたり減ったりすることが少ない。

④　日本は1956年にソ連と日ソ共同宣言を結び，国交を回復した。日ソ共同宣言には，ソ連が日本の［ 4 ］への加盟を支持すると書かれており，日本は同年，念願の［ 4 ］加盟を果たした。また日ソ共同宣言には，日本とソ連が将来，平和条約を結べば，ソ連は下の地図中の あ～え のうち，【 Ｄ 】を引き渡すと書かれている。

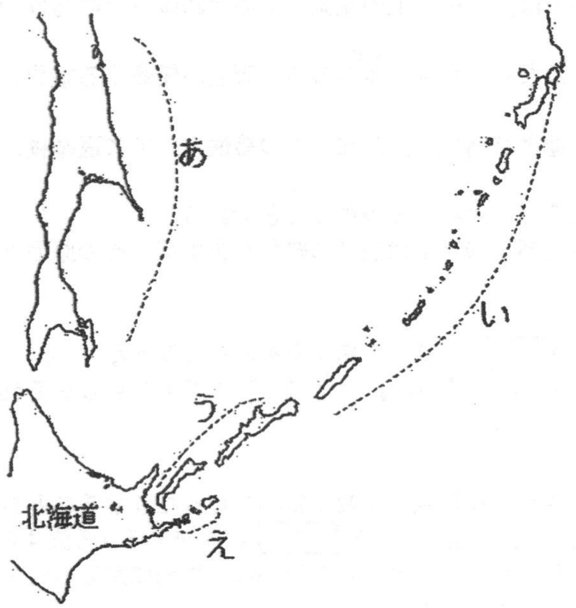

⑤　中華人民共和国《ちゅうかじんみんきょうわこく》は，1978年から改革・開放政策を打ち出し，独自の経済発展の道を歩み出した。特にシェンチェン（深圳）など沿岸部に［ 5 ］と呼ばれる区域を設けて，外国の企業《きぎょう》の進出を認め，大きく経済発展をとげた。中華人民共和国に関する記述として誤っている文は，【 Ｅ 】である。

【 Ｅ 】あ　中華人民共和国では地域ごとにさまざまな料理があり，北部では米を使った料理が，南部では小麦を使った料理がよく食べられる。
い　中華人民共和国は，日本にとって最大の貿易相手国である。
う　中華人民共和国には，漢民族のほかに，50以上の少数民族が住んでいる。
え　中華人民共和国は人口増加を抑えるために一人っ子政策をとっていたが，現在ではやめている。

※60点満点
（配点非公表）

Ⅰ

問1	1		問2	2	3		4	
	5		6		7		8	

問3	
問4	
問5	

問6	ア		イ		ウ		エ		オ		問7

問8	

Ⅱ

1		2		3		4	

問1		問2			
問3		問4		問5	
問6		問7		問8	

Ⅲ

1		2		問1	年

問2	ア	
	イ	

問3		問4		問5	

Ⅳ

1		2		3		4			
5		A		B		C		D		E	

平成三十一年度　桜蔭中学校入学試験問題〔国語〕

答えはすべて解答用紙に書きなさい。

（50分）

一、次の文章を読んで、後の問いに答えなさい。

　今、私たちは経済的な時間を生きている。そして、自分が自由に使える時間を欲しがっている。しかし、自分の時間とはいったいどういう状態のことをいうのだろう。それをどうすごしたら、幸せな気分になれるのだろうか。

　どこの世界でも、人は時間に追われて生活している。私がゴリラを追って分け入ったアフリカの森でもそうだ。晩に食べる食料を集めに森へ出かけ、お礼として明日ヤギをつぶす際に肉をとり分けて返そうとする。それは、つきつめて考えれば、人間の使う時間が必ず他者とつながっているからである。①時間は自分だけでは使えない。ともに生きている仲間の時間と速度を合わせ、どこかで重ね合わせなければならない。だから、森の外から流入するbブッシや人の動きに左右されてしまう。

　ゴリラといっしょに暮らしてみて私が教わったことは、互いの存在を認め合っている時間の大切さである。野生のゴリラは長い間人間に追い立てられてきたので、私たちに強い敵意をもっている。しかし、辛抱《しんぼう》強く接近すれば、いつかは敵意を解き、いっしょにいることを許してくれる。それは、ともにいる時間がケイカするにしたがい、信頼《らい》関係が増すからである。

　ゴリラたち自身も、信頼できる仲間といっしょに暮らすことを好む。食物や繁殖《はんしょく》相手をめぐるトラブルによって信頼が断たれ、離《はな》れていくゴリラもいるが、やがてまた別の仲間といっしょになって群れをつくる。とくに、子どもゴリラはcシュウイのゴリラたちを引きつける。子どもが遊びにくれば、大きなオスゴリラでもよろこんで背中をdカすし、悲鳴をあげればすっ飛んでいって守ろうとする。ゴリラたちには、自分だけの時間がないように見える。

　人間も実はつい最近まで、自分だけの時間にそれほど[注1]固執《こしゅう》していなかったのではないだろうか。とりわけ、木や紙でつくられた家に住んできた日本人は、隣《りん》人の息遣《づか》いから完全に隔《かく》絶することはできず、常にだれかと分かち合う時間の中で暮らしてきた。それが原因で、うっとうしくなったり、ストレスを高めたりすることがあったと思う。だからこそ、戦後に高度経済成長をとげた日本人は、他人に邪魔《じゃま》されずに自分だけで使える時間をひたすら追い求めた。そこで、効率化や経済化の観点から時間を定義する必要が生じた。つまり、時間はコストであり、金に換《かん》算できるという考え方である。

　しかし、ブッシの流通や情報技術の高度化を通じて時間を節約した結果、せっかく得た自分だけの時間をも同じように効率化の対象にしてしまった。自分の欲求を最大限満たすために、効率的なすごし方を考える。映画を見て、スポーツを観戦し、ショッピングをたのしんで、ぜいたくな食事をする。自分で稼《かせ》いだ金で、どれだけ自分がやりたいことが可能かを考える。でも、②それは自分が節約した時間と同じ考え方なので、③いつまでたっても満たされることがない。それればかりか、自分の時間が増えれば増えるほど、孤《こ》独になって時間をもてあますようになる。

　それは、そもそも人間がひとりで時間を使うようにできていないからである。700万年の進化のeカテイで、人間は高い共感力を手に入れた。他者のなかに自分を見るようになり、他者の目で自分を定義するようになった。ひとりでいても、親しい仲間のことを考えるし、隣人たちのＡ怒哀《あい》Ｂに大きく影響《えいきょう》される。ゴリラ以上に、人間は時間を他者と重ね合わせて生きているのである。仲間に自分の時間をさしだし、仲間からも時間をもらいながら、[注2]互酬《ごしゅう》性にもとづいた暮らしを営んできたのだ。幸福は仲間とともに感じるもので、信頼は金や言葉ではなく、ともに生きた時間によって強められるものだからである。

　世界は今、多くの敵意に満ちており、孤独な人間が増えている。それは経済的な時間概《がい》念によってつくりだされたものだ。それを社会的な時間に変えて、いのちをつなぐ時間をとりもどすことが必要ではないだろうか。ゴリラと同じように、敵意はともにいる時間によって解消できると思うからである。

（山極寿一『ゴリラからの警告「人間社会、ここがおかしい」』）

注　1…こだわること　2…お互いに、してもらったことに対してお返しをし合う関係

問一　□　a～eのカタカナを漢字に直して答えなさい。

問二　══線部の四字熟語は、人間の様々な感情を表しています。Ａ　Ｂに入る漢字一字をそれぞれ答えなさい。

問三　──線部①とはどういうことですか。わかりやすく説明しなさい。

問四　──線部②について、「それ」とはどういうことかを明らかにして、──線部②全体の言っていることを説明しなさい。

問五　──線部③のように言えるのはなぜですか。

二、次の文章を読んで、後の問いに答えなさい。

　[注1]じゃーじゃ《おじいさん》は、怯《ひる》む[注2]伍《ご》長をまっすぐに見た。

「あなたはどうやって志願したのですか。言えないことはわかっています。それでもどうしてもお聞きしたいのです。決してだれにも言いません。どうか教えてください。冥土《めいど》の土産《みやげ》に教えてください」

　伍長とじゃーじゃはみつめあった。ぼくは唾《つば》を飲んだ。トーグラ《台所》から、[注3]カミのあじ《おばあさん》もあま《おかあさん》も顔を出して、ふたりを見ていた。

　[注4]イチみー《兄さん》が死んだときには、軍神として、町を挙げた葬《そう》式が行われた。先生に引率されて、学校から生徒みんなで参列した。イチみーに憧《あこが》れない男子はいなかった。

　カミのあまは手の甲《こう》で涙《なみだ》を拭《ぬぐ》った。イチみーの葬式のときは、参列者からしきりに「特攻《こう》戦死おめでとうございます」と声をかけられながらも、涙の一粒《つぶ》もこぼしていなかったのに。

「申し訳ありませんが、フィリピンの、特攻が、どのように編成されたかは、知りません」

　伍長は　a　、ぼそぼそと言うと、頭を下げた。

「ただ、自分のときのことは、お話しします。指名に先立っては、意思の確認をされました。白い紙と封筒《ふうとう》を渡《わた》されたのです。志望する場合は、志望と書き、志望しない場合は、白紙で提出せよ、と言われました」

　じゃーじゃは頷《うなず》いた。

「それでは、あなたは、その紙に志望と書かれたのですね」

　伍長は首を振《ふ》った。

「わたしは、ちょうど父を亡くし、戸主になったばかりでした。郷里には、病気の母と、幼い弟妹を残しています」

「では、白紙で出したのですか」

　伍長はまた首を振った。

「なぜですか」

　じゃーじゃは目を見張った。

「意思の確認といいながら、白紙で出せば、卑怯《ひきょう》者の[注5]誹《そし》りは、免《まぬが》れません。ただ、わたしの家庭の事情は、上官も知ってくれていました。そこでわたしは、上官が察してくれることに望みを託《たく》し、『命令のまま』と書いて、出しました」

「でも、あなたはここにいる。上官は事情を察してくれなかったのですか」

　伍長は頷いた。

「やはり、同じような事情があって、同じことを書いた人間が、何人かいました。また、白紙で出した人間も、いたのです。彼の家は両親を亡くしていて、お姉さんひとりが、家を支えていました。自分が進学できたのは姉のおかげだと、つねづね言っていた彼は、早く自分が家を支えられるようになって、お姉さんに、幸せな結婚《こん》をしてもらうことを望んでいました」

　をぅない《姉妹》神はたかさ《尊い》。ヤマトゥ《本土》でも同じなんだなとぼくは思った。

「それなのに、翌朝、部隊長は言ったのです。白紙は、一枚もなかった、と」

　伍長はじゃーじゃをじっと見た。

「すべて、熱望する、と、書いてあったと」

　まるで、じゃーじゃに救いを求めているようだった。

「それは、嘘《うそ》ですね―」

　伍長は小さく頷いた。

「何日かして発表された攻撃《げき》隊員名簿《ぼ》には、わたしの名前も、白紙で出した彼の名前も、入っていました。名簿を見て、すぐにわかりました。成績順だと」

　伍長はかえって　b　話しつづけた。

「わたしたちは飛行経験の少ない空中勤務者ですから、操縦技量の成績のよくないものは、そもそも、沖縄《おきなわ》まで辿《たど》りつくことができない。意思の確認は、建

前でした。白紙で出した彼は、成績がよかった。最初に指名を受けて出撃していって、帰ってきませんでした」
①じゃーじゃの膝《ひざ》に置かれたこぶしが、ぶるぶると震《ふる》えていた。
「ありがとうございます。よくわかりました」
じゃーじゃは深く頭を下げた。それを見た西島伍長も、同じくらい深く、じゃーじゃに頭を下げた。
「申し訳ありません」
西島伍長はそう詫《わ》びてから、頭を上げた。
「本当は、志願しました、勇んでいきました、と言うべきだと思ったのです。わたしも、そう書き遺《のこ》して出撃しました。そうとしか書けないということもありますが、そうでなければ、残されたものはどんなに悲しいかと思ったのです。本当のことを申し上げて、申し訳ありません」
もう一度、西島伍長は深く頭を下げた。
「頭をお上げください」
恐《きょう》縮するじゃーじゃに、西島伍長は頭を下げたまま、続けた。
「母は、わたしが特攻隊員となったことを知りません。いつも優しかった母は、弾《たま》代わりの特攻で死なせるために、わたしを生み、ここまで育ててくれたわけではないはずです。そして、わたしは、母になんの親孝行もできませんでした。だから、志望するとは、わたしは、どうしても書けなかった」
そのとき、飛行機の音がした。
見上げると、見たことのない飛行機が、月の光を浴びて、ゆっくりと飛んでいく。
空中に浮かんでいるのがふしぎなほどの速度だ。エンジン音もかたかたと、ひどく元気がない。息切れして、今にもとまってしまいそうだ。
「あれも特攻ですか」
じゃーじゃが訊《たず》ねた。
伍長は頷いた。
南へ向かう飛行機を見送って、カミのあじが庭に降り、月を拝むように手を合わせて拝んだ。
「とーとぅ、とーとぅ」
「海軍の練習機ですね。白菊《ぎく》といったかな」
月の光に顔をさらして、伍長は懐《なつ》かしそうに見上げた。
「加古川の教育隊で、訓練中、よく瀬《せ》戸内海で出会ったものです。偵《てい》察員を何人も載《の》せて飛ぶし、練習機ですので、速度は殆《ほとん》ど出ません」
伍長は、低空を飛んでいく飛行機を見送りながら言った。
「②海軍も、あんな練習機を特攻に使うようになったんですね。あの遅さですから、日中飛べば[注7]グラマンの餌《え》食でしょう。だから月夜に飛ぶことにしたんでしょうね」
「とーとぅ、とーとぅ」
伍長は、手を合わせるあじに目をやった。
「わたしの乗機も似たようなものです。九七式戦という戦闘《とう》機ではありますが、使い古された機体で、いつもどこかしら調子がわるかった」
伍長はそこまで話すと、はっとしたようにじゃーじゃを見た。
「もちろん、だからといって、不時着が許されるわけではありませんが」
伍長の声に力がこもった。
「でも、わたしは決して、命を惜《お》しんだわけではありません。エンジンの故障だったんです」
みんな砂糖小屋に疎《そ》開して、ぼくたちのほかはだれもいないシマ《集落》に、伍長の声は響《ひび》きわたるようだった。
「なー《もう》、ゆかんどやー《いいんですよー》」
カミのあまがトーグラから出てきて、伍長の背中を抱《だ》きしめた。
「なたわ生きちたぼり《あなたは生きてください》。どーか生きちたぼりよー《どうか生きてくださいねー》」
驚《おどろ》く伍長を、あまはぎゅうっと抱きしめて、くりかえした。
「どーか生きち《どうか生きて》、あまがとぅくるちむどぅてぃたぼりよー《お母さんのところに帰ってやってくださいねー》」
ぼくは庭に下りた。
月の出た夜は、足許《もと》が明るい。ぼくは、砂糖小屋に走って戻った。（中略）
砂浜《はま》に降りると、なぜかぼくはいつも波打ち際に向かって駆《か》けだしてしまう。
思わず五、六歩駆けたあとで、はっとしてふりかえると、伍長はカミと砂浜に立ちつくしていた。
「きれいだね」
伍長はウム《いも》畑で口にしたことをまた言った。それでも、海をみつめたまま、動かない。
「どうしたのー」
ぼくは伍長のそばまで引き返してたずねた。
「まだ生きているのが信じられないんだよ」
伍長はぼくを見もせずに言った。
「すべてが夢なんじゃないか。ここは天国のようだ」
ぼくとカミは目を見合わせた。それから、伍長が身じろぎもせずみつめている海に目をやった。
最近は浮《ふ》遊物がないせいか、今朝は砂浜にはだれもいない。朝日を浴びた波は、きらきら光りながら、真っ白な砂浜に寄せてくる。島をぐるりとかこむ珊瑚礁《さんごしょう》は、どんな荒波も打ち消して、おしとどめてくれる。水平線は真っ平らで、いつも通りの海だ。青い空にぽっかり浮かんだ雲が、鏡のような海面に浮かんでいる。
「それなに？」
カミは伍長の胸に下がる女の子の人形を指差した。
伍長は我に返ったようで、カミの人差し指の先を見下ろした。
「ああ」
伍長は人形のひとつを胸から外した。
「あげるよ」
伍長は人形をカミに差しだした。人形はきちんと白い開衿《きん》シャツを着て、絣《かすり》のもんぺを穿《は》き、頭には日の丸の鉢《はち》巻きを締《し》めている。
「いいの？」
伍長は頷いて、砂浜に腰《こし》を下ろした。ぼくたちも伍長をはさんで横にすわった。カミは人形を両手でそっと包んだ。
「ゆうべは君たちもびっくりしたろう。こっちは生きてるのに、神さま扱《あつか》いされる。ずっとなんだ。もう慣れた」
伍長は胸に揺《ゆ》れる人形にそっと触《ふ》れた。まだ二つの人形が下がっている。
「これは、呪《のろ》いだと思ってる」
ぼくは聞きまちがえたと思った。聞き返す間もなく、伍長は続けた。
「基地のまわりの[注8]挺《てい》身隊の女学生たちがね、作ってくれたんだ。特攻の成功を祈《いの》ってね。ひと針、ひと針」
ぼくとカミはカミの手の中の人形を見た。縫《ぬ》い目は見えないほどに細かかった。目と口は墨《すみ》で描《か》かれている。
「成功って、死ねっていうこと。死ねという呪いなんだよ。こわかったよ。ぼくたちが通ると、女学生たちが近づいてきてはね、手渡してくれる。みんな花のようにきれいな顔をしてね。みんなわらっていたなあ」
日の丸の鉢巻きをしたおさげ髪《がみ》の人形は、たしかにわらっていた。
「彼女たちだけじゃない。みんなね、成功を祈ってくれる。上官も、整備兵も、取材に来た新聞記者も、みんな。ぼくが本当に神になれるように。死んで神になれるように」
伍長は海をみつめてつぶやいた。
「本当に、みんな、きれいだったなあ」
カミは手の中でわらう人形を見下ろしたまま、どうしたらいいかわからず、固まっていた。
「ごめんごめん」
伍長はカミの様子に気づいて、その手から人形を取りあげた。
「やっぱりあげられないよ。これはぼくへの呪いだから」
伍長はまた人形を胸に下げた。
カミはほっとため息をついて、からっぽになった手を砂の中につっこんだ。手を汚《よご》してしまったとき、ぼくたちがいつもするように。（中略）
「伍長さん」
ぼくが声をかけると、伍長はぼくを見た。
「ぼくは、もしいつか、特攻隊の人に会えたら、お礼を言いたいってずっと思ってたんだ。ぼくたちの島を守ってくれているお礼を」
「お礼？」
「この前、この沖に特攻機が三機落ちたんだ」
ぼくは珊瑚礁のむこうを指さした。
「島の上を飛んできたんだよ。それで南から来た[注9]シコルスキーにみつかって、追いかけられた。そうしたら、どの飛行機も沖へ飛んでいって、撃墜《げきつい》された。

ぼくたちが地上にいたから、島に被《ひ》害を与えないようにしてくれたんだ。だから」

「それはちょっとちがうかもしれない」

伍長はぼくの言葉をさえぎった。

「敵機に発見されたら、海上を飛んだほうが、敵機には見えにくくなるんだよ。緑色に塗《ぬ》ってある翼《つばさ》が、海の色と重なって見えるからね」

伍長の言葉の意味がわかるまで、ちょっと時間がかかった。なんとかのみこめると、ぼくは続けた。

「でも、だって、特攻機はいつも島の上を通らないで、海の上を通っていくよー。もし撃墜されても、島に被害を与えないようにしてくれてるんでしょー。注10越山の兵隊さんが言ってたって」

「レーダーに捕捉《ほそく》されないよう、低空で飛ぶからね。障害物のない海上のほうが安全なんだよ。もちろん、島に被害を与えたくないというのは事実だけど、不時着する場合は島に降りるしかないしね」

伍長はこともなげに言った。

「そもそもぼくたちは未熟だからね、正直言って、そんな余裕《ゆう》はないんだよ。みんな晴れた日にしか飛べないし、ぼくは今回の出撃が初めての長距離《きょり》飛行だった」

そういえば、特攻機は、晴れた日にしか飛んでこない。

神さまは島を守っていたわけじゃなかった。

「最初で、それで最後の長距離飛行になるはずだったのに」

伍長は珊瑚礁のむこうを見た。

「ぼくはこんなところで生きている」

伍長はそうつぶやくと、ぼくたちをかわるがわる見た。

「ごめんよ。ぼくがすみませんって謝ってたのは、芋《いも》畑を荒《あ》らしたことじゃないんだ」

ぼくは、雨戸の上でうめいていた伍長の姿を思いだした。

「③貴重な飛行機を失って、ぼくだけが生き残ってしまった」

伍長はまた海を見た。

「昨日、一緒《しょ》に出撃したみんなは沖縄に辿りついて突《とっ》入している。ぼくも昨日、みんなと一緒に死ぬはずだったのに。死んで神になるはずだったのに」

伍長は叫《さけ》ぶようにそう言うと、頭を抱《かか》えた。

胸で人形が大きく揺れた。

ぼくたちも黙《だま》りこんだ。

波の音と鳥の鳴き声が沈黙《ちんもく》を埋《う》めていく。

「ここにいれば？」

カミがぽつりと言った。伍長ははっと顔を上げた。

「もうヤマトゥに戻らないで、ずっとここにいれば？　戦争が終わるまで隠《かく》れていれば？」

思いきった言葉に、ぼくはまじまじとカミを見た。カミを見る伍長の顔はわからない。

いきなり伍長はわらいだした。

「きみはお母さんにそっくりだね。きっときみはいいお母さんになるよ」

わらって、わらって、目尻《じり》から流れた涙を拭った。

「④生きててよかった」

わらいながら、そうつぶやいた伍長は、もう、（　　　）じゃなかった。（中略）

「またいつか、この砂糖をいただける日があるといいのですが」

最後に出されたサタ《黒砂糖》で、お茶を飲みながら、伍長は言った。

伍長がカミの家を後にすると、カミのあまがトーグラで泣いていた。

「ヤマトゥに帰って、また特攻に行かされるんだろうねー。かわいそうにねー、かわいそうにねー」

あまはいつまでもくりかえしていた。

あじは怒った顔をしてあまをなぐさめていた。

「戦争だから、しかたがないねー」

あじはくりかえした。

「しかたがないねー」

ぼくはシマの外れまで伍長を見送った。

みんな疎開して、シマには伍長を見送る人しかいない。置いていかれた鶏《にわとり》たちだけが、こっここっこ鳴きながら、我が物顔で歩きまわっている。

ぼくはガジュマルの木にのぼって手を振った。カミは注11気根の垂れ下がる木の下で伍長を見送っていた。

伍長はふりかえって、手を振り返してくれた。ぼくは木から落っこちそうになるくらい、大きく手を振った。でも、カミは木の下でじっとして、手を振らなかった。

伍長はもうふりかえらず、そのまま歩いていって、白い道の先に消えた。

伍長を見送りに集まってきた人たちは、空襲《しゅう》を怖《おそ》れ、すぐに砂糖小屋へ戻っていった。

ぼくはシマの中を通りながら、鶏が生んだ卵を拾った。夜、鶏が上がって眠《ねむ》るトゥブラ《とまり》木の下にも、卵が生んであった。ぼくはあたたかい卵を拾っては、ズボンのポケットに入れた。雛《ひな》を連れて歩いている鶏もいる。

「なんで手を振らなかったのー」

砂糖小屋への道で、先に行ったカミに追いついて、訊ねた。

カミはうつむいて黙っていた。

「せっかく伍長さんが手を振ってくれたのに」

ぼくが　c　言った言葉が風に飛んでいって、ずいぶんたったころ、やっとカミは口を開いた。

「あちゃ《おとうさん》が出征《せい》するときも、イチみーが注12予科練に行くときも、わたし、手を振ったの」

カミはぼくを見ないで話した。

「わたし、手を振って、あちゃとイチみーを呪ってしまった。伍長さんのもらった人形と同じことをした。あのとき、あちゃとイチみーに、がんばってね、お国のためにがんばってきてねって、言ってしまった」

「それは」

ぼくはさえぎった。

「みんな言うよー。ぼくも言ったよー」

カミは首を振った。

「みんな言う。わたしも言った。あたりまえだと思ってた。きっと、伍長さんを見送った女学生もあたりまえだと思ってる。わたしはあちゃとイチみーに呪いをかけた。わたしは手を振って、送りだした。わたしはをぅない神なのに。それで、ふたりとも、帰ってこなかった」

カミはぎゅっとこぶしを握《にぎ》った。めずらしく、水桶《おけ》もきびの束も、注13ナークも抱えていない手だった。

「もう手は振らない」

カミの握りしめたこぶしの中には、何もなかった。

ぼくは思わず、その手に、拾った卵をひとつ握らせた。

「何よ、これー」

カミはわらいだした。

「もうひとつ、あげるよー」

ぼくはもう片方の手にも、まだ生あたたかい卵を押しこんだ。カミは両方の手に卵をひとつずつ握って、わらった。

ぼくもわらった。

カミがわらってくれるだけで、ぼくはそれだけでよかった。

（中脇初枝『神に守られた島』）

注
1…カミのおじいさん　2…「ぼく」たちの暮らす沖永良部島に不時着した特攻隊員
3…「ぼく」の友達の女の子
4…カミのお兄さん、じゃーじゃの孫。特攻で亡くなっている。
5…悪く言うこと　6…国を乱す者　7…飛行機の一種
8…戦時中に女性たちによって構成された、国家のためにつくす集団
9…飛行機の一種　10…沖永良部で陸軍陣地が置かれた場所
11…ガジュマルの、枝から下がった根っこ　12…海軍飛行隊の練習生
13…カミの弟

問一　□　a～cに入る適当な言葉を次の中から選び記号で答えなさい。

ア　非難がましく　イ　つっかえつっかえ　ウ　優しく　エ　淡《たん》々と

問二　――線部①とありますが、この時のじゃーじゃの気持ちを説明しなさい。

問三　――線部②から分かる、当時の戦争の状況を説明しなさい。

問四　――線部③・④とありますが、このように言う伍長の気持ちはどのように変化したのでしょうか。くわしく説明しなさい。

問五　（　　　）にあてはまる三文字の言葉を、問題文中から探して書きなさい。

問六　――線部のような様子であったカミは、伍長と別れる時には、どのように変化しましたか。くわしく説明しなさい。

解答用紙　［国語］

受験番号（　　）

※100点満点
（配点非公表）

□には記入しないこと。

一

問一　a　b　c　d（　　す）　e

問二　A　B

問三

問四

問五

二

問一　a　b　c

問二

問三

問四

問五

問六

平成31年度　桜蔭中学校入学試験問題［算数］

答えはすべて解答用紙に書きなさい。

円周率を用いるときは，3.14としなさい。

（50分）

I　次の□にあてはまる数を答えなさい。ただし，(2)［イ］については曜日を答えなさい。

(1)　$\left(3\frac{5}{24}+0.225\right)\div 1\frac{11}{15}-1.25\times\frac{10}{13}=$□

(2)　平成31年2月1日は金曜日です。元号が平成になってから，うるう年は［ア］回あり，3回目のうるう年の2月29日は［イ］曜日でした。ただし，次にうるう年になるのは2020年で，平成になってからうるう年は4年ごとにありました。

(3)　3人の中から1人の勝者が決まるゲームのトーナメントを考えます。ゲームは必ず3人で行います。このトーナメントに参加する子どもたちに1から順に番号をふります。番号の小さい順に3人ずつ組み，1回戦を行います。3人の組にならない子どもは2人以下とし，そのまま2回戦に進みます。

図1

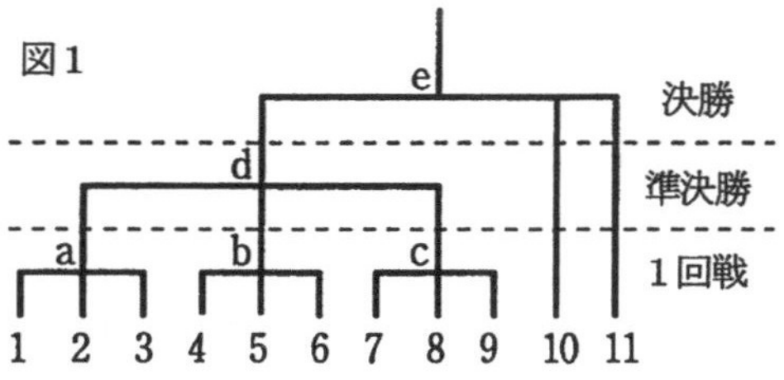

2回戦以降も同じように組を作ってゲームを行います。例えば，1番から11番の参加者11人でトーナメントをするとき，図1のように1回戦はa，b，cの3回ゲームを行い，10番と11番の子どもはそのまま準決勝に進みます。そのあとd，eの2回ゲームを行うと優勝者が1人決まります。

1番から81番の参加者81人で1回戦を図2のように行うと，優勝者が1人決まるまでに合計［ア］回ゲームが行われました。

1番から235番の参加者235人でトーナメントを行うと，優勝者が1人決まるまでに合計［イ］回ゲームが行われました。

優勝者が1人決まるまでに合計24回ゲームが行われたとき，トーナメントの決勝，準決勝は図3のようになりました。このときのトーナメントの参加者は［ウ］人です。

図2

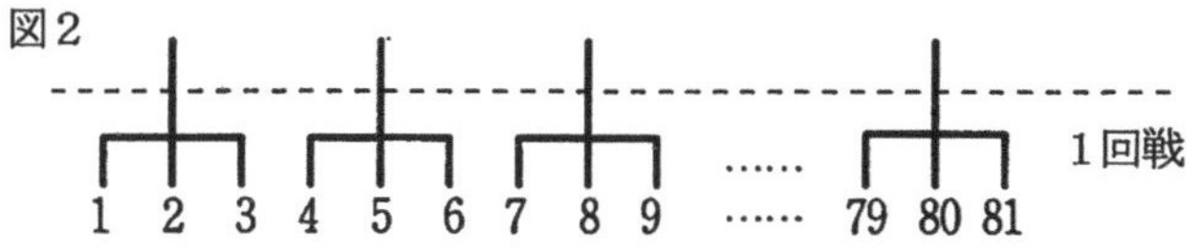

図3

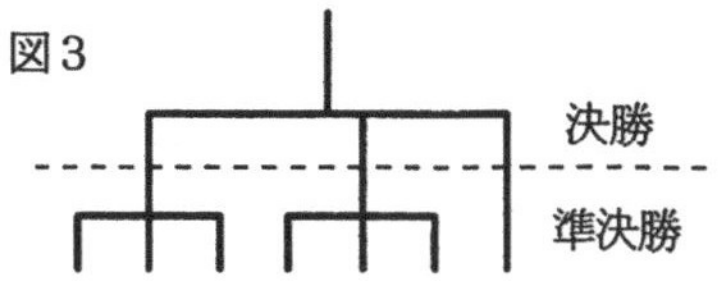

II　(1)　半径6cm，中心角19°の扇形《おうぎがた》Aの紙と，半径3cm，中心角19°の扇形Bの紙がたくさんあります。扇形の中心角とは，2本の半径がつくる角のことです。

①　扇形Aの紙だけを図1のようにはり合わせて円を作ります。このとき，最後にはる扇形の紙は，1枚目の扇形の紙にはり合わせます。ただし，のりしろ部分の扇形の中心角はどれも3°以上です。のりしろ部分の面積の合計がいちばん小さくなるようにはり合わせたとき，のりしろ部分の面積の合計を求めなさい。

②　扇形A，Bの紙を図2のように扇形Aと扇形Bが必ず交互になるように，平らにはり合わせます。このとき，最後にはる扇形の紙は，1枚目の扇形の紙にはり合わせます。ただし，のりしろ部分の扇形の中心角はどれも3°以上です。また，扇形の紙が3枚以上重なる部分はありません。のりしろ部分の面積の合計がいちばん小さくなるようにはり合わせたとき，できた図形の周の長さを求めなさい。

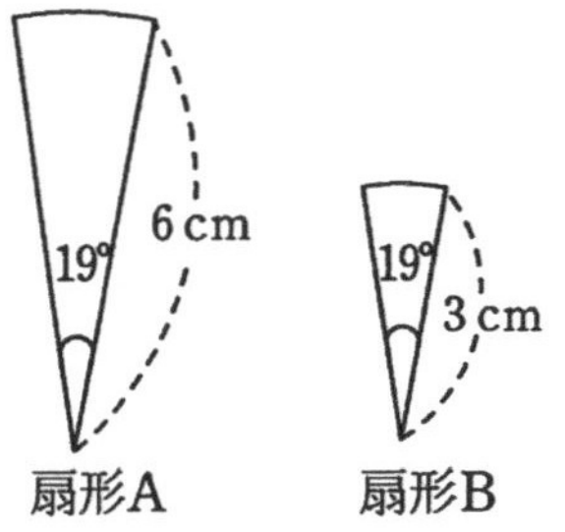

図1

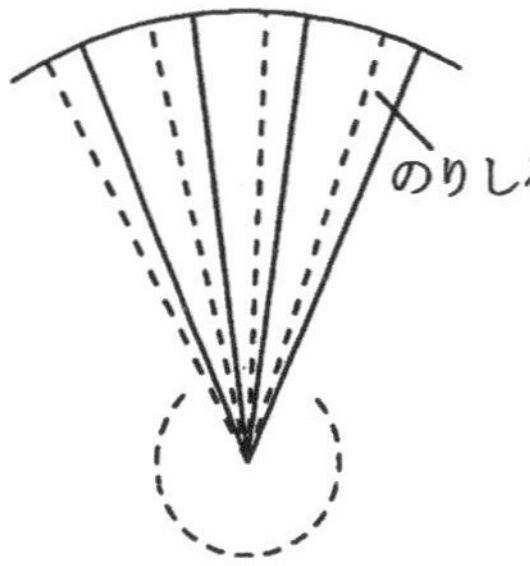

図2

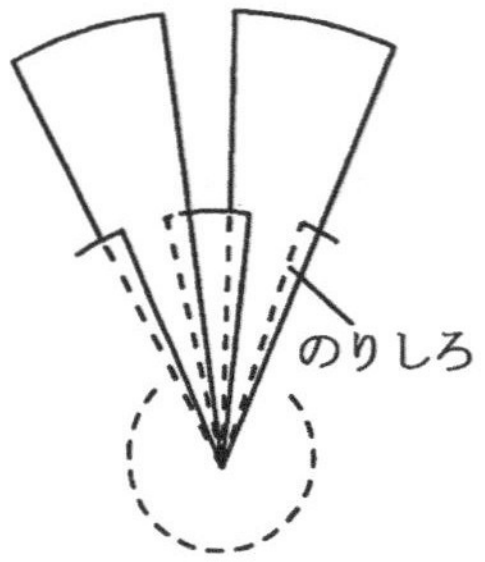

(2)　右の図で，直線 x と直線 y は点Oで垂直に交わっています。台形ABCDは辺BCが直線 x 上にあり，正方形EFGHは辺EFが直線 y 上にあります。はじめOCの長さは8cmで，OEの長さは4cmです。台形ABCDは直線 x にそって矢印aの向きに秒速2cmで動き，正方形EFGHは直線 y にそって矢印bの向きに秒速1cmで動きます。2つの図形は同時に動き始めます。

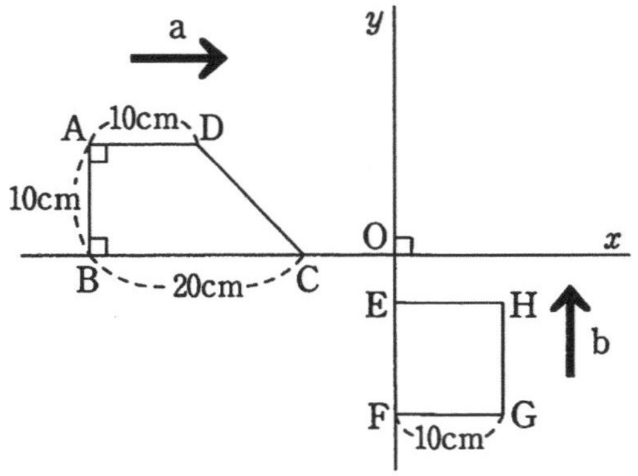

①　図形が動き始めて16秒後のとき，2つの図形が重なっている部分はどんな図形ですか。また，その図形の面積を求めなさい。

②　次の□にあてはまる数を答えなさい。

2つの図形が重なっているのは，図形が動き始めて［ア］秒後から［イ］秒後までです。ただし，2つの図形が重なっているのは，点と点，辺と辺，点と辺がそれぞれ重なる場合も含めます。

また，2つの図形が重なっている部分が五角形になるのは［ウ］秒後と［エ］秒後の間です。

Ⅲ　空の大きな水そう①，②，③と，容器A，B，Cが1つずつあります。容器A，B，Cに入れることができる食塩水の重さは，合わせて600 gです。3つの容器にそれぞれ食塩水をいっぱいになるまで入れてから，3つの容器に入れた食塩水をすべて1つの水そうに移す，という作業をします。

容器A，B，Cのすべてに濃《のう》度が10%の食塩水をいっぱいになるまで入れたあと，水そう①に移しました。

(1)　容器A，B，Cにそれぞれ濃度が15%，10%，10%の食塩水をいっぱいになるまで入れたあと，水そう②に移し，さらに水そう②に水を100 g入れると，水そう①と水そう②の濃度は同じになりました。容器Aには何gの食塩水が入りますか。

(2)　容器A，B，Cにそれぞれ濃度が12%，7%，13%の食塩水をいっぱいになるまで入れたあと，水そう③に移したところ，水そう①と比べて水そう③に含まれる食塩の量は5.8 g多くなりました。容器Bには何gの食塩水が入りますか。

Ⅳ　右の図のようなかわった時計があります。この時計には，7から17までの数字と目盛りが書いてあります。7と8，8と9，9と10，………，16と17の目盛りの間隔《かんかく》は，すべて等しいとします。午前7時を7時0分，午後1時を13時0分のように表すことにします。8時0分のとき，右の図のように時計の長針は7，短針は8を指します。長針と短針は右回りになめらかに動きます。

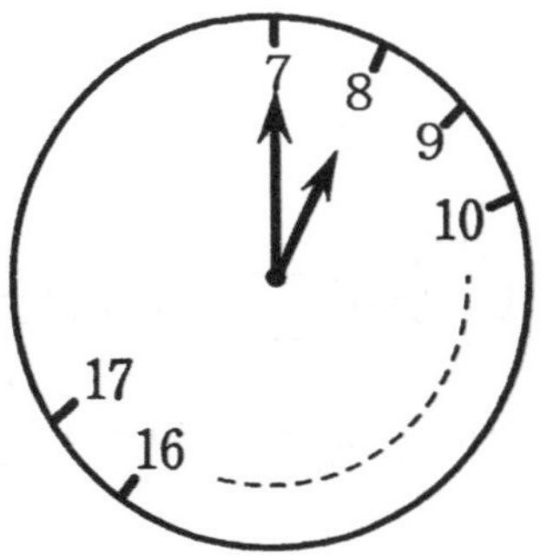

長針は次の①②の規則に従って動きます。

①　長針は7時0分から17時0分までは60分で1周します。
　このとき，長針と短針はそれぞれ一定の速さで動きます。

②　長針は17時0分から翌日の7時0分までは168分で1周します。
　このとき，長針と短針はそれぞれ一定の速さで動きます。

長針が1周する間に短針が回転する角度は，①のときも②のときも同じで，短針は24時間で1周します。ただし，普通の時計と同じように1時間は60分です。

(1)　次の□にあてはまる数を答えなさい。

長針が1周する間に短針が回転する角度は［ア］°です。

時刻が12時45分のときの長針と短針のつくる角の大きさは［イ］°です。

ただし，長針と短針のつくる角の大きさは0° 以上180° 以下とします。

(2)　10時0分から11時0分までの1時間で，長針と短針のつくる角の大きさが60° になる時刻は何時何分ですか。すべて求めなさい。解答用紙の答のらんは全部使うとは限りません。

(3)　17時0分から翌日の7時0分の間で，長針と短針が重なる時刻は何時何分ですか。すべて求めなさい。解答用紙の答のらんは全部使うとは限りません。

平成31年度　桜蔭中学校入学試験　解答用紙　[算数]

I

(1)		(2)ア		(2)イ	
(3)ア		(3)イ		(3)ウ	

II

(1)①式

答 ＿＿＿＿ cm^2

(1)②式

答 ＿＿＿＿ cm

(2)①式

答　図形 ＿＿＿＿ 面積 ＿＿＿＿ cm^2

(2)② ア		(2)② イ		(2)② ウ		(2)② エ	

III

(1)式

答 ＿＿＿＿ g

(2)式

答 ＿＿＿＿ g

IV

(1)ア		(1)イ	

(2)式

答

時　　分
時　　分
時　　分
時　　分
時　　分

(3)考え方

答

時　　分
時　　分
時　　分
時　　分
時　　分
時　　分
時　　分

※100点満点
(配点非公表)

受験番号（　　　　）

平成31年度　　　　桜蔭中学校入学試験問題　　　　〔理科〕

答えはすべて解答らんに書きなさい。

(30分)

Ⅰ　**実験１～３について，文章を読み，問いに答えなさい。**

実験１　図のように，砂糖をティーバッグの中に入れ，割りばしではさんで水中につるしておくと，モヤモヤしたものが見られた。およそ15分後，モヤモヤしたものが見られなくなったので，ティーバッグを静かに取り出した。

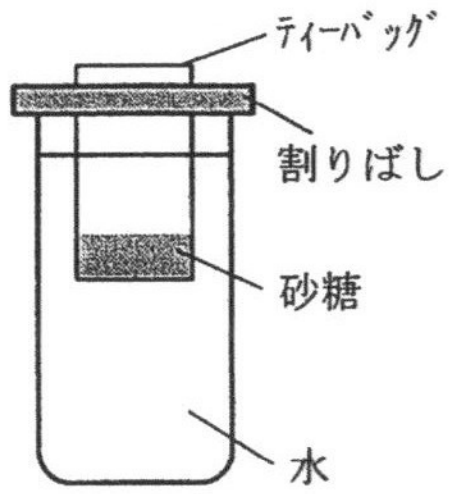

問１　モヤモヤしたものが横からどのように見えるかを説明した文として正しいものをつぎの**ア～エ**から１つ選び，記号で答えなさい。

ア．砂糖の近くから上にのぼっていくように見える。
イ．砂糖の近くから下に落ちていくように見える。
ウ．砂糖の近くから上下左右に広がっていくように見える。
エ．砂糖の近くだけに見え，広がっていかない。

問２　ティーバッグを静かに取り出した直後の液体について説明した文として正しいものをつぎの**ア～カ**から２つ選び，記号で答えなさい。

ア．水面の近くよりも底に近い方が濃《こ》い砂糖水である。
イ．水面の近くよりも底に近い方がうすい砂糖水である。
ウ．容器内のどこも同じ濃さの砂糖水である。
エ．砂糖のつぶは小さくなって水中に散らばっている。
オ．水に溶《と》けると砂糖の一部が砂糖とは異なるものに変化して，水中に散らばっている。
カ．この液体を加熱すると，砂糖の一部は水とともに蒸発する。

実験２　水，1%砂糖水，5%砂糖水の３つの液体を用意した。このうち１つをビーカーに50gとり，液体Aとする。もう１つをスポイトに5gとり，液体Bとする。液体Aに液体Bを１滴《てき》ずつ入れていったときに，モヤモヤしたものが見られるかどうかを観察した。組み合わせを変えて，９通りの実験をした結果が下の表である。

液体B／液体A	水	1%砂糖水	5%砂糖水
水	見られない	見られる	見られる
1%砂糖水	見られる	見られない	①
5%砂糖水	見られる	見られる	②

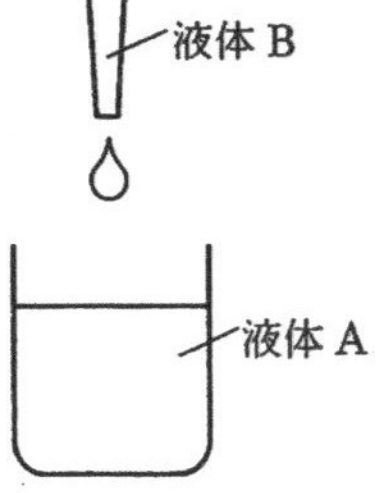

問３　表の①，②はそれぞれ，見られる，見られない，のどちらですか。

問４　**実験２**を行うために，少なくとも何gの砂糖と水が必要ですか。それぞれ答えなさい。

2019(H31) 桜蔭中
教英出版　理4の1

問５　実験結果を説明した文として正しいものをつぎの**ア～オ**から１つ選び，記号で答えなさい。

ア．液体Aが砂糖水の場合のみ，モヤモヤしたものが見られる。
イ．液体Bが水の場合は，モヤモヤしたものが見られない。
ウ．砂糖水どうしを混ぜると必ずモヤモヤしたものが見られる。
エ．同じ濃さの砂糖水を混ぜたときにモヤモヤしたものが見られることもある。
オ．異なる濃さの砂糖水を混ぜると必ずモヤモヤしたものが見られる。

問６　実験結果が同じ「見られる」でも，よく観察するとモヤモヤしたものが液体の上の方に見られる場合と，液体の下の方に見られる場合の２通りがありました。つぎの表の**あ～け**のうち，モヤモヤしたものが上の方に見られるのはどの組み合わせですか。すべて選び，記号で答えなさい。

液体B／液体A	水	1%砂糖水	5%砂糖水
水	あ	い	う
1%砂糖水	え	お	か
5%砂糖水	き	く	け

実験３

(1) 冷水に少量のかたくり粉（デンプン）を入れ，よくかき混ぜた。これをろ過し，得られたろ液にヨウ素液を加えた。

(2) 熱湯に少量のかたくり粉（デンプン）を入れ，よくかき混ぜた。これをろ過し，得られたろ液にヨウ素液を加えた。

問７　つぎのものの他に，ろ過をするのに必要な器具が１つあります。それは何ですか。

ろ紙　　　　ろうと　　　　保護メガネ　　　　ろうと台　　　　ビーカー

問８　(1)について，①ろ過した直後のろ液，②ヨウ素液を加えた後のろ液の様子をつぎの**ア～カ**からそれぞれ選び，記号で答えなさい。

ア．青むらさき色のにごった液体　　　イ．青むらさき色の透明《とうめい》な液体
ウ．無色透明な液体　　　エ．白色のにごった液体
オ．かっ色のにごった液体　　　カ．かっ色の透明な液体

問９　(2)では，白色の半透明なろ液が得られ，ヨウ素液を加えると青むらさき色になりました。熱湯中のデンプンは冷水中と異なり，どのような状態になっていますか。「つぶ」と「ろ紙」という言葉を必ず使って20～30字で答えなさい。

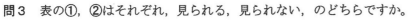

Ⅱ　実験１，２について，文章を読み，問いに答えなさい。

実験１　電熱線に電源装置をつなぐと，電熱線に電流を流そうとするはたらきが加わり，その結果，電流が流れる。この電流を流そうとするはたらきを電圧と呼び，V（ボルト）という単位をつけた値で表す。

同じ長さで太さの異なる２つの電熱線A，Bをそれぞれ200 mLの水に入れた。それぞれの電熱線に電源装置をつないで10分間電流を流し，水の温まり方を調べた。下の表は，用いた電熱線と，電圧，電流，水の温度変化をまとめたものである。

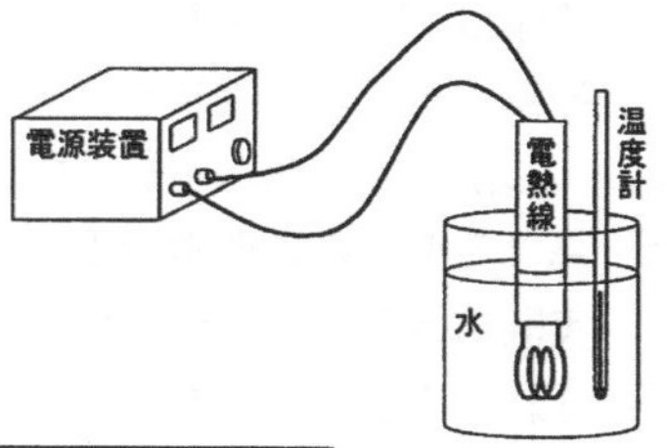

電熱線	A			B		
電圧（V）	6	12	18	6	9	12
電流（A）	0.5	1	1.5	1	1.5	2
温度変化（℃）	2	8	18	4	9	16

問１　実験結果について述べたつぎの文章の空らん①～⑥にあてはまる語句を，それぞれ（ア．大き，　イ．小さ）から選び，記号で答えなさい。

電熱線A，Bのどちらにも同じ大きさの電流が流れているとき，Aに加わる電圧の方が ① く，Aの方が水の温度変化は ② い。このことから，電熱線を流れる電流が同じであれば電圧が大きいほど水の温度変化が ③ くなることがわかる。また，電熱線A，Bのどちらにも同じ大きさの電圧が加わっているとき，Aに流れる電流の方が ④ く，Aの方が水の温度変化は ⑤ い。このことから，電熱線に加わる電圧が同じであれば電流が大きいほど水の温度変化が ⑥ くなることがわかる。

問２　右の図のように，電熱線A，Bを直列につなぎ，それぞれ200 mLの水に入れ，電源装置をつないで2 Aの電流を10分間流し，水の温まり方を調べました。直列につないだ電熱線には，どちらにも同じ電流が流れますが，加わる電圧が異なります。どちらの電熱線で温めた水の方が温度変化が大きくなりますか。AまたはBの記号で答えなさい。

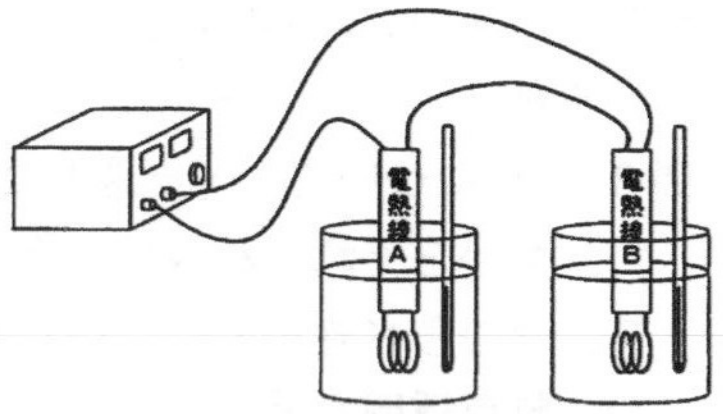

問３　右の図のように，電熱線A，Bを並列につなぎ，それぞれ200 mLの水に入れ，電源装置をつないで9 Vの電圧を10分間加え，水の温まり方を調べました。並列につないだ電熱線には，どちらにも同じ電圧が加わりますが，流れる電流が異なります。どちらの電熱線で温めた水の方が温度変化が大きくなりますか。AまたはBの記号で答えなさい。

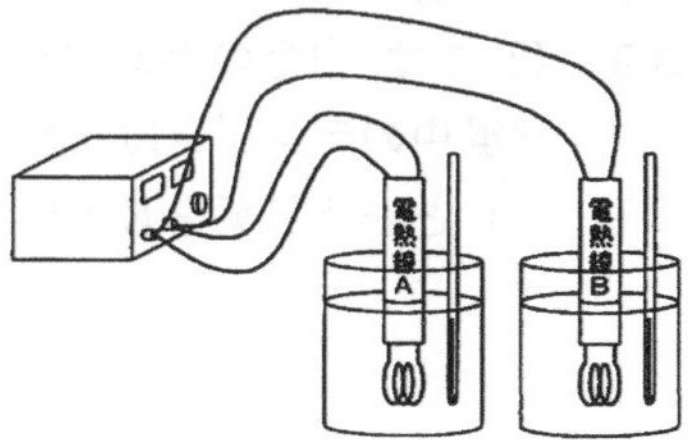

問４　電熱線A，Bはどちらの方が太いと考えられますか。AまたはBの記号で答えなさい。

2019(H31) 桜蔭中
教英出版　理4の2

実験２　モーターは，電流を流すと軸《じく》が回転するが，逆に，軸を回転させることにより発電機としてはたらき，電流を取り出すことができる。

右の図のように，豆電球と電流計をモーターの端子《たんし》につなぎ，モーターの軸に糸のはしをとめて巻き付ける。糸のもう一方のはしにおもりをつけ，100 cmの高さから地面まで落とすことでモーターの軸《じく》を回転させた。モーターの軸の直径は1 cmである。おもりの重さを変え，おもりが100 cm落ちるのにかかる時間と，豆電球に流れる電流を調べた結果が下の表である。

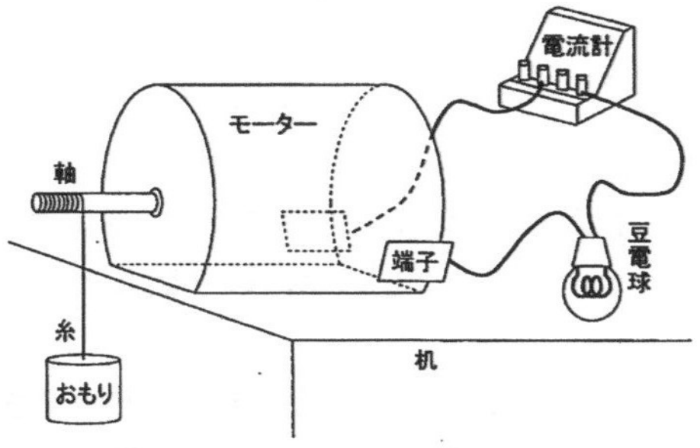

おもりの重さ（g）	600	900
時間（秒）	18	8
電流（A）	a	b

問５　**実験２の装置は回転運動を電気に変えるしくみをもっています。このしくみをもたないものをつぎのア～カからすべて選び，記号で答えなさい。**

ア．太陽光発電　　イ．風力発電　　ウ．火力発電
エ．原子力発電　　オ．水力発電　　カ．燃料電池

問６　表のaとbではどちらの値が大きいと考えられますか。aまたはbの記号で答えなさい。

問７　おもりは始めから終わりまで一定の速さで落ちたものとします。900 gのおもりを用いた実験では，モーターの軸が１回転するのに何秒かかりましたか。円周率を3.14として計算し，四捨五入して小数第２位まで求めなさい。

問８　600 gのおもりを用い，モーターの端子につなぐものを以下のア～エのようにして実験をしました。おもりが100 cm落ちるのにかかる時間を比べるとどのようになりますか。かかる時間の短い順にア～エの記号を並べなさい。

ア．豆電球を１つつないだ場合
イ．発光ダイオードを１つ，光る向きにつないだ場合
ウ．発光ダイオードを１つ，光らない向きにつないだ場合
エ．１本の導線で２つの端子をつないだ場合

Ⅲ　図はヒトを正面から見たときの体内の血液の流れを表したもので，細い線は血管を示しています。心臓は４つの部屋からなり，図の⌝ ⌜は血液が逆流しないようにするための弁を表しています。また，心臓に血液がもどってくる部屋を心房《しんぼう》，心臓から血液を送り出す部屋を心室といいます。

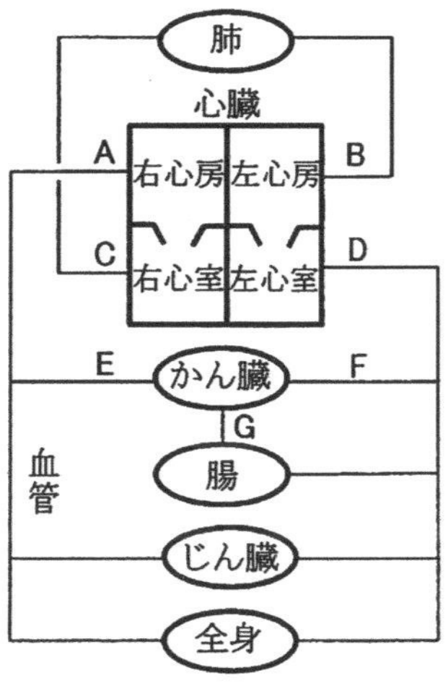

問１　酸素の多い血液を動脈血，酸素の少ない血液を静脈血といいます。心臓につながる４つの血管Ａ～Ｄのうち，動脈血が流れている血管をすべて選び，記号で答えなさい。

問２　ヒトの心臓の４つの部屋のうち，一番壁《かべ》が厚くて丈夫《じょうぶ》な部屋の名前を答えなさい。

問３　魚類と両生類の心臓について述べたつぎの文章の空らんにあてはまる語句をそれぞれ選び，記号で答えなさい。

　フナなどの魚類は心室と心房を１つずつ持ちます。心室から送り出された血液はエラを通ると勢いが ①（ ア．強く ，イ．弱く ）なり，そのまま全身をめぐります。

　また，カエルなどの両生類は１つの心室と２つの心房を持ちます。全身からもどった血液と肺からもどった血液が心室で混ざり，心室から送り出される血液は肺からもどった血液と比べて酸素の割合が ②（ ア．大きく ，イ．小さく ）なります。

問４　体重 50 kg のヒトでは体重の 7%が血液であり，左心室は 60 秒間に４Ｌの血液を送り出しているとします。左心室から出た血液は何秒後に左心室にもどると考えられますか。ただし，血液は１mL あたり１g とします。

問５　左心室が送り出した血液の 25%はじん臓に流れこみます。流れこんだ血液の 10%が尿《にょう》のもと（原尿《げんにょう》）になります。問４のヒトのじん臓では１時間に何Ｌの原尿が作られるか求めなさい。

問６　問５で作られた原尿をすべて排出《はいしゅつ》すると，体から水分が失われてしまうので，じん臓で作られた原尿の水分の大部分はじん臓の他の場所で吸収されます。ヒトが一日に排出する尿の量を 1.5 Ｌとすると，原尿の何%が尿になると考えられますか。四捨五入して小数第２位まで求めなさい。ただし，原尿は１mL あたり１g とします。

問７　つぎの文①～④はかん臓の役割について述べたものです。それぞれの役割から考えて，（　　）内の特ちょうをもつ血液が流れている血管を図中のＥ～Ｇから選び，記号で答えなさい。なければ「なし」と答えなさい。同じ記号を何回選んでもよい。

① 食べ物を消化したときにできた養分の一部をたくわえる。（養分が多い）

② 食べ物の消化を助ける胆汁《たんじゅう》をつくる。（胆汁をふくむ）

③ 血液中の有害物質を分解する。（有害物質が少ない）

④ 血液中の糖分が少なくなると，かん臓にたくわえられている物質から糖分が作られ，血液に供給される。（糖分が多い）

Ⅳ　文章を読み，問いに答えなさい。ただし，**昼間にも星を見ることができる**とします。

　図１は太陽，地球，星座をつくる星の位置を表したものです。地球は太陽の周りを１年かけて１周しますが，太陽や星の位置は１年を通して変わりません。

　星占《うらな》いで用いられる星座は黄道十二星座といわれ，特定の時期に太陽の近くに見えます。ある星占い※では，12 月の中ごろ～１月の中ごろ（以後１月とする）生まれの人の星座はいて座で，太陽はそのころに，いて座の近くに見えます。また，１月の中ごろ～２月の中ごろ（以後２月とする）生まれの人はやぎ座で，太陽はやぎ座の近くに見えます。このように，12 星座それぞれに１か月ずつが割り当てられています。

　ある日の午前０時ごろに夜空を見ると，図２のように，いて座は真南の方角に見え，近くにやぎ座，わし座が見えました。

　　※一般《いっぱん》的に日本で用いられている星占いとは異なります。

図１

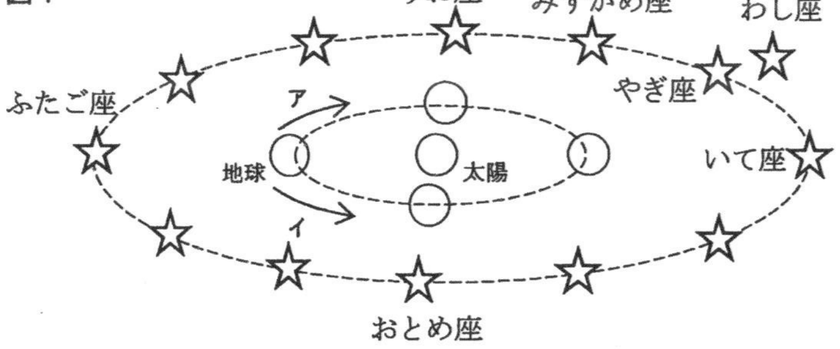

図２

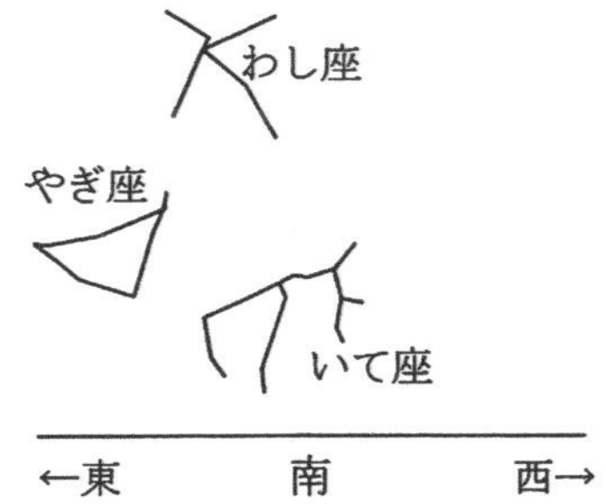

問１　地球が太陽の周りを回る向きは図１のア，イのどちらですか。

問２　いて座が午前０時ごろに真南に見える日があるのは何月と考えられますか。つぎのア～エから選び，記号で答えなさい。

　ア．１月　　イ．４月　　ウ．７月　　エ．10 月

問３　問２の日にやぎ座が真南に見えるのは何時ごろですか。つぎのア～エから選び，記号で答えなさい。

　ア．午後８時　　イ．午後 10 時　　ウ．午前２時　　エ．午前４時

問４　ふたご座は１月には何時ごろ南の空に見えますか。つぎのア～エから選び，記号で答えなさい。

　ア．午前６時　　イ．正午　　ウ．午後６時　　エ．午前０時

問５　おとめ座は何月に太陽の近くに見えると考えられますか。つぎのア～エから選び，記号で答えなさい。

　ア．１月　　イ．４月　　ウ．７月　　エ．10 月

問６　うお座にはある時期に太陽のすぐ近くに見える星があります。この星が真南に見えたときの高さにもっとも近いものをつぎのア～オから選び，記号で答えなさい。

　ア．夏至の日に太陽が真南に見えたときの高さ

　イ．秋分の日に太陽が真南に見えたときの高さ　　ウ．真上

　エ．冬至の日に太陽が真南に見えたときの高さ　　オ．北極星の高さ

問７　わし座のアルタイルとともに夏の大三角を作る星をふくむ星座を２つ答えなさい。

平成 31 年度　　　　　　　　　　受験番号（　　　　）　　　　　　（計算等に用いてよい）

解答らん〔理科〕

※60点満点
（配点非公表）

I

問1	問2	問3	
		①	②

問4		問5	問6
砂糖　　　g	水　　　g		

問7	問8	
	①	②

問9

20　　　　30

II

問1					
①	②	③	④	⑤	⑥

問2	問3	問4	問5	問6

問7	問8			
秒				

III

問1	問2	問3		問4
		①	②	秒

問5	問6	問7			
L	%	①	②	③	④

IV

問1	問2	問3	問4	問5

問6	問7	
	座	座

平成31年度　桜蔭中学校入学試験問題　［社会］

(30分)

Ⅰ　次の【ａ】【ｂ】【ｃ】の文を読んで，各問いに答えなさい。

【ａ】　私たちの生活は，交通の発達と結びついて発展してきました。日本では，いつごろから交通路が発達してきたのでしょうか。

青森県青森市にある①三内丸山遺跡《さんないまるやまいせき》からは，新潟産のヒスイや北海道産の黒曜石などが発見されています。また②吉野ヶ里遺跡《よしのがり》からは，中国や沖縄をはじめ各地と交易していたことを示す出土品が発見されています。人々の集まる所で交易が行われると，交易の場をつなぐように交通路がつくられていきました。川や海を行きかう航路が開かれ，陸路が整備されました。

３世紀に書かれた中国の書には，日本の③邪馬台国《やまたいこく》では，交易の場として市が存在し，草むらと区別された道がつくられていた様子が記されています。

各地で豪族《ごうぞく》が力を持った④古墳《こふん》時代には，流通の範囲《はんい》も飛躍的《ひやくてき》に拡大し，大和《やまと》政権が支配を広げていきました。⑤大和政権は地方勢力を徐々《じょじょ》に従え，大陸の制度や文化を採り入れながら，天皇中心の国づくりを進めました。

中国の都にならって平城京がつくられると，都と地方を結ぶ道が全国に広げられ，日本各地から特産物が都に集められました。主要な道には果樹が植えられ，食べることもできたということです。平城京の⑥街路樹が通行する人々にいやしを与《あた》えていたことが⑦万葉集の中にうたわれています。一方，海賊《かいぞく》や遭難《そうなん》の危険にもかかわらず，⑧日本と大陸との交流はいっそうさかんになりました。正倉院には⑨ペルシア文化の影響《えいきょう》を受けたガラスの器《うつわ》や水差しなども納められています。

都が平安京に移され，遣唐使《けんとうし》の派遣が停止されると，中国の文化をもとにした日本風の文化が発達しました。

やがて鎌倉《かまくら》に幕府が開かれ，武士政権が支配を広げる中で，幕府は守護や地頭に命じて交通路の整備・管理を進めました。各地と鎌倉を結ぶ「鎌倉街道《かいどう》」がつくられ，重大な出来事が起これば，⑩御家人《ごけにん》は「いざ鎌倉」と鎌倉にかけつけ，幕府のために働きました。

問１　下線部①～④について書かれた次の あ～え の文から，正しいものを１つ選び，記号で答えなさい。

あ　三内丸山遺跡は約5500年前から約1500年間続いた縄文《じょうもん》時代の遺跡で，人々はタイやブリなどの魚や貝，野山の動物，山菜，木の実などを手に入れるとともに，コメやクリ，クルミを栽培《さいばい》していた。

い　吉野ヶ里遺跡は佐賀県にある約2000年前の弥生《やよい》時代の遺跡で，物見やぐらやムラを囲む深い堀《ほり》と木のさくの跡《あと》，人骨に刺《さ》さった矢じりなどが見つかっており，ムラ同士の争いがあった様子が伝わる。

う　中国の書によると，邪馬台国の女王卑弥呼《ひみこ》は，30ほどの国を従え，中国皇帝《こうてい》から同じ皇帝の称号《しょうごう》を与えられ，さらに金印や銅の鏡などを授《さず》かったとされる。

え　奈良県にある高松塚《たかまつづか》古墳から出土した精巧《せいこう》につくられた金銅製のくつや，藤ノ木《ふじのき》古墳の壁《かべ》に描《えが》かれた極彩色《ごくさいしき》の女性の絵は，大陸文化との深いつながりを感じさせる。

問２　下線部⑤について，５世紀後半に大和政権の大王《おおきみ》だった「ワカタケル大王」と読める漢字が記された刀剣《とうけん》が出土した古墳の場所を，右の地図 A の ㋐～㋕ から２つ選び，記号で答えなさい。

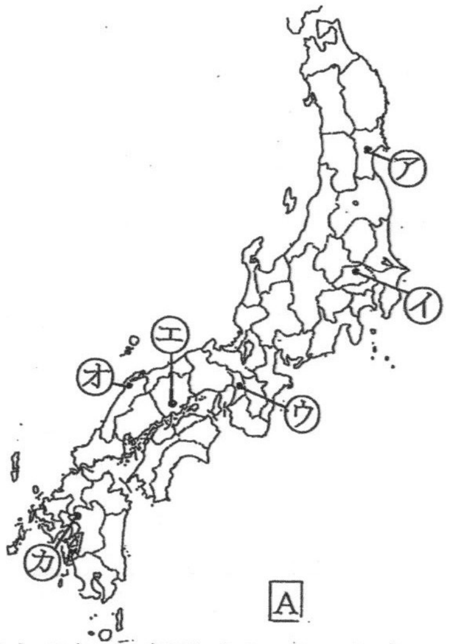

問３　下線部⑥について，現在では街路樹は環境《かんきょう》問題の改善にも役立っています。たとえば，日差しをさえぎり周囲の気温上昇《じょうしょう》を抑《おさ》えることで，「郊外《こうがい》に比べ都市部ほど気温が高くなる現象」をやわらげます。この現象を指す語句を次の あ～え から１つ選び，記号で答えなさい。

あ　地球温暖化　　い　光化学スモッグ

う　フェーン　　え　ヒートアイランド

問４　下線部⑦の書には，次の歌（今の言葉づかいに直してある）も収められています。これらの歌は当時のどのような人の気持ちをよんだものですか。下の あ～え から１つ選び，記号で答えなさい。

「着物の裾《すそ》にとりついて泣く子をおいてきてしまった
　母もいないのに今ごろどうしているのだろうか」

「今日からは後ろなど振《ふ》り返ったりすることなく，
　つたないながらも，大君《おおきみ》の楯《たて》となって出立《しゅったつ》してゆくのだ」

あ　都を離《はな》れ任地に向かう役人

い　中国に行く留学生

う　税を逃《のが》れるために，家を離れる農民

え　北九州の防備につく兵士

問５　下線部⑧について，５世紀頃《ごろ》から奈良時代までの大陸との交流に関して，次の あ～え の文を時代の古い順に並べたとき，３番目に古いものの記号を答えなさい。

あ　苦しい航海の末に日本にたどり着いた鑑真《がんじん》は，守らなければならない仏教のきまりを日本に伝えた。

い　小野妹子《おののいもこ》らは中国に渡《わた》り，中国と対等な関係を結ぼうとする日本の意思を伝えた。

う　中国から帰国した留学生や留学僧《そう》らが活躍《かつやく》し，すべての土地と人民を天皇が治める仕組みにするための改革が始められた。

え　「私の祖先は，東は55国，西は66国，さらに海を渡って95国を平定した」という内容の手紙が中国に送られた。

問６　下線部⑨のペルシア文化が栄えた現在のイランの位置を，右の地図 B の ㋐～㋔ から１つ選び，記号で答えなさい。

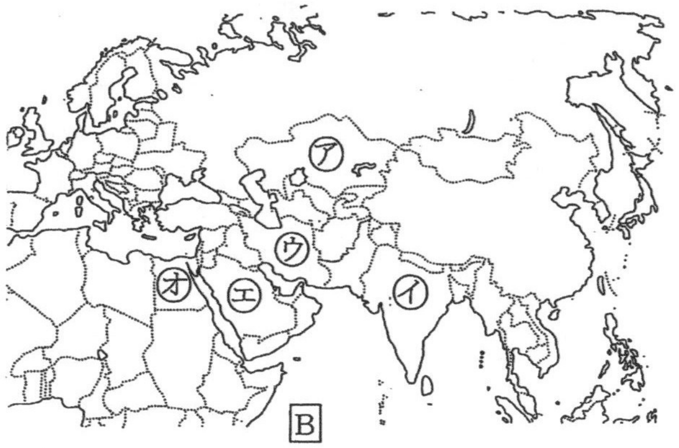

問７　下線部⑩のような御家人の働きを何といいますか。漢字２字で答えなさい。

【ｂ】　室町《むろまち》時代には，専門の輸送業者が活躍し，交通量がさらに増えました。守護大名や貴族，寺社は関銭などの通行税を徴収《ちょうしゅう》しようと，自領内に多くの関所を設置し，交通の要所である⑪琵琶湖《びわこ》や淀川《よどがわ》沿いには数百の関所が置かれたといいます。応仁《おうにん》の乱後は，戦乱のために主要交通路はしばしば分断されましたが，戦国大名は，領国内の交通路の整備に力をそそぎました。⑫また外国との関《かか》わりも，室町時代以降いちだんと進みました。

江戸《えど》時代になると関所は幕府の管理下に置かれ，⑬関所は室町時代とは違《ちが》う役割を担《にな》うことになりました。また江戸を中心とした東海道，中山道《なかせんどう》，甲州《こうしゅう》街道，日光街道，奥州《おうしゅう》街道の⑭五街道や，各地を結ぶ船の航路が整備され，交通網《もう》が全国に張りめぐらされました。五街道には旅人の宿泊《しゅくはく》や荷物の運搬《うんぱん》のために宿場が置かれ，宿場には一定数の人や馬がつねに用意され，不足すると，近隣《きんりん》の農村からも人馬を提供する体制がとられました。また⑮徳川家光が支配を強化するために整備した制度は，街道や宿場の発展に貢献《こうけん》し，地方と江戸をつなぐ文化の交流も進みました。

江戸は発展し，人口が増えました。人口密度が高く，木造家屋が密集していた⑯江戸はたびたび大火に見舞《みま》われました。そのため，道幅《みちはば》を広げたり，広小路《ひろこうじ》や火除地《ひよけち》を設けて，延焼《えんしょう》を防ごうとしました。

産業が発達し，流通が活発になると⑰宿場をめぐって問題も起きました。

江戸の消費を支えるために，江戸周辺部からの物資では供給が間に合わなかったので，⑱江戸に向けて大量の物資が大阪から運ばれました。また，旅に出るためのさまざまな環境が整うと，⑲庶民《しょみん》の旅ブームも起こりました。江戸時代には⑳外国との交易を制限する鎖国《さこく》状態が続きましたが，幕末に通商が拡大し，㉑明治になるとさらに貿易量は増加しました。

問８　下線部⑪について，日本の湖について述べた次の　あ～え　から琵琶湖にあてはまるものを１つ選び，記号で答えなさい。

あ　湖の南岸に県庁所在地があり，鮒寿司《ふなずし》は県の郷土料理として有名である。

い　日本最大のカルデラ湖で，冬には結氷する。白鳥の飛来地としても知られる。

う　水深は深い所で12メートル程度と浅く，湖岸沿いの低地ではレンコンの栽培がさかんである。

え　海水と淡水《たんすい》が混じる湖で，ホタテガイやカキの養殖《ようしょく》がさかんである。

問９　下線部⑫について書かれた次の　あ～え　の文から，正しいものを１つ選び，記号で答えなさい。

あ　北山に金閣を建てた足利義政は中国（明）との国交を開き，勘合《かんごう》貿易を始めて幕府に大きな利益をもたらした。

い　南蛮《なんばん》貿易が長崎や平戸などの港を中心に行われ，生糸《きいと》や鉄砲《てつぼう》などがもたらされた。貿易とともに伝えられたキリスト教を織田信長は保護した。

う　現在の鳥取県にあった石見《いわみ》銀山で産出された銀は大量に輸出され，ヨーロッパとアジアの経済に大きな影響を与えた。

え　２度にわたる朝鮮《ちょうせん》出兵の際に，多くの焼き物の技術者が日本に連れてこられ，現在の佐賀県の特産品である有田焼《ありたやき》や岡山県の萩焼《はぎやき》などの生産が開始された。

問10　下線部⑬について，江戸時代の関所の役割を答えなさい（文章で答えること)。

問11　下線部⑭について，次の　あ～え　のうち，街道とそれぞれが通過する場所の組み合わせとして正しいものを１つ選び，記号で答えなさい。

あ　東海道：鈴鹿《すずか》山脈　大井川　箱根　　い　中山道：木曽《きそ》山脈　高梁川《たかはしがわ》　関ヶ原《せきがはら》

う　甲州街道：諏訪湖《すわこ》　多摩川《たまがわ》　品川　　え　日光街道：関東山地　隅田川《すみだがわ》　宇都宮

問12　下線部⑮の制度は何と呼ばれますか。漢字で答えなさい。

問13　下線部⑯について，明暦《めいれき》の大火（1657年）をはじめとする江戸の大火は冬から春に集中して起こっています。江戸でこの時期に火災が発生すると延焼・類焼が起こりやすい理由を，自然の条件に注目して30字以内で答えなさい。

問14　下線部⑰について，18世紀後半には，中山道沿いの宿場をつなぐように，宿場周辺の農村の人々が20万人も参加する大きな一揆《いっき》が発生しています。その理由を，本文【ｂ】を参考に30字以内で答えなさい。

問15　下線部⑱について，大阪から江戸への大量な物資の輸送を主に担った交通手段を，本文【ｂ】の中にある語句で答えなさい。

問16　下線部⑲について，江戸から京都までの宿場風景や江戸の名所風景を描いて庶民の旅への関心をかき立てた浮世絵《うきよえ》師を次の　あ～え　から１つ選び，記号で答えなさい。

あ　歌川広重《うたがわひろしげ》　　い　喜多川歌麿《きたがわうたまろ》　　う　鈴木春信《すずきはるのぶ》　　え　東洲斎写楽《とうしゅうさいしゃらく》

問17　下線部⑳に関連して，江戸時代の外国との関係について，内容に誤りがある文を次の　あ～え　から１つ選び，記号で答えなさい。

あ　徳川家康は日本船の海外渡航《とこう》に際して朱印状《しゅいんじょう》を与えるなど積極的に貿易を進めたため，ルソンやカンボジア，シャムなどには日本町がつくられた。

い　徳川家光はポルトガル船の来航を禁じた後，オランダ商館を出島に移し，オランダとの交易を認めた。

う　幕府は，オランダ商館長が毎年のように提出していたオランダ風説書《ふうせつがき》により，外国の情報を得ていた。

え　江戸時代には，ペリーが来航するまで，オランダと琉球《りゅうきゅう》以外に正式な国交を結んだ国はなかった。

問18　下線部㉑について，1890年には輸入品の第１位を占《し》め，1910年になると生糸に次ぐ輸出品となるものを次の　あ～お　から１つ選び，記号で答えなさい。

あ　茶　　い　石炭　　う　綿糸　　え　コメ　　お　鉄鋼

【ｃ】　明治時代以降は近代化が急速に進められ，鉄道は文明開化の象徴的《しょうちょうてき》存在となり，蒸気船とともに，富国強兵にも欠かせないものとなりました。2012年に東京駅丸の内駅舎が復元され，現在の私たちは㉒1914年に建築された当時の美しい姿を見ることができます。堂々とした洋風建築に，当時の人々の鉄道への期待が感じられます。

関東大震災《だいしんさい》後には，自動車の数が増え，乗り合いバスやトラックなどによる輸送もさかんになり，それまでの交通手段を圧倒《あっとう》していきました。このころになると定期航空路も開設されました。ドイツのアウトバーンをモデルに自動車道路も計画されましたが，㉓満州事変以降の戦争の混乱の中で実現しませんでした。

第二次世界大戦後，日本に来た外国人は日本の道路事情の悪さに驚《おどろ》いたそうですが，道路の復旧や改良は急速に進められました。1964年10月の東京オリンピック開催《かいさい》に向けて，高速道路や新幹線の建設，羽田空港と東京モノレールの整備，主要道路の建設と㉔舗装《ほそう》が実施《じっし》されます。トラック，バス，乗用車など㉕自動車保有台数は急増しました。高速で大量に人やものを輸送することが可能になると，国内の経済活動は活発化し，外国との貿易や交流も拡大しました。㉖港湾《こうわん》や空港の整備がさらに進みました。

㉗昨年は，自然災害のために，しばしば交通が混乱しました。交通が社会に与える影響の大きさを改めて実感する機会となりました。交通網の充実《じゅうじつ》が現在の経済の発展や快適な生活を支えているといっても過言ではありません。現在，㉘持続可能な社会を実現する新しい交通手段や交通の仕組みが求められています。私たちをとりかこむ物流，通信システムは大きな変革期を迎《むか》えています。

問19　下線部㉒について，1914年の状況《じょうきょう》として内容に誤りがある文を次の あ～え から１つ選び，記号で答えなさい。

あ　小村寿太郎《じゅたろう》による交渉《こうしょう》の結果，日本は1911年に輸入品に自由に関税をかける権利を回復したため，このころには日本は貿易の上で，欧米《おうべい》諸国と対等な立場に立っていた。

い　日本は韓国《かんこく》を支配しており，さらに大陸での勢力を拡大するために，ドイツに宣戦布告を行い，第一次世界大戦に参戦した。

う　第一次世界大戦が始まると，欧米やアジアへの輸出が増えて，景気が上向いていった。

え　このころ，25歳《さい》以上のすべての男性には選挙権が認められており，女性の選挙権を求める運動が平塚《ひらつか》らいてうなどにより行われていた。

問20　下線部㉓について，この時期に起きた あ～お の出来事を時代の古い順に並べたとき，３番目に古いものの記号を答えなさい。

あ 日本が国際連盟を脱退《だったい》する。

い 軍人がクーデターを計画し首相《しゅしょう》を殺害する。

う 日中戦争が始まる。

え 太平洋戦争が始まる。

お 日本・ドイツ・イタリアが同盟を結ぶ。

問21　下線部㉔について，次の文中の空欄《くうらん》にあてはまる語句を答えなさい。

都市では，地表のほとんどが建物や（X）舗装の道路などで覆《おお》われたため，雨水が地中にしみこみにくくなり，いっきに（Y）道や中小河川《かせん》に流れ込《こ》むようになりました。（Y）道や河川が流せる量を越《こ》えると，水があふれて道路や低地が冠水《かんすい》・浸水《しんすい》してしまいます。（Y）が逆流し，マンホールからあふれ出すこともあります。このような水害を都市型水害と呼びます。

問22　下線部㉕について，日本，大韓民国《だいかんみんこく》，中華人民共和国《ちゅうかじんみんきょうわこく》，アメリカ合衆国，フランスの５カ国について，乗用車保有状況を調べ，次の表にまとめました。大韓民国にあてはまるものを表中の あ～え の中から１つ選び，記号で答えなさい。

各国の乗用車保有状況

	1㎢あたりの乗用車台数	乗用車1台あたりの人口	
		2000年	2015年
日本	161.4	2.4	2.1
あ	12.8	2.1	2.5
い	49.9	2.1	2.1
う	14.1	218.6	10.3
え	165.1	5.9	3.1

データブックオブザワールド2018

問23　下線部㉖について，次の A～J にあてはまる港湾や空港の位置を次ページの地図 C の ㋐～㋞ から１つずつ選び，記号で答えなさい。

A　北前船の寄港地として栄え，日米修好通商条約で開港した。現在はコンテナ化が進み，雪が降ると自動的に地下水や海水が散水される融雪《ゆうせつ》ヤードが整備されている。

B　江戸時代には，ヨーロッパの知識を吸収する窓口としての役割を果たしていた。2018年に世界遺産に登録された潜伏《せんぷく》キリシタンの集落がある離島《りとう》地域に向かう高速船のターミナルがある。

C　港とその周辺海域は夏に霧《きり》が発生しやすい。東には酪農《らくのう》地帯が広がり，アメリカや中国からトウモロコシや大豆などが輸入される。生乳はミルクタンク車ごと船に乗せられて移出される。

D　日本の近代化を支えた港湾である。1901年に操業を開始した製鉄所が位置する地区の海域は，「死の海」といわれるほど汚染《おせん》がひどかったが，現在，水質は大幅《おおはば》に改善された。

E　1908年に鉄道連絡《れんらく》船が就航して港の重要性が高まったが，海底トンネルの開通で1988年に連絡船は廃止《はいし》となった。

F　米代川《よねしろがわ》の河口に位置する港で，古くからコメやスギの積出《つみだし》港として栄えた。米代川流域では，スギを使った桶樽《おけたる》や曲げわっぱが生産されている。

G　埋め立て地につくられ1994年に開港した貿易港である。2016年の主な輸出品は，集積回路や半導体などである。貨物便の多くがアジアの都市と結ばれている。

H　2016年の輸出額が日本第１位の貿易港で，主な輸出品は完成自動車や自動車部品，内燃機関などである。この貿易港のある県は，工業の出荷《しゅっか》額が国内最大である。

I　日本の工業化とともに国際貿易港として地位を高め，1970年代には世界有数のコンテナ取 扱 量《とりあつかいりょう》を誇《ほこ》ったが，1995年の地震で深刻な被害《ひがい》を受け，その後，貿易港としての地位が低下した。

J　大規模なリアス海岸が特 徴《とくちょう》の湾に面する天然の良港で，アジアとの交流拠点《きょてん》として古くから重要であった。この港湾のある都市には原子力発電所がある。現在，金沢まで開通している新幹線が2023年にこの都市まで延長する予定である。

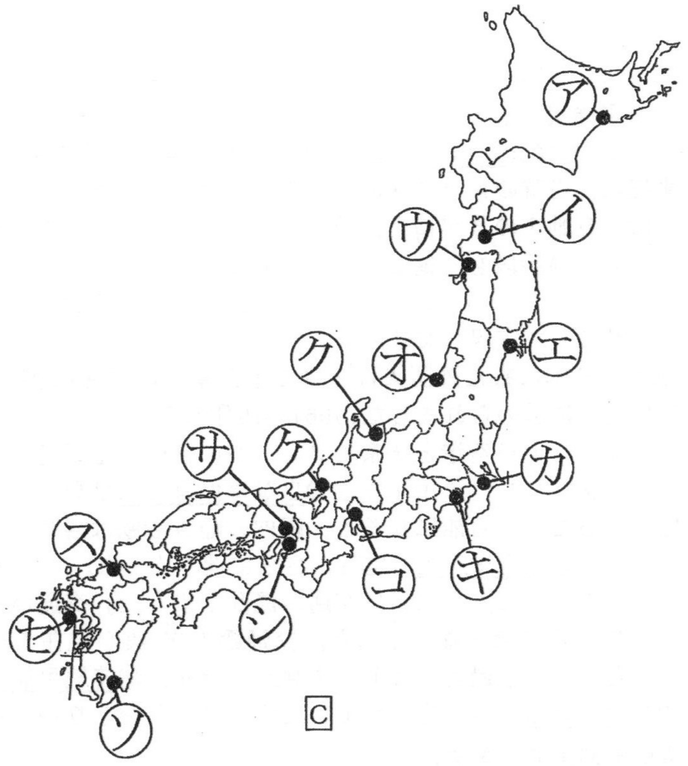

C

問24　下線部㉗について，昨年（2018年）に50周年を迎えた出来事は何か。次の あ～え の中から１つ選び，記号で答えなさい。

あ　日中平和友好条約締結《ていけつ》　　　い　小笠原《おがさわら》諸島返還《へんかん》

う　ソ連と国交回復　　　え　沖縄返還

問25　下線部㉘について述べた次の あ～え の文中の下線部が正しい場合には○を，誤っている場合には適切な語句を答えなさい。

あ　東京都は二酸化炭素排 出《はいしゅつ》量を減らす燃料電池自動車を普及《ふきゅう》させるために，水素ステーションの整備を積極的に支援《しえん》している。

い　日本では二酸化炭素排出量削減《さくげん》のための取り組みの１つとして，長距離《ちょうきより》貨物輸送の主な部分をトラックから，船舶《せんぱく》や鉄道利用に切りかえるエコドライブを進めている。

う　2015年の国連気候変動枠組《わくぐみ》条約第21回締約国《ていやくこく》会議（ＣＯＰ21）で採択《さいたく》された京都議定書順守のために，フランスは2040年までに国内におけるガソリン車の販売《はんばい》を禁止するとしている。

え　東京都は二酸化炭素を排出しない移動手段である自転車を有効に活用するために，自転車を簡単に借りることができ，借りた場所とは異なる場所に返すことができる自転車シェアリングサービスを行っている。

2019(H31) 桜蔭中
教英出版　社5の4

Ⅱ　次の①～⑤の各文の空欄 1 ～ 5 に適する語句をそれぞれ漢字で答えなさい。さらに空欄【 A 】～【 E 】に適するものをそれぞれの選択肢《せんたくし》より１つずつ選び，記号で答えなさい。

①　憲法第25条が定める「健康で文化的な 1 の生活を営む権利」を現実のものにするために，国は公的扶助《ふじょ》（生活保護）や社会福祉《ふくし》などの 2 制度をつくり充実させてきました。 2 関係費は，国家予算の支出（歳出《さいしゅつ》）の項目《こうもく》の中でもっとも大きな比率を占めています。

②　2018年６月に，【 A 】が改正されて， 3 年齢《ねんれい》が18歳以上に引き下げられました。【 A 】は婚姻《こんいん》（結婚）や財産などの家族関係や社会生活について定めた法律です。

【 A 】 あ　消費者契約《けいやく》法　い　民法　う　公職選挙法　え　消費者基本法

③　日本の国会は，衆議院と参議院とからなる二院制をとっています。国会のしごととして誤っているのは【 B 】です。また，衆議院だけの特徴としてふさわしくないのは【 C 】です。

【 B 】 あ　憲法改正を国民に提案する。
い　裁判官を裁く裁判を行う。
う　内閣総理大臣を指名する。
え　外国と条約を結ぶ。

【 C 】 あ　党首討論を行う。
い　解散がある。
う　予算を先に審議《しんぎ》する。
え　内閣不信任決議権がある。

④　日本の裁判所では，裁判を三度まで受けることができる 4 制がとられています。簡易裁判所から始まった民事事件の二度目の裁判は【 D 】裁判所で行われます。

【 D 】 あ　家庭　い　地方　う　高等　え　最高

⑤　2018年４月に韓国と北朝鮮の首脳会談が11年ぶりに行われました。韓国・北朝鮮に関する記述として誤っているのは【 E 】です。1965年に， 5 条約が結ばれ，日本と韓国は国交を回復しました。

【 E 】 あ　日本と韓国は，サッカーのワールドカップを共催《きょうさい》したことがある。
い　日本と北朝鮮との間には国交がない。
う　朝鮮半島に韓国と北朝鮮という２つの国家ができたきっかけは，朝鮮戦争である。
え　2018年４月の南北首脳会談は，板門店《はんもんてん》で行われた。

平成31年度　桜蔭中学校入学試験解答用紙　［社会］　受験番号（　　　）

※60点満点
（配点非公表）

Ⅰ

問1		問2		問3		問4							
問5		問6		問7									
問8		問9											
問10													
問11		問12											
問13													
問14													
問15		問16		問17		問18							
問19		問20		問21	X		Y		問22				
問23	A		B		C		D		E				
	F		G		H		I		J		問24		
問25	あ		い		う		え						

Ⅱ

1		2		3		4	制
5	条約						

A		B		C		D		E	